Paul Ascherson

Flora der Provinz Brandenburg, der Altmark und des Herzotums Magdeburg

Paul Ascherson

Flora der Provinz Brandenburg, der Altmark und des Herzotums Magdeburg

ISBN/EAN: 9783743326040

Hergestellt in Europa, USA, Kanada, Australien, Japan

Cover: Foto ©berggeist007 / pixelio.de

Manufactured and distributed by brebook publishing software
(www.brebook.com)

Paul Ascherson

Flora der Provinz Brandenburg, der Altmark und des Herzotums Magdeburg

Flora

der

Provinz Brandenburg,

der

Altmark und des Herzogthums Magdeburg.

Zum Gebrauche in Schulen und auf Excursionen

bearbeitet

von

Dr. Paul Ascherson.

Zweite Abtheilung.

Specialflora von Berlin

Berlin, 1864.

Verlag von August Hirschwald.

Unter den Linden Nr. 68.

Vorrede.

Die Bearbeitung eines neuen Verzeichnisses der um Berlin vorkommenden Gefäßpflanzen dürfte in Hinblick auf die großen Veränderungen, welche die Pflanzenwelt des Gebiets seit der Herausgabe der Dietrichschen Flora Marchica erlitten hat, nicht unzweckmäßig erscheinen. Einerseits sind durch die Ausdehnung der Landwirthschaft und in der Nähe der größern Städte auch der Industrie manche reichhaltige Standorte verschwunden: wo vor zwanzig Jahren noch pflanzenreiche Wiesen und Triften dem Auge sich darboten, sieht man jetzt rauchende Fabrikschornsteine oder selbst ganz neue Stadtviertel. Wiesen und kleinere Waldstrecken verfallen immer mehr dem Pfluge; selbst die dürren Sandhügel, die der Botaniker bisher als sein unbestrittenes Revier zu betrachten gewohnt war, werden seit Einführung des Lupinenbaus in Kultur genommen. Andererseits sind in diesem Zeitraum manche früher nur unvollständig oder gar nicht botanisch erforschte Strecken durch den Eifer der dort ansässigen Botaniker bekannt geworden; so liegen jetzt über die Gegenden von Potsdam, Freienwalde, Neustadt-Eberswalde, über die in früheren Werken nur lückenhafte Angaben sich finden, genauere Nachrichten vor: ganz neu erforscht sind die Gegenden um Brandenburg, Treuenbrietzen, Luckenwalde und Trebbin. Auch die nähere Umgebung Berlins hat noch manche neue Standorte und selbst neue Arten geliefert. Letztere verdanken wir fast sämmtlich dem Scharfblicke unseres hochverehrten Professors A. Braun, durch dessen Forschungen überhaupt die Flora die wesentlichsten Bereicherungen erfahren hat.

Der Umfang des Florengebiets von Berlin ist so gewählt worden, daß die entferntesten Punkte, die gewöhnlich auf eintägigen Excursionen besucht zu werden pflegen, Lindholz und Selbelang bei Nauen, so wie Neustadt-Eberswalde, noch eingeschlossen sind; die Abgrenzung ist streng geometrisch durch einen mit dem Halbmesser von sieben dentschen Meilen um Berlin gezogenen Kreis geschehen. Es wäre nicht schwierig gewesen, eine von derselben nicht sehr abweichende natürliche Umgrenzung zu finden; doch ist dieselbe für die Flora durchaus nicht von größerer Bedeutüng als die oben bezeichnete mathematische; letztere ist daher ihrer größeren Einfachheit wegen vorgezogen worden.

Das bezeichnete Gebiet bildet im Ganzen ein durchschnittlich etwa 150 bis 200 Fuß über den Spiegel der Ostsee erhabenes Plateau, dessen Oberfläche aber nirgends eben, sondern vielfach von wellenförmigen Erhöhungen und Vertiefungen durchzogen ist, in welchen letzteren sich viele kleinere und größere Seen befinden. Der Körper dieses Hochlandes wird von mehreren weiten Niederungen durchschnitten, die ursprünglich das Bett gewaltiger Ströme und Seen, gegen welche die jetzigen Gewässer nur unbedeutende Reste sind, gebildet haben müssen. Die vormalige Existenz dieser Gewässer giebt sich durch hinterbliebene Sandbänke und Dünenbildungen deutlich genug zu erkennen. Die bedeutendsten dieser Niederungen sind folgende drei: 1) das Finowthal, in seiner westlichen Fortsetzung Hohe-Bruch und Rhinluch genannt, durchzieht den nördlichsten Theil des Gebiets von Ost nach West und hat in ältester Zeit nach Girard's nicht unwahrscheinlicher Hypothese den Lauf der Weichsel aufgenommen; 2) das Spreethal mit seiner nordwestlichen Fortsetzung, dem großen Havelländischen Luch, durchzieht in der Richtung von Südost nach Nordwest die Mitte des Gebiets und diente ursprünglich nach Girard der Oder zum Abfluß;

3) das von Plettner als Luckenwalder Niederung bezeichnete Thal streift die südwestliche Grenze von Baruth über Luckenwalde in der Richtung nach Brück. Es hat ursprünglich die Gewässer der oberen Spree und Neiße abgeführt. Ein sich bei Luckenwalde abzweigender Ast geht über Trebbin, Mittenwalde und Königswusterhausen nach dem von mehreren Seen erfüllten Thale der Dahme, eines Zuflusses der Spree, mit welcher sie sich (als wendische Spree) bei Köpnick verbindet. In der östlichen Hälfte des Gebiets sind die zwischen den Niederungen liegenden Plateaustrecken zusammenhängend und nur durch kleinere Seitenthäler, die in ihnen selbst ihren Ursprung nehmen, durchfurcht; im westlichen Theil dagegen sind sie überall durch Querthäler, wie das der Havel von Liebenwalde bis Heiligensee und das der Nuthe, unterbrochen, so daß die Niederung an Ausdehnung der Höhe gleichkommt oder sie, wie im Nordwesten, bedeutend überwiegt, wo zwischen dem großen Havelländischen und dem Rhinluch die höheren Stellen, Land Glien, Ländchen Bellin, als Inseln hervorragen, bei welchen zuweilen noch ganz kleine Trümmer, wie die Jahnberge bei Paulinenau, und ähnliche Horsten, stehen geblieben sind. Die Ränder der Thäler sind meist von sehr sanftem und allmähligem Ansteigen. Steil sind sie nur an den Stellen, wo die Niederungen ganz von Seen erfüllt werden, wie an den Havel-Seen zwischen Spandau und Potsdam, so wie an der kurzen Strecke des Oderthals (bei der Abzweigung des Finowthals), welche innerhalb der Gebietsgrenze fällt. Hier liegen der höchste und tiefste Punkt des Gebiets nahe bei einander; ersterer ist der Semmelberg bei Freienwalde (503 Fuß), letzterer der Spiegel des Landgrabens bei Freienwalde (10 Fuß). Das Niveau der Niederungen steigt bis 136 Fuß (Wasserspiegel der Havel bei Krewelin unterhalb Zehdenick), 123 Fuß (Unterwasser der Spreeschleuse bei Fürstenwalde) und 180 Fuß (Marktplatz in Baruth).

In geologischer Hinsicht gehören die Niederungen natürlich zum Alluvium; sie sind daher im Text mit **A** bezeichnet. Dasselbe besteht meist aus Humus, der an vielen Stellen in Torf übergeht, welcher z. B. im Rhinluch in großartiger Weise gewonnen wird. Auch sind bedeutende Strecken durch von den

Höhen herabgeflößten oder gewehten Sand eingenommen, namentlich im Spreethale. Ablagerungen von Thon oder Schlick sind seltener. Untergeordnete Bildungen sind Süßwasserkalk und Raseneisenstein, letzterer besonders in der Luckenwalder Niederung vorkommend.

Die Plateaus werden, abgesehen von untergeordneten Alluvialablagerungen, fast ausschließlich vom Diluvium gebildet, daher ich sie in diesem Werkchen mit D bezeichnet habe. Die oberste Schicht desselben ist Lehm, welcher weite Strecken fruchtbaren Ackerbodens bildet. Unter demselben liegt eine ihm sehr ähnliche, nur durch hellere Farbe und bedeutenden Kalkgehalt verschiedene Schicht, der Lehmmergel, die in schmalen Bändern am Rande des Lehms, selten einmal in etwas größeren Massen, z. B. nördlich von Bornim bei Potsdam *) und an der Berlin-Stettiner Eisenbahn bei Blankenburg zu Tage tritt. Das Liegende des Mergels bildet der Sand, welcher wohl hauptsächlich wegen seines größeren Gehalts an kleinen Feldspathpartikeln nicht ganz so unfruchtbar ist als der Sand des Alluviums, aus dem dieselben, nachdem sie sich in Thon verwandelt haben, meist weggespült sind. Durch alle Diluvialschichten finden sich die größeren oder kleineren nordischen Geschiebe oder erratischen Blöcke, am häufigsten Granit, Gneiß, so wie Feuersteine der oberen Kreide. — Unter dem Diluvium finden sich in großer Verbreitung, doch selten zu Tage ausgehend, zwei Glieder der oligocänen Tertiärformation, der Septarienthon und das darunter liegende Braunkohlengebirge. Ersterer ist mit seiner reichen Fauna zuerst innerhalb des Gebiets bei Hermsdorf unweit Berlin, bekannt geworden, tritt aber außerdem noch an verschiedenen Stellen auf. Die Braunkohlen sind bisher nur in der östlichen Hälfte des Gebiets bekannt und wird auf dieselben besonders bei Rauen und Petersdorf unweit Fürstenwalde, bei Buckow, Wriezen und Freienwalde ein nicht unbedeutender Berg-

*) Nach einer gütigen Mittheilung des Herrn v. Bennigsen-Förder, dem wir überhaupt viele wichtige Aufschlüsse über die Diluvialformation verdanken.

bau betrieben, der sich an letzterem Orte auch auf die dem dortigen Tertiärgebirge angehörige Alaunerde erstreckt. — Von älteren Bildungen tritt allein im Gebiete die Trias zu Tage, und zwar bunter Sandstein mit Gips, so wie eine mächtige Muschelkalkablagerung bei Rüdersdorf unweit Köpnick, welche letztere seit vielen Jahrhunderten durch großartige Brüche ausgebeutet wird. Auch der ebenfalls schon sehr lange benutzte Gips von Sperenberg bei Zossen, zu dessen Altersbestimmung freilich alle Anhaltspunkte fehlen, gehört am wahrscheinlichsten der Trias an. Die in den Niederungen des westlichen Gebiets an mehreren Stellen, bei Brandenburg (Pewesin), Potsdam (Uetz), Nauen (Zeestow, beim Weinberg, Mangelshorst, beim Selbelanger Jägerhaus), Beelitz (Salzbrunn), Trebbin (Tremsdorf) auftretenden Salzstellen sind wahrscheinlich ebenfalls von in nicht zu großer Tiefe vorhandenen Triasbildungen abzuleiten.

Eine dem jetzigen Standpunkt der Wissenschaft entsprechende geognostische Beschreibung des Gebiets fehlt leider noch; viel Material dazu enthalten Klöden's Beiträge zur mineralogischen und geognostischen Kenntniß der Mark Brandenburg. Programme der Gewerbeschule zu Berlin 1828—1837, und verschiedene in den geologischen Zeitschriften zerstreute Arbeiten von Beyrich, Girard, Plettner u. A.

Die Standorte sind von Westen nach Osten fortschreitend nach den Umgebungen der Städte geordnet; die Namen der letzteren sind abgekürzt und zwar bedeutet:

B. Berlin.
*Br. Brandenburg.
Fw. Freienwalde.
K. Köpnick.
Lw. Luckenwalde.
Na. Nauen.
Nst. Neustadt-Eberswalde.
Or. Oranienburg.
P. Potsdam.
Sp. Spandau.

* T. Treuenbrietzen.
* Wr. Wrietzen.

Die mit * bezeichneten Orte liegen zwar außerhalb der abgesteckten Grenze, doch gehört ein Theil ihrer Umgebung zum Gebiete.

Ebenso sind die Namen der häufiger vorkommenden Beobachter abgekürzt, und zwar:

Bch. Buchholz, Kantor und Lehrer an der Oberschule in Nst. unterstützte den Verfasser durch schriftliche und mündliche Mittheilungen.

Bl. Dr. K. Bolle in B., desgl.

A. Br. Prof. Dr. A. Braun, desgl.

Bs. Boß, Lehrer am Königlichen Militair-Waisenhause in P., desgl.

D. Dr. A. Dietrich, Flora Marchica, Berlin 1841 und mündliche Mietheilungen.

Gae. Gaehde, weiland Prediger in Alt-Landsberg, schriftliche und mündliche Mittheilungen.

Gr. Grantzow, Lehrer zu Schulzendorf bei Trebbin, dgl.

H. Hoffmann, früher Torf-Inspektor in Fehrbellin, jetzt in B. Herbarium von Pflanzen des Torfbodens (im Königlichen Herbarium zu B.); Angaben bei *D*; mündliche Mittheilungen.

Hl. Holla, Lehrer, jetzt in Pulverkrug bei Frankfurt a. O., 1858 in B. Mündliche Mittheilungen.

J. v. Jasmund, Major a. D. in B., desgl.

Kr. Krause, weiland Geheimer Regierungsrath in Halberstadt, früher in B., Angaben bei *D*.

Kth Prof. Dr. Kunth, Flora Berolinensis. Berlin 1838.

Li. Dr. Liebe, Gymnasiallehrer in B. Mündliche Mittheilungen.

W. M. W. Müller, Seidenwirker in B., desgl.

N. Nagel, Prediger in Tietzow bei Kremmen. Mündliche und schriftliche Mittheilungen.

P. Pauckert, Apotheker in T. Manuskript über die Flora von T.

R. Oberlehrer Ruthe, Flora der Mark Brandenburg und der Niederlausitz, 2. Auflage 1834, und mündliche Mittheilungen.

R. fil. R. Ruthe, Thierarzt in Bärwalde. Pflanzen im Herbarium des Herrn Oberlehrer Ruthe.

Rbh. Dr. Rabenhorst, Flora Lusatica. Leipzig 1839. 1840.

Rei. K. Reimann, in B. Mündliche Mittheilungen.

Rn. Reinhardt, Chemiker in Möglin bei Wr., früher auf dem Alaunwerk bei Fw. Schriftliche und mündliche Mittheilungen.

Rt. Ritter, Lehrer in B., früher in Friesack und Lw. Mündliche Mittheilungen.

H. S. Heinr. Schulze, Aktuar in Königshorst bei Na. Mündliche und schriftliche Mittheilungen.

H. S. II. Heinr. Schulze, Lehrer an der Raths- und Friedrichsschule in Küstrin, früher in Lw., desgl.

Sch. Schaede, Kantor und Lehrer in Alt-Reetz bei Wr. Schriftliche Mittheilungen.

Schl. Prof. Dr. v. Schlechtendal, Flora Berolinensis, Berlin 1823. 1824, und briefliche Mittheilungen.

Schp. Scheppig, Gehülfe im Königl. botanischen Garten in B. Mündliche Mittheilungen.

Schr. Schramm, Oekonomie-Kommissions-Rath in Br., Flora von Brandenburg und Umgegend, Brandenburg 1857. — Zur Flora der Mark Brandenburg und speciell der Stadt Brandenburg und Umgegend in Flora 1858. — Mündliche und schriftliche Mittheilungen.

Sp. Dr. Th. Spieker, Oberlehrer an der Realschule in P. Mündliche und schriftliche Mittheilungen.

Th. F. v. Thümen-Gräfendorf, Systematisches Verzeichniß der in der Umgebung der Stadt Jüterbogk wildwachsenden phanerogamischen Pflanzen, in Flora 1857.

Außerdem ist die zum Königl. Herbarium in B. gehörige Sammlung märkischer Pflanzen, welche meist vom Professor v. Schlechtendal und dem verstorbenen Thiele aufgenommen sind, benutzt worden.

An den mit !! bezeichneten Standorten hat der Verfasser die betreffende Pflanze selbst beobachtet; ein ! bedeutet, daß ihm von dem Standorte trockne Exemplare vorgelegen haben.

Schließlich sagt der Verfasser allen denen, die seine Arbeit durch ebenso bereitwillige als uneigennützige Mittheilung ihrer Beobachtungen unterstützt haben, seinen herzlichsten Dank, und bittet sie, so wie alle Freunde der vaterländischen Flora, denen dies Werkchen in die Hände kommt, demselben auch ferner ihre Gunst zu schenken und zu erhalten.

Berlin, den 20. April 1859.

Dr. Paul Ascherson.

Phanerógamae.

I. Angiospermae.

A. Dicotylédones.

1. Familie. Ranunculaceae Juss.

† Clématis L.

† C. recta L. Im Gebiet nicht einheimisch, sondern wahrscheinlich nur verwildert P. Bei der Landesbaumschule *Bch.!* Buckow im Elysium *R. fil.!*

* C. Vitalba L. In Wäldern Mitteldeutschlands einheimisch, hier nur zu Lauben u. s. w. angepflanzt.

* C. Viticella L. Stammt aus Süddeutschland, hier nur zu Lauben u. s. w. angepflanzt.

1. Thalictrum Tourn.

1. T. aquilegiaefolium L. Laubwälder, sehr selten. Or. Zerpenschleuse am Wege nach Marienwerder spärlich *Jahn* 1834!

2. T. minus L. Laubwälder, Gebüsche, selten, wohl mehrfach übersehen. Bisher nur Sp. Papenberge *Beyrich!* Alt-Landsberg zwischen dem Bernauer u. Strausberger Thor *Gae.!!* und Strausberg an den Lilien-Convallien-Wällen *Gae.!*

3. T. flexuosum Bernh. Sonnige Hügel, trockne Wälder, zerstreut. P. Brauhausberg *Bs.!* am nördlichen Ufer des Glindower Sees!! Teltow *Bl.* Sp. Schildhorn!! Na. Bredower Forst beim Forsthause!! Brieselang *W. M.!!* Jahnberge bei Paulinenau!! B. In der Nähe der Spree oberhalb des Hegemeisters!! Jungfernheide beim Plötzensee!! Wilmersdorf *Thiele!* Dusterer Keller!! K. Mahlsdorf *Bl.*

Rüdersdorfer Kalkberge!! Zossen: Sperenberger Gipsberge!! Wr. Upstall bei Schulzendorf *Rn.* Nst. Brunnen *Bch.!* In einer Hecke bei Sommerfelde *Bch.!!* Kirchhof zu Hekelberg *Bl.*

4. T. simplex L. Lichte Laubwälder, sehr selten, bisher nur Na. Bredower Forst westlich vom Forsthause!! von *Schr.* 1853 entdeckt.

5. T. flavum L. Wiesen, besonders **A**, nicht selten, z. B. Br. Pewesin!! P. Hinter dem Neuen Palais *Bs.* Na. Königshorst *H. S.* Kremmen: Tietzow!! T. Berghorst; Niebelhorst *P.* Lw. Mollenhütten *Rt.* Lindenberg *Th.* B. Zwischen Rummelsburg und dem Kietz!! zwischen der Stralauer und Frankfurter Chaussee!! nördlich von Charlottenburg *A. Br.* Wiese, Moabit gegenüber!! am Schifffahrtskanal vor dem Anhaltschen Thore!! und an der Potsdamer Eisenbahn *W. M.* Rudower Wiesen!! Wiese vor dem Kottbusser Thor!!

2. Hépatica Dillen.

6. H. triloba Gil. Schattige Laubwälder, Gebüsche, zerstreut. P. Sanssouci einzeln, vielleicht verwildert *Bs.!* Sp. Papenberge *D.* Or. Zwischen Sachsenhausen und Theerofen *Rn.!* Zerpenschleuse *Jahn.* Na. Brieselang, häufig!! Fasanerie bei Königshorst *H. S.!* Trebbin: Burgwall *Gr.* B. Friedrichsfelder Park!! Schönhauser Park, einzeln!! Französisch-Buchholz; Buch *Kr.* K. Am östlichen Ufer des Kalksees beim Alten Grund!! Alt-Landsberg *Gae.* Mittenwalde: nach Telz hin *Gr.* Müncheberg: Heidekrug!! Buckow: Pritzhagen im Elysium!! Fw. Brunnen *Rn.* Ziegelerberg!! Schloßberg *Rn.* Nst. Eichwerder!! Schanzenberg; Brunnen *Bch.* Zainhammer!! Spechthausen *Bch.* Eisenspalterei; Lichterfelde *H.* Häufig in Gärten mit gefüllten Blumen.

3. Pulsatilla Tourn.

7. P. pratensis (L.) Mill. Sonnige Hügel, Kiefernwälder, fast nur auf Sandboden, zerstreut. P. Brauhausberg *Sanio!* Exercirplatz; Tornow; Templin *Bs.* Baumgartenbrück!! Grunewald beim Schlachtensee!! Sp. Tegel *Schl.* Or. Bei Quaden-Germendorf *G!* Na. Weinberg!! zwischen dem Weinberg und Brieselang *W. M.* Jahnberge bei Paulinenau *H. S.!!* Lw. Lindenberg *Rt.!* Trebbin: zwischen Schulzendorf und Forsthaus Lenzburg *Gr.!* B. Fuchsberge sehr häufig!! Jungfernheide!! Spandauer Bock nach Pichelsberg hin *Bl.* Beim neuen Krug!! K. Rahnsdorf!! Woltersdorf!! Rüdersdorfer Kalkberge!! Alt-Landsberg *Gae.* Zossen: an der Chaussee beim Forsthause und bei Gr. Machenow *Bl.* Fw. Alaunwerk *Rn.!* Nst. Beim großen Schlangenpfuhl; kleiner See *Bch.*

8. P. vernalis (L.) Mill. Kiefernwälder, an sonnigen Plätzen, selten. Or. Bei Zerpenschleuse auf Hügeln, südlich vom Kanal *Jahn!*

B. Vor der Jungfernheide *R. fil.* K. Bei der Rahnsdorfer Mühle, unweit der Eisenbahn *Li.* u. *Körnicke!* Nst. Brunnen *Bch.!* Zainhammer; bei den Leuenberger Wiesen einzeln *Bch.*

9. P. patens (L.) Mill. Wie vorige, zuweilen mit ihr, sehr selten K. Rahnsdorf *A. Br.!* Nst. Forsthaus Eisenbude in der Biesenthaler Forst *Kr.* Erreicht hier ihre westliche Grenze.

4. Anemóne Tourn.

10. A. silvestris L. Sonnige Hügel, selten, aber gesellig. K. Rüdersdorfer Kalkberge!! Buckow *Radig!* Fw. Weinberg; Akazienberg *Rn.* Paschenberg *Bch.* Nst. Eichwerder!! Karlswerk; Hohen-Finow *Bch.*

11. A. nemorosa L. Laubwälder, Gebüsche, sehr häufig, z. B. P. Sanssouci!! Neuer Garten *Bs.* Sp. Dallgow!! Papenberge *D.* Schwanenkrug!! Na. Brieselang!! Bredower Forst!! Fasanerie bei Königshorst *H. S.* Kremmen: Tietzow *N.* Lw. Elsthal; Lindenberg; vor der Papiermühle *Rt.* B. Friedrichsfelder und Schönhauser Park!! Französisch-Buchholz!! Buch *Kr.* zwischen Pankow und Rosenthal *W. M.!* Thiergarten!! Charlottenburger Schloßgarten!! Alt-Landsberg *Gae.* Wr. Büchnitz bei Möglin *Rn.* Fw. Brunnen; Zieglerberg *Rn.* Schloßberg *Rn.!* Nst.!! Biesenthal: Lanke *Schl.*

b) purpurea Bl. B. Thiergarten beim Forsthause einmal *Bl.*

12. A. ranunculoides L. Wie vorige, meist mit ihr, zerstreut. P. Sanssouci!! Neuer Garten *Bs.* Sp. Papenberge *Schl.* Or. *Kr.* Liebenberg *Bch.* Na. Stadtforst in den Hahnbergen *Gr.!* Gr. Bähnitz *Sp.* Unterholz bei Dechtow *H.* Fasanerie bei Königshorst *H. S.!* Jahnberge *Rt.!* Kremmen: Tietzow *N.!* bei der Linumer Ziegelei *H.* Lw. Renneberge *Rt.* Trebbin: Scharfenbrücker Forst *Gr.* B. Friedrichsfelder Park einzeln!! Schönhauser Park!! (seit mehreren Jahren verschwunden) Französisch-Buchholz; Buch *Kr.* K. Am östlichen Ufer des Kalksees beim Alten Grund!! Alt-Landsberg *Gae.* Wr. Büchnitz bei Möglin *Rn.* Fw. Brunnen *Rn.* Zieglerberg!! Schloßberg *Rn.!* Nst. Zainhammer!! Trampe; Pechteich *Kr.*

5. Adónis Dillen.

† A. auctumnalis L. Zierpflanze aus Süd-Europa; zuweilen in Gärten verwildert. P. *Rn.* B. Schöneberg *Bl.* K. Rüdersdorf *Rn.* Fw. *Rn.*

13. A. aestivalis L. Lehmäcker, selten, nur im östlichen Gebiet. K. Bei den Rüdersdorfer Kalkbergen *Körnicke.* Buckow: Bollersdorf *Walter!* Wr. Möglin an der Batzlower Wiesengrenze *Rn.*

Batzlower Mühle *Sch.!* Fw. Weinberg *Rn.* Nst. Pfingstberg; bei Karlswerk *Bch.!* Hekelberg *Bl.*

6. Myosúrus L.

14. M. minimus L. Feuchte Aecker, an Gräben nicht selten, z. B. P. In der Packhofstraße bei der Berliner Brücke am Rinnstein *Bs.* Sp. Bei Nieder-Neuendorf!! Na. Königshorst: Nachtkoppel *H. S.* Lw. Felgentreu *Kt.!* B. Vor dem Königsthor beim Saupfuhl *J.!* Vor Pankow!! Charlottenburg!! Wilmersdorf!! Alt-Landsberg *Gae.*

7. Batráchium E. Mey.

15. B. aquátile (L.) E. Mey. Stehende und langsam fließende Gewässer, gemein.

b) paucistamineum Tausch. (als Art). Nicht so häufig als die Hauptart. B. Jungfernheide!! Treptow!!

16. B. divaricatum (Schrk.) Wimm. Wie vorige, nicht selten, aber wohl mehrfach übersehen. P. Sanssouci *Schp.* Sp. Tegeler See *Körnicke!* Kremmen: Linum *H.!* B. Friedrichsfelder Park!! Jungfernheide in Torfstichen!! Plötzensee *Thiele!* im Schifffahrtskanal bei der englischen Gasanstalt!! Rudow *Schp.!* Alt-Landsberg: Bötzsee *Gae.!* Nst. Alter Wasserfall *Bch.*

17. B. flúitans (Lmk.) Wimm. Fließende Gewässer, nicht häufig. P. Havel bei Baumgartenbrück *Schp.* Sp. Beim Potsdamer Thor *Rach!* Tr. Havel bei der chemischen Fabrik. *Rn.* B. Schifffahrtskanal bei Moritzhof und zwischen dem Halleschen und Kottbusser Thor *Bl.* Spree *D.* K. In der wendischen Spree beim Schlosse *Bl.* Fw. Landgraben *Rn.* Nst. Kanal *Bch.!*

8. Ranúnculus Haller.

18. R. Flámmula L. An Gräben, Sümpfen, sehr häufig.

19. R. Lingua L. Stehende Gewässer, Sümpfe, zerstreut. P. Beim neuen Palais; Ruthewiesen *Bs.* Sp. Inseln im Tegler See *Bl.* Na. Brieselang *Rei.* Sandhorst *H. S.!* westlich von Paulinenau!! am Gr. Bähnitzer See!! Lw. Sumpfwiesen östlich der Stadt *Kt.* B. An der Stadtmauer bei d. Eisenbahnpforte *J.* Rummelsburg!! Plötzensee *Bl.* Witzleben am Lietzen-See!! zwischen dem zoologischen Garten und Wilmersdorf *W. M.* Johannisthal *Thiele!* K. Tasdorf *Schl.* Wr. Batzlower Wiesen *Rn.* Biesenthal: Nach Lanke hin *A. Br.*

20. R. auricomus L. Laubwälder, Gebüsche, nicht selten. P. Sanssouci!! Sp. Tegel *Kth.* Na. Finkenkrug!! Wiesen beim Bredower Forsthause!! Lindholz!! Fasanerie bei Königshorst!! Kremmen: Flatow *H.* Lw. Renneberge *Kt.!* B. Wiese bei den Fuchsbergen *J.* Friedrichsfelder, Schönhauser, Französisch Buchholzer und

Charlottenburger Schloßgarten!! Thiergarten bei der Försterei!! Wiesen östlich von der Kottbusser Straße!! vor der Spreeheide *W. M.* Nst. Wiesen an der Schwärze!!

21. R. acer L. Wiesen, Gebüsche, gemein.

22. R. polyánthemus L. Sonnige, trockne Waldstellen, sehr zerstreut. P. Innerhalb des Wildparks nach Kuhfort hin *Bs.!* Römerschanze *Bl.* Sp. Tegel *D.* Na. Finkenkrug *W. M.* Bredower Forst!! Lindholz!! B. Jungfernheide südlich vom Kanal in der Gegend des Plötzensees!! Nst. Brunnen; Zainhammer *Bck.!* Eisenspalterei *H.*

23. R. repens L. Wiesen, Triften, Wegränder, gemein.

24. R. bulbosus L. Laubwälder, Grasplätze, nicht selten, z. B. P. Ruinenberg; Brauhausberg *Bs.* Na. Königshorst *H. S.* B. Friedrichshain *J.* Schönhauser Park!! beim zoologischen Garten!! zwischen Wilmersdorf und Schmargendorf!! Eisenbahneinschnitt bei Schöneberg!! K. An der Eisenbahn in der Heide nach Rahnsdorf zu *W. M.*

25. R. sardóus Crtz. Feuchte, lehmige Aecker, zerstreut. P. z. B. Bornstedt *Bs.* am Glindower See!! Sp. *D.* Dr. *Gae.* Na. Königshorst in der Bullenkoppel *H. S.!* Lw. Felgentreu *Rt.!* Trebbin: Schulzendorf!! B. Lichtenberg *D.* Weißensee!! Heinersdorf *D.* Pankow!! östlich von Nieder-Schönhausen!! südlich von Charlottenburg!! westlich der Potsdamerstraße *Rei.!* zwischen Schöneberg und Steglitz!! zwischen Wilmersdorf und Schöneberg *Bl.* Tempelhof *D.* westlich von der Hasenheide *W. M.* Nst. Sommerfelde *Bck.*

26. R. arvensis L. Wie voriger, zerstreut. P. Bornim *Schp.!* Na. Tietzow *Gr.!* Königshorst *H. S.* Trebbin: Schulzendorf *Gr.!* B. Zwischen dem Landsberger Thor und Lichtenberg *Jahn!* zwischen Nieder-Schönhausen und Französisch Buchholz!! südlich von Charlottenburg *Bl.* zwischen Wilmersdorf und Schöneberg!! zwischen Tempelhof und Lankwitz *Bl.* Nst. Sommerfelde!!

27. R. sceleratus L. Gräben, Sümpfe, nicht selten, z. B. P. Nuthewiesen; Eiche *Bs.* Teltow *Bl.* Sp. Pichelsberg *Bl.* Na. In Rohrbeck!! Königshorst *H. S.* Lw. Felgentreuer Busch *Rt.* B. Vor dem Frankfurter Thor auf der Wiese!! vor dem Königsthor am Saupfuhl!! Plötzensee!! Thiergarten *Hl.* Schöneberg *Bl.* Tempelhof an den Pfühlen hinter der Kirche *W. M.*

9. Ficária Dillen.

28. F. polypétala Gil. Laubwälder, Gebüsche, nicht selten, z. B. P. Sanssouci!! Sp. Bei der Tegler Mühle *Bl.* Na. Brieselang!! Fasanerie bei Königshorst *H. S.* B. Vor Rummelsburg!! vor Pankow!! Schönhauser Park!! Französisch Buchholz!! Thiergarten beim

alten Chausseehause!! Alt-Landsberg *Gae.* Buckow in der Stadt und im Elysium!! Fw. Papiermühle!! Nst. Eichwerder!! Zainhammer!!

10. Caltha L.

29. C. palustris L. Sumpfwiesen, gemein.

11. Tróllius L.

30. T. europaeus L. Fruchtbare Wiesen, sehr zerstreut. Na. Bärhorst nach Hertefeld hin *Gr.!* B. Wiesen östlich von Rixdorf *Rn.!* Stienitzwiesen bei Alt-Landsberg *Gae.* und Werneuchen *D.* Wr. Büchnitz bei Möglin *Rn.* Nst. Wiesen bei der Rogäser Schleuse *Bch.!* Trampe; Sydow *Bch.*

† Hellèborus Adans.

† H. viridis L. Stammt aus Mitteldeutschland. In Grasgärten öfters gebaut und zuweilen halbwild. Buckow in den neuen Anlagen *Radig!* Nst. Tornow *H.*

† H. foetidus L. Wie voriger. Buckow *Sch. Radig!*

12. Nigella Tourn.

31. N. arvensis L. Lehmäcker, sehr zerstreut. Br. Bei der Pewesiner Windmühle; Schmergow *Schr.* P. Geltow *Schp.!* bei der Uetzer Fähre *Bl.!* Zehlendorf an der Chaussee nach Steglitz!! Sp. Westlich der Stadt!! Na. *Gr.* Trebbin *Gr.* B. Hinter Lankwitz *Kr.* Aecker beim Buschkrug einzeln *Schp.!* Mittenwalde: Gr. Machenow *H. S. H.!* Buckow *R.* Wr. Möglin; Batzlow *Rn.* Fw. Nach Alt-Ranft hin; Weinberg *Rn.* Nst. Bei Warbecks Mühle *Bch.* zwischen Tornow und Karlswerk!!

† N. damascéna L. In Gärten als Zierpflanze; stammt aus Süd-Europa. Zuweilen auf Schutt verwildert.

† N. sativa L. Stammt aus Süd-Europa; im Gebiet nicht gebaut, aber zufällig verwildert. B. Bei Steglitz *Tittelbach!*

13. Aquilégia Tourn.

32. A. vulgaris L. Laubwälder, sehr zerstreut. Na. Heineberg bei Gr. Bähnitz *Schr.* B. Johannisthal *Rn.!* Alt-Landsberg *Gae.* Strausberg: Blumenthal *R.* Nst. Zainhammer; Schlangenpfuhl *Bch.* Häufig in Gärten gepflanzt und an oder in denselben verwildert. P. Beim neuen Palais!! im Petzower Garten!! Or. Schloßgarten *Rn.!* B. Charlottenburger Schloßgarten *Bl.* Kirchhof in Dahlem *Kr.*

14. Delphinium Tourn.

33. D. Consólida L. Aecker, stellenweise gemein, aber an anderen Orten seltener.

† D. Ajacis L. Zierpflanze aus Süd-Europa; zuweilen verwildert: K. Rüdersdorf *E. Rose!*

† D. elátum L. Seltenere Zierpflanze aus Mitteldeutschland. Verwildert P. Im Park von Sanssouci *Bs.!*

15. Actaea L.

34. A. spicata L. Bergige Laubwälder, selten. Na. Gr. Bähnitz am südöstlichen See-Ufer *S.* Fw. Beim Schloßgarten *Rn.!!* beim Baa-See *Rn.!* Nst. Schanzenberg *Bch.!!* Schützenhaus; Zainhammer; Spechthausen nach dem Geschirr hin *Bch.*

2. Familie. Berberidaceae Vent.

16. Bérberis L.

35. B. vulgaris L. Sonnige Hügel, Laubwälder, wahrscheinlich wild, sehr zerstreut. Br. Bagow *Schr.* P. Glindower Ziegeleiberge *Schr.* Na. Piepenberge in der Bredower Forst!!*) K. Rüdersdorfer Kalkberge *Bl.* Wr. Büchnitz bei Möglin; Metzdorfer Berge *Rn.* Wriezener Berge *Sch.* Häufig zu Hecken angepflanzt und von da verwildert, z. B. P. Beim Weinberg bei Baumgartenbrück!!

† Epimédium L.

† E. alpínum L. Stammt aus Süddeutschland. Nur angepflanzt und verwildert Buckow *Radig.*

3. Familie. Nymphaeaceae D. C.

17. Nymphaea L.

36. N. alba L. Nur a) melocarpa Caspary. Stehende und langsam fließende Gewässer, häufig, z. B. P. Havel *Bs.* Wiesengräben, Werder gegenüber!! Sp. Grunewald, vom Schlachtensee bis Hundekehle!! in der Havel bei Pichelsberg!! Na. Gräben west-

*) Bredower Forst wird hier der Kürze wegen der ganze zwischen der Haltestelle Finkenkrug und dem Dorfe Zeestow, südlich von der Berlin-Hamburger Eisenbahn gelegene Forstkörper genannt, obwohl z. B. die Piepenberge nicht nach Bredow gehören.

lich von Paulinenau!! Königshorst *H. S.* Kremmen: Linum *H.!* Beelitz: Seen bei Rieben und Dobbrikow *P.* Lw. Torfstich bei den Rennebergen *Rt.* B. Torfstich vor der Jungfernheide!! Pfühle bei Lankwitz *W. M.* Bei uns sind bisher nur folgende Formen unterschieden:

1. sphaerocarpa Casp.

α) chlorocarpa Casp.

* flava Casp. Sp. Pichelsberg *Caspary.* Nst. Obersee bei Lanke *Caspary.*

** splendens Hentze (als Art). Sp. Krumme Lanke *Caspary.*

β) erythrocarpa Casp. Sp. Pichelsberg *Caspary.* B. Lankwitz *Caspary.* Nst. Obersee bei Lanke *Caspary.*

18. Nuphar Sm.

37. N. luteum (L.) Sm Wie vorige, meist mit derselben, z. B. P. Havel *Bs.* Sp. Havel bei Pichelsberg!! Na. Gräben westlich von Paulinenau!! Mangelshorst *H. S.* Kremmen: im Rhin *H.!* Beelitz: Seen bei Rieben und Dobbrikow *P.* B. Pfühle bei Weißensee!! Lankwitz *W. M.* im Graben beim Köpnicker Weg!!

4. Familie. Papaveraceae D. C.

19. Papáver Tourn.

38. P. Argemóne L. Sandige und lehmige Aecker, nicht selten, z. B. P. *Bs.* B. Vor dem Prenzlauer Thor *Rei.* bei Schöneberg *Bl.* Wilmersdorf!! Schmargendorf!! bei der Hasenheide *W. M.* Alt-Landsberg *Gae.*

39. P. Rhoeas L. Wie voriger, gemein.

40. P. dubium L. Wie voriger, nicht selten, z. B. P. Südlich von Bornstedt *Bs.* Na. Königshorst *H S.* B. Beim Kurfürstendamm *W. M.* westlich von der Potsdamer Straße *Garcke.* Lehmgrube bei der Hopfschen Brauerei!! Buschkrug!! Alt-Landsberg *Gae.*

† P. somniferum L. Stammt aus dem Orient. Als Zierpflanze und der Samen wegen in Gärten häufig, seltener auf Aeckern gebaut. Zuweilen einzeln verwildert.

20. Chelidónium Tourn.

41. C. majus L. Zäune, Schuttstellen, Gebüsche, gemein.

b) laciniatum Mill. (als Art). Mit der Hauptart selten, wohl nur verwildert P. Beim neuen Palais *Schp.!* B. Schöneberg an der Mauer des botanischen Gartens *Schp.!!*

5. Familie. Fumariaceae D. C.

21. Corydallis D. C.

42. C. cava (L.) Schw. u. K. Gebüsche, selten. Nur: Kremmen: Tietzow in der Horst des Pfarrers *N.!* Linum am Saum *H.* T. Grasgärten in Buchholz *P.*

43. C. intermedia (L.) Mér. Gebüsche, Laubwälder, sehr zerstreut. P. Sanssouci, besonders bei der kleinen Fontaine!! Na. Abhänge nördlich von Kl. Bähnitz *Sp.! Gr.!* Fasanerie bei Königshorst *H. S.!* Jahnberge bei Paulinenau *Rt.* Fürstenwalde: Steinhöfel *Hl.!* Wr. Möglin: Büchnitz *Sch.* Fw. Weinberg *Rn.* Schloßberg *Rn.!* Nst. An der Schwärze zwischen Brunnen und Zainhammer *Bch.!!* Spechthausen beim Geschirr *Bch.*

44. C. sólida (L.) Sm. Laubwälder, sehr selten. Nur P. Sanssouci unweit der kleinen Fontaine *Schp.! Bs.!* und Ruinenberg *Bs.!*

22. Fumária Tourn.

45. F. officinalis L. Aecker, Gartenland, überall häufig.

† F. parviflóra Lmk. Stammt aus Süddeutschland. Verwildert B. Schöneberg in der Nähe des botanischen Gartens *Rn.* *W. M.* 1855, 1858!

6. Familie. Crucíferae Juss.

23. Nastúrtium R. Br.

46. N. fontanum (Lmk.) Aschs. Gräben, Ufer, zerstreut. P. Tornow; Templin *Bs.* Sp. Pichelswerder *D.* B. Westlicher Graben am Markgrafendamm bei Rummelsburg!! Gesundbrunnen *D.* Schifffahrtskanal bei Moritzhof *Bl.* Rixdorf am Wege nach Ober-Rixdorf!! K. Schulzenhöhe bei Rüdersdorf!! Alt-Landsberg *Gae.* Mittenwalde an der Notte *Gr.* Wr. Upstall bei Schulzendorf *Rn.* Fw. *Schl.* Nst. Im alten Gesundbrunnen *W. M.*

47. N. amphibium (L.) R Br. Gräben, Ufer, Sümpfe, gemein.

48. N. silvestre (L.) R. Br. Gräben, nasse Wiesen, Sumpfränder, gemein.

49. N. palustre (Leyss.) R. Br. Ufer, Sumpfränder, überschwemmte Stellen, nicht selten, z. B. P. Tornow bis Templin *Bs.* Sp. Havelufer bei Pichelsberg!! Kremmen: Linum; Beetz *H.!* Treb-

bin: Lenzburg *Gr.!* B. Wiesen vor dem Frankfurter Thor!! Spreeufer bei der Tichyschen Badeanstalt *Bl.* Jungfernheide *Schl.* Schöneberg auf dem Wege nach Wilmersdorf und nördlich davon!! zwischen Wilmersdorf und Charlottenburg *W. M.* jenseit Tempelhof an Pfühlen!! Alt-Landsberg *Gae.*

47 × 48. N. amphibium × silvestre. Zwischen den Eltern selten. B. Seegerscher Holzplatz vor dem Unterbaum *A. Br.* 1854!

24. Barbaraea R. Br.

50. B. lyrata (Gil.) Aschs. Wiesen, feuchte Aecker, nicht häufig. Br. Pewesin am Lötzkanal!! P. Plantage; Sanssouci; Neuer Garten, wohl nur eingeschleppt *Bs.* Sp. *D.* B. Charlottenburg; Johannisthal *D.* Alt-Landsberg *Gae.* Nst. Landsberger Wiesen; hinter Sommerfelde südlich der Chaussee *Bch.!*

b) iberica (Willd.) D. C. (als Art, erweitert). Sp. *R.* Or. Schloßgarten *Rn.* Na. Nach Ribbeck hin *Bouché!* Pessin am Wege nach Paulinenau *Rt.* B. Aecker diesseit des Friedrichsfelder Chausseehauses, südlich von der Chaussee 1858!! Reinickendorf; Charlottenburg *R.* K. Am Rahnsdorfer Mühlenfließ nördlich von der Bahn *W. M.!*

51. B. stricta Andrzj. Ufer, Gräben, zerstreut. P. Moorlanke *Winkler!* B. Nonnendamm bei Charlottenburg *Filly!* Graben auf dem Seegerschen Holzplatz *A. Br.!!* Bellevuegarten *Bl.* Thiergarten unweit der Fasaneriebrücke *Rei.!* Nst. Am Kanal bei der Rogäser Schleuse *Bch.!*

25. Turritis Dillen.

52. T. glabra L. Wälder, Gebüsche, zerstreut, meist einzeln. P. Brauhausberg *Bl.* Sp. Pichelsberg *D.* Grunewald beim Rhinmeister-See!! Papenberge *Kth.* Na. Finkenkrug am Wege nach der Bredower Forst diesseit der Eisenbahn!! Lindholz; grüner Damm zwischen Königshorst und Sandhorst *H. S.* Jahnberge!! Lw. Westlich am Wege nach Scharfenbrück *Rt.* B. Gesundbrunnen nach Schönhausen hin!! Thiergarten!! Dahlem *D.* Schöneberger Grasgärten *Bl.* Hasenheide!! K. Woltersdorfer Schleuse nach den Kalkbergen hin!! Strausberg: Blumenthal *D.* Fw. Akazienberg!! Nst. *Bch.*

26. Árabis L.

53. A. hirsúta (L.) Scop. Wiesen, Waldränder, Abhänge, zerstreut. P. Bei der Drehbrücke *Bs.* Charlottenhof *Bl.* Sp. Pichelsberg; Papenberge *D.* Or. Schloßgarten *Kr.* Na. Brieselang am Wege nach dem Finkenkrug!! häufig auf Dämmen und Wiesen im

großen havelländischen!! und Rhinluch *H.!* Jahnberge!! Trebbin *Gr.!* B. Jungfernheide an dem kleinen Torfstich östlich vom Pfefferluch *Rei.!* an der Chaussee westlich von Charlottenburg; Spandauer Berg *Bl.!* Kurfürstendamm *W. M.* Kreuzberg *D.* Hasenheide *W. M.* K. Südlich vom Alten Grund am Walde!! Alt-Landsberg *Gae.* Fw. Hammerthal *Hl.!* Schloßberg *Rn.* Köthen im Wasserthal!! Nst. Zwischen Brunnen und Zainhammer an der Schwärze *Bch.*

54. A. arenosa (L.) Scop. Wälder, Gebüsche, Grasplätze, sandige Hügel, Wiesen, zerstreut. Br. Ketzür *Gr.* P. Kirchhof *Bs.* Sp. Pichelswerder!! Papenberge!! Tegel *D.* Na. Mangelshorst *H. S.!* Kremmen: Tietzow *N.!* Linum *H.!* Trebbin: zwischen Lüdersdorf und Schulzendorf *Gr.!* Um B. sehr häufig: Lichtenberger Kietz *J.!* Friedrichsfelder Park!! zwischen Pankow und Rosenthal *W. M.* südlich an der Jungfernheide!! Charlottenburger Schloßgarten!! und Gebüsche an der Spree dem Schloßgarten gegenüber!! Wiese Moabit gegenüber!! Böschungen am Schifffahrtskanal zwischen der Lichtenstein- und Potsdamer Brücke!! Grasplätze bei der Louisen-Insel!! Bellevue *Bl.* vor Schöneberg an der Potsdamer Eisenbahn *W. M.!* Lehmgrube bei der Hopfschen Brauerei!! Hasenheide *Hl.* am Kanal vor dem Kottbusser Thor!! beim Buschkrug!! auch in der Stadt auf Grasplätzen im Charitégarten!! Fw. Brunnenthal!! Nst. Am Kanal; Schwärzewiesen beim Zainhammer *Bch.!!* am Werbellin-See *Kr.* Biesenthal: am Liepnitz See bei Utzdorf *Kr.*

† A. péndula L. Stammt aus dem nördlichen Asien. Verwildert Schöneberg an der Mauer des botanischen Gartens!!

27. Cardámine L.

55. C. parviflóra L. Sumpfränder, überschwemmte Stellen, selten und unbeständig. B. Weißensee am Pfuhl beim Chausseehause *Rach* 1843 sehr viel! an der Dranke 1857 einzeln *Schp.!!* Moabit an der Brückenstraße 1841 *Hanstein!*

56. C. impátiens L. Schattige Laubwälder, sehr zerstreut. Sp. Auf dem Hassel-Werder bei Tegel *A. Br.* 1858! Fw. Abhang über der Chaussee und am klingenden Fließ östlich von der Papiermühle *Rn.!!* Nst. Schanzenberg; vom Brunnen bis Spechthausen; Geschirr *Bch!*

57. C. hirsúta L. Feuchte Grasplätze, schattige Laubwälder, sehr zerstreut, zuweilen unbeständig. P. Sanssouci, besonders bei der Brücke südlich der Fontaine *Bs.!* Pfauen-Insel *Oenicke.* Sp. Pichelswerder *Baclke!* Buckow: Elysium unweit der Pritzhagener Mühle!! Fw. Schloßgrund am klingenden Fließ *Rn.!* Nst. Schützenhaus; Zainhammer; Spechthausen *Bch.!*

b) silvática Lk. (als Art). Schattige Laubwälder, selten. Na. Nordwestlich vom Finkenkrug *Sunio!*

58. C. pratensis L. Wiesen, sehr gemein. Kommt vor:
b) scapigera A. Br. B. *A. Br.!*
c) uniflóra Sternb. u. Hoppe. Sp. Havelufer südlich von Pichelsberg *Bl.* 1857! B. Unweit des Neuen Kruges *Dr. Berg* 1842!

59. C. amára L. Waldsümpfe, an Gräben und Bächen, zerstreut. P. Vom Tornow bis Kaput an der Havel; Ravensberge bis Bergholz *Bs.!* Na. Stadtforst *Gr.!* Lw. Elsthal *Rt.!* Papiermühle; Felgentreuer Busch *Rt.* B. Bei den Fuchsbergen *Gs.!* bei Französisch Buchholz östlich vom Dorfe!! Jungfernheide *D.* Thiergarten an dem Graben östlich vom alten Chausseehause nördlich der Chaussee!! am Schifffahrtskanal beim zoologischen Garten!! an den Gräben nordwestlich vom Hofjäger *Bl.!* Johannisthal *D.* K. Rabenstein-Mühle *W. M.* Wr. Kleine Mühle *Sch.!* Fw. Hammerthal; Schloßberg; Köthen *Rn.* Nst. Unter dem Schützenhause!! beim Zainhammer sehr viel!!

† Hésperis L.

† H. matronalis L. Häufige Zierpflanze aus Süddeutschland. Verwildert B. Charlottenburg südlich von Witzleben *Bl.* Thiergarten beim Hofjäger *Bl.!!*

28. Sisýmbrium L.

60. S. officinale (L.) Scop. Wegränder, Zäune, gemein.

† S. Irio L. Stammt aus Süddeutschland. Verwildert B. Auf dem Pflaster innerhalb des Gitters der Königlichen Bibliothek!! (seit wenigstens 30 Jahren); im Thierarzneischulgarten *Rt.!!* bei der Uhlanenkaserne vor Moabit *W. M.* an der Verbindungsbahn beim ehemaligen Exercierplatz *Haeckel!!* an der südlichen Mauer des botanischen Gartens in Schöneberg!!

61. S. Sóphia L. Schuttstellen, Zäune, Wegränder, sehr häufig.

† S. strictissimum L. Im Gebiete nicht einheimisch, sondern nur angepflanzt und halb verwildert B. Im Schönhauser Park *Bauer!!*

62. S. Thalianum Gay u. Monnard. Sandige Aecker, Hügel, Grasplätze, sehr häufig.

29. Alliária Adans.

63. A. officinalis Andrzj. Schattige Wälder, Gebüsche, nicht selten. P. Sanssouci sehr häufig!! Sp. Tegel *D.* Na. Finkenkrug!! am Jägelitzgraben *Gr.!* Lindholz!! Amtsgarten bei Königshorst!! Gr. Bähnitz im Park!! B. Schönhauser Park!! Französisch Buchholz *D.* Panke bei der Chausseestraße *Bl.* Moabit bei der Straf-

anstalt *Rei.* Thiergarten beim alten Chausseehause!! Kreuzberg!! Tempelhof *D.* Fw. Brunnen *Rn.* am Schloßgarten!! Hammerthal *Rn.* Köthen!! Nst. Eisenspalterei; Weitlage; Spechthausen *Bch.*

30. Erýsimum L.

64. E. cheiranthoides L. Wegränder, Zäune, Gartenland, gemein.

65. E. hieraciifolium L. Gebüsche, selten. Nur die Varietät:

a) strictum Fl. d. Wett. (als Art). Br. Im Gesträuch am nördlichen Wall des Lötzkanals bei Pewesin *Sp.! Schr.!* P. Pfaueninsel, wohl nur verwildert *Vocke.* B. An einem Zaun auf dem Wedding *Körnicke!* in einem Garten auf dem Kreuzberg *Caspary!!* wohl nur zufällig eingeschleppt.

† E. orientale (L.) R. Br. ist von *A. Paalzow* nur einmal 1853 B. auf einem Acker unweit des Schifffahrtskanals vor dem Halleschen Thore in einem Exemplar gefunden worden.

† Bŕassica L.

* B. oleracea L. In vielen Varietäten in Gärten und auf Aeckern gebaut.

† B. Rapa L.

a) annua Koch. }
b) oleifera D. C. } Auf Aeckern gebaut.

c) esculenta Koch. In Gärten und auf Aeckern nicht selten gebaut; namentlich P. Teltow die berühmten Teltower Rübchen.

d) campestris L. (als Art). Auf Aeckern, an Wegen, nicht selten.

† B. Napus L.

a) annua Koch. }
b) oleifera D. C. } Auf Aeckern gebaut.

c) Napobrassica (Br. oleracea x. Napobrassica L.) In Gärten gebaut. Außerdem einzeln verwildert.

† B. nigra (L.) Koch. Hier und da in Gärten gebaut. Zuweilen an Wegen, Ackerrändern verwildert. B. Wiesen diesseit Boxhagen *J.!* Fw. Am Eingange des Hammerthals *Rn.!!* seit über 10 Jahren; Falkenberg; Amalienhof *Rn.*

31. Sinápis Tourn.

66. S. arvensis L. Aecker, sehr häufig.

† S. alba L. Hier und da in Gärten gebaut. Verwildert

Trebbin: Schulzendorf *Gr.!* B. Hohen-Schönhausen; Charlottenburg!! Kringersfelde *W. M.* K. Kalkbrüche beim Alten Grund!!

† Erucastrum Presl.

† E. Pollichii Sch. u. Spenn. Stammt aus Süd- und Westdeutschland; mit fremdem Samen eingeführt und meist beständig. P. Bei der großen Fontaine in Sanssouci 1842 *Bch.!* später wieder verschwunden. B. Grasplätze im Thierarzneischulgarten 1858!! und im Lustgarten *Rn.!!* (an letzterer Stelle seit 1844 beobachtet); Tempelhof am Damm der Berlin-Anhaltischen Eisenbahn 1856!!

† Diplotaxis D. C.

† D. muralis (L.) D. C. In Süddeutschland einheimisch. Mit fremdem Samen eingeschleppt: Wr. Möglin als Unkraut in Gärten *Rn.!*

32. Alyssum L.

† A. saxátile L. Stammt aus Mitteldeutschland. Im Gebiet nur als Zierpflanze und verwildert P. An Mauern in Sanssouci und am Drachenberg *Bs.!*

67. A. montanum L. Sonnige, sandige Hügel, selten. Nur Br. Mühlenberg bei Deetz und Eiskutenberg bei Gr. Kreuz *Sch.!*

68. A. calycinum L. Sonnige Hügel, Grasplätze auf Sand- und Lehmboden, zerstreut. Or. Bei der Plantage *Kr.* Na. Möthlower Weinberg!! Lw. An der Eisenbahn nach Trebbin hin *Gr.!* B. Lichtenberg *D.* Weißensee südlich der Oranke!! Exercierplatz an der Schönhauser Allee *Rt.* Invalidenkirchhof *Rt.!* Hippodrom!! am Damm der Potsdamer Eisenbahn am nördlichen Ende von Schöneberg!! Kreuzberg!! Tempelhof *D.* an der Chaussee jenseit Rixdorf *Rei.!* K. Rüdersdorfer Kalkberge!! Alt-Landsberg *Gae.* Buckow: Pritzhagen *Thiele!* Nst. Chausseegräben zwischen der Stadt und dem Kirchhof *Bch.!!* und vor Sommerfelde *Bch.!!* zwischen Hohen-Finow und Köthen!! Karlswerker Hüttenplatz *H.!* Biesenthal *Schl.*

† A. minimum Willd. Im südöstlichen Deutschland einheimisch. Alt-Landsberg nördlich von der Stadt einmal von *Gae.!* in Menge gefunden, ob noch jetzt vorhanden? Wohl nur eingeschleppt.

33. Bertéroa D. C.

69. B. incána (L.) D. C. Wegränder, sonnige Hügel, auf Sand und Lehm meist sehr häufig, z. B. P. An der Chaussee nach Baumgartenbrück!! Werder!! Sp. Tegel *Schl.* Na. Zwischen Zeestow und Bredow!! Jahnberge; Seelenhorst *H. S.* Lw. Freigraben bei Elsthal; Dobbrikow *Rt.!* B. Stralauer Kirchhof *Bl.* diesseit

Friedrichsfelde *J.* Weißensee *Kth.* Hippodrom!! Kreuzberg!! Rixdorf!! Alt-Landsberg *Gae.* Nst. Rosenberg!!

† Lunária L.

† L. annua L. Stammt aus Süd-Europa. Häufige Zierpflanze. Verwildert in großer Menge P. Im herrschaftlichen Garten bei Petzow!!

34. Eróphila D. C.

70. E. verna (L.) E. Mey. Sandige Hügel, Felder, Wälder, gemein.

† Cochleária L.

† C. Armorácia L. Hier und da in Gärten gebaut; an Zäunen, Gräben und Wegen verwildert. Br. In Pewesin!! Weseram!! P. Vor dem Brandenburger Thor *Bs.* Tr. *Kn.* Na. *Gr.* Lw. Zinnaer Vorstadt *Kt.* Trebbin: Lüdersdorf; Schulzendorf *Gr.!* Zossen *Gr.* Fw. Zieglerberg *Kn.* Nst. Am Finowkanal nach Nieder-Finow hin *Bch.* Tornow!!

35. Camelina Crtz.

71. C. microcarpa Andrzj. Aecker, Wegränder, häufig, z. B. P. Mühlenberg *Bs.* Na. Königshorst *H. S.* B. An der Landsberger Chaussee *J.* beim Hamburger Bahnhof!! Witzleben *Bl.* beim Kurfürstendamm *Winkler!* Kreuzberg!! am Planufer!! zwischen Rixdorf und OberRixdorf *Rei.* Alt-Landsberg *Gae.* Nst *Bch.*

72. C. sativa (L.) Crtz. Im Gebiete wohl nirgends gebaut, sondern nur auf Aeckern, besonders unter Flachs. Nicht häufig. Lw. Weinberge *H. S. II.!*

b) dentata Pers. (Willd.) als Art. Nur unter Flachs, zerstreut. Br. Pewesin *Sp.* Trebbin: Schulzendorf *Gr.!* B. Reinickendorf 1857 *A. Br.!* Wilmersdorf früher *Kn.!* Nst. Tornow!! Karlswerk *Bch.*

36. Thlaspi Dillen.

73. T. arvense L. Aecker, Wegränder, Grasplätze, zerstreut, zuweilen nur einzeln. P. Neben einer Reitbahn vor dem Jägerthor *Bs.* Lw. Frankenfelde *Kt.!* B. Seegerscher Holzplatz!! bei der Jungfernheide *Kt.!* östlich von Schmargendorf!! Wilmersdorf!! Schöneberg *W. M.* Tempelhofer Berg westlich von der Kunheimschen Fabrik!! vor dem Kottbusser Thore auf dem Wege nach den Wiesen!! Tempelhof!! Alt-Landsberg *Gae.*

37. Teesdálea R. Br.

74. T. nudicaulis (L.) R. Br. Kiefernschonungen, Sandfelder, häufig. P. Brauhausberg *Sanio!* hinter dem Kirchhof *Bs.* Sp. Grunewald!! Pichelswerder *D.* Pichelsberg *Bl.* Tegel *D.* Or. *Gae.* Na. Brieselang *D.* Forst zwischen Möthlow und Buschow!! Lw. Vor Lindenberg *Rt.* Trebbin *Gr.!* B. Friedrichsfelde; Nieder-Schönhausen *D.* Jungfernheide!! Spandauer Berg!! westlich von Wilmersdorf *Bl.* Hasenheide *W. M.* zwischen Treptow und dem Neuen Krug!! K. Woltersdorf!! Alt-Landsberg *Gae.* Nst. *Bch.*

† Ibéris L.

† I. amára L. Zierpflanze aus Süddeutschland. Verwildert in Gärten. B. Charlottenburg; Schöneberg; Rixdorf; Britz *Rn.*

38. Lepídium L.

† L. sativum L. In Gärten, seltener auf kleinen Ackerstücken gebaut und zuweilen verwildert.

† L. campestre (L.) R. Br. Im Gebiet bisher nirgends beständig gefunden, sondern auf Aeckern, Schuttstellen, an Dämmen hospitirend. Sp. Tegel *Kth.* B. Am Damm der Berlin-Potsdamer Eisenbahn zwischen dem Schifffahrtskanal und Schöneberg *W. M.!* Treptow auf Schutt 1853 *Körnicke!* Nst. Im herrschaftlichen Garten zu Trampe *Bch.*

75. L. ruderale L. Schuttstellen, Straßenpflaster, an Zäunen und Wegen stellenweise häufig, aber an anderen Stellen fehlend. Häufig z. B. P. *Bs.* Na. Bahnhof *H. S.!* Pessin *Rt.* (Im Luche fehlend.) Lw. Gottow!! In und um B. sehr gemein!! Sperenberg bei Zossen!!

39. Capsella Vent.

76. C. Bursa pastóris (L.) Mnch. Gartenland, Wegränder, Zäune, sehr gemein.

40. Corónopus Haller.

77. C. squamatus (Forskål) Aschs. Dorfstraßen, Straßenpflaster, zerstreut, aber wohl vielfach übersehen. P. Geltow *Schp.!* Trebbin: In Schulzendorf *Gr.!* Lw. *Rt.!* Felgentreu *Rt.!* B. Weißensee *D.* Schöneberg!! Tempelhof auf dem Gutshofe!! Wr. Möglin *Rn.* Fw. Markt *Rn.* Nst. Karlswerker Hüttenplatz *H.*

41. Néslea Desv.

78. N. panniculata (L.) Desv. Lehmäcker, zerstreut. P.

Aecker vor dem Brandenburger Thor *Bs.!* Na. Königshorst: Beckers Nachtkoppel *H. S.!* Zw. Trebbin und Schulzendorf!! B. Nördlich!! und westlich von Wilmersdorf *Bl.* Schmargendorf!! Zossen *Bl.*

* Búnias L.

* B. orientalis L. In Ost-Europa einheimisch. Bei uns nur selten als Futterkraut gebaut. Wr. Frankenfelde *Sch.!*

† Rapistrum Boerh.

† R. rugosum (L.) All. In Süddeutschland einheimisch. Nur zufällig eingeschleppt. B. Seegerscher Holzplatz *A. Br.* 1856!

42. Raphanistrum Tourn.

79. R. silvestre (Lmk.) Aschs. Aecker, sehr gemein.

† Ráphanus Tourn.

† R. sativus L. In Gärten häufig gebaut; an Zäunen, auf Schutt nicht selten verwildert.

7. Familie. Cistaceae Dunal.

43. Heliánthemum Tourn.

80. H. guttatum (L.) Mill. Kiefernwälder, sehr selten. Mittenwalde *Schoen!*

81. H. Chamaecistus Mill. Sonnige Hügel, trockner Waldboden, nicht selten, besonders D. Br. Gr. Kreutz; Deetz; Pewesin *Schr.* P. Hügel bei Baumgartenbrück!! Sp. Papenberge; Tegel *D.* Or. An der Chaussee *Gae.* Na. Bredower Forsthaus!! Königshorst am Seelenhorster Damm *H. S.!* Lindholz!! Jahnberge!! Kremmen: Linum *H.!* B. Fuchsberge!! Schönhausen *D.* an der Chaussee vor dem Spandauer Bock!! Tempelhof an der blanken Hölle *Bl.* Rudower Wiesen *D.* K. Abhänge nördlich der Woltersdorfer Schleuse!! Rüdersdorfer Kalkberge!! Alt-Landsberg *Gae.* Nst. Karlswerk *Bch.* Wr. Berge beim Landhof *Sch.!* Metzdorfer Berge *Kn.*

8. Familie. Violaceae D. C.

44. Viola Tourn.

82. V. palustris L. An und in Sümpfen, ziemlich verbreitet. Br. Ketzür *Gr.* Sp. Grunewald zwischen dem Schloß und der Hundekehle!! Tegel *D.* Or. Quaden-Germendorf *Gae.* Na. Forst

westlich der Haltestelle Finkenkrug!! Lw. Am Fuß der Renneberge; bei den Frankenförder Büdnergärten *Rt.!* Trebbin: Schulzendorf *Gr.* B. Zwischen den Fuchsbergen und Friedrichsfelde *Rei.!* Französisch Buchholz; Buch *Kr.* Jungfernheide bei den Rehbergen!! Möckernitz!! im Thiergarten unweit des Königs-Denkmals!! beim Schöneberger Busch *Bl.* Hasenheide hinter dem Vilainschen Lokal *Rei.* Treptow *D.* K. Nach den Müggelbergen hin *Gr.* Alt-Landsberg *Gae.* Storkow: Scaby-Luch*) bei Stansdorf *H.!* Nst. *Bch.!*

83. V. hirta L. Sonnige Hügel, Gebüsche, sehr zerstreut. Br. Pewesiner Nachthütung *Sp.* Sp. Pichelsberg *Rach!* Papenberge *D.* Na. Jahnberge *Rt.!* B. Jungfernheide *D.* K. Abhänge an der Ostseite des Kalksees nahe seinem nördlichen Ende!! Zossen: Sperenberger Gipsberge!! Buckow: Im Elysium!! Fw. Weinberg *Rn.* Alaunwerk *Rn.!!* Schloßberg *Rn.!* Nst. Eichwerder!! Karlswerk *H.* Mönchsbrücke *Bch.!* Eisenspalterei; Messingwerk *H.* Biesenthal: Dannewitz *Schl.*

84. V. odorata L. Gebüsche, Hecken, sehr zerstreut. Na. Brieselang *Kr.* Lw. Lindenberg *Th.* B. Weißensee an der Westseite des Sees *J.!* im sogenannten Dustern Keller!! K. Tasdorf!! In Buckow!! Wr. Büchnitz bei Möglin; Metzdorfer Berge *Rn.* Fw. Weinberg; Zieglerberg *Rn.* Alaunwerk!! Köthen am Wege nach Hohen-Finow!! Ueberall in Gärten und öfter verwildert, z. B. P. Sanssouci; Neuer Garten *Bs.* Or. Schloßgarten *Rn.* B. In den Schloßgärten bei Friedrichsfelde!! Nieder-Schönhausen!! Charlottenburg!! am Hofjäger!!

85. V. silvestris Lmk. Schattige Wälder und Gebüsche, wohl nicht selten. P. Sanssouci *Bs.!* Templin *Bs.* Na. Bei der Anhaltestelle Finkenkrug!! Gr. Bähnitz am Seeufer *S.* Lw. Renneberge *Rt.!* B. Fuchsberge am Bache!! Französisch Buchholz *Kr.* Jungfernheide!! Thiergarten beim Hofjäger!! Fw. Zwischen Hammerthal und Alaunwerk!! Paschenberg bei Falkenberg!! Nst. Eichwerder!! Pechteich; Schorfheide am Werbellin-See *Kr.*

b) arenaria D. C. (als Art). Kiefernwälder, sandige Hügel, zerstreut. P. Templin *Bs.!* Sp. Pichelswerder!! westlich von Tegel am See!! B. Jungfernheide!! K. Zwischen den Müggelsbergen und Rahnsdorf!! Zossen *Bl.*

86. V. canina L. Wälder, Gebüsche, Hügel, gemein.

87. V. persicifolia Schk. (erweitert). Feuchte Gebüsche und Wiesen, sehr selten.

a) elátior Fr. (als Art). Feuchte Gebüsche, bisher nur P. Neuer Garten *Bs.!*

---

*) Das „Sc" in diesem Namen wird wie das französische j gesprochen.

b) stagnina Kit. Feuchte Wiesen, sehr selten. Br. Weseram bei der Tränke am Langmathenbruch *Eichberg!* Na. Selbelang *Philippi!*

88. V. mirábilis L. Gebüsche, Laubwälder, nur in der Odergegend, selten, aber gesellig. Fw. Beim Schloßgarten *Rn.!!* Nst. Eichwerder *Bch.!!*

89. V. tricolor L. Aecker, Wegränder, Hügel, gemein.

Familie Resedaceae D. C.

† Reséda L.

† R. alba L. Zierpflanze aus Süd-Europa, verwildert.

† R. lútea L. In Mitteldeutschland einheimisch: bei uns nur eingeschleppt auf Aeckern. Na. Königshorst in Beckers Nachtkoppel *H.S.!**) B. Schöneberg unweit des botanischen Gartens *Rn.* 1846! Br. Bei der Batzlower Mühle *Rn.* 1858!

† R. lutéola L. Bei uns nirgends sicher wild, sondern wohl nur an Wegen, auf Schutt verwildert; öfter unbeständig. Na. Tremmen *Sp.* B. Friedrichsfelde; Weißensee; Nieder-Schönhausen *D.* beim Hamburger Bahnhof in der Heidestraße!! Kreuzberg *D.* am Köpnicker Thor *W. M.* an der Chaussee jenseit Treptow 1853!! Alt-Landsberg *Gae.*

9. Familie. Droseraceae D. C.

45. Drósera L.

90. D. rotundifolia L. Torfsümpfe, sandiger Moorboden, nicht selten. Br. Pewesin *Sp.* P. Nuthewiesen *Bs.* Kl. Machenow *D.* Schönow *Kr.* Sp. Grunewald!! Spandauer Heide; Tegel *D.* Tr. *Gae.* B. Zwischen Weißensee und Hohen-Schönhausen *A. Br.!* in der Nähe der Stettiner Eisenbahn beim Gesundbrunnen!! Jungfernheide!! zwischen Tempelhof und Mariendorf östlich der Chaussee!! Rudower Wiesen!! Alt-Landsberg *Gae.* Storkow: Scaby-Luch *H.!* Fw. Sonnenburg *Sch.!* Nst. Zwischen dem großen und kleinen See *Bch.!!* Nieder-Finow *Kirchner.* Biesenthal: Sumpfwiesen nach Lanke hin *A. Br.*

91. D. ánglica Huds. Torfsümpfe, viel seltener als die vo-

*) An diesem Standorte finden sich eine Anzahl bei uns sonst sehr selten oder gar nicht, bei Magdeburg aber häufiger vorkommender Pflanzen, welche wohl jedenfalls aus dortiger Gegend mit fremder Saat eingeschleppt sind.

rige, aber gesellig. P. Kl. Machenow *D.* Sp. Zwischen dem Schloß Grunewald und der Hundekehle!! Beelitz: Elsholz *Krumbholz.* B. Jungfernheide *O. Jaenicke.* K. Am westlichen Ende des Wernsdorfer Sees *Jahn!* Tasdorf *D.* Nst. Biesenthal: Sumpfwiesen nach Lanke hin *A. Br.* zwischen dem großen und kleinen See *Bck.!!* Nieder-Finow *Kirchner.*

92. D. intermedia Hayne. Torfsümpfe, sandiger Moorboden, selten, aber gesellig. P. Kaput *H.!* B. Jungfernheide am Schiffahrtskanal *Jahn!!* und östlich am Pfefferluch *Schp.!!* Charlottenburg am Hohlen See *W. M.!* K. Teufelssee *Körnicke.*

46. Parnássia Tourn.

93. P. palustris L. Feuchte, besonders moorige Wiesen, sehr häufig.

10. Familie. Polygalaceae Juss.

47. Polýgala L.

94. P. vulgaris L. Trockne Wälder und Wiesen, Hügel, häufig, z. B. P. Hinter dem neuen Palais *Bs.* Br. Gr. Kreutz: Eiskutenberg *Schr.* Na. Königshorst *H. S.* Kremmen: Tietzow!! B. Fuchsberge!! Jungfernheide!! bei der Steglitzer Schäferei *Bl.* Hasenheide *W. M.* K. Erkner!! Wr. Landhof; Metzdorfer Berge *Rn.*

95. P. comosa Schk. Wie vorige, nicht so häufig, aber gesellig. P. Am Wildpark!! Sp. Tegel *D.* Na. Große faule Lake beim Finkenkrug!! am südlichen Rande des Lindholzes!! Tremmen; Riebede *Schr.* Kremmen: Linum *H.!* Trebbin: Schulzendorf *Gr.!* B. Wiesen zwischen der Stralauer und Frankfurter Chaussee!! nordöstlich von Französisch-Buchholz!! zwischen Pankow und dem Schönhauser Park!! Schöneberger Buschwiesen *Bl., Schp.!* Rudower Wiesen!! K. Rüdersdorfer Kalkberge!! Wr. Berge (blaublühend) *Sch.!* Nst. An den Leuenberger Wiesen; Drehnitz *Bck.!* an der Chaussee zwischen Sommerfelde und Tornow *Bck.!!*

96. P. amára L. Trockne Wiesen, sehr selten. Na. Rhinluch *H.!* K. Bei den Rüdersdorfer Kalkbergen *Beyrich* 1828!

11. Familie. Silenaceae Juss.

48. Gypsóphila L.

97. G. fastigiata L. Trockne Sandhügel, Kiefernwälder, sehr zerstreut. P. Hügel an der Griebnitz gegenüber Türckshof *Bs.!*

Or. Quaden-Germendorf auf Anhöhen am Wege nach Behlefanz *Gae.!* Na. Forst bei Pausin *Gr.!* Lw. Vor den Rauchenbergen *Rt.!* zwischen Frankenfelde und Gottsdorf *Rt.* B. Am Wege von Ober-Rixdorf nach dem Neuen Krug!! Storkow: Friedersdorfer Forst beim kleinen Scaby-Luch *H.* Buckow: Bei der Eichendorfer Mühle *Sch.!* Nst. Beim Turnplatz *Bch.!* zw. dem kleinen See u. d. Eisenbahn und am Eisenbahndamm *Bch.* Erreicht hier ihre nordwestliche Grenze.

98. G. muralis L. Sandige Lehmäcker, zerstreut. P. Am Wege vom Templin nach Kaput *Bs.* Zehlendorf!! Or. *Kr.* B. Bei der Kolonie Hohen-Schönhausen!! Weißensee!! bei der Jungfernheide; Charlottenburg *D.* Schmargendorf!! Wilmersdorf; Steglitz *D.* Lankwitz *A. Br.!* Tempelhof!! K. Friedrichshagen; Müggelheim *Gr.* bei den Rüdersdorfer Kalkbergen *Gs.!* Alt-Landsberg *Gae.* Nst. Zwischen dem Bahnhof und Zainhammer; Rosenberg *Bch.!* Biesenthal: Bahnhof; Lanke *Jahn!*

49. Túnica Scop.

99. T. prolifera (L.) Scop. Trockne Hügel, Wegränder, zerstreut. Br. Deetzer Mühlenberg *Schr.* P. Drachenberg *Bs.* Baumgartenbrück *Rach.!* Ravensberge *Schp.* Grunewald *D.* B. Auf dem Exercirplatz an der Schönhauser Allee *J.!* Steglitz *D.* Kreuzberg!! Eingang des Einschnitts der Anhaltischen Eisenbahn *W. M.* Tempelhof *D.* Rollberge!! K. Rüdersdorfer Kalkberge *Gr.!* Tasdorf *Schl.* Alt-Landsberg *Gae.* Zossen: Sperenberger Gipsberge!! Buckow: Beim Försterhause *Bl.* Fw. Monte Caprino; Belvedere; Paschenberg *Rn.* an der Chaussee über Falkenberg!! Nst. Drachenkopf nach Sommerfelde hin *Bch.* Struvenberg bei Karlswerk *H.*

50. Dianthus L.

† D. barbatus L. Zierpflanze aus Süddeutschland; zuweilen verwildert, z. B. B. Thiergarten!!

100. D. Arméria L. Hügel, Gebüsche, sehr zerstreut. Alt-Landsberg *Gae.!* An der Berlin-Müncheberger Chaussee jenseit Tasdorf *Nolte.* Blumenthal *Bouché!* Wr. Büchnitz bei Möglin *Rn.* Fw. Akazienberg!! Zieglerberg *Rn.* Schloßberg!! Nst. Eichwerder *Bch.!*

101. D. Carthusianorum L. Sonnige Hügel, trockne Wälder, sehr häufig.

102. D. deltoides L. Trockne Wälder, Wiesen, Wegränder, nicht selten.

b) glaucus L. (als Art). Na. Bei der Haltestelle Finkenkrug *Rei.* B. Tempelhof an der Anhaltischen Eisenbahn *W. M.!*

103. D. caesius Sm. Sonnige Hügel, bisher nur bei Fw.,

dort aber nicht selten. Rothe Land; Fischerthal sehr häufig; Akazienberg *Rn.* am westlichen Abhange der Schlucht südlich vom Alaunwerk *Sch.*, *Rn.!!* Ahrendskehle *Kn.* Zuerst von *H.* entdeckt. Häufig in Gärten.

104. D. superbus L. Wiesen, Laubwälder, besonders in den Flußniederungen des westlichen Gebiets häufig, sonst selten oder fehlend. Br. Havelwiesen *Schr.* Bagow *Sp.* P. Unter den Eichen in Sanssouci *Schp.!* hinter dem neuen Palais; zwischen Krampnitz und Rohrbeck *Bs.* Sp.; Heiligensee *D.* Na. In und an der Bredower Forst!! beim Weinberg!! Lindholz!! Fredenhorst und Seelenhorster Damm bei Königshorst *H. S.!* Rhinluch *H.! N.* B. Wiesen zwischen der Stadtmauer und Boxhagen!! Friedrichsfelder Park!! Französisch Buchholz *Kr.* Reinickendorf!! Wilmersdorf *D.* Wiesen an der Eisenbahn diesseit Schöneberg!! Schöneberger Buschwiesen *Bl.* Rudower Wiesen!! Treptow *Bl.* K. Dahlewitz *H.* Alt-Landsberg *Gae.* Zossen: Südlich von Sperenberg!! Buckow: Eichendorfer Mühle *Sch.!* Nst. Finowthal; Weidendamm *Bch.* Biesenthal nach Lanke hin *A. Br.*

† Saponária L.

† S. officinalis L. Im Gebiet nicht einheimisch, sondern früher vielfach in Gärten; jetzt nicht selten an Zäunen verwildert. P. Neuer Garten und daran stoßende Zäune; Eiche *Bs.* Drewitz *Gr.!* Dr. *Gae.* Na. Königshorst an der Fasanerie (gefüllt) *H. S.!* Lw. Frankenfelde *Rt.!* B. Friedrichsfelde *D.* Weißensee *Rei.* an der Ostseite des Exercirplatzes vor dem Schönhauser Thor!! Pankow *D.* an der Eisenbahn am Nordrande von Neu-Schöneberg *W. M.!!* K. Rüdersdorfer Kalkberge *D.* Fw. Hammerthal; Alaunwerk; Broigsdorf *Rn.* Nst. Kirchhof!! Gartengassen!! Schützenhaus; Warbecks Mühle *Bch.* Hohen-Finow *H.*

51. Cucúbalus Tourn.

105. C. báccifer L. Gebüsche, selten. Bisher nur Wr. Upstall bei Schulzendorf; Möglin *Rn.*

52. Viscária Roehl.

106. V. viscosa (Gil.) Aschs. Laubwälder, trockne Wiesen, zerstreut. P. Sanssouci unter den Eichen *Schp.!* Sp. Pichelsberg *Bl.* Pichelswerder *D.* Papenberge *Thiele!* Tegel *D.* Schulzendorf *Rei.* Na. Bredower Forst!! Lindholz *Schr.* B. Jungfernheide bei Königsdamm!! Rudower Wiesen!! Neuer Krug *W. M.* K. Abhänge nördlich der Woltersdorfer Schleuse!! Alt-Landsberg *Gae.* Strausberg: Blumenthal an der Chaussee *Kr.* Buckow: Pritzhagen *Thiele!* Fw. Ruinenberg *Rn.* Nst. Beim großen Schlangenpfuhl *Bch.*

53. Siléne L.

107. S. venosa (Gil.) Aschs. Laubwälder, Weg- und Wiesenränder, nicht selten. P. Am neuen Orangeriehause; Ruinenberg *Bs.* Sp. Papenberge; Tegel *D.* Or. Germendorf *Gae.* Na. Bei der Haltestelle Finkenkrug!! Bredower Forst!! Lindholz!! Sandhorst bei Königshorst!! Trebbin *Gr.!* B. Friedrichsfelde *W. M.* Chaussee vor Pankow *Rei.* Jungfernheide *D.* Charlottenburg *Bl.* Thiergarten!! Wiesengräben diesseit Schöneberg (röthlich blühend)!! Chaussee diesseit Rixdorf!! Treptow *D.* K. Rüdersdorfer Kalkberge!! Nst. *Bch.* Oefters auf Grasplätzen ausgesäet. B. Friedrichshain!! Lustgarten!! um die Petri-Kirche!! Belle-Allianceplatz *W. M.*

† S. cónica L. Sandige Aecker, sehr selten. Nur B. An der Chaussee zwischen Rixdorf und dem Buschkrug 1853 von *Krauss* entdeckt, seitdem jährlich in Menge!! jedenfalls aus Süddeutschland zufällig eingeschleppt.

108. S. nutans L. Trockne Wälder, sonnige Hügel, nicht selten. P. Brauhausberg *Bs.* Sp. Pichelsberge!! Grunewald an der krummen Lanke!! Papenberge; Tegel *D.* Or. Germendorf *Gae.* Dammsmühle *Kr.* Na. Bredower Forst!! zwischen dem Sandkrug und Barnewitz!! *) Lw. Renneberge *Rt.* Trebbin: Scharfenbrücker Forst *Gr.!* B. Fuchsberge *W. M.* Friedrichshain *J.!* (wohl jedenfalls ausgesäet) Jungfernheide!! beim Spandauer Bock!! beim hohlen See!! Hasenheide!! Wr. Batzlower Mühle *Thiele!* Fw. Südlich vom Alaunwerk!! Paschenberg!! Nst. Brunnen!! Turnplatz *Bch.* Wald nach Sommerfelde hin!!

109. S. chlorantha (Willd.) Ehrh. Wie vorige, sehr zerstreut. P. Waldrand an der Griebnitz bei Kl. Glienicke *Bs.!* Nikolskoe *Bs.* Sp. An einer Schanze nordwestlich der Stadt!! Bamberge bei Heiligensee *Bl.* Or. Birkenwerder *Rn.!* Trebbin: Löwendorfer und Ahrensdorfer Wald *Gr.!* B. Südrand der Jungfernheide *Rn.!* K. Rüdersdorf am Gipsbruch *Rn* Wr. Berge beim Landhof *Sch.!* Batzlower Berge *Schl.* Fw. Monte Caprino; Akazienberg *Rn.* Nst. Am kleinen See *Bch.!* Biesenthal bei der Hellmühle *A. Br.!* Erreicht hier ihre Grenze nach Nordwesten.

110. S. Otites (L.) Sm. Sonnige Sandhügel, Kiefernwälder, sehr häufig, z. B. Baumgartenbrück!! Sp. Alte Schanzen nordwestlich der Stadt!! Pichelsberg *Bl.* Hundekehle *W. M.* Na. Weinberg; Paulinenau *H. S.* Jahnberge!! Beelitz *Bl.* Lw. Weinberge *Rt.!* Trebbin *Gr.!* B. Fuchsberge *J.!* westlich von Wilmersdorf *Bl.* Ha-

*) Das „e" in diesem Namen hat den Ton.

enheide *W. M.* diesseit Rixdorf!! K. Zwischen Woltersdorf und der Schleuse!! Rüdersdorfer Kalkberge!! Fw. Leuenberg *Bl.*

† S. gállica L. Im Gebiet nicht einheimisch, sondern nur zufällig mit fremder Saat verschleppt oder als Unkraut in Gärten. Zehlendorf unter Ornithopus sativus Brotero 1858!!

b) quinquevúlnera L. (als Art). P. Charlottenhof *Schp.!* Trebbin: Schulzendorf *Gr.!* Fw. Gärten des Alaunwerks *Rn.!* in Alt-Ranft *Rn.*

c) ánglica L. (als Art). Wr. In Gärten zu Möglin *Rn.!*

† S. péndula L. Zierpflanze aus Süd-Europa; verwildert P. Landesbaumschule 1852 *Filly!* *) B. Schöneberg an einer Gartenmauer *Bl.!*

†. S. Arméria L. In West- und Süddeutschland einheimisch; häufige Zierpflanze. Hier und da in Menge verwildert, aber selten beständig. P. *Bs.* Pfaueninsel *Vocke.* B. Aecker bei Witzleben 1846 *Dr. Lambert!* K. Aecker am Rande der Forst an der Straße nach Rummelsburg 1851!! Zossen; Teupitz *Gr.*

54. Meländryum Roehl.

111. M. album (Mill.) Gke. Wegränder, Sandfelder, Hügel, gemein.

† M. rubrum (Weigel.) Gke. Im Gebiet nicht einheimisch, sondern nur als Zierpflanze. Vollständig verwildert P. Neuer Garten *Bs.!* B. Thiergarten beim Hofjäger, sehr zahlreich *Bl.!!*

112. M. noctiflórum (L.) Fr. Lehmäcker, Gartenland, sehr zerstreut, theilweise wohl nur eingeschleppt. P. Sanssouci beim japanischen Hause *Weiland!* Cr. Friedenthal *Kr.* Na. Königshorst in Beckers Nachtkoppel *H. S.!* Trebbin: Aecker bei Schulzendorf *Gr.!!* B. Wilmersdorf *Bouché!* Groß-Ziethen *Rn.!* Fw. Gärten in Alt-Ranft; Alaunwerk *Rn.* Nst. Karlswerk; Hohen-Finow *Bch.!*

55. Coronária L.

113. C. flos cucúli (L.) R. Br. Feuchte Wiesen, gemein.

† C. tomentosa A. Br. Zierpflanze aus Süd-Europa; zuweilen verwildert. Lw. An Zäunen der Prätoriusschen Fabrik 1855!!

56. Agrostemma L.

114. A. Githágo L. Aecker, besonders unter Roggen, gemein.

---

*) Zeitschrift für die gesammten Naturwissenschaften 1854 S. 441 irrig als S. procumbens Murr. aufgeführt.

12. Familie. Alsinaceae D. C.

57. Sagina L.

115. S. procumbens L. Feuchter Sandboden, Aecker, Gräben, sehr häufig.

116. S. apétala L. An denselben Standorten wie vorige, sehr selten, aber wohl vielfach übersehen. Bisher nur B. Charlottenburg *D.!*

117. S. nodosa (L.) Bartl. Moorboden, feuchte Gräben, Sümpfe, nicht selten, z. B. Sp. An der Havel bei Pichelsberg!! Grunewald!! Na. Bredowsches Vorwerk!! Paulinenau!! Königshorst *H. S.!* Lw. Nach Gottow hin *Rt.* Berkenbrück *H. S. II.!* B. Wiesenwege zwischen der Stadtmauer und Boxhagen!! Rummelsburg *Bl.* Kolonie Hohen-Schönhausen *J.!* Weißensee *Rei!* Jungfernheide *W. M.!* Schöneberg *Bl.* Tempelhof *Rei.* Ober-Rixdorf!! Köpnicker Weg diesseit des Neuen Kruges *W. M.* Wr. Wiesen beim Spring *Sch.!*

58. Spérgula L.

118. S. arvensis L. Sandige Aecker und Wege, gemein.
b) sativa v. Boenninghausen. (als Art). Hier und da als Futtergewächs gebaut.

119. S. Morisonii Boreau. Sandige Kiefernwälder, besonders Schonungen, nicht selten. P. Katharinenholz *Schp.!* Sp. Grunewald; Pichelsberg *D.* Wald nördlich vom Forsthause Dammsbrücke!! Or. *Gae.* Na. Börnicke *N.!* Forst zwischen Möthlow und Buschow!! B. Rummelsburg *D.* Jungfernheide!! Spandauer Berg!! Hasenheide *Schp.!* jenseit Treptow!! K. Mahlsdorf *Kr.* bei den Müggelsbergen!! Alt-Landsberg *Gae.*

59. Spergulária Presl.

120. S. campestris (L.) Aschs. Wegränder, sandige Kiefernwälder, nicht selten, z. B. Na. Paulinenau *H. S.* P. Theerofen bei Kohlhasenbrück *W. M.* Lw. Nach Felgentreu und Gottow hin *Rt.* B. Zw. Moabit und Jungfernheide!! Schöneberg *Bl.* Neuer Krug!!

121. S. marina (L.) Gke. Gräben, Wegränder, nur auf Salzboden. P. Uetz am langen Damm *Oenicke!* Na. Damm zwischen der Bredower Forst und Zeestow *Schr.!!* Damm zwischen dem Nauener Weinberg und Dreibrücken, unweit des ersteren *H. S.!!* beim Selbelanger Jägerhause!! zwischen dem Lindholz und Mangelshorst *H. S.!* T. Salzbrunn *P.*

60. Alsine Wahlenb.

122. A. viscosa Schreb. Sandig-lehmige Aecker, Hügel in D, zerstreut, aber sehr gesellig. P. Pfauen-Insel *Bs.!* Zehlendorf!! Sp. Tegel *D.* Or. Quaden-Germendorf *Rn.!* B. Weißensee südlich der Oranke!! Charlottenburg *Bauer!* nordwestlich von Wilmersdorf *Schp.!!* Steglitz *D.* zwischen Tempelhof und der Anhaltischen Eisenbahn *Garcke!!* zwischen Tempelhof und Lankwitz *Sanio!* K. Tasdorf *D.* Wr. Am Steig nach Möglin *Sch.!* Mögliner Acker am Katzensee *Rn.* Metzdorfer Berge *Schl.*

61. Moehringia L.

123. M. trinérvia (L.) Clairv. Laubwälder, Gebüsche, nicht selten, z. B. Sp. Papenberge *Schl.* Na. Brieselang!! B. Friedrichsfelder Park *W. M.* Thiergarten!! Zossen: Südwestl. von Sperenberg!!

62. Arenária L.

124. A. serpyllifolia L. Aecker, Hügel, gemein.

63. Holósteum L.

125. H. umbellatum L. Hügel, Wegränder, Brachäcker, gemein.

64. Stellária L.

126. S. némorum L. Feuchte, schattige Laubwälder, sehr selten. Or. Angeblich bei Falkenthal, Liebenberg, Lehnitz, Schmachtenhagen *Kr.* Lw. Elsthal *Rt.!*

127. S. media (L.) Vill. Aecker, Gebüsche, Hecken, Wegränder, sehr gemein.

128. S. Holóstea L. Laubwälder, nicht häufig. P. Sanssouci *Bs.!* am Nordrand des Wildparks!! Sp. Papenberge *D.* Or. Kreuzbruch; Schmachtenhagen *Kr.* Na. Brieselang!! Lw. Renneberge *Rt.!* Trebbin: Scharfenbrücker Forst *Gr.!* B. Französisch Buchholz *D.* Thiergarten bei den Zelten und beim Hofjäger!! nördlich vom zoologischen Garten!! Alt-Landsberg *Gae.* Fw. Hammerthal *Rn.!!* Nst. Schützenhaus!! Brunnen *Bch.* Eichwerder!! Chorin; Pechteich *Kr.*

129. S. glauca With. Sumpfwiesen, nicht selten, z. B. P. Friedrich-Wilhelmsbrücke *Vocke!* Kremmen: Tietzow!! Linum *H.!* B. Lichtenberger Kietz!! Weißensee *J.!* nordöstlich von Französisch Buchholz!! Jungfernheide!! Witzleben *Rei.* nördlich von Wilmersdorf *W. M.!* Schöneberger Fenn *Bl.* Tempelhof!! Wiesen vor dem Kottbusser Thor!! Rudower Wiesen *Rei.!* Wr. Reichenberg *Sch.!*

130. S. graminea L. Gebüsche, Gräben, Wegränder, häufig.

131. S. uliginosa Murr. An Gräben, Sümpfen, zerstreut. P. Bei der Friedrich-Wilhelmsbrücke *Vocke!* Sp. Hundekehle!! Lw. Am Wege nach Gottow *Rt.!!* B. Weißensee am Pfuhl nördlich vom Chausseehause *Rei.!* in der Nähe der Oranke *A. Br.!*

132. S. crassifolia Ehrh. Torfsümpfe, sehr zerstreut, doch meist gesellig. Sp. Zwischen dem Rhinmeister-See und Paulsborn sehr häufig!! am nördlichen Ende des Grunewald-Sees!! B. Jungfernheide im Sumpf südlich vom Kanal westlich vom Plötzensee!! Buschkrug *Thiele!* K. Tasdorf *D.* Wr. Batzlower Luch *Sch.!* Nst. Zwischen dem großen und kleinen See; Trehnitz *Bch.!* Biesenthal am Wege nach Lanke *A. Br.!*

Moénchia Ehrh.

M. erecta (L.) Fl. Wett. Aecker, sehr selten und schwerlich einheimisch. Na. Gr. Bähnitz einmal von *Walter* zahlreich gefunden, später nicht wieder.

65. Maláchium Fr.

133. M. aquáticum (L.) Fr. Feuchte Gebüsche, Laubwälder, häufig.

66. Cerástium L.

134. C. glomeratum Thuill. Gräben, feuchte Gebüsche, Aecker, sehr zerstreut. Sp. Tegel *Jablonsky.* Na. Brieselang *Bauer.!* B. Stralau; bei den Fuchsbergen *Bouché!* zwischen Rixdorf und Johannisthal *Bauer!*

C brachypétalum Desportes. Abhänge, sonnige Hügel, sehr selten. Bisher nur: Fw. Schloßberg ehemals *Sch.!* (Außerhalb der Grenze am Oderdamm bei Neu-Tornow *Sch.!*)

135. C. semidecandrum L. Sonnige Hügel, trockne Wälder, Brachäcker gemein.

b) glutinosum Fr. (als Art). An ähnlichen Orten, selten, aber wohl mehrfach übersehen. Br. Ketzür auf dem Werder *Schr.!* Gr. Kreutzer Kiefern westlich vom Wege nach Deetz *Schr.!*

136. C. caespitosum Gil. Wegränder, Wälder, Gräben, gemein.

137. C. arvense L. Trockne Grasplätze, Waldränder, sehr häufig.

13. Familie. Elatinaceae Cambessèdes.

67. Elátine L.

138. E. Hydrópiper L. Am kahlen, schlammigen Ufer stehender Gewässer und innerhalb derselben, selten, oft unbeständig. B. Weißensee am Pfuhl nördlich vom Chausseehause!! an der Oranke am südlichen Ufer!! Tempelhof an einem Pfuhl nördlich von der Chaussee nach Mariendorf!!

139. E. hexandra D. C. Wie vorige, selten und unbeständig. B. Weißensee an einem Pfuhl nördlich vom Chausseehause 1851!! seitdem nicht wieder; an der Oranke 1858 sehr viel!!

140. E. Alsinastrum L. Wie vorige, weniger selten. B. Am Saupfuhl vor dem Königsthor *Jahn!* Weißensee an dem Pfuhl nördlich vom Chausseehause!! Tempelhof an mehreren Pfühlen!! Lankwitz *A. Br.!* Gr. Ziethen *v. Chamisso!* Wr. Batzlow *Sch.!*

14. Familie. Linaceae D. C.

68. Linum L.

* L. usitatissimum L. Im Gebiete nicht sehr häufig gebaut. An Ackerrändern, auf Schutt nicht selten in einzelnen Exemplaren.

141. L. cathárticum L. Sumpfwiesen, Gräben, häufig.

69. Radíola Dillen.

142. R. multiflóra (Lmk.) Aschs. Feuchter Sandboden, besonders in Gräben und auf Aeckern, zerstreut. P. Wildpark *Schp.* Heide bei der Griebnitz *Bs.* Gr. Glienicke *Vucke.* Sp. Heiligensee; Tegel *D.* Or. *Gae.!* Na. *D.* Paulinenau *Rt.!* Beelitz: Elsholz *Krumbholz.* T. Berghorst *P.* Lw. Jenseit der Ziegeleien *Rt.* zwischen dem Forsthause Lindhorst und Gottow!! Trebbin: Zelle bei Schulzendorf *Gr.* B. Beim Hegemeister!! Kolonie Hohen-Schönhausen!! nördlich von Weißensee!! in einer Vertiefung bei der Bankstraße!! Jungfernheide; Charlottenburg *D.* westlich von Schöneberg *Schp.!!* Tempelhof!! Wr. Batzlow *Sch.!* Nst. Vor Macherslust an der Oderberger Chaussee *Bch.*

15. Familie. Malvaceae R. Br.

70. Malva L.

143. M. Alcea L. Gebüsche, Hecken, Waldränder, sonnige Hügel, besonders in D, zerstreut. Br. Pewesin *Schr.* P. Bornstedt *Bs.* Sp. *D.* Or. *Kr.* Na. Bredower Forsthaus einzeln!! Gr. Bähnitz *Gr.!* B. Friedrichsfelde; Weißensee *D.* Tempelhof, in einer Hecke südlich vom Dorfe *Rei.* K. Rüdersdorfer Kalkberge *Schl.!* Alt-Landsberg *Gae.* Zossen: Sperenberg bei der Windmühle, auch weißblühend!! Buckow *Bl.* Wr. Landhof; Schulzendorfer Upstall; Büchnitz bei Möglin *Rn.* Fw. Ruinenberg!! Schloßberg *Rn.!!* Falkenberg *Bch.* Nst. Mühlteich bei Hohen-Finow *H.*

144. M. silvestris L. Zäune, Dorfstraßen, häufig.

† M. mauritiana L. Seltnere Zierpflanze aus Süd-Europa. Hier und da verwildert. Or. *Rn.* B. Tempelhof *Rn.* K. Rüdersdorf *Rn.* Fw. Hammerthal *Rn.* Nst. Nieder-Finow *Rn.*

† M. crispa L. Stammt aus dem Orient. Hier und da in Dorfgärten und aus denselben verwildert. P. Templin *Sp.* Fw. Weinberg; Alaunwerk; Amalienhof *Rn.*

† M. verticillata L. In Asien einheimisch. Selten in Gärten. Verwildert: Sp. Saatwinkel *Körnicke!*

145. M. neglecta Wallr. Wegränder, Dorfstraßen, gemein.

146. M. rotundifolia L. Wie vorige, viel seltener. Br. In Saringen, jetzt verschwunden *Schr.!* Sp. Ruhleben *Kr.* Na. Zeestow!! B. Malchow *Körnicke!!* Schmargendorf *C. Bouché!!* Schöneberg *Körnicke!!* Fw. Köthen *Rn.* Nst. Chorin auf dem Amtshof!!

71. Althaea L.

147. A. officinalis L. Gräben, Zäune, zerstreut, gern auf Salzboden; theilweise wohl nur verwildert. Br. Pewesin *Schr.* Weseram *Schr.!!* Saringen; Roskow *Schr.* P. Grube *Körnicke!* Sp. Falkenhagen *Körnicke.* Heiligensee *D.* Tegel früher *W. M.!* Henningsdorf diesseit der Brücke links *Bch.!* Na. Nachtkoppel bei Kuhhorst *H. S.!* T. Salzbrunn an der Quelle *L.! Rn.! Rt.!* Trebbin: Schulzendorf an der Westseite *Gr.!!* B. Blankenfelde *R.* Alt-Landsberg *Schoen.* Mittenwalde nach Ragow hin *Gr.*

* A. rosea (L.) Cav. Häufige Zierpflanze aus Asien.

16. Familie. Tiliaceae Juss.

72. Tilia L.

† T. platyphylla Scop. Im Gebiete mir nicht als einheimisch bekannt, sondern nur an Straßen u. s. w. angepflanzt.

148. T. ulmifolia Scop. Laubwälder, sehr zerstreut; oft nur strauchartig. Sp. Tegel *Schl.* Na. Bredower Forst!! Lindholz!! (wie dieser Name beweist, schon seit Jahrhunderten). Fw. *Schl.* Biesenthal: Lanke *Schl.* Angepflanzt nicht so häufig als die vorige.

17. Familie. Hypericaceae D. C.

73. Hypericum L.

149. H. perforatum L. Trockne Wälder, Gebüsche, gemein.

150. H. quadrángulum L. Laubwälder, Gebüsche, zerstreut. Sp. Papenberge; Tegel *D.* Na. Bredower Forst!! Lindholz sehr häufig!! B. Nördlich vom zoologischen Garten!! und südlich von demselben am Wege nach Wilmersdorf!! Alt-Landsberg *Gae.* Fw. Falkenberg *Kirchner.* Nst. Chausseegraben der Berliner Chaussee diesseit des Meilensteins; Leuenberger Wiesen *Bch.!*

151. H. tetrápterum Fr. Gräben, Bäche, Ufer, nicht selten. Na. Stadtforst!! Lw. Bürgerbusch *Rt.!* B. Friedrichsfelde im Park!! vor der Jungfernheide!! Charlottenburg am hohlen See *Körnicke!* Graben der Wiese diesseit Schöneberg an der Potsdamer Eisenbahn!! Tempelhof!! zwischen dem Buschkrug und Ober-Rixdorf!!

152. H. humifúsum L. Feuchter Sandboden, besonders auf Aeckern, zerstreut. P. Ravensberge *Bs.* Sp. Pichelsberg *Kth.* Grunewald; Heiligensee *D.* Tegel *Schl.* Or. *Gae.* Beelitz: Elsholz *Krumbholz.* Lw. Hinter den Ziegeleien *Rt.!* zwischen Frankenförde und Züllichendorf *Rt.* B. Weißensee!! Wilmersdorf *D.* Schöneberg; Steglitz *Bl.* Lankewitz *A. Br.* Tempelhof!! beim Forsthaus Ober-Rixdorf!! K. Rüdersdorfer Kalkberge *Bl.* Alt-Landsberg *Gae.* Zossen: Zwischen Sperenberg und Kummersdorf!! Bernau *Bch.* Nst. Sommerfelde; Karlswerk *Bch.* Hekelberg *Bl.*

153. H. montanum L. Trockne Wälder, Hügel, zerstreut. P. Brauhausberg *Bs.* Ravensberge *Schp.!* Hohes Haveluser bei Nikolskoe *Bs.!* Sp. Pichelsberg beim Teufelsgraben!! *) Papenberge

*) So nenne ich der Kürze wegen die vom Teufelsfenn nach der Havel herabführende, den Abzugsgraben des Fenns enthaltende Schlucht; einen Namen fand ich für dieselbe auf keiner Karte.

Thiele! Tegel *D.* Or. Jenseit Lehnitz *Kr.* Na. Bredower Forst!! Lindholz!! B. Jungfernheide!! Hasenheide einzeln *W. M.* K. Zwischen Erkner und Woltersdorf *W. M.* Rüdersdorfer Kalkberge!! Vogelsdorf *Kth.* Alt-Landsberg *Gae.* Storkow: Friedersdorfer Forst *H.* Fw. Weinberg!! Schloßberg *Rn.!!* Nst. *Bch.*

18. Familie. Aceraceae D. C.

74. Acer L.

* A. tatáricum L. Zierstrauch aus Südost-Europa.

154. A. Pseudoplátanus L. Laubwälder, selten. Na. Bredower Forst in dem abgetrennten Theil nach Bredow hin strauchartig!! Hier und da an Straßen u. s. w. angepflanzt.

† A. dasycarpum Ehrh. Stammt aus Nordamerika. Hier und da angepflanzt; verwildert P. Pfauen-Insel *Bl.*

* A. saccharinum L. Stammt aus Nordamerika. Seltener angepflanzt, z. B. B. Hasenheide *Schp.*

155. A. platanoídes L. Laubwälder, selten. Na. Brieselang, nur strauchartig!! Fasanerie bei Königshorst!! Häufig an Straßen u. s. w. angepflanzt.

156. A. campestre L. Laubwälder, sehr zerstreut. Sp. Tegel *D.* Na. Brieselang!! Bredower Forst!! Hahnberge!! Fasanerie bei Königshorst!! Seltener angepflanzt.

* Negundo Mnch.

* N. aceroídes Mnch. Zierbaum aus Nordamerika.

Familie Hippocastanaceae D. C.

* Aésculus L.

* A. Hippocástanum L. Stammt aus Ostindien; jetzt an Wegen, in Dörfern und Städten überall gepflanzt.

Familie Ampélides H. B. K.

* Ampelopsis Michaux.

* A. quinquefólia (L.) R. u. Schult. Stammt aus Nordamerika. Zu Lauben u. s. w. häufig angepflanzt.

* Vitis L.

* V. vinifera L. Stammt aus Süd-Europa? Im Gebiete sehr häufig an Spalieren und auch in Bergen kultivirt, doch nur der Trauben wegen. Besonders zahlreich P. Bei Werder.

19. Familie. Geraniaceae D. C.

75. Geránium L.

† G. macrorrhizum L. Zierpflanze aus Süddeutschland. Verwildert Dr. Schloßgarten *Kn.!*

157. G. pratense L. Fruchtbare Wiesen, sehr zerstreut, vielleicht theilweise verwildert. P. Bei Stansdorf *Schoen.* Dr. *Kr.* Na. Sandhorst *H. S.!* B. Wiesen südlich von der Chaussee nach Friedrichsfelde, diesseit des Chausseehauses *J.!!* Nst. Schleifmühle (wohl nur verwildert); Graben der Chaussee nach Sommerfelde *Bch.*

158. G. palustre L. Feuchte Gebüsche, nicht selten, z. B. Br. Pewesin am Lötzkanal!! P. Teltow *Bl.* Sp. Tegel *D.* Na. An der Eisenbahn westlich von der Haltestelle Finkenkrug sehr viel!! Lindholz *Schr.* Dechtow *H. S.* Gr. Bähnitz *Schr.* Lw. Beim nördlichen Kirchhof; Felgentreu *Rt.!* Trebbin: Zwischen Schulzendorf u. Neuendorf!! B. Wiesen diesseit Friedrichsfelde *J.!* und bei d. Fuchsbergen!! Friedrichsfelde!! Jungfernheide *D.* Wiesengräben diesseit Schöneberg sehr viel!! bei Ober-Rixdorf!! Neuer Krug *Rei.* K. Tasdorf *D.* Alt-Landsberg: Eggersdorf *Bl.* Nst. Brunnen!! Rogäser Mühle!! Biesenthal *A. Br.!* Lanke *A. Br.*

† G. pyrenáicum L. Im Gebiet nicht einheimisch, sondern nur früher als Zierpflanze kultivirt, jetzt verwildert B. Charlottenburg: Grasplätze um die Kirche *Ascherson sen.!!* Schloßgarten *Bl.* hier nur weißblühend. Nst. Hohen-Finow im Park *Kn.!*

159. G. sanguineum L. Lichte Laubwälder, Gebüsche, trockne Wiesen, zerstreut. P. Glindower Berge *Schr.* Sp. Papenberge *Thiele!* Dr. Schmachtenhagen *Gae.* Na. Bredower Forst!! Lindholz *Schr.* Jahnberge *H. S.* Linumer Rhinluch *H.* B. Fuchsberge!! Rudower Wiesen!! Köpnicker Weg *Bl.* K. Rüdersdorfer Kalkberge!! Alt-Landsberg *Gae.* Zossen: Sperenberger Mühlberg!! Fw. Schloßgarten *Bch.* Akazienberg!! Nst. Britz beim Torfstich; großer See *Bch.*

160. G. pusillum L. Wegränder, Aecker, Gartenland, gemein.

† G. dissectum L. Lehmäcker, sehr selten und wohl nicht einheimisch. Sp. Tegel *R.* Dr. *Kr.* B. Vor dem Prenzlauer Thor 1857 *Rei.!*

161. G. columbinum L. Sonnige Hügel, Wegränder, be-

sonders in D, sehr zerstreut. P. Glindow *Schr.* Sp. Pichelswerder *Kth.* B. Heinersdorf *Schl.* Schmargendorf im Hohlweg *W. M.!* K. Bei der Woltersdorfer Schleuse!! Rüdersdorf *D.* Zossen: Sperenberger Gipsbrüche!! Wr. Frankenfelde *Sch.!* Fw. Akazienberg!! Ziegeleien; Schloßberg; Paschenberg *Rn.* Nst. Eichwerder *Bch.* Karlswerk: Hüttenplatz *H.*

162. G. molle L. Wegränder, Gebüsche, Grasplätze, nicht selten, z. B. P. Sanssouci!! an der Westseite des Schlachtensees!! Sp. Pichelsberg!! B. Charlottenburg: Grasplätze in Lietzow!!

163. G. Robertianum L. Gebüsche, Zäune, Hecken, gemein.

76. Eródium L'Héritier.

164. E. cicutarium (L.) L'Héritier. Sandfelder, sehr gemein.

20. Familie. Balsaminaceae Rich.

77. Impátiens L.

165. I. noli tángere L. Feuchte Laubwälder, Quellen, Sumpfränder, sehr zerstreut; zuweilen nur eingeschleppt auf Holzplätzen. P. Einmal auf einem Holzplatz vor dem Berliner Thor *Krumbholz.* Sp. Zwischen Pichelsberg und der Friedrich-Wilhelmsbrücke *D.* Or. Am Stintgraben bei den Strohbergen *Rn.* Zerpenschleuse *Kr.* Na. Brieselang *Gr!* Lw. Lindenberg *Th.* B. Seegerscher Holzplatz an einem Graben *Bl.!* Alt-Landsberg *Gae.* Wr. Möglin: Büchnitz; Batzlower Wiese *Rn.* Fw. Brunnenthal!! Hammerthal; Papiermühle; Köthen *Rn.* Nst. Vom Brunnen bis Spechthausen an der Schwärze *Bch.!* Hohen-Finow *Rn.*

† I. parviflóra D. C. Stammt aus Ostasien; aus dem botanischen Garten zu Berlin entschlüpft, schon hier und da ein unvertilgbares Unkraut. P. Bei den Augustinschen Gewächshäusern *Bs.* im Park bei Paretz *Heckel!* B. In mehreren Gärten der Stadt, besonders im Universitäts- und Thierarzneischulgarten!! in der Seestraße westlich von der Chaussee zahlreich *Hl., Rt.!* Schöneberg: in mehreren Gärten der Potsdamerstraße und am Zaune des ehemaligen Institutsgartens!! K. Gegenüber der Seidenfabrik *Gr.!*

* Balsámina D. C.

* B. hortensis D. C. Bekannte Zierpflanze aus Asien.

21. Familie. Oxalidaceae D. C.

78. Óxalis L.

166. O. Acetosella L. Schattige Wälder und Gebüsche, zerstreut. P. Sanssouci; Quelle der Ravensberge *Bs.* Sp. Zwischen Dallgow und Seegefeld!! Heide nach Nieder-Neuendorf hin!! Schönwalde *Kr.* Tegel *D.* Or. *Gae.* Zerpenschleuse *Kr.* Na. Heide zwischen Falkenhagen und dem Finkenkrug!! Station Finkenkrug!! Brieselang!! Forsthaus Jägelitz *H. S.* B. Friedrichsfelder Park!! Französisch-Buchholz *D.* Schönhauser Park!! Möckernitz bei Königsdamm!! Thiergarten bei den Zelten; zwischen dem Buschkrug und Ober-Rixdorf *W. M.!* Alt-Landsberg *Gae.* Münchеberg: Heidekrug!! Wr. Büchnitz bei Möglin *Rn.* Fw. Brunnen; Hammerthal *Rn.* Papiermühle!! Köthen *Rn.* Nst. überall!! Biesenthal: Lanke *Schl.*

† O. stricta L. Stammt aus Nordamerika, jetzt als Gartenunkraut völlig eingebürgert. P. Sanssouci!! Werder!! Sp. *Kth.* Lw. *Kt.* B. z. B. Park von Französisch-Buchholz und angrenzende Aecker!! Thiergarten sehr viel!! Alt-Landsberg!! Fw.!! Nst.!!

† O. corniculata L. In Süd-Europa einheimisch. Bei uns nur verwildert. P. Sanssouci an Treibhäusern 1858 *Bs.! Bl.*

Familie Rutaceae Juss.

† Ruta Tourn.

† R. gravéolens L. Stammt aus Süddeutschland. Hier und da in Gärten und aus denselben verwildert. B. Charlottenburg; Tempelhof *Rn.* Fw. *Rn.*

Familie Xanthoxylaceae Adr. Juss.

* Ptélea L.

* P. trifoliata L. Zierstrauch aus Nordamerika.

22. Familie. Celastraceae R. Br.

* Staphyléa L.

* S. pinnata L. Stammt aus Süddeutschland. Hier und da angepflanzt.

79. Euónymus Tourn.

167. E. europaea L. Wälder, Gebüsche, zerstreut. Sp. Tegel *D*. Na. Bredower Forst!! Königshorst: Fasanerie *H. S.* Lw. Freigraben bei Elsthal *Rt.!* B. Friedrichsfelde; Nieder-Schönhausen; Reinickendorf *D*. Moabit *Bl.* zwischen Rixdorf und dem Buschkrug östlich der Chaussee!! Zossen: Nach dem Forsthause hin *Bl.* Wr. Upstall bei Schulzendorf; Büchnitz bei Möglin *Kn.* Fw. Ruinenberg; Hammerthal *Kn.* Nst. Eichwerder!!

* E. verrucosa Scop. Zierstrauch aus Ostdeutschland.

23. Familie. Rhamnaceae R. Br.

80. Rhamnus L.

168. R. cathártica L. Laubwälder, Gebüsche, zerstreut. P. Tornow bis Templin *Bs.* Sp. Tegel *Kth.* Na. Lindholz!! Sandhorst *H. S.* Kremmen: Tietzow!! Rhinluch *H.!* B. Schöneberger Busch *Bl.* K. Tasdorf *Kth.* Häufig gepflanzt.

81. Frángula Tourn.

169. F. Alnus Mill. Feuchte Gebüsche, häufig, z. B. Sp. Grunewald!! Tegel *Kth.* Na. Sandhorst *H. S.* Lw. Elsthal *Rt.* B. Jungfernheide!! Schöneberger Busch *Bl.* Zuweilen angepflanzt.

Familie Terebinthaceae D. C.

* Rhus Tourn.

* R. Cótinus L. Häufiger Zierstrauch aus Süd-Europa.

* R. týphina L. Stammt aus Nordamerika. Häufig in Parks u. s. w. angepflanzt.

24. Familie. Papilionatae L.

82. Sarothamnus Wimm.

170. S. scoparius (L.) Koch. Trockne Wälder, sonnige Hügel, nicht selten, z. B. Br. Lehnin *Schr.* P. Zwischen Baumgartenbrück und Petzow!! Sp. Grunewald!! B. Fuchsberge!! Tempelhof auf den rauhen Bergen *Bl.* Neuer Krug *W. M.* Blumberg *Schl.* Königswusterhausen!! Fw. Am klingenden Fließ!!

83. Genista L.

171. G. pilosa L. Trockne Wälder, Heiden; stellenweise häufig. P. Pirschheide!! Brauhausberg *Torges!* Sp. Pichelsberg!! Trebbin: Scharfenbrücker Forst *Gr.* B. Zwischen Gesundbrunnen und Schönhausen!! Jungfernheide!! Spandauer Berg *Bl.* Hasenheide!! zwischen Treptow und dem Neuen Krug!! Nst. *Bch.*

172. G. tinctoria L. Laubwälder, trockne Wiesen. Br. Nördlich von Pewesin!! P. Wald nach dem Tornow hin *Bl.* Sp.; Grunewald; Tegel *D.* Cr. *Gae.* Na. Bredower Forst!! Lindholz!! zwischen dem Sandkrug und Barnewitz!! T. Riebelhorst im Seggebusch *P.* B. Weißensee *D.* Jungfernheide bei der Scharfrichterei!! und am Plötzensee!! Steglitz; Tempelhof an der blanken Hölle *Bl.* Hasenheide!! Rudower Wiesen!! Neuer Krug!! Alt-Landsberg *Gae.*

173. G. germánica L. Trockne Wälder, zerstreut. Sp. Grunewald!! Papenberge *Thiele!* Tegel!! Cr. *Gae.* Zerpenschleuse *Jahn.* Na. Bredower Forst!! Lindholz *Schr.* Trebbin: Scharfenbrücker Forst *Gr.* B. Jungfernheide in der Nähe der Brücke beim Plötzensee sehr häufig!! Hasenheide *D.* Rudower Wiesen *Bl.* K. An der Eisenbahn östlich von Friedrichshagen!! Alt-Landsberg *Gae.* Fw. Leuenberg *Bl.* Nst. Am Wege nach dem Zainhammer *Bch.*

174. G. ánglica L. Sandiger Moorboden, sehr selten. Nur Na. An der Westseite des Bolchow zwischen dem Sandkruge und Buschow *Schr.!* Aeußerster Standort gegen Südosten in dieser Gegend.

† Cýtisus L.

* C. Laburnum L. Häufiger Zierbaum aus Süddeutschland.

† C. nigricans L. Im Gebiet nicht einheimisch, sondern nur hier und da angepflanzt und verwildert: P. Drachenberg; Brauhausberg in der Nähe des Turnplatzes *Bs.*

* C. capitatus Jacq. Häufiger Zierstrauch, zunächst in Schlesien wild. Verwildert P. Bei Schweizerhof unweit Zehlendorf *W. M.*

* C. elongatus W. K. Desgleichen, aus Ungarn.

* Lupínus L.

* L. luteus L. Auf Sandboden überall als Futterkraut und Gründünger gebaut.

† L. angustifolius L. Im Gebiet meist nur einzeln unter der vorigen Pflanze, seltener gebaut.

84. Onónis L.

175. O. spinosa L. Dürre Hügel, Triften, Wegränder, häufig.

176. O. repens L. Wie vorige, nicht selten.

85. Anthyllis L.

177. A. Vulneraria L. Dürre Hügel, Weg- und Waldränder, trockne Wiesen, besonders in D, zerstreut. Br. Gr. Kreutz *Schr.* P. Beim neuen Palais *Bs.* Baumgartenbrück und Geltow häufig!! Petzow!! Glindow *Schr.* Sp. Falkenhagen; Papenberge *D.* Na. Chausseegräben *Gr.!* Jahnberge *H. S.* B. Weißensee an der Pranke *J.!!* Französisch Buchholz *R. fil.!* Rudower Wiesen!! K. Am nordöstlichen Ufer des Kalksees!! Wr. Landhof *Sch.!* zwischen Möglin und Frankenfelde *Rn.* Fw. Broigsdorf *Rn.* Nst. Chaussee nach Sommerfelde!! Pfingstberg; Chaussee nach Chorin *Bch.* Karlswerk *Rn.*

86. Medicágo L.

† M. sativa L. Häufig gebaut und nicht selten auf Grasplätzen, an Wegen verwildert.

† M. media Pers. Seltener gebaut, hier und da verwildert. Br. Gr. Kreutz *Schr.* P. Bornim *Weiland!* Uetz *Bs.* B. Weißensee *A. Br.!* Wilmersdorf nach der Hundekehle zu!! K. Rüdersdorfer Kalkberge!! Fw. Schloßberg; Broigsdorf *Rn.*

178. M. falcata L. Sonnige Hügel, Wegränder, besonders in D, meist nicht selten.

179. M. lupulina L. Grasplätze, Wegränder, gemein.

180. M. minima (L.) Lmk. Sonnige Hügel, meist in D, sehr zerstreut. P. Baumgartenbrück, Abhang über dem Wirthshause!! Sp. Vor dem Berliner Thor *W. M.!* Na. Weinberg bei Möthlow!! Lw. Bei den Ziegeleien *Rt.!* K. Rüdersdorfer Kalkberge!! Zossen: Sperenberger Gipsbrüche *Rt.!!* Buckow: Pritzhagen *Thiele!* Wr. Batzlower Berge *Schl.* Fw. Königshöhe *Rn.* Schloßberg *Rn.!!* Chaussee über Falkenberg *Bch.!!* Nst. Hausberg; Pfingstberg; beim Stadtförster; am Wege nach Lichterfelde bei der Scheune; beim Holländer *Bch.!*

* Trigonella L.

† T. foenum graecum L. Im Gebiet nur versuchsweise im Großen gebaut: Wr. Bei Frankenfelde *Sch.!*

87. Melilótus Tourn.

181. M. dentata (W. K.) Pers. Gräben, Wegränder, auf Salzboden, selten. P. Chausseegraben bei Bornim *Weiland!* Na. Damm zwischen dem Nauener Weinberg und Dreibrücken in der Nähe

des ersteren *Schr.!* zwischen Hertefeld und Deutschhof *Gr.!* bei der Lütsche *R.*

182. M. macrorrhiza (W. K. erweitert) Pers. Wiesen, Gräben, zerstreut. Or. Am Kanal *Kr.* Na. Weggräben beim Selbelanger Jägerhause!! T. Salzbrunn an der Salzquelle *Rt.!* Trebbin: Schulzendorf *Gr.!* B. Auf den Wiesen bei Boxhagen *J.!* Weissensee *D.* Französisch-Buchholz *Kth.* an der Chaussee jenseit des Buschkruges *W. M.!* Alt-Landsberg *Gae* Fw. Zwischen dem Alaunwerk und Falkenberg *Bch.* Nst. Am Finowkanal *Bch.!* an der Oberberger Chaussee *Bch.*

183. M. officinalis (L.) Desr. Wegränder, sonnige Hügel, zerstreut. Na. Paulinenau!! B. Steglitz *Kth.* zwischen Wilmersdorf und Schöneberg!! Lehmgrube bei der Hopfschen Brauerei!! Tempelhof!! an der Chaussee nach Königswusterhausen vom Rollkrug bis jenseit des Buschkruges!! K. Kaulsdorf *Thiele!* Alt-Landsberg *Gae.* Fw. Chaussee nach dem Alaunwerk!! Nst. Finowkanal *Bch.*

184. M alba Desr. An ähnlichen Orten als die vorige, meist ⊙, nicht selten.

† M. coerulea (L.) Lmk. Stammt aus Süddeutschland. Selten in Gärten gebaut und einzeln verwildert.

88. Trifólium Tourn.

185. T. pratense L. Wiesen, Wegränder, häufig. Weissblühend Lw. Züllichendorf *Rt.!* Ueberall gebaut.

186. T. alpestre L. Trockne Wälder, besonders Laubholz, zerstreut. Br. Pewesin am Wege nach Wachow!! P. Pirschheide!! Tornow *Bs.* Brauhausberg *Rt!* Sp. Pichelsberg *Bl.* Papenberge *D.* Tegel *A. Br.* Na. Brieselang!! Bredower Forst!! Lw. Zinnaer Forst nach Felgentreu zu *Rt.* Trebbin: Scharfenbrücker Forst *Gr.!* B. Jungfernheide bei Königsdamm!! Charlottenburger Schloßgarten *Bl.* Spandauer Berg!! nördlich am zoologischen Garten!! zwischen Witzleben und dem hohlen See!! Hasenheide *D.* Rudower Wiesen!! Köpnicker Heide *D.* K. Woltersdorf *D.* Alt-Landsberg *Gae.* Buckow: Pritzhagen *Schl.* Fw. *Sch.!* Nst. Brunnen!! nach Sommerfelde hin!!

* T. incarnatum L. In Süd-Europa einheimisch; bei uns nur selten gebaut.

187. T. arvense L. Brachäcker, überall häufig.

188. T. medium L. Laubwälder, Gebüsche, zerstreut. P. Nuthewiesen *Bs.* Sp. Vor den Papenbergen; Tegel *A. Br.* Na. Bei der Haltestelle Finkenkrug!! Stadtforst *Gr.!* zwischen dem Sandkrug und Buschow!! T. Niebelhorst *P.* Lw. Lehmgruben *Rt.!* B. Chaussee diesseit Pankow *Rei.!* an der Jungfernheide *Li.* bei Witzleben *Winkler.* Schmargendorf *D.* westlich von Wilmersdorf *Bl.* Ru-

bower Wiesen *D.* K. Rüdersdorfer Kalkberge *D.* Alt-Landsberg *Gae.* Zossen: Gipsbrüche bei Sperenberg!! Fw. Beim Alaunwerk!! Nst. Brunnen *Bch.*

189. T. rubens L. Laubwälder, besonders an Abhängen, selten. Na. Bei Gr. Bähnitz *Bs.* K. Wald am Kalksee nördlich der Woltersdorfer Schleuse *A. Br.* 1852!! Fw. Bei Sonnenburg 1858 *Sch.!* Nst. Bei der Mönchsbrücke *Bch.!* Selten gebaut, so Wr. Frankenfelde *Sch.!*

190. T. fragiferum L. Wiesen, besonders auf Salzboden, meist A, zerstreut. Br. Lehnin; Weseram *Schr.* P. Bornim; Kuhfort; Tornow; Nuthewiesen *Bs.* Na. Luch westlich vom Bredower Forst!! beim Selbelanger Jägerhause!! B. Wiesen zwischen der Frankfurter und Stralauer Chaussee *J.!* Chausseegraben bei der Rummelsburger Strafanstalt!! Wiesen westlich der Potsdamerstraße *Hanstein!* südwestlich von Schöneberg *W. M.!* südlich von Tempelhof *Schp.!* Rudower Wiesen!! K. Wernsdorf *Jahn!* Alt-Landsberg *Gae.*

† T. resupinatum L. Stammt aus Süd-Europa; zufällig eingeschleppt. B. Weißensee an einem Pfuhl östlich vom Dorfe *Winkler* 1857! *A. Br.* 1858!

191. T. montanum L. Trockne Wiesen, Laubwälder, sonnige Hügel, zerstreut. Br. Weseram!! Pewesin am Wege nach Wachow!! und am Lötzkanal!! P. z. B. Brauhausberg *Bs.* Kunersdorf *P.* Sp. Papenberge *D.* Na. Brieselang!! T. Niebelhorst *P.* Trebbin: Schulzendorf *Gr.* B. Rummelsburg *D.* Wiesen nördlich der Fuchsberge *J.!* Rudower Wiesen!! K. Rüdersdorfer Kalkberge!! Alt-Landsberg *Gae.* Nst. Chaussee nach dem Bahnhof *Bch.* an der Chaussee bei der Sommerfelder Windmühle *Bch.!!* Karlswerk *Bch.*

192. T. repens L. Triften, Wiesen, Wegränder, häufig, auch hier und da gebaut.

193. T. hybridum L. Wiesen, an Gräben, nicht häufig. P. Tornow *Bs.* Na. Linumsche Hütung *H.!* B. Reinickendorf *D.* Schöneberg *Thiele!* Schiffahrtskanal vor dem Anhaltischen Thor *W. M.* Rudower Wiesen *D.* an der Chaussee zwischen Treptow und dem Neuen Krug *Winkler.* Nst. Am Kanal nach der Badeanstalt hin und bei derselben *Bch.!* Biesenthal auf Wiesen nach Lanke hin *A. Br.* Hier und da gebaut und dann sich lange haltend, so z. B. Kolonie Hohen-Schönhausen *W. M.* Weißensee an der Oranke!!

194. T. agrarium L. Wiesen, Sumpfränder, Gebüsche, sehr zerstreut. P. Sanssouci *Bs.* Sp.; Tegel; Nieder-Neuendorf *D.* Na. Brieselang *W. M.!* B. An der Chaussee diesseit Hermsdorf *W. M.!* Weißensee *J.* Steglitz *Bl.* Tempelhof an mehreren Pfühlen!! Rudower Wiesen!! K. Kranichsberge *Kth.* Nst. Beim Schützenhause *Bch.*

195. T. procumbens L. Stoppel- und Brachfelder, Grasplätze, gemein.

196. T. filiforme L. Wiesen, feuchte Grasplätze, Wegränder, häufig.

89. Lotus L.

197. L. corniculata L. Wiesen, Wegränder, Gebüsche, gemein.

198. L. uliginosa Schk. Wiesen, Sumpfränder, nicht so häufig, z. B. P. Golm; Neuendorf; Bergholz *Bs.* B. Wiesen diesseit Boxhagen *J.!!* Jungfernheide; zwischen dem Thiergarten und Moabit *Bl.* Wilmersdorf im Hopfenbruch *W. M.* Buschkrug!!

90. Tetragonólobus Scop.

199. T. siliquosus (L.) Rth. Wiesen, an Gräben, besonders auf Salzboden, sehr zerstreut. Br. Hinter der Lünower Ziegelei *Schr.* Pewesin südlich vom Lötzkanal östlich von der Brücke *Schr.!!* Wachow *Schr.!* Na. Berge auf der alten Bleiche des Amts häufig *Bs.!* jenseit Berge im Chausseegraben *Bch.* und von dort an mehreren Stellen bis zwischen Selbelang und der Erxlebenschen Meierei *H. S.!* Baruth *Rbh.*

* T. purpureus Mnch. Stammt aus Süd-Europa; bei uns nur selten als Gemüsepflanze gebaut, so Dr. Zehlendorf *Rn.!*

† Galéga Tourn.

† G. officinalis L. Stammt aus dem östlichen Europa; bei uns nur selten in Gärten und außerhalb derselben hier und da verwildert. Sp. *Jochmann!* Tegel *Kth.* Dr. *Kr.* B. Schöneberg *Rn.* Tempelhof *Kth.* Nst. Am Kanal und sonst an Gartenzäunen *Bch.*

b) africana Mill. P. Sanssouci *Bs.!*

† Colútea L.

† C. arborescens L. Häufiger Zierstrauch aus Süddeutschland; verwildert z. B. K. In den Kalkbrüchen bei den hinteren Bergen!!

* Robínia L.

* R. Pseudacácia L. Zierbaum aus Nordamerika, überall angepflanzt.

* Caragána Lmk.

* C. arborescens Lmk. Häufiger Zierstrauch aus Südost-Europa.

* C. frutescens (L.) D. C. Zierstrauch aus dem südöstlichen Europa.

Oxýtropis D. C.

O. pilosa (L.) D. C. Sonnige Abhänge, trockne Wälder, sehr selten und zweifelhaft. P. Jenseit des Tornow *Drees!* später nicht wieder gefunden. Wr. Batzlower Berge *Schl.!* nach *Sch.* durch Urbarmachung ausgerottet.

91. Astrágalus L.

200. A. Cicer L. Sonnige Hügel, Wegränder, nur D, sehr zerstreut. P. Baumgartenbrück *Kuch! A. Br.* Na. Gr. Bähnitz am Steig nach Nauen *Gr.!* Müncheberg: Zwischen Jahnsfelde und Obersdorf und bei Obersdorf *Jahn!* Buckow am See *K.* zwischen Bollersdorf und dem Fischerhause *Walter!* Pritzhagen *Sch.* Wr. Metzdorfer Berge *Rn.* Fw. Weinberg bei der Ruine!! beim Schloßgarten!! Nst. Vor Hohen-Finow *Bch.* Karlswerk *Bch.!*

201. A. glycyphyllus L. Wälder, Gebüsche, zerstreut. Br. Pewesin am Lötzkanal *Schr.!!* P. Katharinenholz *Schp.* Geltow; Baumgartenbrück *Bs.* Wildpark *Schp.!* Brauhausberg *Bs.* Sp. Grunewald; Papenberge; Tegel *D.* Na. Falkenhagener Heide *D.* zwischen Finkenkrug und Brieselang *W. M.!!* beim Bredower Forsthause!! Lindholz!! zwischen dem Sandkrug und Barnewitz!! T. Niebelhorst *P.* Lw. Forst nach Gottow zu *Rt.* B. Jungfernheide am Kanal!! Hasenheide *W. M.!!* Köpnicker Heide *D.* K. Woltersdorf!! Alt-Landsberg *Gae.* Zossen: Sperenberger Gipsbrüche!! Buckow: Elysium *Bl.* Fw. Beim Brunnen *Bl.* Alaunwerk!! bei der Papiermühle!! Leuenberg *Bl.* Nst. *Bch.* z. B. an der Oderberger Chaussee am Waldeingang!! Eichwerder!! Spechthausen *Bl.*

202. A. hypoglottis L. Sonnige Hügel, sehr selten. Mit Sicherheit jetzt nur K. Rüdersdorfer Kalkberge *Baetke!* Müncheberg nach dem Heidekrug hin *Thiele!*

203. A. arenarius L. Sandhügel, dürre Kiefernwälder, zerstreut. Erreicht hier seine Westgrenze. Or. Zwischen Quaden-Germendorf und dem Sarnow *Rn.!* Gr. Bähnitz *Gr.!!* B. Fuchsberge!! Wedding; zwischen Reinickendorf und Hermsdorf; Hasenheide *D.* K. Zwischen Woltersdorf und der Schleuse *A. Br.!!* Rüdersdorfer Kalkberge *D.* Tasdorf bei der Ziegelei am Stienitz-See *Rn.* Storkow *Buek.* (Wr. Südlich vom Wege nach Biesdorf *Sch.!*)

92. Coronilla L.

204. C. varia L. Laubwälder, Grasplätze, Wegränder, zerstreut. P. Neuer Garten; Tornow *Bs.* Sp. Nach den Papenber-

bergen hin *Schl.!* Dr. Zerpenschleuse *Kr.* Na. Fliederhorst bei Königshorst *H. S.!* Beelitz: Dobbrikow *Rt.* Salzbrunn *P.* Trebbin: westlich von Neuendorf!! B. Friedrichshain *J.* Weißensee *Kth.* Schönhauser Park!! Französisch-Buchholz *Kr.* Reinickendorf *D.* beim Park Birkenwäldchen *Bl.* Hippodrom *W. M.* Rudower Wiesen *D.* K. Rüdersdorfer Kalkberge!! Tasdorf *v. Chamisso!* Alt-Landsberg *Gae.* Zossen: südlich von Sperenberg!! und auf den Gipsbergen!! Baruth *Kbh.* Fw. Alaunwerk!! Nst. *Bch.* Biesenthal *A. Br.*

93. Ornithopus L.

205. O. perpusillus L. Kiefernwälder, Sandfelder, zerstreut. P. An der Chaussee nach Spandau; nach Kl. Machenow hin *Bs.!* Sp. Pichelsberg!! Pichelswerder!! Tegel an der Chaussee nach B. *D.* Dalldorf *Schl.!* Zwischen Lw. und Frankenfelde *Rt.!* Trebbin: nach Glau hin *Gr.* B. Marzahn *H.* Kolonie Hohen-Schönhausen *J.* Weißensee nach Malchow hin!! zwischen dem Gesundbrunnen und Schönhausen!! und bei der Pankstraße!! Jungfernheide!! Hasenheide; Tempelhof *D.* Birken nordwestlich vom Neuen Krug *Bl.* K. Nach Süßengrund hin *Gr.* Wr. Möglin *Sch.* Nst. Rosenberg *Bch.!!*

* O. sativus Brotero. Auf sandigen Aeckern hier und da gebaut. In den Feldern der Serradella finden sich öfter mehrere der Flora fremde Pflanzen, so Silene gallica L., Ormenis mixta D. C., Chrysanthemum segetum L., Echium violaceum L., Polypogon monspeliensis Desf.

† Onobrychis Tourn.

† O. viciaefolia Scop. Im Gebiet nicht einheimisch, sondern hier und da gebaut und an Wegrändern u. s. w. verwildert. So P. Friedrich-Wilhelmsbrücke *Bs.* Or. Zerpenschleuse am Kanal *Jahn.* Na. Möthlower Weinberg!! B. Einschnitte der Berlin-Potsdamer und Berlin-Anhaltischen Eisenbahn!! K. Rüdersdorfer Kalkberge!! Buckow: Pritzhagen *Thiele!* Fw. Falkenberg!! Nst. Am Wege nach dem Bahnhofe; Karlswerk *Bch.* am Hohen-Finower Mühlenberg *H.*

94. Vicia L.

206. V. sepium L. Laubwälder, Gebüsche, zerstreut. P. Pfauen-Insel *Schp.!* Sp. Papenberge *D.* Na. Bei der Haltestelle Finkenkrug!! Brieselang!! Fasanerie bei Königshorst!! B. Friedrichsfelde *R.!* Friedrichshain!! (eingeschleppt) Schönhauser Park!! Reinickendorf *D.* Jungfernheide *Schl.* Charlottenburger Schloßgarten; Thiergarten *Bl.* am Kanal zwischen der Kottbusser und Schlesischen

Straße!! an der Chaussee nach Treptow!! Köpnicker Heide *D.* Alt-Landsberg *Gae.* Fw. Hammerthal!! Nst. Unter dem Schützenhause!!

† V. sativa L. Häufig gebaut, auch als Mengfrucht. Unter der Saat hier und da vereinzelt.

207. V. angustifolia Rth. Brachäcker, Sandfelder, trockne Wälder, nicht selten, z. B. P. Baumgartenbrück!! Brauhausberg *Bs.* Sp. Pichelsberg *Bl.* Grunewald!! Lw. *Rt.!* B. Friedrichshain *Tietz!* Spandauer Bock *W. M.* nördlich vom zoologischen Garten!! Kreuzberg an der Anhaltischen Eisenbahn!! Tempelhof!!

208. V. lathyroides L. Dürre, sonnige Hügel, Grasplätze, besonders D, zerstreut. P. Belvedere *Radecke!* Baumgartenbrück!! Tornow *Bs.* Brauhausberg *Sanio!* Sp. *D.* Pichelswerder!! Papenberge *D.* Hermsdorf *Baeyer!* B. Rummelsburg *J.* diesseit Französisch Buchholz *Schp.!* Exercierplatz vor dem Schönhauser Thor!! Grasplatz südlich vom Schönhauser Park!! diesseit Moabit 1853!! Grasplatz nördlich vom zoologischen Garten!! südwestlich von Schöneberg *Bl.* Kreuzberg in der Lehmgrube bei der Chaussee *Hanstein!* K. Müggelberge *Jochmann!* Alt-Landsberg *Gae.* Fw. Am Baa-See *Rn.!* Nst. *Bch.*

95. Cracca Rivin.

209. C. multiflóra (Lmk. ex p.) Aschs. Wiesen, Gebüsche, Wegränder, gemein.

210. C. tenuifolia (Rth.) Godr. u. Gr. Hügel, zwischen Gebüsche, besonders D, sehr zerstreut. Br. Pewesin am Lötzkanal *Schr.!* Na. Gr. Bähnitz beim Sandkrug *Schr.* Möthlower Weinberg!! B. Kreuzberg in der Lehmgrube bei der Hopfschen Brauerei!! K. Rüdersdorfer Kalkberge *D.* Zossen: Sperenberg bei der Windmühle!! Buckow: Pritzhagen *Thiele!* Wr. Batzlower Mühle *Thiele!* Fw. Hinter dem Weinberg *Rn.* Falkenberg *Bch.* Nst. Warbecks Mühle; am Eichwerder; Karlswerk *Bch.!* an der Chaussee diesseit Hohen-Finow *Bch.!!* zwischen Hohen-Finow und Köthen!! Bei Biesenthal *A. Br.!*

211. C. villosa (Rth.) Gren. u. Godr. Aecker, auf Sand und Lehm, besonders unter Getreide, nicht selten, oft in ungeheurer Menge, z. B. P. *Bs.* Sp. *Kth.* B. Rummelsburg!! nach Hohen-Schönhausen hin!! Wedding!! beim Hamburger Bahnhof!! Charlottenburg!! Aecker zwischen dem Anhaltischen und Halleschen Thor!! bei Tempelhof!! diesseit Britz!! Alt-Landsberg *Gae.* Fürstenwalde: Steinhöfel *Hl.!* Wr. Batzlower Mühle *Thiele!* Nst. Bei Hohen-Finow!!

96. Ervum Tourn.

212. E. pisiforme (L.) Peterm. Abhänge, in Gebüschen,

sehr selten. Nur Fw. Akazienberg *Rn!!* Abhänge westlich vom Alaunwerk *Rn.!!* Falkenberg *Rn.* In dieser Gegend zuerst von *Schl.* entdeckt.

213. E. silváticum (L.) Peterm. Schattige Laubwälder, selten. Nur im Odergebiet. Fw. Baa-See; Hammerthal *Rn.* Nst. Abhänge unter dem Schützenhause *Bch.!!* Spechthausen; Oberberger Chausseehaus *Bch.!*

214. E. cassúbicum (L.) Peterm. Trockne Wälder, besonders unter Laubholz, zerstreut. P. Alt-Geltow *Bs.!* Eiche *Bs.!* Brauhausberg *Bl.* am Wdnn-See *Schp.* Sp. Pichelswerder auf der Nordseite!! Inseln bei Saatwinkel *Bl.* Tegel *Schl.!* Or. Zerpenschleuse *Kr.* Na. Im Park von Gr. Bähnitz am nordwestlichen Seeufer!! B. Jungfernheide bei Königsdamm!! an der Chaussee diesseit des Spandauer Bocks!! nördlich am zoologischen Garten!! Hasenheide *D.* Buschkrug westlich von der Chaussee *W. M.!!* K. Friedrichshagen *Schl.* zwischen der Woltersdorfer Schleuse und dem Alten Grund!! Alt-Landsberg *Gae.* Buckow: Pritzhagen *Walter!* Fw. Akazienberg; Schloßberg *Rn.* südlich vom Alaunwerk!! Nst. Schützenhaus; Eisenspalterei; Mönchsbrücke *Bch.!*

215. E. hirsútum L. Aecker, Wiesen, überall häufig.

216. E. tetraspermum L. Wegränder, Wiesen, sehr zerstreut. P. Baumgartenbrück jenseit der Brücke!! B. Friedrichsfelde *Körnicke!* Friedrichshain *J.!* zwischen Steglitz u. Lichterfelde *W. M.* Nst. Chaussee nach Chorin; Rogäser Schleuse *Bch.*

† E. monanthum L. Hier und da, besonders als Mengfrucht gebaut, und in Folge dessen verwildert, so P. An der Chaussee nach Eiche *Bs.!* Gr. Glienicke *Vocke.* B. Lichterfelde *W. M.!* Bei Strausberg und Hohenstein *Jahn!*

* Lens Tourn.

* L. esculenta Mnch. Im Gebiet nur an einzelnen Orten gebaut.

† Pisum Tourn.

* P. sativum L. Ueberall gebaut.

† P. arvense L. Hier nicht gebaut, aber oft einzeln unter dem vorigen.

97. Láthyrus L.

217. L. tuberosus L. Lehmhügel, Ackerränder, selten. Bisher nur P. Baumgartenbrück jenseit der Brücke *Rn.! Bs.!* B. Kreuzberg in der Lehmgrube östlich der Anhaltischen Eisenbahn *Sanio!!*

218. L. pratensis L. Wiesen, Gebüsche, gemein.

219. L. silvester L. Tröckne Wälder, besonders unter Kiefern, zerstreut. P. Pirschheide *Kn.!* an der Chaussee den Jägerschießständen gegenüber viel *Bs.* Sp. Grunewald *D.* Or. Friedrichsthal *Kr.* zwischen Hammer und Zerpenschleuse *Jahn!* Beelitz *K.* B. Jungfernheide; Hasenheide *D.* Marienborf *Kr.* Alt-Landsberg *Gae.* Müncheberg *K.* Buckow: Pritzhagen *Walter.* Fw. Baa-See *Kn.* Königshöhe *Kn.!!* Weinberg; Schloßberg *Kn.!* Nst. Beim Schützenhause; Spechthausen *Bch.!*

220. L. paluster L. Wiesen, besonders A, zerstreut. P. Hinter dem neuen Palais *Bs.* Baumgartenbrück jenseit der Brücke!! Nuthewiesen *Bs.* Marquard *Schp.!* Sp. Pichelsberg *D.* Papenberge *Thiele!* Tegel am See *A. Br.* Or. Schmachtenhagen *Kn.* Na. zwischen Finkenkrug und Brieselang *W. M.!* Lindholz an der Eisenbahn!! Königshorst am Damm nach Sandhorst!! Lw. Mollenhütten *Rt.* Trebbin: Schulzendorf *Gr.!* B. Auf den Wiesen zwischen der Stadtmauer und Boxhagen!! Friedrichsfelde *D.* südlich der Jungfernheide *Schp.!* an der faulen Spree *Bl.* Charlottenburg an der Spree westlich vom Schloßgarten!! auf Sumpfwiesen südwestlich vom Spandauer Bock *Hl.!!* Schöneberg *D.* am Schifffahrtskanal unweit der Anhaltischen Eisenbahn *W. M.!* Kreuzberg in der Lehmgrube westlich der Chaussee *W. M.!* (ein sehr auffallender Standort) beim Neuen Krug!! Zossen: westlich von Sperenberg!! Nst. Am Tröbelsteig *Bch.*

221. L. vernus (L.) Bernh. Schattige Laubwälder, sehr zerstreut. Or. Schmachtenhagen *Kr.* Bernöve *Jahn.* Na. Brieselang!! Bredower Forst *A. Br.!!* Hahnberge *Gr.!* Lindholz *H.* Fasanerie bei Königshorst *H. S.!!* Alt-Landsberg *Gae.* Blumenthal bei Strausberg *Kr.* Müncheberg beim Heidekrug *K.* Fw. Hammerthal *Kn.* Nst. Abhang unter dem Schützenhause!! beim Brunnen *Bch.!!*

222. L. niger (L.) Wimm. Sonnige Laubwälder, sehr zerstreut. Sp. Papenberge *Kn.!* Tegel *Kth.* Or. Schmachtenhagen *Kr.* Na. Brieselang *D.* Lindholz *H. S.!* Gr. Bähnitz beim Sandkrug *Schr.* Wr. Metzdorfer Berge *Schl.* Fw. Monte Caprino; Akazienberg; Ziegelerberg *Kn.!* Nst. Eichwerder!! vom Schützenhause bis Spechthausen *Bch.*

223. L. montanus Bernh. Trockne Wälder, nicht selten z. B. P. Brauhausberg *Torges!* Sp. Grunewald *Schp.* Forst nach den Papenbergen hin!! Tegel *Bl.* Na. Bredower Forst!! Brieselang!! Lw. Renneberge *Rt.!* B. Südlich von Friedrichsfelde *Rei.!* Jungfernheide!! Thiergarten *W. M.* nördlich am zoologischen Garten!! Rudower Wiesen!! K. Nach den Müggelbergen zu *Gr.!* Alt-Landsberg *Gae.* Nst. Schützenhaus!!

b) tenuifolius Rth. (als Art). Lw. Forst nach Felgentreu hin *Rt.!*

* Phaséolus L.

* P. multiflórus Willd. Aus Amerika? Gebaut.
* P. vulgaris L. Aus Indien? Ueberall gebaut.

25. Familie. Amygdalaceae Juss.

* Amýgdalus L.

* A. nana L. Zierstrauch aus Südost-Europa.

* Pérsica Tourn.

* P vulgaris Mill. Aus Vorder-Asien; an Spalieren gezogen.

98. Prunus L.

* P. Armeniaca L. Häufig in Gärten.

224. P. spinosa L. Waldränder, sonnige Hügel, zerstreut, z. B. P. Baumgartenbrück!! Glindower See!! jenseit Tornow; Kl. Glienicke *Bs.* Sp. *D.* Pichelswerder!! Tegel *D.* Na. Fasanerie bei Königshorst *H. S.* K. Rüdersdorfer Kalkberge!! Alt-Landsberg *Gae.* Zossen: Sperenberg bei der Windmühle!! Wr. Metzdorfer Berge; Büchnitz bei Möglin; Upstall bei Schulzendorf *Rn.* Nst. Eichwerder!! Chorin; Werbellin-See *Kr.* Nicht selten zu Hecken angepflanzt.

* P. insiticia L. Hier und da in Gärten.
* P. doméstica L. Am Kaukasus wild; überall in Gärten.

225. P. avium L. Laubwälder, sehr selten. Na. Falkenhagener Heide *D.* B. Thiergarten!! ob wild? In Gärten überall, an Chausseen nicht selten gepflanzt.

* P. Cérasus L. Ueberall in Gärten, nicht selten an Straßen gepflanzt.

226. P. Padus L. Laubwälder, feuchte Gebüsche, sehr zerstreut. Na. Brieselang *R.* Lindholz *H.* Alt-Landsberg *Gae.* Nst. Schorfheide am Werbellin-See *Kr.* Häufig in Parks gepflanzt und hier und da häufig verwildert, so B. Thiergarten!!

* P. serótina Willd. Zierstrauch aus Nordamerika.
* P. Máhaleb L. Zierstrauch aus Süddeutschland, sehr häufig gepflanzt.

26. Familie. Rosaceae Juss.

† Spiraea L.

† S. opulifolia L. Zierstrauch aus Nordamerika, nicht selten gepflanzt. Verwildert: Sp. Tegel westlich vom Park *A. Br.* B. Schöneberg an einem Graben südwestlich vom botanischen Garten *W. M.!!*

* S. ulmifolia Scop. Zierstrauch aus dem südöstlichen Deutschland.

* S. crenata L. Zierstrauch aus Ungarn.

† S. salicifolia L. Zierstrauch aus Südost-Europa. Häufig angepflanzt und hier und da völlig verwildert; so Sp. Im Torfsumpf zwischen dem Grunewald- und Hundekehlen-See!! B. An der faulen Spree südlich der Jungfernheide *Bl.*

* S. Douglasii Hooker. Zierstrauch aus Kalifornien.

* Sorbária A. Br.

* S. sorbifolia (L.) A. Br. Häufiger Zierstrauch aus Sibirien.

99. Ulmária Gil. erweitert.

227. U. pentapétala Gil. Feuchte Wiesen, Gebüsche, häufig.

228. U. Filipéndula (L.) A. Br. Trockne Wiesen, sonnige Hügel, lichte Wälder, zerstreut. Br. Eiskutenberg bei Gr. Kreutz *Schr.* P. Läusebusch auf dem Bornstedter Felde *Bs.* Pirschheide *Schp.* Baumgartenbrück *Bs.* Sp. Pichelsberg; Inseln bei Saatwinkel *Bl.* Na. Haltestelle Finkenkrug *W. M.* beim Bredower Forsthause!! Brieselang!! B. Nördlich von den Fuchsbergen *J.* im südlichen Theil der Jungfernheide!! nördlich am zoologischen Garten!! Steglitz *Schl.* Rudower Wiesen!! K. Rüdersdorfer Kalkberge *Schl.* Zossen: Sperenberg!! Wr. Möglin *Kn.* Fw. Brunnen *Bl.* Nst. An der Chaussee zwischen Trampe und Hekelberg *Bl.*

* Kérria D. C.

* K. japónica (L.) D. C. Häufiger Zierstrauch aus Japan.

100. Geum L.

229. G. urbanum L. Schattige Laubwälder, gemein.

230. G. rivale L. Feuchte Wiesen, Gebüsche, nicht selten, z. B. P. *Bs.* Sp. Diesseit des Schwanenkrugs!! Na. Brieselang!! beim Bredower Forsthause!! Königshorst *H. S.* Kremmen: Tietzow!!

Rhinluch *H.!* Lw. Elsthal; Felgentreu *Rt.* Trebbin *Gr.* B. Am Fuß der Fuchsberge!! Schönhauser Park *Bl.* Thiergarten!! am Kanal zw. dem Kottbusser u. Schlesischen Thor!! zw. dem Buschkrug u. der Spreeheide *W. M.* Nst. Wiesen nach dem Eichwerder hin!!

229 × 230. G. urbanum × rivale. Mit den Eltern.

a) intermedium Ehrh. Alt-Landsberg beim städtischen Forsthause *Gae.*

b) Willdenowii Buek. Na. Brieselang *D.* B. Thiergarten *D.* Nst. Eichwerder; Zainhammer *Bch.*

† Waldsteinia Willd.

† W. geoides Willd. Seltene Zierpflanze aus Ungarn, verwildert P. Sanssouci *Bs.!*

101. Rubus L.*)

231. R. fruticosus L. Wälder, nicht selten.

232. R. Koehléri W. u. N. Wälder. Sp. Nach den Papenbergen hin nach *Sonder.*

233. R. caesius L. Waldränder, Aecker, gemein.

234. R. Idaeus L. Schattige Wälder und Gebüsche, nicht selten.

235. R. saxátilis L. Wälder, sehr zerstreut. P. Sanssouci jenseit der Eichen *Schp.!* Sp. Papenberge!! Bamberge *Kth.* nordwestlich vom Wirthshause bei Tegel!! Or. Zerpenschleuse *Kr.* B. Friedrichsfelde *D.* Jungfernheide, besonders südwestlich vom Plötzensee und im südlichen Graben des Artillerie-Schießplatzes!! K. *H.* Rüdersdorfer Kalkberge *Bl.* Nst. Bei den Leuenberger Wiesen; Darre; Zainhammer *Bch.!* Pechteich *Kirchner.*

102. Fragária L.

236. F. vesca L. Wälder, Gebüsche, grasige Hügel, nicht selten.

237. F. collina Ehrh. Wie vorige, zerstreut. Br. Zwischen Pewesin und Wachow *Schr.!* P. Bei Bornstedt *Radig.* Na. Brieselang *Thiele!* Sp. Pichelswerder *Kr.* B. Schmargendorf *W. M.* Wilmersdorf *D.* Rollberge *Schp.* K. Wald am Kalksee nördlich der Woltersdorfer Schleuse *A. Br.!!* Rüdersdorfer Kalkberge *Schl.!* Alt-Landsberg *Gae.* Wr Wriezener Berge *Sch.!* Metzdorfer und Batzlower Berge *Schl.* Fw. An der Chaussee jenseit Falkenberg *Bch.* Nst. Warbecks Mühle; hinter dem Kirchhof *Bch.* Wald vor Sommer-

---

*) Die strauchartigen Rubus-Arten dieser Gegend bedürfen noch eines genaueren Studiums.

felde *Bch.*!! Mönchsbrücke *Bch.* Biesenthal: Waldrand bei der Hellmühle *A. Br.* Tannewitz *Schl.*

b) Hagenbachiana Lang. (als Art). Sonnige Hügel, selten. Br. Eiskutenberg bei Gr. Kreutz *Schr.!*

238. F. elátior Ehrh. Schattige Wälder, Gebüsche, selten. Sp. Dorngebüsch beim Rhinmeister-See *A. Br.!!* B. Früher zahlreich in einer Vertiefung südwestlich von Schöneberg; zwischen Schmargendorf und dem Grunewald *Bl.* (Wr. Dornbuschmühle bei Vevay *Sch.!*) Nst. Schanzenberg; Schützenhaus; Brunnen; an der Chaussee in der Nähe der Leuenburger Wiesen *Bch.!* In Gärten hier und da und in Folge dessen wohl nur verwildert. B. Friedrichsfelder Park!! Thiergarten!!

103. Cómarum L.

239. C. palustre L. Moorwiesen, Torfsümpfe, nicht selten, z. B. Br. Gr. Kreutz am Eiskutenberge *Schr.* P. Beim Wildpark!! Sp. Grunewald!! Tegel *Schl.* Na. Im großen Luch nördlich vom Lindholz *H. S.* Kremmen: Beetzer Luch *H.!* Lw. Frankenförde; Felgentreu *Rt* Trebbin: Schulzendorf *Gr.!* B. Rummelsburg *Kth.* Jungfernheide!! Witzleben!! Schöneberger Fenn *Bl.* Köpnicker Weg vor dem Neuen Krug *W. M.* K. Am Wege nach den Müggelbergen!! Wr. Möglin *Rn.*

104. Potentilla L.

* P. fruticosa L. Häufiger Zierstrauch aus Südost-Europa.

240. P. supina L. Feuchte, sandige Stellen, Ufer, Dorfstraßen, sehr zerstreut; zuweilen unbeständig. P. Gr. Glienicke *Vocke!* Tr. Quaden-Germendorf *Kr.* B. Lichtenberg *J.!* an einigen Pfühlen bei Weißensee einzeln 1853 und 1857!! Schmargendorf *Bl.* Schöneberg *A. Br.!!* K. Tasdorf *D.* (Fw. Alt-Ranft *Rn.*)

241. P. norvégica L. Feuchte, moorige Stellen, sehr selten und unbeständig. Tr. Nach Quaden-Germendorf hin *Gae.!* B. Weißensee am Pfuhl beim Chausseehause nördlich der Chaussee 1845 *Garcke* 1857 *Schp.!!*

242. P. Anserina L. Triften, Grasplätze, Wegränder, gemein.

† P. recta L. Zierpflanze aus Mitteldeutschland, verwildert P. Pfauen-Insel *Vocke.* Sp. Karlshöhe 1842 *C. Hoffmann!* K. Kirchhof *Gr.!*

243. P. argentea L. Wegränder, trockne Wälder, sonnige Hügel, gemein.

244. P. collina Wib. Wie vorige, selten. Sp. Pichelsberg am Ausgange des Teufelsgrabens!!

245. P. reptans L. Feuchte Grasplätze, Gräben, Sumpfränder, sehr häufig.

246. P. mixta Nolte. Sumpfränder, sehr selten. B. An einem kleinen Pfuhl nordöstlich der Kolonie Hohen-Schönhausen und einigen benachbarten Sümpfen viel 1858 *A. Br.!!*

247. P. procumbens Sibth. Kiefernwälder, besonders an etwas feuchten Stellen, auch sonst an feuchten Orten, zerstreut. P. Wildpark *Schp.!* am Schlachtensee *Vocke!* Sp. Pichelsberg beim Teufelsgraben *Bl.* Tegel nordwestlich vom Wirthshause!! Or. Bei der Friedensthaler Glashütte *Ru.!* Trebbin: Scharfenbrücker Forst *Gr.!* B. An Gräben östlich der Kolonie Hohen-Schönhausen *J.!* in einer Vertiefung bei der Pankstraße östlich vom Gesundbrunnen *A. Br.!!* Jungfernheide im südlichen Theile an mehreren Stellen!! im Walde zwischen Schmargendorf und der Hundekehle!! am Köpnicker Wege diesseit des Neuen Kruges *Körnicke.* K. Am Kalksee nördlich der Woltersdorfer Schleuse!! Alt-Landsberg *Gae.* Fw. *Sch.!* Nst. Bei den Leuenberger Wiesen; Drehnitz *Bch.!*

248. P. silvestris Neck. Wie vorige, sehr häufig.

249. P. verna L. Trockne Wälder, Grasplätze, sehr zerstreut. P. Neuer Garten *Weiland!* Katharinenholz *Schp.!* Pirschheide an der Havel *Sanio!* Brauhausberg *Sanio!* Sp. Grunewald *D.* Na. Haltestelle Finkenkrug!! B. Jungfernheide im südöstlichen Theile!! Moabit diesseit der Kirche!! Buckow: Pritzhagen *Thiele!* Zossen: Gr. Machenow *Bl.* Nst. *Bch.!*

250. P. incána Mnch. Wie vorige, sehr häufig, z. B. P. Pfauen-Insel *Vocke!* Pirschheide *Sanio!* Sp. Pichelswerder!! Kremmen: Rhinluch *H.!* B. Fuchsberge!! Jungfernheide!! Moabit!! beim Spandauer Bock!! Charlottenburger Schloßgarten!! Kurfürstendamm *W. M.!* Hippodrom!! K. Erkner!! Rüdersdorfer Kalkberge *Schl.!* Alt-Landsberg *Gae.* Zossen *Bl.* Fw. Falkenberg *Bch.!*

251. P. opáca L. Wie vorige, zerstreut. P. Pfauen-Insel *Vocke!* Ruinenberg *Bs.* Katharinenholz *Schp.* Pirschheide!! Templin; Tornow *Bs.* Brauhausberg *Bs.!* Babelsberg *Bs.* Sp. Pichelswerder!! Papenberge; Tegel *D.* Na. Zwischen der Haltestelle und dem Finkenkrug!! an der großen faulen Lake!! B. Friedrichsfelde *D.* Jungfernheide bei den Rehbergen!! Spandauer Bock; Bellevue *Bl.* Hippodrom und nördlich vom zoologischen Garten!! jenseit Steglitz *Bl.* jenseit Treptow westlich von der Chaussee!! K. Müggelberge!! Tasdorf *D.* Alt-Landsberg *Gae.* Zossen: Wald südlich von Sperenberg!! Wr. Metzdorfer Berge; Büchnitz; Upstall *Ru.* Fw. Akazienberg!! Nst. häufig, z. B. Zwischen dem Schützenhause und Schanzenberg!! Eichwerder!! Pfingstberg bei Karlswerk *H.*

252. P. alba L. Trockne Wälder, besonders unter Laubholz,

Gebüsche, sehr zerstreut. Sp. Nördlich von der Hundekehle!! Pichelsberg beim Teufelsgraben!! Papenberge *D.* Na. Bredower Forst!! B. Nördlich der Fuchsberge *J.!* Französisch Buchholz *Kr.* Jungfernheide südlich vom Kanal bei der Brücke am Plötzensee!! in der Anpflanzung nördlich vom zoologischen Garten, in der Nähe des Hippodroms *) *Bl.!!* Rudower Wiesen!! Alt-Landsberg *Gae.!*

105. Alchemilla Tourn.

253. A. vulgaris L. Laubwälder, Gebüsche, sehr zerstreut. P. Sanssouci, wohl nur verschleppt *Schp.!* Sp. Westlich von Tegel *Sanio!* Tr. Zerpenschleuse an der Chaussee *Jahn!* Na. Finkenkrug *Thiele!* B. Johannisthal *Bl.* Alt-Landsberg *Gae.!* Müncheberg: beim Heidekrug!! Nst. Eisenhammer *Bch.!* Sommerfelde; Leuenburger Wiesen; Trehnitz *Bch.* Pechteich *Kr.*

254. A. arvensis (L.) Scop. Aecker, besonders auf Sandboden, zerstreut. P. Tornow *Bs.* nördlich am Glindower See!! Zehlendorf!! Tr. Zehlendorf *Rn.!* Lw. Brand bei Frankenförde *Lt.!* Gr. Beeren *Bs.* B. Kolonie Hohen-Schönhausen!! Pankow; vor dem Rosenthaler Thor *Schl.* Tempelhof!! Zossen: Zwischen Kummersdorf und Sperenberg!! Wr. Mögliner Acker an der Büchnitz *Rn.* Nst. *Bch.!*

106. Rosa Tourn.

* R. lutea Mill. Häufiger Zierstrauch. Verwildert Fw. Alaunwerk *Rn.*

† R. pimpinellifolia D. C. Desgleichen, an den Küsten Norddeutschlands und in Mitteldeutschland wild. Verwildert: Sp. Tegel *A. Br!* Fw. Saugrund, Königshöhe *Sch.!*

* R. cinnamomea L. Zierstrauch aus Mitteldeutschland.

255. R. canina L. Wälder, Wegränder, häufig.

R. coriifolia Fr. Hügel, Wegränder, nahe an der östlichen Grenze des Gebiets (Wr. Berge; Dornbusch-Mühle bei Bevay *Sch.!*) wohl auch innerhalb desselben aufzufinden.

256. R. rubiginosa L. Hügel, Wälder, zerstreut. Sp. Tegel *Schl.* B. Fuchsberge *Rei.!* zwischen der Jungfernheide und Moa-

---

*) Dieser Standort ist von Interesse, da er zeigt, eine wie große Widerstandskraft die einheimische Flora unter Umständen gegen Kultureinflüsse hat. Das Gebüsch, unter welchem diese hübsche Pflanze wächst, besteht großentheils aus ziemlich dicht gepflanzter Spiraea opulifolia und salicifolia, Amelanchier-, Salix-Arten u. s. w. Dennoch ist die Flora ganz die eines wilden Laubgebüsches; mit der Potentilla alba oder in geringer Entfernung finden sich Hypericum quadrangulum, Trifolium alpestre, Ervum cassubicum, Ulmaria Filipendula, Betonica officinalis, sämmtlich hier nicht gerade gemeine Pflanzen.

bit!! Spandauer Bock!! Tempelhof *Schl.*! Rollberge *Schp.* K. Dahlewitz *Schl.* Nst. Wald nach Sommerfelde hin!!

257. R. tomentosa Sm. Wie vorige, zerstreut. Sp. Pichelswerder!! Papenberge *Thiele!* Grunewald *D.* Inseln bei Saatwinkel *Bl.* Tegel östlich der Chaussee!! B. Jungfernheide im südöstlichen Theile!! Kurfürstendamm *Bl.* südlich von Tempelhof *Rei.!* Rollberge *Schp.* Johannisthal *D.* K. Woltersdorf westlich vom Kalksee *A. Br.!* Rüdersdorfer Kalkberge *D.* Wr. Frankenfelde *Sch.!* (Bevay *Sch.!*) Buckow: Pritzhagen *Schl.* Nst. Wald nach Sommerfelde hin!!

† R. pomifera Hermann. Na. Am Wege westlich vom Bredower Forsthause!! von *Körnicke* und *Bach* entdeckt; zwar anscheinend wild, doch sicher ursprünglich angepflanzt. Hier und da in Gärten.

* R. centifolia L. Zierstrauch, überall in Gärten.

R. canina × rubiginosa. Hügel, Wälder, sehr zerstreut. B. Schöneberg *D.* K. Rüdersdorfer Kalkberge!!

107. Agrimónia Tourn.

258. A. Eupatoria L. Weg- und Waldränder, Gebüsche, häufig.

259. A. odorata Mill. Wegränder, Gebüsche, selten. Na. Haltestelle Finkenkrug!! hier am 30. Juli 1854 von *Körnicke* und mir zuerst für das Gebiet entdeckt; beim Bredower Forsthause einzeln!! Hahnberge in der Nauener Stadtforst!!

108. Sanguisorba L.

260. S. officinalis L. Feuchte Wiesen, Gebüsche, zerstreut. P. Glindow *Schulz!* Kl. Glienicke *Bs.* Sp. Grunewald bei der Rhinmeisterbrücke!! Papenberge *Schl.* Tegel *Kth.* Na. Brieselang *W. M.!* Bredower Forst beim Forsthause!! Wiese nordwestlich der Stadt *Gr.* Kremmen: Krumme Horst bei Linum *H.!* Lw. Frankenfelde *Rt.!* Trebbin: Zwischen Schulzendorf und Neuendorf!! Um B. häufig: Friedrichsfelder Park!! Jungfernheide diesseit des Plötzensees!! zwischen Charlottenburg und der Jungfernheide *A. Br.* Thiergarten!! zwischen dem zoologischen Garten und Wilmersdorf *W. M.!!* Wiesen an d. Berlin-Potsdamer Eisenbahn diesseit Schöneberg *W. M.!!* Rudower Wiesen!! am Schifffahrtskanal vor dem Schlesischen Thor *Rei.* Alt-Landsberg *Gae.!*

109. Potérium L.

261. P. Sanguisorba L. Sonnige Hügel, Wegränder, sehr zerstreut, in D. P. Glindower Berge *Schr.* K. Rüdersdorfer Kalkberge!! Zossen: Sperenberg auf den Gipsbergen!! Buckow: Pritz-

hagen *Thiele!* Wr. Berge *Sch.!* Fw. Zieglerberg *Rn.* südlich vom Alaunwerk!! Falkenberg *Bch.* an der Chaussee diesseit Hohen-Finow *Bch.!!* In Gemüsegärten gebaut und in Folge dessen hier und da auf Grasplätzen verwildert; so P. Garnisonplantage *Bs.!* Ruinenberg *W. M.!* Sanssouci; Neuer Garten *Bs.* B. Friedrichshain *J.!!* Charitégarten *Helmrich!* Thiergarten *Hl.*

27. Familie. Pomariae Lindl.

110. Crataegus L.

262. C. oxyacantha L. Waldränder nicht häufig. Sp. Tegel *D.* Na. Brieselang *D.* Fasanerie bei Königshorst *H. S.!* B. Jungfernheide *D.* Wr. Metzdorfer Berge *Schl.* Fw. Zwischen Hammerthal und Alaunwerk!! Nst. *Bch.* z. B. Eichwerder!! Häufig zu Hecken gepflanzt, auch als Zierstrauch mit gefüllter Blüthe.

263. C. monógynus Jacq. Waldränder, Hügel, häufiger als voriger. P. Baumgartenbrück!! Glindower Berge *A. Br.!* Sp. Pichelswerder *Rn.* Or. Wandelitz *Schl.* Na. Lindholz!! Trebbin: Zwischen Schulzendorf und Neuendorf!! B. Schönhausen; Jungfernheide *D.* K. Rüdersdorfer Kalkberge!! Zossen: Sperenberg!! Fw. *Sch.!* Nst. *Bch.* z. B. Eichwerder!!

† Cotoneaster Medikus.

† C. vulgaris Lindl. Seltener Zierstrauch aus Mitteldeutschland. Angepflanzt und verwildert B. In der Nähe des Hegemeisters jenseit Rummelsburg *Thiele! Rach.*

† Méspilus L.

† M. germánica L. Stammt aus Mitteldeutschland; bei uns nur hier und da in Gärten und an einigen Orten halb wild: so Sp. Tegel *Kth.* Or. Bötzow an Backöfen *Rn.* Fw. Hammerthal; Alaunwerk *Rn.*

* Cydónia Tourn.

* C. vulgaris Pers. In Gärten hier und da angepflanzt.

* Amelánchier Medikus.

* A. vulgaris Mnch. Zierstrauch aus Mitteldeutschland.

* A. canadensis (L.) Torr. u. Gr. Desgl. aus Nordamerika.

111. Pirus L.

264. P. commúnis L. Nur

a) glabra Koch. Laubwälder, Ackerränder, selten. Na. Bredower Forst!! Lindholz!! Nst. Hekelberg *Bl.* In Gärten, an Wegen überall gepflanzt.

265. P. Malus L. Nur

b) acerba D. C. (als Art). Laubwälder, selten. Na. Brieselang *O. Jaenicke.* Lindholz!! B. Buch *Kr.* Ueberall angepflanzt.

266. P. aucuparia (L.) Gaertn. Nicht selten in Laubwäldern. An Wegen häufig gepflanzt.

* P. Aria (L.) Ehrh. Stammt aus Mitteldeutschland; nicht selten in Parkanlagen gepflanzt.

* P. torminalis (L.) Ehrh. Nur hier und da angepflanzt; im Gebiet in neuerer Zeit nicht wild gefunden.

28. Familie. Onagraceae Juss.

112. Epilóbium L.

267. E. angustifolium L. Trockne Wälder, Sandhügel, zerstreut. Br. Lehnin *Schr.* P. An der Nordseite des Schlosses Sanssouci *Schp.* Neblitz; Pirschheide; Neuendorf *Bs.* Pfauen-Insel *Schp.!* am Wannsee *Bl.* Sp. Grunewald *D.* zwischen Sp. und Pichelsberg *Schl.!* Papenberge; Tegler Heide *D.* Or. Kanal; Strohberge; Legebruch *Gae.* diesseit Zerpenschleuse *Kr.* Na. Bredower Forst!! Rhinluch *H.* Trebbin: Beim Forsthause Lenzburg *Gr.!* B. Jungfernheide am Schifffahrtskanal!! in der Sandgrube an der Chaussee jenseit Rixdorf!! Alt-Landsberg *Gae.* Zossen: Wald südwestlich von Sperenberg!! Storkow: Scaby-Luch am westlichen Kanal *H.!* Wr. Metzdorfer Berge *Rn.* Fw. Monte Caprino *Rn.* Abhang über der Chaussee westlich vom Hammerthal!! Schloßberg *Rn.* Nst. z. B. Forst zwischen der Oderberger und Stettiner Chaussee!!

268. E. hirsútum L. (ex. p.) Gräben, Ufer, zerstreut. P. Bornstedt am See *Bs.* Kl. Machenow *Schl.* Priort *Gr.!* Sp. Pichelsberg; Papenberge *D.* Or. *Gae.* T. Schlalacher Mühlenfließ bei Berghorst *Rt.!* B. Diesseit des Hegemeisters!! Oranke bei Weissensee!! an der Panke diesseit Französisch-Buchholz östlich der Chaussee!! zwischen Schöneberg und dem zoologischen Garten!! Treptow *Kth.* K. Tasdorf *v. Chamisso!* Alt-Landsberg *Gae.* Zossen: Nach Gr. Machenow hin *Bl.* Fw. Papiermühle *Rn.* Nst. *Bch.*

269. E. parviflórum Schreb. Gräben, Sumpfwiesen, nicht selten, z. B. P. Nuthewiesen *Bs.* Sp. Grunewald: Rhinmeister-See!! Tegel *D.* Or. *Gae.* Na. Haltestelle Finkenkrug!! bei Lobeofsund *H. S.* Kremmen: Rhinluch *H.!* Lw. *Rt.!* Trebbin *Gr.!* B. Weißensee in der Nähe des Sees!! bei der Torfstraße!! Wilmersdorf

W. M. Tempelhof *D.* zwischen dem Buschkrug und Ober-Rixdorf!! K. Tasdorf *Kth.* Nst. häufig!!

270. E. montanum L. Schattige Wälder und Gebüsche, zerstreut. P. Pirschheide *Schp.!* Sp. Papenberge *Thiele!* Tegel *D.* Na. Bredower Forst!! Stadtforst *Gr.!* Lindholz *D.* B. Jungfernheide *D.* Thiergarten!! K. Rüdersdorfer Kalkberge *Dr. Klotzsch.!* Fw. *Sch.!* Nst. *Bch.* Biesenthal: Lanke *Schl.*

271. E. roseum Schreb. Gräben, feuchte Gebüsche, zerstreut. Br. Lehnin *Schr.* Sp. Grunewald; Tegel *D.* Lw. Schulsteig *Rt.!* in Frankenförde *Rt.!* B. Friedrichsfelde in einem Garten!! Jungfernheide; Thiergarten; Treptow *D.* Nst. Brunnen; Gartengassen *Bch.* Oelmühle!!

272. E. tetragónum L. Gräben, Ufer, sehr zerstreut. Sp. Tegel *D.* Trebbin: Gräben westlich von Neuendorf *Gr.!!* B. Schöneberger Fenn *Bl.* K. Kalkbrüche beim Alten Grund *A. Br.!!* Tasdorf *D*

273. E. palustre L. Sumpfwiesen, nicht selten, z. B. P. Nuthewiesen *Bs.* Sp. Grunewald in den Torfsümpfen!! Kremmen: Rhinluch *H.!* Lw. Mollenhütten *Rt.!* B. Wiesen bei Boxhagen *J.!* an den Pfühlen bei Weißensee!! Schöneberger Fenn *Bl.* Wilmersdorf im Hopfenbruch *W. M.* Tempelhof *Schp.* Nst. *Bch.* Biesenthal nach Lanke hin *A. Br.*

† Oenothéra L.

† O. biennis L. Sandfelder, Flußufer, sehr häufig, z. B. P. Baumgartenbrück!! Lw. Elsthal *Rt.* B. An der Landsberger Chaussee *J.* Charlottenburg im Eisenbahneinschnitt beim Schießhause!! beim Schifffahrtskanal, besonders im Hippodrom!! westlich von Wilmersdorf *Bl.* an der Chaussee jenseit Rixdorf!! Alt-Landsberg *Gae.*

† O. muricata L. Wie vorige, viel seltener. Nur Na. Eisenbahndamm zwischen den Haltestellen Finkenkrug und Seegefeld *Schr.* B. Charlottenburg an der Eisenbahn beim östlichen Ausgange des Einschnitts beim Schießhause!! unter dem Etablissement auf dem Spandauer Berge *A. Br.!*

O. biennis × muricata. Mit den Eltern. B. Charlottenburg beim Schießhause!!

Diese nordamerikanische Gattung ist seit 250 Jahren in Europa eingewandert.

113. Circaea L.

274. C. lutetiana L. Schattige Laubwälder und Gebüsche, zerstreut. P. Sanssouci *Schp.!* Or. *Kr.* B. Thiergarten beim Hofjäger!! und beim alten Chausseehause!! Alt-Landsberg *Gae.* Fw.

Papiermühle *Rn.* Köthen *v. Müffling!* Nst. Brunnen *Bch.* Zainhammer!!

275. C. alpina L. An Waldsümpfen, Elsbrüchern, sehr zerstreut. Dr. Sarnow *Rn.!* Nst. Stadtbruch; Leuenberger Wiesen *Bch.!* an der Schwärze beim Zainhammer; erster Bach vor Spechthausen *Bch.*

114. Trapa L.

276. T. natans L. Stehende und langsam fließende Gewässer, sehr zerstreut. P. Charlottenhof *Bs.!* ob wild? K. Müggelsee *Gr.* Wernsdorfer See *Baeyer! Jahn!*

29. Familie. Halorrhagidaceae R. Br.

115. Myriophyllum Vaillant.

277. M. verticillatum L. Gräben, stehende Gewässer, nicht selten, z. B. Br. Netzür *Gr.* P. Nuthe; hinter dem Neuen Palais *Bs.* Sp. Grunewald *Kth.* Na. Station Finkenkrug *Kei.* Königshorst *H. S.* Kremmen: Linum *H.!* B. Jungfernheide *Kth.* Schöneberger Fenn *Bl.* zwischen Rixdorf und Ober-Rixdorf!! Rudower Wiesen!! K. Woltersdorf!! Alt-Landsberg *Gae.* Nst. Trödelsteig *Bch.*

278. M. spicatum L. Seen, langsam fließende Gewässer, nicht so häufig. P. Nuthe; hinter dem Neuen Palais *Bs.* Sp. Pichelsberg *Kth.* Hundekehlen-See *Bl.* Tegel *D.* Dr. *Gae.* Kremmen: Linum *H.!* B. Weißensee in der Dranke!! Plötzensee!! Charlottenburg: Hohler See *Bl.* jenseit Rixdorf *D.* Alt-Landsberg *Gae.* Nst. Trödelsteig *Bch.*

30. Familie. Hippuridaceae Lk.

116. Hippuris L.

279. H. vulgaris L. Gräben, stehende und langsam fließende Gewässer, nur A, zerstreut. Br. Weseram *Schr.* P. Zw. Templin und Tornow *Bs.* Neuendorf *Bch.* Wannsee *Schl.* Sp. Havel bei Pichelsberg!! Pichelswerder!! bei den Papenbergen *D.* Saatwinkel; Tegel *Bl.* Na. In einem Graben nordwestlich von Paulinenau!! Königshorst *H. S.* Buschow *Schr.* Trebbin: Schulzendorf *Gr.!* B. Spree bei den Zelten; Charlottenburg *D.* nach Stralau hin!! und bei Treptow *D.* K. Woltersdorf am Flakensee!! Alt-Landsberg *Gae.* Zossen bei den Weinbergen *Bl.* Mittenwalde *H. S. II.!* Fw. Alaungraben *Rn.* Nst. Kanal bei Nieder-Finow nach Liepe hin *Bch.!*

31. Familie. Callitrichaceae Lk.

117. Callitriche L.

280. C. stagnalis Scop. Stehende Gewässer, zerstreut. Bisher nur B. Charlottenburg *Bauer!* Alt-Landsberg *Gae.*

b) microphylla Kützing. B. Lichtenberg *Jahn!*

281. C. verna L. Gräben, Seen, Flüsse, gemein.

282 C. auctumnalis L. Seen, Flüsse, bisher fast nur in der Havel und in den mit ihr zusammenhängenden Seen. P. Beim Tornow *Weiland!* Baumgartenbrück *Oenicke! Vocke!* Glindower See *Jahn!* Sp. Tegler See *Oenicke!* B. Kanal östlich der englischen Gasanstalt *Bauer!*

b) decussata Lk. (als Art). In tiefem Wasser auf festem Grunde. P. Glindower See auf Muschelgrund *Schr.!*

32. Familie. Cerataphyllaceae Gray.

118. Ceratophyllum L.

283. C. submersum L. Stehende Gewässer, selten, doch wohl mehrfach übersehen. Na. Pfuhl in Falkenhagen *Körnicke.* B. In einem Graben bei der Scharfrichterei 1855 *Sanio!* Alt-Landsberg: Wesendahl *Gae.!* Buckow: Pfuhl in Bollersdorf *Thiele!*

284. C. demersum L. Stehende und langsam fließende Gewässer, gemein.

285. C platyacanthum Cham. u. Schl. Wie vorige, sehr selten. B. In einem Teich im Thiergarten unweit des großen Sterns *Körnicke!!*

33. Familie. Lythraceae Juss.

119. Lythrum L.

286. L. Salicária L. Gräben, feuchte Gebüsche, gemein.

287. L. Hyssopifolia L. An Sumpfrändern, in Gräben, an überschwemmten, später trocknenden Stellen, sehr zerstreut. P. Lehmgruben bei Ahrensdorf bei Saarmund *Bs.!* Beelitz: Elsholz an der Chaussee *Ro.!* Lw. Nach Frankenförde zu *Rt.!* Trebbin: Schulzendorf bei der Zelle *Gr.* B. Kolonie Hohen-Schönhausen *Körnicke!* Weißensee am Pfuhl nördlich vom Chausseehause einzeln!! Heinersdorf *Schl.* Lankwitz 1855 *A. Br.!*

120. Peplis L.

288. P. Pórtula L. Wie voriges, nicht gerade selten. P. Pirschheide vor dem baierischen Häuschen *Schp.* an der Nuthe *Bs.* Zehlendorf am krummen Fenn!! Sp. Tegel *D.* Na. Falkenhagen *D.* Kremmen: Wolfslake *Bch.* T. Berghorst *P.* Lw. Schöneweide am Gänseplan!! bei Frankenfelde *Rt.!* B. Weißensee!! Jungfernheide beim Pfefferluch *W. M.!* Charlottenburg am hohlen See!! Wilmersdorf *D.* Schöneberg *Schp.!!* Tempelhof!!

Familie Philadelphaceae Don.

* Philadelphus L.

* P. coronarius L. Zierstrauch aus Süddeutschland, überall in Gärten.

34. Familie. Cucurbitaceae Juss.

* Cucúrbita L.

* C. Pepo L. Ueberall in Gärten.

† Sícyos L.

† S. angulata L. Schlingpflanze aus Nordamerika, zur Bekleidung von Lauben u. s. w. Zuweilen verwildert, so B. Am alten Schafgraben östlich vom Hofjäger!!

* Cúcumis L.

* C. sativus L. Ueberall in Gärten.

121. Bryónia L.

289. B. alba L. Hecken, Zäune, vielleicht ursprünglich nicht einheimisch. Br. Weseram *Schr.* P. Bornim *Schp.!* Baumgartenbrück!! Sp.!! Or. Liebenberg *Kr.* Na. Königshorst *H. S.!* Kremmen: Linum *H.* Lw. Frankenförde *Rt.* B. Wilmersdorf *Thiele!* beim Dustern Keller *Schp.* Nst. Vorstadt; Zainhammer *Bch.* Biesenthal: Lanke *A. Br.*

290. B. dioeca Jacq. Wie vorige, viel seltener. B. Pankow an der Südseite *R.!* Französisch-Buchholz *Kr.* K. Kaulsdorf *D.*

35. Familie. Portulacaceae Juss.

† Portuláca Tourn.

† P. oleracea L. Stammt aus Süd-Europa; bei uns nur als Gartenunkraut und an Zäunen, selten. P. Sanssouci *Schp.!* Beelitz: Elsholz *Krumbholz.* B. Diesseit des zoologischen Gartens *Thiele!* bei der v. d. Heydt-Brücke *W. M.* Schöneberg in Gärten *Bl.*

† P. sativa Haw. In Gemüsegärten häufig gebaut.

122. Móntia Micheli.

291. M. fontana L. Feuchte Aecker, an Pfählen, besonders D, sehr zerstreut. P. Pirschheide *Schp.!* T. Berghorst *P.* Lw. Frankenförde *Rt.!* B. Zwischen Französisch-Buchholz und Buch *Jahn!* Charlottenburg am hohlen See *A. Br.!* Steglitz *D.* Tempelhof am Pfuhl südwestlich vom Dorfe!! Wr. Batzlow *Sch.!*

† Claytónia L.

† C. perfoliata Donn. Stammt aus Nordamerika. Selten als Gartenunkraut: B. Bellevue 1852 *C. Arndt.*

36. Familie. Paronychiaceae St. Hilaire.

123. Corrigíola L.

292. C. litoralis L. Feuchte Sandstellen, Sandwege, Flußufer, zerstreut. P. Havelufer nördlich von Geltow *Radig! Schp.!* Lw. Frankenförde; Felgentreu *Rt.* Straße von Scharfenbrück nach Kummersdorf!! Trebbin: Zelle; zwischen Christinendorf und Gadsdorf *Gr.!* B. Friedrichsfelde *D.* Weißensee *Sanio!* Gesundbrunnen *R.!* Südrand der Jungfernheide bei der Birkenstraße!! Schöneberg südwestlich vom botanischen Garten!! bei der Hasenheide *D.* K. *Kth.* Wernsdorf *Jahn!* Fw. Am Alaunkanal *Rn.*

124. Herniária Tourn.

293. H. glabra L. Sandfelder, trockne Grasplätze, sehr häufig.

125. Illécebrum Tourn.

294. I. verticillatum L. Feuchte Sandfelder, ausgetrocknete Gräben, Moorboden, sehr zerstreut, im südlichen Gebiet häufiger. Beelitz: An der Chaussee westlich von Elsholz *Kn.!* Lw. Bei Lindhorst nach Gottow hin!! nach Berkenbrück zu *H. S. H.!* Brand bei

Frankenförde; am Fußsteig nach Felgentreu; jenseit der Ziegeleien *Rt.* jenseit des Windmühlenberges *Rt.!* Trebbin: Zelle *Gr.!* B. Friedrichsfelde; Gesundbrunnen; Reinickendorf *D.*

37. Familie. Scleranthaceae Lk.

126. Scleranthus L.

295. S. annuus L. Sandige Aecker, gemein.

296. S. perennis L. Sandfelder, trockne Wälder und Grasplätze, häufig.

38. Familie. Crassulaceae D. C.

127. Bulliarda D. C.

297. B. aquática (L.) D. C. Feuchte, sandige Stellen, Ufer. äußerst selten. B. Weißensee am Pfuhl beim Chausseehause nur einmal im Juli 1836 von *Sonder!* gefunden.

128. Sedum L.

298. S. maximum (L.) Sutt. Trockne Wälder, sonnige Hügel, zerstreut. P. Ruinenberg *Bs.* Karlsberg *Schp.* Brauhausberg *Bs.* Sp. Pichelswerder, Nordseite!! Papenberge *D.* Tegel *Bl.* Or. *Gae.* Na. Bredower Forst an den Piepenbergen!! Lindholz!! Jahnberge südlich von Kl. Bähnitz!! Lw. Nach Lindenberg hin *Rt.* B. Friedrichsfelde *W. M.* Pankow *D.* Jungfernheide; Spandauer Bock!! Charlottenburg beim Schützenhause!! Hippodrom!! südlich von Schöneberg *Bl.* Kreuzberg; Haienheide; Rollberge *D.* Alt-Landsberg *Gae.* Zossen *Bl.* Fw.!! Rst. sehr viel!!

† S. hispánicum L. Zierpflanze aus Süd-Europa. B. Zwischen Steglitz und Tempelhof einmal von *Rach!* gefunden. Wohl nur zufällig ausgesäet.

299. S. villosum L. Torfsümpfe, sehr zerstreut. Sp. Grunewald am westlichen Ufer des Sees dem Schloß gegenüber!! und bei der Hundekehle!! Na Zwischen Selbelang und Retzow *Gr.!* B. Lankwitz *Bouché!* Rst. Trebnitz an der Eisenbahn; zwischen dem großen und kleinen See am Wege nach Britz *Bch.!*

300. S acre L. Sonnige Hügel, trockne Wälder, Mauern, gemein.

301. S. mite Gil. Wie voriges, nicht selten.

302. S. reflexum L. Sonnige Hügel, Kiefernwälder, zerstreut. P. Pfingstberg; Ruinenberg; Brauhausberg *Bs.* nach dem

Wannsee hin *Schp.* Sp. Pichelsdorf *D.* Pichelswerder!! Pichelsberg!! Grunewald an der krummen Lanke *Kt.!!* Tegel *D.* Trebbin: Schulzendorf *Grt!* B. Nordseite des Schöneberger Fenns *Bl.* K. Rahnsdorf *D.* Hügel zwischen Woltersdorf und der Schleuse!! Alt-Landsberg *Gae.* Müncheberg *Bl.* Buckow: Pritzhagen *Schl.!* Wr. Berge nach Biesdorf hin *Sch.!* Fw. Alaunwerk *H.* Paschenberg; Falkenberg *Bch.* Auch nicht selten in Gemüsegärten.

129. Sempervívum L.

* S. tectórum L. In Süddeutschland einheimisch, im Gebiet sehr häufig auf Dächern angepflanzt. Na. Sandhügel beim jüdischen Begräbnißplatz, sicher nur angepflanzt!!

303. S. soboliferum Sims. Dürre Sandhügel, Kiefernwälder, selten. Wr. Berge, jetzt verschwunden *Sch.* Nst. Bei Warbecks Mühle *Bch.* Waldrand zwischen der Berliner Chaussee und dem Turnplatz *Bch.!!* Chorin östlich von der Chaussee *Bch.* Erreicht hier seine Grenze nach Nordwesten. Hier und da auf Mauern und Dächern gepflanzt.

39. Familie. Grossulariaceae D. C.

130. Ribes L.

† R. Grossulária L. (erweitert). Im Gebiet wohl nicht einheimisch, sondern nur zufällig verwildert. P. An der Nordseite des Schlachtensees!! Sp. Pichelswerder!! Na. Bei der Haltestelle Finkenkrug!! B. Jungfernheide *Schl.* (Wr. Malzmühle im Elsgebüsch *Sch.!*) Nst. Nach Sommerfelde hin!! Ueberall in Gärten.

† R. alpinum L. Im Gebiet nicht einheimisch; häufig in Parks angepflanzt; auch hier und da halb wild, so B. Thiergarten!!

304. R. nigrum L. Feuchte Laubwälder und Gebüsche, zerstreut. P. Nuthewiesen *Bs.* Sp. Pichelsberg *Bl.* Tegel *D.* Na. Im und am Brieselang!! Lw. Bürgerbusch *Rt.* B. Fuchsberge!! Jungfernheide!! diesseit Treptow!! Alt-Landsberg *Gae.* Fw. Seltener in Gärten.

305. R. rubrum L. Wie voriges, sehr zerstreut. Sp. Tegel *D.* Na. Brieselang *D.* B. Schönhausen *D.* Jungfernheide an der Westseite der Möckernitz!! (Thiergarten!! ob wild?) (Wr. Malzmühle im Elsgebüsch *Sch.!*) Nst. An der Schwärze unterhalb des Zainhammers *Bch.!!* In Gärten häufig.

* R. aureum Pursh. Häufiger Zierstrauch aus Nordamerika.

* R. sanguineum Pursh. Zierstrauch aus Nordamerika.

40. Familie. Saxifragaceae Vent.

131. Saxifraga L.

306. S. Hirculus L. Moorwiesen, sehr zerstreut. Or. Wiesen nordwestlich von Grüneberg *R.!* Strausberg bei den Lilien-Convallienwällen *Gae.!* Biesenthal: Moorwiesen westlich der Stadt am Wege nach Lanke hin *Jahn!*

307. S. tridactylitis L. Feuchte, sandige und lehmige Aecker, Hügel, Mauern, zerstreut. P. Communs *Schp.* Sanssouci; Kirchhofsmauer *Bs.* Sp. *Schl.!* an der Südseite von Pichelswerder *Bl.* Or. Schloßgarten *Rn.!* Na. Falkenhagen *D.* am Wege vom Finkenkrug nach Brieselang!! im großen havelländischen Luche auf Dämmen und Maulwurfshügeln, sehr verbreitet, z. B. bei Kuhhorst!! Königshorst *H. S.* Dreibrücken!! Kremmen: Linum: Krumme Horst *H.!* Tietzow!! Lw. Felgentreu; Frankenförde *Rt.* B. Friedrichsfelde *D.* Französisch-Buchholz!! zwischen Pankow und dem Schönhauser Park!! jenseit Treptow!! Wr. Batzlower Wiese; Kunersdorf an der Büchnitz; Schulzendorf am Upstall *Rn.* beim Landhof *Rn.!* Nst. z. B. auf den Höhen nach dem Eichwerder hin!!

308. S. granulata L. Sonnige Hügel, trockne Wälder und Wiesen, nicht selten. P. Pfingstberg; Ruinenberg *Bs.* Beim Neuen Palais!! Baumgartenbrück *Schp.* Brauhausberg; Babelsberg *Bs.* Sp. Pichelswerder!! Pichelsberg!! an der krummen Lanke!! Schloß Grunewald!! Tegel *D.* Bredower Forst!! Lindholz an der Eisenbahn!! Dreibrücken auf dem Damm nach Lobeofsund zu!! Lobeofsund *H. S.* Kremmen: Rhinluch *H.!* B. Diesseit Französisch-Buchholz!! Jungfernheide *D.* Giesensdorf!! nördlich am zoologischen Garten!! Steglitzer Hölzchen *Bl.* jenseit Tempelhof!! Kreuzberg!! Hasenheide am Südrand!! Rollberge *D.* Treptow *Kth.* Wr. Kunersdorf: Büchnitz; Upstall bei Schulzendorf; Metzdorfer Berge *Rn.* Fw. Bei der Papiermühle!! Nst. Beim Schützenhause!! Wald nach Sommerfelde hin!!

132. Chrysosplénium Tourn.

309. C. alternifolium L. Feuchte Waldstellen, Quellen, Moorwiesen, zerstreut. Br. Götzer Elsbruch *Schr.* P. Quelle an den Ravensbergen *Bs.* Sp. Tegel am See westlich vom Park!! Hundekehle *Bl.!* Na. Haltestelle Finkenkrug!! beim Forsthause Jägelitz *H. S.!* Lw. Nach der Papiermühle hin *Rt.* Trebbin: Schulzendorf *Gr.!* B. Am Markgrafendamm *W. M.* bei den Fuchsbergen *D.* östlich von Französisch-Buchholz!! Pankow an der Nordseite!! Schönhauser Park!! Reinickendorf *D.* Thiergarten bei der Statue Frie-

brich Wilhelms III. und bei der Fasaneriebrücke!! zwischen dem Buschkrug und Ober-Rixdorf *W. M.* K. Südlich vom Alten Grund am Kalksee!! Alt-Landsberg *Gae.* Müncheberg: Heidekrug!! Wr. Büchnitz bei Möglin *Kn.* Fw. *Sch.!* Nst. Wiesen an der Schwärze vom Brunnen aufwärts!! am Ende des Weidendamms!!

41. Familie. Umbelliferae Juss.

133. Hydrocótyle Tourn.

310. H. vulgaris L. Moorwiesen, Ufer, feuchte Waldstellen, nicht selten. P. Nuthewiesen; Tornow; Ablage; Templin *Bs.* Schlachtensee *Schp.* Sp. Grunewald *Bl.* Tegel *D.* Or. *Gae.* Na. *Gr.* Königshorst *H. S.* Kremmen: Am Rhin *H.* Lw. Lindhorst!! zwischen Frankenfelde und Frankenförde *Kt.* Trebbin: Schulzendorf *Gr.!* B. Wuhlheide bei der Eisenbahn *J.* Jungfernheide am Plötzensee!! Thiergarten *Bl.* Tempelhof!! Alt-Landsberg *Gae.* Storkow: Friedersdorf *H.!* Nst. Stadtbruch; Leuenberger Wiesen *Bch.*

134. Sanícula Tourn.

311. S. europaea L. Schattige Laubwälder, sehr zerstreut. Sp. Tegel *Th. Vogel!* Or. Liebenberger Park *N.!* Na. Bredower Forst *D.* K. Zw. Woltersdorf und den Hinteren Bergen *R.* Blumenthal *D.* Fw. Zwischen dem Hammerthal und Alaunwerk!! Nst. Eichwerder *Bch.* Schanzenberg *Bch.!* vom Schützenhause bis Spechthausen *Bch.* Karlswerk beim Betriebsgarten *H.*

135. Astrántia L.

312. A. major L. Fruchtbare Wiesen, sehr selten. Nur Trebbin: Schulzendorf, Wiesen westlich vom Dorfe und nach der Kummersdorfer Forst zu *Gr.!*

136. Erýngium Tourn.

313. E. campestre L. Sandige Triften, sehr selten. Na. Bei Tremmen *Schr.* Etzin *Schl.*

† E. planum L. Im Gebiet nicht einheimisch, sondern nur zufällig an Zäunen verwildert. B. Beim Michaels-Kirchplatz 1857 *Tietz!*

137. Circúta L.

314. C. virosa L. Gräben, Ufer, Floßholz, nicht selten. P. Bornstedt; Nuthe; Tornow *Bs.* Sp. Grunewald!! Pichelsberg *Schp.* Pichelsdorf; Tegel *D.* Or. *Gae.* Kremmen: Rhinluch *H.* Lw. Am

Fußsteig nach Kolzenburg *Rt.* B. Auf Floßholz in der Spree (trotz aller polizeilichen Verbote)!! diesseit Stralau und Rummelsburg!! Reinickendorf *D.* am Plötzensee *W. M.* Tempelhof!! Zossen: Zwischen Kummersdorf und Sperenberg *Gr.!* Storkow: Friedersdorf *H.!* Nst. Finowkanal *Bch.* Biesenthal nach Lanke hin *A. Br.*

b) tenuifolia Froelich (als Art). Tiefe Sümpfe, seltener. Sp. Grunewald!! B. Jungfernheide *Thiele!*

138. Ápium L.

315. A. graveólens L. Salzwiesen, sehr selten. Beelitz: Salzbrunn an der Salzquelle *P. Ka.! Rt.!* Häufig in Gärten und auf Aeckern gebaut.

* Petroselínum Hoffm.

* P. sativum Hoffm. Bekanntes Küchenkraut aus Süd-Europa.

139. Helosciádium Koch.

316. H. repens (Jacq.) Koch. Feuchte Triften, Moorwiesen, sehr zerstreut. P. Baumgartenbrück *Schp.!* Sp. Bei den Papenbergen *Kth.* T. Riebelhorst *P.* Lw. Felgentreu *Rt.* B. Beim Lichtenberger Kietz *C. Bouché jun.!* Weißensee *Schl.* bei der Köpnicker Heide *Bouché.* Baruth *Rbh.*

140. Falcária Rivin.

317. F. sioídes (Wib.) Aschs. Wege und Ackerränder, besonders auf Lehmboden in D, nicht selten. Br. Weseram *Schr.* P. Ruinenberg *Bs.* Sp. *D.* Na. sehr häufig!! Kirchhof zu Königshorst; Dechtower Forst *H. S.* Lw. Felgentreu *Rt.* B. Friedrichsfelde *D.* Biesdorf *Schl.* Friedrichshain!! bis Lichtenberg *J.* Weißensee *D.* Schmargendorf!! Wilmersdorf!! Schöneberg!! Kreuzberg!! Tempelhof sehr häufig!! K. Kaulsdorf *D.* Alt-Landsberg *Gae.* Zossen: Sperenberg!! Wr. Möglin *Ka.* Fw. Weinberg *Ka.* Nst. *Bch.*

† Ammi Tourn.

† A. majus L. In Süd-Europa einheimisch; im Gebiet nur selten mit Luzernesamen eingeschleppt. Bei Werneuchen 1841 *Gae.!*

141. Aegopódium L.

318. A. Podagrária L. Laubwälder, Gebüsche, Gartenland, gemein.

142. Carum L.

319. C. Carvi L. Wiesen, Wegränder, sehr häufig.

143. Pimpinella L.

320. P. magna L. Laubwälder, Gebüsche, trockne Wiesen, zerstreut. Br. Lünowsche Zäune *Schr.* P. An der Südseite von Teltow *W. M.!* Sp.; Papenberge *D.* Tegel *Kth.* Na. Brieselang *D.* Lindholz *Hertzsch.* Trebbin: Schulzendorf *Gr.!* B. Friedrichsfelder Park!! südlich vom zoologischen Garten!! Schöneberger Busch *Bl.* Rudower Wiesen!! bei Johannisthal!! K. Rüdersdorf *Kth.* Alt-Landsberg *Gae.* Buckow: Pritzhagener Mühle *Sch.!* Wr. Batzlower Mühle *Thiele!* Nst. Weidendamm *Bch.*

321. P. Saxifraga L. Wälder, Hügel, Wegränder, gemein.
b) hircina Leers (als Art). An denselben Orten, viel seltener. Sp. Schildhorn!! Na. Jahnberge *H. S.!*
c) nigra Willd. (als Art). An denselben Orten, auf Lehmboden in O, nicht selten, z. B. Pewesin *Schr.* Na. sehr häufig!! B. Kolonie Hohen-Schönhausen!! beim Gasthof zur weißen Taube *J.!* Wilmersdorf!! Kreuzberg!! K. Rüdersdorfer Kalkberge!!
† P. Anisum L. In Süd-Europa einheimisch. Hier nicht gebaut, nur hier und da, zuweilen zahlreich, verwildert, doch unbeständig. B. Wiesen vor dem Frankfurter Thor 1857 *J.!*

144. Bérula Koch.

322. B. angustifolia (L.) Koch. Gräben, Bäche, zerstreut. P. Am Tornow *Bs.* Nuthewiesen *Bs.!* beim Schlachtensee *Vocke.* Sp. Tegel *Kth.* B. Friedrichsfelde *D.* in der Panke oberhalb des Gesundbrunnens *Winkler!!* Charlottenburg *D.* zwischen dem Buschkrug und Ober-Rixdorf!! K. Tasdorf *D.* Alt-Landsberg *Gae.!!* Zossen: Südlich von Sperenberg!! Wr. Am Batzlower Fließ *Sch.!* Nst. Weidendamm; Finowkanal *Bch.* an der Oderberger Chaussee diesseit der Mönchsbrücke!!

145. Sium L.

323. S. latifolium L. Gräben, Sümpfe, gemein.
* S. Sisarum L. In Asien einheimisch, häufig gebaut.

146. Bupleurum Tourn.

324. B. tenuissimum L. Salzhaltige Triften, sehr selten. Nur Na. Beim Selbelanger Jägerhause *Körnicke! H. S.!* Zuerst von *A. R. Philippi* entdeckt.

325. B. falcatum L. Gebüsche, sehr selten. Nur B. An der Südseite von Tempelhof *C. Bouché sen!* Ob noch jetzt zu finden?

† B. rotundifolium L. Im Gebiet nicht einheimisch, sondern nur als Gartenunkraut. Or. Schloßgarten *Rn.!*

147. Oenanthe L.

326. O. fistulosa L. Gräben, an Sümpfen, nicht selten, z. B. P. Beim Kirchhof *Rt.!* Sp. Pichelsberg; Heiligensee; Tegel *D.* Or. *Gae.* Na. *Gr.* am Lindholz!! Königshorst *H. S.* Kremmen: am Rhin *H.* Trebbin: Schulzendorf *Gr.!* B. Friedrichsfelde *Baetke!* Stralau *Bl.* diesseit Boxhagen *J.* Jungfernheide *D.* Wiesengräben diesseit Schöneberg!! Rudower Wiesen *Schp.* Alt-Landsberg *Gae.* Storkow: Friedersdorf *H.!* Nst. Am Finowkanal; bei der Kalmusbrücke *Bch.*

327. O. aquática (L.) Lmk. Sümpfe, Gräben, sehr häufig.

148. Aethúsa L.

328. A. Cynápium L. Zäune, Gartenland, Aecker, sehr häufig.

149. Séseli L.

329. S. annuum L. Sonnige Hügel, Gebüsche, sehr zerstreut. Br. Am Grenzwall zwischen Pewesin und Wachow nach dem See zu *Sp.! Schr.!* Deetz auf einem Hügel nordwestlich vom Springberg *Schr.!* Na. Jahnberge!! B. Früher an einem Graben nördlich von Neu-Schöneberg *Fr. Otto!* scheint jetzt verschwunden. Buckow: Reichenberger Heide *Sch.* Fw. Broigsdorf *Rn.!* Nst. Karlswerk *Bch.!*

150. Cnídium Cuss.

330. C. venosum (Hoffm.) Koch. Feuchte Wiesen, an Gräben, zerstreut. Br. Ketzür *Gr.* P. Bei der Pirschheide *Schp.!* Sp. Tegel am Rande der Forst nach Berlin hin *A. Br.!* Na. Im Lindholze an der westlichen Spitze!! Trebbin: Schulzendorf; Zelle *Gr.!* B. Wiese bei den Fuchsbergen *Dr. Marsson!*; nördlich von Reinickendorf!! Wiesen zwischen dem Spandauer Bock und Pichelsberg sehr einzeln *Schp.!!* Südwestseite des Schöneberger Busches *Bl.* an der Eisenbahn diesseit Schöneberg!! Chausseegraben am Kreuzberge *Schp.* am Köpnicker Weg kurz nach seiner Trennung von der Chaussee!!

151. Silaus Bess.

331. S. pratensis (Lmk.) Bess. Trockne Wiesen, Gebüsche, selten. B. Stralau *C. Bouché sen.!* ob noch jetzt?

† Levisticum Koch.

† L. paludapifolium (Lmk.) Aschs. Stammt aus Süd-Europa; hier und da gebaut und halb wild. P. Pfauen-Insel *Bs.* Cr. *Kr.*

152. Selinum L.

332. S. Carvifolia L. Wiesen, Laubwälder, zerstreut. Sp. Grunewald bei der Rhinmeisterbrücke!! Tegel *D.* Cr. *Gae.* Na. Hahnberge in der Stadtforst!! Lindholz sehr häufig!! Trebbin: Zwischen Schulzendorf und Neuendorf *Gr.!!* B. Rummelsburg; Reinickendorf; Jungfernheide *D.* südlich vom zoologischen Garten *Thiele!* Rudower Wiesen *Bl.* K. Südlich von Friedrichshagen in der Nähe des Müggelsees *Bl.* Nst. Leuenberger Wiesen *Bch.* Biesenthal nach Lanke hin *A. Br.*

153. Ostericum Hoffm.

333. O. palustre Bess. Feuchte Wiesen, sehr selten. Na. Beim Bredower Forsthause jetzt sehr einzeln *Körnicke!!* zuerst von *Philippi* entdeckt.

154. Angelica L.

334. A. silvestris L. Feuchte Wiesen, Laubwälder, nicht selten. P. An der Havel zwischen Tornow und Templin *Bs.* Sp. Papenberge; Tegel *D.* Staaken *Kr.* Cr. *Gae.* Na. Beim Bredower Forsthause!! Kremmen: Rhinluch *H.!* Trebbin *Gr.!* B. Friedrichsfelder Park!! diesseit Rummelsburg!! zwischen dem Gesundbrunnen und Pankow!! nördlich von Wilmersdorf *W. M.* Wiesen am Schifffahrtskanal bei der v. d. Heydt-Brücke!! Schöneberg!! südlich von Rixdorf!! K. Tasdorf *D.* Alt-Landsberg *Gae.* Nst. An d. Schwärze; am Kanal *Bch.* Biesenthal nach Lanke hin *A. Br.*

155. Archangelica Hoffm.

335. A. sativa (Mill.) Bess. Gräben, Ufer, sehr zerstreut. P. Park von Buchow-Karpzow 1858 *Sp.!* Sp. Havel bei Pichelsberg einzeln *Bl.!* Cr. An der Havel bei der chemischen Fabrik und am Kanal nach Pinnow hin *Rn.!* T. Am Schlalacher Mühlenfließ bei Berghorst *P., Rt.!* Lw. An der Nuthe oberhalb Elsthal!! und nach

der Papiermühle hin *Rt.!* Nst. Am Finowkanal aufwärts bis Schöpfurt *Bch.!*

156. Peucédanum L.

336. P. Cervária (L.) Cuss. Sonnige Hügel, trockne Laubwälder, sehr zerstreut. Br. Eiskutenberg bei Gr. Kreutz *Schr.!* Sp. Papenberge *D.* Na. Bredower Forst südlich vom Forsthause *Körnicke* 1856!! Lw. Weinberg bei Dobbrikow *Rn.! Rt.!* K. Rüdersdorfer Kalkberge *Gae.* Zossen: Sperenberger Gipsberge!! Fw. Sonnenburg *Sch.!* Weinberg!! Paschenberg *Bch.!!* Nst. Karlswerk *Bch.!*

337. P. Oreoselinum (L.) Mnch. Trockne Wälder, Wiesen, Hügel, nicht selten. P. Baumgartenbrück!! Kl. Glienicke *Bs.* Sp. Im Glacis *W. M.* Papenberge *D.* Tegel *Bl.* Or. Schmachtenhagen *Gae.* Na. Bredower Forst!! Weinberg!! Lindholz!! Jahnberge!! Kremmen: Rhinluch *H.!* Trebbin: Westlich von Neuendorf!! B. Fuchsberge!! beim Gasthof zur weißen Taube *J.!* Pankow *Kth.* Jungfernheide!! Charlottenburg; Wilmersdorf *D.* Schmargendorf am Hohlwege!! Hasenheide *D.* Rudower Wiesen!! K. *Schl.* Woltersdorf!! Alt-Landsberg *Gae.* Hönow!! Zossen: Sperenberg!! Fw. Belvedereberg!! Köthen *Rn.* Nst. Beim Brunnen!!

157. Thysselinum Rivin.

338. T. palustre (L.) Hoffm. Sumpfige Wiesen, Gebüsche, häufig, z. B. P. Nuthewiesen *Bs.* Schlachtensee!! Sp. Grunewald!! Or. *Gae.* Na. Beim Bredower Forsthause!! Luch nördlich vom Lindholz *H. S.!* Kremmen: Rhinluch *H.!* Lw. Felgentreu *Rt.!* Schöneweide!! B. Oberhalb des Hegemeisters!! Wuhlheide *J.!* südlich von der Jungfernheide!! Witzleben *W. M.!* beim Kurfürstendamm!! Tempelhof *D.* südlich von Rixdorf!! Rudower Wiesen!! Nst. *Bch.* Biesenthal nach Lanke hin *A. Br.*

† Anéthum Tourn.

† A. gravéolens L. Stammt aus Süd-Europa. Häufig in Gärten und nicht selten auf Schutt u. s. w. einzeln verwildert.

158. Pastináca Tourn.

339. P. sativa L. Wiesen, Wegränder, sehr häufig.

159. Heracléum L.

340. H. Sphondýlium L. Wiesen, Gräben, Wegränder, sehr häufig.

b) discoidéum. Noch häufiger als die Hauptart.

160. Tordýlium Tourn.

341. T. maximum L. Hecken, sehr selten. Nur Fw. Am Schloßgarten *Rn.!*

161. Laserpícium Tourn.

342. L. pruténicum L. Laubwälder, trockne Wiesen, sehr zerstreut. Sp. Papenberge *Lessing!* Na. Falkenhagener Heide *D.* Lindholz *H. S.!* B. Rudower Wiesen!!

162. Daucus Tourn.

343. D. Caróta L. Wiesen, Wegränder, Hügel, gemein. Häufig gebaut.

163. Caúcalis L.

344. C. daucoides L. Lehmäcker, selten. Fw. Weinberg *Kn.* Nst. Bei Warbecks Mühle *Bch.!*

164. Tórilis Adans.

345. T. Anthriscus Gmel. Gebüsche, Zäune, gemein.

346. T. infesta (L.) Koch. Ackerränder, Hügel, sehr selten, aber wohl mehrfach übersehen; vielleicht nur eingeschleppt. B. In der Lehmgrube östlich der Anhaltischen Eisenbahn *Hl.!!* und bei der Hopfschen Brauerei *Winkler!!* spärlich, aber seit über 10 Jahren stets wieder gefunden. Zuerst von *Bauer* entdeckt.

165. Anthriscus Hoffm.

347. A. silvestris (L.) Hoffm. Gebüsche, Wälder, sehr häufig.

† A. Cerefolium (L.) Hoffm. In Süd-Europa einheimisch; bekanntes Küchengewächs; hier und da in Menge verwildert, doch unbeständig.

348. A. Scandix (Scop.) Aschs. An Zäunen, Dorfstraßen, nicht selten, z. B. P. Pfingstberg *Bs.* nach Tornow hin *Bl.* Sp. *Schl.* B. Exercirplatz vor dem Schönhauser Thor!! Pankow!! Charlottenburg *Schl.* Eisenbahn diesseit Schöneberg *W. M.* bei der Hopfschen Brauerei!! an der Chaussee nach dem Rollkrug *Rei.*

166. Chaerophyllum L.

349. C. témulum L. Laubwälder, Gebüsche, an Zäunen häufig.

350. C. bulbosum L. Wie voriges, sehr zerstreut. Br. Früher in dem (jetzt urbar gemachten) Wachower Werder *Sp.!* P. Wild-

parkstation *Bs.* Na. Im westlichen abgetrennten Theil der Bredower Forst!! Bredow nach Nauen hin *Gr.!* T. Buchholz *P.* B. Charlottenburg *D.* Wilmersdorf *Bl.!* Kirchhof zu Britz *R.!* beim Buschkrug *Kei.!* Nst. An einem Graben westlich von Hohen-Finow *Bch.*

167. Conium L.

351. C. maculatum L. Dorfstraßen, Zäune, zerstreut. Br. Pewesin *Schr.* P. Bornstedt *Schp.!* Kl. Machenow bei der Mühle *W. M.* Sp. *D.* Pichelsdorf!! Trebbin: Schulzendorf!! Neuendorf!! B. Weißensee *W. M.* Charlottenburg; Wilmersdorf *D.* Schöneberg *Bl.* Tempelhof beim Kirchhofe!! beim Buschkrug!! Nst. Auf einem Holzplatz an der Oberheide; Sommerfelde; Tornow; Trampe *Bch.*

† Coriandrum L.

† C. sativum L. Stammt aus Süd-Europa; bei uns nur selten gebaut und verwildert; stets unbeständig. Nst. *Bch.!* bei Karlswerk einmal in Menge *Bch.*

42. Familie. Araliaceae Juss.

168. Hédera L.

352. H. Helix L. Laubwälder, zerstreut. Nur an den gesperrt gedruckten Orten blühend. P. Sanssouci!! Na. Brieselang!! Stadtforst *Gr.* Lindholz *Rn.!* Fasanerie bei Königshorst *H. S.!!* Trebbin *Gr.* Fw. Bei der Ziegelei!! Hammerthal *Rn.* Nst. Beim Zainhammer!! Ueberall angepflanzt und an Häusern und Zäunen nicht selten blühend.

43. Familie. Cornaceae D. C.

169. Cornus Tourn.

353. C. sanguinea L. Laubwälder, Gebüsche, zerstreut. Br. Pewesin am Lötzkanal *Schr.* P. Lindstedt *Bs.* Sp.; Papenberge; Tegel *D.* Or. *Gae.* Na. Bredower Forst!! Stadtforst (Hahnberge)!! Lindholz!! Lw. Beim südlichen Kirchhof *Rt.* B. Fuchsberge *Rei.* Jungfernheide *D.* zwischen Buschkrug und Ober-Rixdorf *Rei.* Treptow *D.* Alt-Landsberger Forst *Gae.!* Fw. Bei der Papiermühle *Rn.* Nst. Kniebusch; Schützenhaus; Zainhammer *Bch.* Auch angepflanzt.

† C. alba L. Häufiger Zierstrauch aus Nordamerika. Verwildert B. Stralau *Rn.* in der Möckernitz *A. Br.!* Charlottenburg

Rn. an der Spree zwischen den Zelten und Bellevue!! zwischen Steglitz und Lankwitz in einer Elslake *Thiele!*

† C. mas L. Zierstrauch aus Mitteldeutschland. Nicht selten gepflanzt.

44. Familie. Loranthaceae Don.

170. Viscum L.

354. V. album L. Im Gebiet fast nur auf Kiefern schmarotzend, zerstreut. Sp. Grunewald *Schp.* Pichelsberg *Bl.* Stadtheide; Tegel *Kth.* Lw. Gottow!! Trebbin: Schulzendorf *Gr.!* B. Jungfernheide *Kth.* Thiergarten!! Hasenheide!! Alt-Landsberg *Gae.* Fw. Akazienberg *Sch.!* Nst. (Birken) *Bch.*

45. Familie. Caprifoliaceae Juss.

171. Adoxa L.

355. A. Moschatellina L. Schattige Laubwälder, Gebüsche, zerstreut. P. Sanssouci!! Sp. Papenberge *D.* Na. Brieselang!! Fasanerie bei Königshorst *H. S.!* Gr. Bähnitz *Gr.!* Lw. Freigraben bei Elsthal; Bürgerbusch *Rt.* Trebbin: Nach Kliestow hin *Gr.* B. Friedrichsfelde *D.* Franz. Buchholz *Schp.* Schönhauser Park!! Alt-Landsberg *Gae.* Wr. Büchnitz bei Möglin *Rn.* Fw. *Sch.!* Papiermühle!! Nst. z. B. Eichwerder!! Schanzenberg!! Zainhammer!!

172. Sambúcus Tourn.

† S. Ébulus L. Im Gebiet nicht einheimisch, sondern nur an Zäunen, in Gärten verwildert. P. Bornstedt in der Nähe des Sees *Bs.* Pirschheide *Schp.!* B. Charlottenburg *Rn.!* diesseit der Moabiter Brücke!! Wr. Möglin *Rn.*

356. S. nigra L. Feuchte Laubwälder, Gebüsche, zerstreut. Sp. Grunewald!! beim Schwanenkrug diesseit Schönwalde!! Na. Fasanerie bei Königshorst *H. S.* B. Fuchsberge!! Nst. Zwischen Tornow und Hohen-Finow!!

S. racemosa L. Im Gebiet nicht einheimisch; in Anlagen hier und da gepflanzt.

173. Viburnum L.

357. V. Ópulus L. Feuchte Gebüsche, nicht selten. P. Sanssouci; Wildpark *Bs.* Sp. *D.* Pichelsberg *Bl.* Saatwinkel!! Tegel *D.* Na. Bredower Forst *Rei.* Stadtforst beim Weinberg!! Fasa-

nerie bei Königshorst *H. S.* Gr. Bähnitz *Schr.* Lw. Felgentreuer Busch *Rt.!* Trebbin: Schulzendorf *Gr.!* B. An der Spree diesseit Stralau *Schp.* Fuchsberge *J.* Jungfernheide in der Möckernitz!! Schöneberger Busch *Bl.* jenseit Rixdorf!! Johannisthal; Treptow *D.* Nst. An der Schwärze *Bch.* am kleinen See!! Auch Zierstrauch.

* V. Lantána L. Häufiger Zierstrauch aus Mitteldeutschland.

174. Lonicéra L.

358. C. Periclýmenum L. Gebüsche, Laubwälder, sehr zerstreut. P. Sanssouci *Schp.* Or. *Kr.* Na. Brieselang *Schl.* B. Jungfernheide am Ostrande der Möckernitz!! Thiergarten!! Wr. Haselberg *Sch.* Nst. Diesseit Bornemannspfuhl *Bch.* Hier und da angepflanzt.

* L. Caprifólium L. Häufiger Zierstrauch aus Süddeutschland.

359. L. Xylósteum L. Laubwälder, selten. Lindholz *Rn.* Nst. Schanzenberg *Bch.!!* Abhang unter dem Schützenhause!! Zuweilen angepflanzt.

* L. tatárica L. Zierstrauch aus Ost-Europa.

175. Linnaea Gronovius.

360. L. borealis Gronovius. Schattige Kiefernwälder, sehr zerstreut. Sp. Teufelsgraben bei Pichelsberg unweit der Havel!! Tegel nordwestlich vom Wirthshause!! hier 1789 zuerst in der Mark von *Willdenow* entdeckt*). Fw. Nach Köthen zu *Dr. Berg.*

46. Familie. Rubiaceae D. C.

176. Sherárdia Dillen.

361. S. arvensis L. Lehmäcker, selten. P. Sanssouci unweit des Obelisken *Bs.!* im Feigengarten *Schp.* (eingeschleppt). Na. Bei den Scheunen *Gr.!* Königshorst in Beckers Nachtkoppel *H. S.!* B. Südwestlich von Charlottenburg *R.* K. Rüdersdorf *Schl.* Fw. Weinberg *Rn.!!* beim Schloßgarten *Rn.* Nst. Karlswerk nach Nieder-Finow hin *Bch.*

---

*) Ich verdanke die genaue Feststellung dieses Datums dem Frhrn. *A. v. Humboldt.* Sein äußerst freundliches Schreiben, dessen Mittheilung ich mir leider versagen muß, beweist, ein wie lebhaftes Interesse der allumfassende Geist des großen Naturforschers auch für die specielle Naturgeschichte seiner Heimath behalten hat.

177. Aspérula L.

362. A. tinctória L. Sonnige Hügel, trockne Wälder, zerstreut. P. Pirschheide *Schp.!* Sp. Grunewald; nach Falkenhagen hin *D.* Papenberge *Thiele!* Schulzendorf *Rei.!* Na. Piepenberge!! Bredower Forsthaus!! B. Fuchsberge *J.!* Jungfernheide bei der Scharfrichterei!! K. Friedrichshagen *Gr.!* Rüdersdorfer Kalkberge!! Wr. Landhof *Rn.* Fw. Zieglerberg *Rn.* Paschenberg *Bch.!!* Nst. Mönchsbrücke; Schützenhaus *Bch.!* Birkenallee nach dem Brunnen *Bch.*

363. A. cynánchica L. Wie vorige, nicht selten. Br. Ketzür *Gr.* Eiskutenberg bei Gr. Kreutz; Lehnin *Schr.* Petershof bei Pewesin!! P. Ruinenberg *Bs.* Baumgartenbrück!! Brauhausberg *Bs.* Sp. Pichelsdorf!! Grunewald!! Papenberge; Tegel *D.* Na. Jahnberge!! zwischen Möthlow und Büschow!! Beelitz *Bl.* Lw. Weinberg bei Dobbrikow *Rt.!* B. Fuchsberge!! beim Gasthof zur weißen Taube *J.!* Zossen: Sperenberg!! Baruth *Rbh.* Wr. Landhof *Rn.* Berge bei der kleinen Mühle *Sch.!* Fw. *Thiele!*

364. A. odorata L. Schattige Laubwälder, zerstreut. Sp.; Papenberge *D.* Tegel *Kth.* Or. Sarnow *Rn.!* Liebenberg *Rn.* Zerpenschleuse *Jahn.* Na. Brieselang *Bs.!* am Jägelitzgraben *Gr.* Lindholz!! Fasanerie bei Königshorst *H. S.!!* B. Thiergarten beim Försterhause *Rei.!!* Fw. Weinberg *Rn.!* zwischen dem Hammerthal und Alaunwerk!! Nst. Schanzenberg; Kupferhammer *Bch.* vom Brunnen bis Spechthausen *Bch.!* am Werbellin-See *H.* Biesenthal: Lanke *Schl.* In Gärten gebaut.

178. Gálium L.

† G. Cruciata (L.) Scop. Im Gebiet wohl nicht einheimisch, sondern nur eingeschleppt bei Buckow *Radig!*

365. G. Aparine L. Gebüsche, Laubwälder, Aecker, gemein.

b) Vaillantii D. C. (als Art). Aecker, zerstreut, aber wohl oft übersehen. B. Vor dem Königsthor!!

c) spurium L. (als Art). Aecker, besonders unter Flachs, nicht häufig. B. Weißensee hinter dem Gasthofe *A. Br.!* Reinickendorf *A. Br.!* Schöneberg *Thiele!*

366. G. uliginosum L. Feuchte Wiesen, Sumpfränder, nicht selten, z. B. P. Am Schlachtensee!! Sp. Tegel *Schl.* Na. Am Hauptgraben bei der Selbelanger Brücke *H.!* (G. tricorne bei *D.*) Lw. Nach Frankenfelde hin *Rt.!* Berkenbrück *H. S. II.!* Trebbin: Schulzendorf *Gr.!* B Friedrichsfelde *Schl.* Weißensee *J.!* Wilmersdorf *Thiele!* Tempelhof!! Rudower Wiesen *Bl.* K. Tasdorf *A. Br.!*

367. G. palustre L. Wie voriges, häufig.

368. G. boreale L. Trockne Wiesen, Wälder, zerstreut. Br.

Gohlitzer Fichten *Sp.* P. Bornstedt bei den Teichen *Bs.* Sp. Grunewald; Papenberge *Thiele!* Tegel *D.* Or. Germendorf *Gae.!* Na. Jahnberge!! zwischen dem Sandkrug und Barnewitz!! Lw. Zwischen Frankenförde und Gottsdorf *Rt.!* Trebbin: Schulzendorf; Neuendorf *Gr.!* B. Fuchsberge *J.!* Jungfernheide, besonders südöstlich vom Plötzensee!! Hippodrom!! Rudower Wiesen!! Strausberg: Lilien-Convallien-Wälle *Gae.* Wr. Metzdorfer Berge *Thiele!* Fw. Monte Caprino *Rn.* Nst. Schützenhaus; Brunnen *Bch.*

369. G. verum L. Trockne Wälder, sonnige Hügel, gemein.

370. G. Mollúgo L. Wiesen, Gräben, Gebüsche, gemein.

371. G. silváticum L. Schattige Laubwälder, zerstreut. Na. Bredower Forst!! Lindholz *Schr.* Fasanerie bei Königshorst *H. S.!* B. Thiergarten bei der Löwenbrücke einzeln 1857 *Rei.!* und unweit des Försterhauses beim zoologischen Garten *W. M.* Strausberg *Gae.!* Fw. Brunnen *Rn.* südlich vom Alaunwerk!! Nst. Schützenhaus!! Brunnen!! Biesenthal: Lanke *Schl.*

372. G. saxátile L. Feuchte Waldstellen, Gräben, sehr zerstreut. Sp. Grunewald; Stadtheide *D.* Na. Zwischen Falkenhagen und dem Finkenkrug *Rn.!* B. Jungfernheide; Köpnicker Heide *D.*

† G. silvestre Poll. Gebüsche, sehr selten. B. Nördlich vom zoologischen Garten *Körnicke, W. M.!* jedenfalls wohl zufällig eingeschleppt und seit mehreren Jahren wieder verschwunden.

369 × 370. G. verum × Mollúgo. Gebüsche, Wegränder, mit den Eltern zerstreut.

47. Familie. Valerianaceae D. C.

179. Valeriána L.

373. V. officinalis L. Feuchte Wiesen und Gebüsche, nicht selten, z. B. P. Bornstedt; Nuthewiesen *Bs.* Sp. Pichelsberg; Papenberge *Kth.* Na. Königshorst *H. S.* Lw. Oberhalb Elsthal!! Bürgerbusch *Rt.* B. Friedrichsfelde; Jungfernheide *Kth.* Charlottenburg; Schöneberger Busch *Bl.* zwischen Rixdorf und Treptow!! Rudower Wiesen *Rei.* Storkow: Friedersdorf *H.* Wr. Batzlower Wiesen *Rn.*

b) minor Koch. Sonnige Hügel, nicht häufig. K. Rüdersdorfer Kalkberge *D.* Nst. Unweit des Zainhammers!!

374. V. dioeca L. Feuchte Wiesen, Sumpfränder, häufig.

180. Valerianella Tourn.

375. V. olitória (L.) Poll. Aecker, Wegränder, häufig.

376. V. carinata Loisl. Aecker, selten. B. Tempelhof *Fritzsche!* Ob wirklich einheimisch?

377. V. dentata (L.) Poll. Aecker, besonders auf Lehmboden, zerstreut. Sp. *Kth.* Na. Beckers Nachtkoppel bei Königshorst *H. S.* B. Charlottenburg *Kth.* zwischen Wilmersdorf und dem Grunewald *Garcke.* Steglitz *Kth.* bei Tempelhof!! Rollberge *Kth.* R. Bei den Rüdersdorfer Kalkbergen *Kth.* Buckow: Pritzhagen *Walter!*
378. V. Auricula D. C. Wie vorige, sehr zerstreut. Trebbin: Schulzendorf *Gr.!* B. Zwischen Wilmersdorf und dem Grunewald *Garcke.* Schöneberg *Thiele!* Tempelhof *Schp.!* Rixdorf *Bl.*

48. Familie. Dipsacaceae D. C.

181. Dipsacus Tourn.

379. D. silvester Mill. Wegränder, wüste Plätze, Hügel, sehr zerstreut. Br. Pewesin an der Dorftrift; Zachow *Schr.* P. Bornstedt *Schp.! Bs.!* Na. Tremmen *Gr.* Baruth *Rbh.* Fw. Hammerthal!! Schloßberg!! Schloßgrund!! Nst. Holländer; Karlswerk; Hohen-Finower Feld *Bch.*
380. D. pilosus L. Feuchte Gebüsche, nur im Odergebiet, selten. Fw. Falkenberg *Bch.* Nst. An der Schwärze; Karlswerk *Rn.*

182. Knaútia L.

381. K. arvensis (L.) Coult. Wegränder, Wiesen, Wälder, gemein.

183. Succisa M. & K.

382. S. praemorsa (Gil.) Aschs. Trockne Wiesen, Waldränder, häufig; weißblühend Lw. Klinkermühle bei Gottsdorf *Rt.!*

184. Scabiósa L.

383. S. Columbária L. Trockne Wälder, Wiesen, zerstreut. P. Beim Neuen Palais *Ad. Müller!* Wannsee *Bl.* Sp. Pichelswerder!! an der Havel bei Schildhorn!! Hundekehle *Bl.* Papenberge *D.* Bamberge *Kth.* Tegel *D.* Na. Bredower Forst!! Lindholz *H.* Kremmen: Rhinluch *H.* Lw. Rauchenberge *Rt.!* B. Jungfernheide!! Charlottenburger Schloßgarten!! Spandauer Berg!! Witzleben *Bl.* nördlich am zoologischen Garten!! Hasenheide!! Rudower Wiesen!! R. Rüdersdorf *D.* Alt-Landsberg *Gae.!* Mittenwalde *Kr.* Zossen: Sperenberg auf den Gipsbergen und im Walde südlich vom Dorfe!! Baruth *Rbh.* Wr. Metzdorfer Berge *Rn.* Fw. *Sch.!* Nst. Schützenhaus; Brunnen *Bch.* Stadtforst!! Chorin!!
b) ochroleuca L. (als Art). Sonnige Hügel, sehr selten. Nur Müncheberg: Tempelberg *Buek!*

384. S. suavéolens Desf. Sonnige Hügel, Kiefernwälder, zerstreut. Br. Eiskutenberg bei Gr. Kreutz *Hechel!* P. Sanssouci bei der Windmühle *Schp.* hohes Seeufer südöstlich der Nedlitzer Fähre *Bl.* Katharinenholz *Bs.* Baumgartenbrück!! Sp. Schildhorn!! Papenberge *Beyrich!* Or. *Kr.* Na. Weinberg sehr viel!! Jahnberge!! Kremmen: Linum auf der krummen Horst *H.!* Lw. Rauchenberge *Rt.* B. Fuchsberge!! beim Plötzensee *Schp.* Buckow *Bl.* Wr. Batzlower Mühle; Metzdorfer Berge; Büchnitz; Upstall *Rn.* Landhof *Sch.!* Fw. Weinberg *Rn.!* Akazienberg; Broigsdorf *Rn.* Nst. Hausberg *Bch.!*

b) ochroleuca. Sehr selten mit der Stammart. Na. Jahnberge 1858 *Rt.!*

49. Familie. Compositae Adans.

185. Eupatórium Tourn.

385. E. cannabínum L. Gräben, feuchte Gebüsche, nicht selten, z. B. Br. Gr. Kreutz *Schr.* P. Bornstedt; Tornow *Bs.* Teltow *Bl.* Sp. Tegel *Kth.* Na. Königshorst an der Fasanerie *H. S.* Kremmen: Linum *H.!* Lw. Oestlich der Stadt!! B. Stralau *Kth.* Friedrichsfelder Park!! Jungfernheide *Kth.* Thiergarten *W. M.* zwischen dem zoologischen Garten und Wilmersdorf!! Storckow: Scaby-Luch *H.*

186. Tussilágo Tourn.

386. T. Fárfara L. Lehmäcker, Ufer, an Quellen, Hügeln, zerstreut. Br. Lehnin *Schr.* P. Beim Bahnhof *Schp.!* Chaussee jenseit Kl. Glienicke; an den Abhängen nach dem Templin hin *Bs.* Sp. *D.* Pichelsberg *Kr.* Hermsdorf *A. Paalzow!* Or. *Kr.* Na. Falkenhagen *D.* Gr. Bähnitz *Gr.* Trebbin: Schulzendorf *Gr.* B. Heinersdorf *D.* am Eschengraben unweit der Panke *Hanstein*; Schmargendorf *D.* Wilmersdorf Südseite!! am Einschnitt der Anhaltischen Eisenbahn zwischen Schöneberg und Tempelhof *W. M.!* K. Mahlsdorf *D.* am Kalksee südlich vom Alten Grund!! Alt-Landsberg *Gae.* Zossen: Sperenberg am See!! Storkow: Am Scharmützelsee bei der Pieskower Mühle *C. Schultze!* Buckow: In der Silberkehle!! Wr. An der Büchnitz *Rn.* Fw. Bei der Laugerei!! Hammerthal; Ziegelei *Rn.* Nst. *Bch.* z. B. beim Gesundbrunnen!! Karlswerk *Bl.* Biesenthal: am Liepnitzsee bei Utzdorf *Kr.* Selten auf ausgeworfener Torferde: B. Jungfernheide *Hanstein.* Storkow: Scaby-Luch *H.!*

187. Petasítes Tourn.

387. P. officinalis Mnch. Feuchte Wiesen, an Bächen, Gräben, zerstreut. Na. Dyrotz *Kr.* Gr. Bähnitz *Gr.* Tremmen hinter

dem Pfarrgarten *Schr.* Dechtow *H.* T. Buchholz *P.* Lw. An der Nuthe diesseit des Bürgerbusches *Rt.!* Trebbin: Lüdersdorf *Gr.!* B. Giesensdorf westlich vom Dorfe!! K. Mahlsdorf *Bl.* Alt-Landsberg *Gae.* Nst. Vorstadt; Kupferhammer; Spechthausen *Bch.* Hohen-Finow *H.* Häufig in Parks angepflanzt und halb wild, so P. Sanssouci!! Bornstedt; Neuer Garten *Bs.* Na. Amtsgarten bei Königshorst *H. S.!* B. Friedrichsfelder Park!! (hier nur die weibliche Pflanze) Schönhauser Schloßgarten!! Thiergarten!! Wr. Möglin; Lüdersdorf *Rn.* Biesenthal: Grünthal *Rn.*

† P. albus (L. erweitert.) Gaertn. Im Gebiet nicht einheimisch, sondern nur angepflanzt und verwildert B. Im zoologischen Garten am Bach *Bl.*, *Tietz!*

388. P. tomentosus (Ehrh.) D. C. Sandige Ufer der größeren Gewässer, selten. P. Havelufer bei der Pirschheide *Bl.* Sp. Pichelsberg!! Südseite von Pichelswerder!! Fw. An der Badestelle *Rn.!* Seltener angepflanzt und halb wild: P. An einem Graben in Sanssouci *Bs.* B. Im Thiergarten *Bl.!!* Erreicht hier seine Grenze nach Süden.

188. Aster L.*)

389. A. Linósyris (L.) Bernh. Sonnige Hügel, sehr zerstreut. Na. Jahnberge *Rt.!!* Fw. Fahnenberg bei Sonnenburg *Sch.* Belvedereberg!!

390. A. Amellus L. Wie vorige. K. Rüdersdorfer Kalkberge *Rn.!* Buckow: Elysium *Lessing!* Fw. Fahnenberg bei Sonnenburg *Sch.!* Nst. Karlswerk *Bch.!*

391. A. Tripólium L. Salzwiesen, an Gräben, sehr zerstreut. P. Uetz westlich vom Dorfe *Weiland! Schp.!* Na. In der Nähe des Weinberges am Damm nach Dreibrücken *Bch.! H. S.!!* Selbelanger Jägerhaus!! Beelitz: an der Salzquelle bei Salzbrunn *Li.! Rt.!* Trebbin: An der Nuthegrabenbrücke bei Tremsdorf *R.!*

† A. brumalis Nees. Wahrscheinlich aus Nordamerika. Bei uns häufig angepflanzt und zuweilen verwildert. B. Charlottenburger Schloßgarten viel!! am alten Charlottenburger Chausseehause!! an der Brückenallee am Zaun des Bellevue-Gartens einzeln *Bl.!!*

† A. novi Belgii L. Stammt aus Nordamerika; nicht selten angepflanzt und verwildert.

a) serótinus Willd. (als Art). B. Bellevue am Spree-

---

*) Die verwilderten Arten dieser schwierigen Gattung sind größtentheils von *Dr. C. H. Schultz bip.* bestimmt.

ufer!! Thiergarten zwischen dem Hofjäger und der Fasaneriebrücke!! Charlottenburg beim Forsthause unweit Witzleben *W. M.!*

b) **squarrosus** Nees. B. Weidengebüsche an der Berlin-Potsdamer Eisenbahn diesseit Schöneberg *Körnicke!!*

c) **minor** Nees. P. Weidengebüsche bei der Brücke am Tornow!!

† A. **luxúrians** Spr. In Nordamerika einheimisch; hier nur verwildert. B. Am Spreeufer zwischen den Zelten und Bellevue *Bl.!!* *)

392. A. **salicifolius** Scholler. An Gräben, sehr selten. Trebbin: südlich von Schulzendorf *Gr.!!* wohl sicher wild, da er nirgends angepflanzt wird. Einzelne dort in Gärten befindliche Pflanzen sind nachweislich von dem wilden Standort geholt.

† A. **leucánthemus** Desf. Zierpflanze aus Nordamerika; verwildert. B. Thiergarten zwischen dem Hofjäger und der Fasaneriebrücke!! **) Charlottenburger Schloßgarten!!

† A. **parviflórus** Nees. Stammt aus Nordamerika; nirgends angepflanzt, aber verwildert. B. Thiergarten zwischen dem Hofjäger und der Fasaneriebrücke viel!! ***) Charlottenburger Schloßgarten!!

† A. **Lamarckianus** Nees. Zierpflanze aus Nordamerika. Verwildert Na. Jenseit des Weinberges in Gebüsch am Wiesenrande *Schr.* B. Bellevue am Spreeufer!! †) bei der Moabiter Brücke!!

† A. **laevis** L. Zierpflanze aus Nordamerika; halb wild B. Tempelhof auf dem Kirchhofe!!

† Callistephus Cass.

† C. **chinensis** (L.) Nees. Häufige Zierpflanze aus China. Zuweilen auf Schutt einzeln verwildert.

† Stenactis Cass.

† S. **annua** (L.) Nees. Aus Nordamerika stammend; jetzt an Zäunen, auf Grasplätzen zuweilen eingebürgert. Dr. Schloßgarten *Gae.! Kn.* B. Friedrichsfelder Park unweit des Begräbnisses *K. Müller!!* Thiergarten unweit des Hofjägers!! Fw. Schloßgarten *Kn.!* Alaunwerk *Kn.* Nst. Hohen-Finow *H.*

---

*) A. Lamarckianus, Zeitschrift für die gesammten Naturwissenschaften. 1854. S. 448.

**) A. salignus a. a. O. S. 447 zum Theil.

***) A. leucanthemus a. a. O. S. 448.

†) A. luxurians a. a. O. S. 448.

189. Erigeron L.

† E. canadensis L. Aus Nordamerika eingewandert; jetzt auf Sandfeldern, an Wegen, in trocknen Wäldern, gemein.

393. E. acer L. Sonnige Hügel, trockne Wälder, besonders D, nicht selten, z. B. P. Sanssouci; Ruinenberg *Bs.* Zehlendorf!! Sp. Inseln bei Saatwinkel *Bl.* Na. *Gr.* Jahnberge *H. S.* Lw. An der Eisenbahn südlich der Stadt *Rt.* B. Beim Hippodrom!! Eisenbahneinschnitt bei Schöneberg *W. M.* und südlich vom Dorfe *Bl.* Kreuzberg!! Lankwitz *Thiele!* Hasenheide *W. M.!!* K. Rüdersdorfer Kalkberge!! Zossen: Sperenberger Gipsbrüche!! Nst. Tornow!!

b) droebachensis Mill. (als Art). Trockne Wälder, selten. P. Oestlich vom Wannsee *Schp.!* Sp. Wald südlich von Tegel *Schp.*

190. Bellis L.

394. B. perennis L. Wiesen, Triften, gemein; auch in Gärten mit sogenannten gefüllten Blüthen.

191. Solidágo L.

395. S. Virga aurea L. Sonnige Hügel, trockne Wälder, zerstreut. Br. Gr. Kreutz auf dem Eiskutenberg *Schr.* P. Sanssouci unter den Eichen *Schp.* Wald zwischen Tornow und Templin!! Abhänge nach der Pfauen-Insel hin!! Abhänge bei der Neblitzer Fähre *Bl.* Sp. Pichelsberg *Kth.* Na. Bredower Forst!! Stadtforst *Gr.* Lindholz *H. S.* Jahnberge *H. S.!* Lw. Gottow *Rt.!* Trebbin: Scharfenbrücker Forst *Gr.!* B. Friedrichsfelder Schloßgarten *W. M.* Fuchsberge *Schp.* Jungfernheide!! Charlottenburg diesseit des Schützenhauses *Bl.* Thiergarten *W. M.!* Hasenheide!! Rollberge!! Köpnicker Weg!! K. Rüdersdorfer Kalkberge!!

† S serótina Ait. Zierpflanze aus Nordamerika. Verwildert Na. Am Rundtheil bei Seelenhorst *H. S.!* B. An der Moabiter Brücke!! Charlottenburger Schloßgarten!! an einem Zaun in der Lietzower-Wegstraße westlich von der Potsdamer Straße!! K. Bei Bellevue *Gr.!*

192. Ínula L.

† I. Helénium L. Im Gebiet nicht einheimisch, sondern nur angepflanzt und in und an Gärten verwildert P. Bornim *Bs.!*

396. I. germánica L. Sonnige Hügel, sehr selten. P. Am nördlichen Ufer des Glindower Sees unter Schwarzdorn *Schr.!!* Erreicht hier ihre Grenze nach Nordosten.

397. I. salicina L. Trockne Wiesen, Laubwälder, zerstreut. Br. Pewesin nach Weseram zu *Schr.* Na. Bredower Forst nördlich der Eisenbahn!! Stadtforst *Gr.* Lindholz!! Lw. Frankenförde nach Gottsdorf hin *Rt.!* Trebbin: südlich von Schulzendorf *Gr.!!* B. Reinickendorf; Jungfernheide *D.* Rudower Wiesen!! Alt-Landsberg *Gae.*

398. I. Británnica L. Wiesen, an Gräben, sehr häufig.

b) Oetteliana Rchb. (als Art). P. Pirschheide *Schp.!*

c) discoidéa Tausch. Mit der Hauptart, sehr zerstreut und unbeständig. Na. Bei der Bredower Meierei!! bei Lobeofsund *H. S.!* B. Zwischen dem zoologischen Garten und Wilmersdorf *W. M.!* am Köpnicker Wege, Treptow gegenüber!!

193. Pulicária Gaertn.

399. P. prostráta (Gil.) Aschs. Dorfstraßen, Ufer, Triften, zerstreut. P. Bornstedt beim Kirchhofe *Bs.* Sp. *Schl.* Or. *Gae.* Birkenwerder *Schl.* Na. Dechtow *H.* Beelitz: Elsholz *Krumbholz.* Trebbin: Löwendorf *Gr.!* B. Französisch-Buchholz!! Malchow!! Heinersdorf *Schl.* Reinickendorf!! Spreeufer westlich der Tichyschen Badeanstalt *Bl.* Schmargendorf!! Wilmersdorf *Schp.!* Mariendorf *Kr.* Bernau: Birkholz *H.* Blumberg *Kth.* Alt-Landsberg *Gae.* Buckow: Pritzhagen *Walter!* Fw. Amalienhof!! Nst. Sommerfelde!! Tornow *Bch.*

400. P. dysentérica (L.) Gaertn. Gräben, sehr zerstreut. P. Bornim an der Chaussee *Weiland!* Geltow beim Amt *Schp.* Sp. *D.* Or. Schmachtenhagen *Kr.* Na. Selbelang; am Unterholz bei Dechtow *H. S.!* Kremmen: Linum *H.* Lw. Oestlich der Stadt am Wege nach den Mollenhütten!! Trebbin: Schulzendorf westlich am Dorfe *Gr.!!* B. Schönhausen *Schl.* Jungfernheide *D.* östlich von Witzleben *W. M.!* diesseit Rudow westlich der Chaussee *Schp.!* Wr. Batzlower Wiese *Rn.* Nst. Alter Gesundbrunnen *Bch.* an der Chaussee nach Chorin, wo die Oberberger Straße abgeht!!

† Galinsógea Ruiz u. Pavon.

† G. parviflóra Cav. Stammt aus Peru; vom Berliner botanischen Garten aus (nach *Fr. Otto* seit 1812) auf Aeckern, an Zäunen verwildert. P. Sanssouci *Bs.!* Berliner Vorstadt!! Schlachtensee *Vocke.* Sp. Schloß Grunewald *Caspary.* Na. Königshorst *H. S.!* Mangelshorst; Kuhhorst *H. S.* B. Rummelsburg *J.* vor dem Königsthor!! Franz. Buchholz!! Pankow!! Müllerstraße *Schp.* bei der Tichyschen Badeanstalt *Bl.* an der Nikolaikirche *J.* auf der südlichen und westlichen Seite der Stadt gemein!! bis Charlottenburg!! Steg-

litz!! Tempelhof *Winkler*. Bernau: Börnicke *Rn*. Frw. Beim Brunnen!! Nst. Gartengassen *Bch.!*

† Mádia Molina.

† M. sativa Molina. In Chile einheimisch; im Gebiet wohl nirgends gebaut, nur einmal P. Bei Geltow von *Filly* verwildert gefunden.

194. Bidens L.

401. B. tripartitus L. Sumpfränder, Gräben, gemein.
402. B. cernuus L. Wie vorige, nicht selten.

b) radiatus. P. Kl. Machenow *Bs.* Sp. Pichelswerder!! Trebbin: Nach Schulzendorf hin *Gr.!* B. Beim Hegemeister!! Weißensee!! Nst. Diesseit der Mönchsbrücke!! zwischen der Rogäser Mühle und dem Sandkrug!!

c) minimus L. (als Art). Sp. Am Grunewalder See!! B. Diesseit der Jungfernheide *W. M.*

† Heliopsis Pers.

† H. laevis (L. fil.) Pers.*) Seltnere Zierpflanze aus Nordamerika. Verwildert P. Am östlichen Ufer der Pfauen-Insel!!

† Rudbéckia L.

† R. laciniata L. Zierpflanze aus Nordamerika; in Ufergebüschen zuweilen verwildert. P. Oestliches Ufer der Pfauen-Insel!! B. Beim Hofjäger im Thiergarten!!

† Calliopsis Rchb.

† C. tinctoria (Nutt.) D. C. Häufige Zierpflanze aus Nordamerika. An Zäunen, auf Schutt zuweilen verwildert.

* Helianthus L.

* H. annuus L. Bekannte Zierpflanze aus Peru.
* H. tuberosus L. Stammt aus Brasilien; im Gebiet nicht häufig gebaut.

195. Filágo Tourn.

403. F. germánica L. Aecker, besonders auf Lehmboden, zerstreut. Br. Weseram am Wege nach Pewesin!! P. Bornstedter

---

*) Von *Dr. Schultz bip.* bestimmt.

Feld!! Zehlendorf *Kth.* B. Weißensee!! Wilmersdorf *D.* Schöneberg *Thiele!* Steglitz *D.* Tempelhof!! bei der Hasenheide *D.*

404. F. arvensis L. Sandige und lehmige Aecker, häufig.

405. F. minima Fr. Aecker, trockne Gräben, Waldboden, häufig.

196. Gnaphálium Tourn.

406. G. silváticum L. Trockne Wälder, zerstreut. P. Sanssouci *Schp.!* Wildpark *Vocke*; Schlachtensee *Schp.* Sp. Stadtheide; Tegel *D.* Or. *Gae.* Na. Bei der Königseiche bei Pausin!! Bredower Forst!! Trebbin: Kummersdorfer Forst *Gr.!* B. Jungfernheide!! am A-Gestell jenseit Witzleben *W. M.!* Thiergarten *Bl.* Hasenheide!! am Köpnicker Wege diesseit des Neuen Kruges!! Zossen: Wald südl. von Sperenberg!! Frw. Akazienberg!! Nst. Oberheide *Bch.*

407. G. uliginosum L. Sumpfränder, feuchte Aecker, sehr häufig.

408. G. luteo-album L. Sumpfränder, feuchte Aecker, ausgetrocknete Gräben, zerstreut. Br. Lehnin *Bch.* P. Charlottenhof auf Grasplätzen *Bl.* Pirschheide *Schp.!* Werder *Bl.* Sp.; Tegel *D.* Dalldorf *Schl.!* Na. Falkenhagen *D.* zwischen dem Selbelanger Jägerhause und Paulinenau!! Kremmen: Linum *H.!* T. Riebelhorst *P.* Försterhaus bei Salzbrunn *Rt.!* Lw. Am Fußsteig nach Felgentreu; Brand bei Frankenförde *Rt.!* B. Südlich von Friedrichsfelde!! Weißensee!! südlich von Charlottenburg *W. M.!* bei Charlottenburg am Kanal *Bl.* Schöneberg *D.* Tempelhof!! Rudower Wiesen!! K. Vogelsdorf *Kth.* Zossen: Sperenberg!! Nst. Beim Eichwerder *Bch.* Hekelberg *Bl.*

409. G. dioecum L. Sonnige Hügel, trockne Wälder und Wiesen, nicht selten, z. B. P. *Bs.* Sp. Grunewald!! Tegler Heide *Kth.* Na. Perwenitz *H. S.!* B. Jungfernheide!! westlich von Wilmersdorf *Bl.* Hasenheide *Kth.* Rudower Wiesen!! Alt-Landsberg *Gae.*

197. Helichrýsum Gaertn.

410. H. arenarium (L.) D. C. Sonnige Hügel, trockne Wälder, Grasplätze, gemein.

198. Artemísia L.

† A. Absinthium L. Stammt aus Süddeutschland; hier und da gepflanzt und an Zäunen, Dorfstraßen, verwildert. P. Berliner Vorstadt *Bs.* Schlachtensee beim Fischerhause!! Sp.; Tegel *D.* Or. Hohenbruch *Bl.* Na. Bredower Forsthaus!! Königshorst *H. S.* Kremmen: Rhinluch *H.* Lw.!! Trebbin: Lüdersdorf; Gadsdorf *Gr.* B. An der Landsberger Chaussee!! Weißensee *D.* Gesundbrunnen!!

Schmargendorf *Schp.!* Steglitz *Bl.* Wilmersdorf *D.* Schöneberg in der Nähe des Matthäi-Kirchhofes!! und nach Tempelhof hin *Bl.* K. Friedrichshagen *H.* Rüdersdorf; Tasdorf *D.* Zossen: Diesseit des Forsthauses *Bl.* Kummersdorf!! Sperenberg!! Nst. Zainhammer *Bch.* Chorin *A. Br.*

* A. Abrótanum L. In Süd-Europa einheimisch. Zuweilen in Gärten gepflanzt.

411. A. campestris L. Waldränder, sonnige Hügel, häufig.

412. A. vulgaris L. Gebüsche, an Wegrändern, nicht selten.

* A. Dracúnculus L. Stammt aus Sibirien. In Gärten nicht selten gebaut.

199. Achilléa L.

413. A. Ptármica L. Gräben, feuchte Gebüsche, nicht selten, z. B. P. Tornow; Ablage; Nuthewiesen *Bs.* Sp. Pichelsberg; Tegel *Kth.* Na. Lindholz an der Südseite; Holzhorst *H. S.* Lw. Schöneweide!! Trebbin: Neuendorf!! B. Wiesen diesseit Boxhagen; Rummelsburg; Fuchsberge *J.* Kolonie Hohen-Schönhausen!! Jungfernheide *Kth.* diesseit Moabit!! Wiesengräben nördlich vom zoologischen Garten!! nördlich von Schöneberg an der Eisenbahn!! Kanal vor dem Anhaltischen Thore *W. M.* Rudower Wiesen!! Treptow!!

414. A. Millefólium L. Waldboden, Hügel, Wegränder, trockne Wiesen, gemein.

b) lanata Koch. Sonnige Hügel. Bisher nur B. Schmargendorf im Hohlwege *Hl.!!* K. Rüdersdorfer Kalkberge *Schl.!*

c) setacea W. K. (als Art). Wie vorige. P. Baumgartenbrück *Sanio!*

200. Ánthemis L.

415. A. tinctoria L. Wegränder, sonnige Hügel, sehr zerstreut, im östlichen Gebiet häufiger. Br. Auf dem Butzenberge bei Gr. Kreutz *Schr.* Na. Zwischen Selbelang und Möthlow *Gr.* K. Rüdersdorfer Kalkberge!! Wr. Batzlower Mühle *Rn.* beim Landhof *Sch.!* Fw. Weinberg *Rn.* diesseit Falkenberg!! Nst. häufig *Bch.* z. B. an der Chaussee nach Sommerfelde!!

416. A. arvensis L. Aecker, mit Sand- und Lehmboden, häufig.

417. A. Cótula L. Zäune, Dorfstraßen, zerstreut. P. Bornim *Schp.!* Stansdorf bei Teltow *W. M.!* Sp. *D.* Nieder-Neuendorf; Heiligensee *Kth.* Or. *Gae.* Na. Falkenhagen *D.* Brieselang!! Bredower Forsthaus!! Zeestow!! Königshorst *H. S.* B. Biesdorf *Garcke*; Friedrichsfelde; Weißensee *D.* Schöneberg!! K. Rüdersdorfer Kalkberge *Bl.* Alt-Landsberg!! Seeberg!! Nst. *Bch.*

415 × 417. A. tinctoria × Cótula. K. Rüdersdorfer Kalkberge 1840 *Bl.!*

† Órmenis Cass.

† O. mixta (L.) D. C. In Süd-Europa einheimisch. P. Zehlendorf unter Serradella 1858!!

201. Matricaria L.

418. M. Chamomilla L. Aecker, Wegränder, nicht selten.

† M. discoidéa D. C. Stammt aus Ost-Asien. B. In der Dorfstraße von Alt-Schöneberg sehr zahlreich!! 1852 von *A. Br.* entdeckt. Ohne Zweifel aus dem Königlichen botanischen Garten verwildert.

202. Chrysánthemum L.

419. D. Leucánthemum L. Wiesen, sonnige Gebüsche, häufig.

420. C. Tanacétum Karsch. Wegränder, sonnige Laubwälder, Hügel, Triften, zerstreut. P. Bornstedt *Bs.* Sp. Bamberge; Tegel *D.* Or. *Kr.* Na. Wald beim Bredower Forsthause!! Königshorst im Brunnengarten *H. S.!* Lw. Beim südlichen Kirchhof *Rt.* Trebbin: Neuendorf!! B. Friedrichsfelder Park!! Friedrichshain *J.* Weißensee *D.* Spandauer Berg *Bl.* Schmargendorf *W. M.* nordwestlich vom botanischen Garten in Gebüschen *W. M.!!* an der Chaussee jenseit Treptow!! Neuer Krug *Rei.* Alt-Landsberg *Gae.* Fw.!! Nst. An den Chausseen nach Chorin und Sommerfelde *Bch.*

b) crispum D. C. Zuweilen auf Kirchhöfen gepflanzt.

* C. majus (Desf.) Aschs. Stammt aus Süd-Europa; hier und da in Gärten.

† C. Parthénium (L.) Pers. Stammt aus Süd-Europa; früher häufig in Gärten gebaut und in Folge dessen an Zäunen, in Dorfstraßen zuweilen verwildert, doch meist unbeständig. P. Bei der Bildergallerie *Schp.* Pirschheide *Schp.!* Sp.; Tegel *D.* Or. *Kr.* Kremmen: Rhinluch *H.* B. Zuweilen in Gärten der Stadt als Unkraut!! Malchow!! Nst. Unter dem Drachenkopf *Bch.!*

421. C. inodórum L. Wegränder, Aecker, zerstreut. P. Bornstedt *Schp.* Sp.!! Tegel *D.* B. Stralau *Kth.* Weißensee *D.* Wilmersdorf *Kth.* vor dem Anhaltischen Thor am Kanal *W. M.* K. Rüdersdorf *Kth.* Alt-Landsberg *Gae.*

† C. ségetum L. Im Gebiet nicht einheimisch, sondern nur öfter mit fremder Saat eingeschleppt und auf Aeckern, an Zäunen zuweilen zahlreich, doch stets unbeständig gefunden; in neuerer Zeit

P. Berliner Vorstadt 1853 *Bs.* Zehlendorf unter Serradella 1858!! B. Zwischen Schöneberg und Steglitz unter Serradella 1857 *Garcke*.

† Dorónicum L.

† D. Pardalianches L. Stammt aus Süd- und Westdeutschland; im Gebiet früher als Zierpflanze; jetzt hier und da verwildert. P. Sanssouci *Bs.!* B. Charlottenburger Schloßgarten *Bl.!!* Thiergarten bei Schloß Bellevue!! (schon 1846 von mir bemerkt). Buckow: Am Eingang der Silberkehle!!

* D. cordatum (Wulfen) Schultz bip. Häufige Zierpflanze aus Süddeutschland.

203. Árnica L.

422. A. montana L. Waldwiesen, sehr zerstreut. Or. Zwischen Zehlendorf und Stolzenhagen *Rn.!* Falkenthal bei Liebenwalde *Kr.* Grieben bei Lindow *J. Müller.* Kremmen *Gr.*

204. Senécio L.

423. S. paluster (L.) D. C. Torfmoore, an Seen, Pfühlen, zerstreut. P. Nuthewiesen; Baumgartenbrück *Bs.* Sakrow *Becken*; am Wannsee; Kl. Machenow *Bl.* Sp. Rhinmeister-See!! an der Havel bei Pichelsberg!! am Tegeler See *Bl.* Or. *Gae.* Na. Torfstich nördlich vom Lindholz *H. S.!!* Kremmen bei Tietzow einzeln!! Rhinluch häufig *H.!* Lw. Tiefes Gehege *Rt.* Trebbin: Kliestower See; Glau *Gr.!* B. Weißensee an der Oranke!! Jungfernheide am Kanal diesseit des Plötzensees!! Schöneberger Fenn *Bl.* Tempelhof *D.* zwischen Buschkrug und Forsthaus Ober-Rixdorf *W. M.* Johannisthal *Thiele!* K. Zwischen den Hinteren Bergen und Tasdorf!! Alt-Landsberg *Gae.* Storkow: Scaby-Luch *H.* Buckow: Eichendorfer Mühle *Sch.!* Fw. Papiermühle *Rn.* Nst. Großer See *Bch.* Hegermühle; Pechteich *Kirchner.*

424. S vulgaris L. Aecker, Gartenland, gemein.

425. S. viscosus L. Waldschläge, Sandfelder, Schutt, an Zäunen, zerstreut. Br. Lehnin *Schr.* P. Baumgartenbrück; Potsdamer Heide *Bs.* östlich vom Wannsee *Schp.!* Sp. Auf Torf am Rhinmeister-See!! Pichelswerder!! Pichelsberg!! Tegel *D.* Na. Beim Stadtförster *Gr.!* B. An der Chaussee jenseit Rummelsburg!! Witzleben beim Försterhause *W. M.!* Tempelhof *D.* K. Rüdersdorfer Kalkberge *Thiele!* Alt-Landsberg *Gae.* Zossen: Sperenberg südl. vom Dorfe!! Fw.!! Nst. Mönchsberg; nach Britz hin *Bch.* Hetelberg *Bl.*

426. S. silváticus L. Trockne Wälder, Torferde, zerstreut. P. Jägerschießstände *Bs.* Sp. Grunewald beim Rhinmeister-See auf

Torferde!! Pichelsberg!! Pichelswerder!! Papenberge; Tegel *D.* Na. Bredower Forst!! Kremmen: Linum *H.!* Lw. Zwischen dem Theerofen und Gottow!! B. Jungfernheide diesseit des Plötzensees!! Hasenheide *W. M.!!* K. Woltersdorf beim Forsthause!! Storkow: Friedersdorf *H.* Nst. In der Forst zwischen der Oberberger und Choriner Chaussee!!

† S. vernalis W. K. Im Gebiet noch nicht eingebürgert; an der östlichen Grenze bisher nur einzeln erschienen; dürfte sich aber allmählig einheimisch machen. Wr. Berge 1854 *Sch.!* Möglin an der Büchnitz 1858 *Rn.!*

427. S. erucaefolius L. Lichte Laubwälder, trockne Wiesen, zwischen Gesträuch, sehr zerstreut; bisher nur im westlichen Gebiet. Br. Pewesiner Nachthütung *Sp.!* Na. Bredower Forst *Rn.* Lindholz in der Ecke nach Paulinenau!!

428. S. Jacobaea L. Sonnige Hügel, trockne Wälder, seltener auf trocknen Wiesen, häufig.

b) flosculosus Jordan. (als Art). P. Templin *Winkler!*

429. S. aquáticus Huds. Auf nicht zu sumpfigen Wiesen, besonders im westlichen Gebiet, nicht selten. Br. Wiesen südwestlich von Weseram!! P. Beim Neuen Palais *Weiland!* Na. Wiesen nördlich vom Bredower Forsthause!! B. Beim Lichtenberger Kietz!! Wiesen zwischen der Jungfernheide und Charlottenburg *Schp.!* Lietzow *W. M.!* bei der Moabiter Brücke!! am Schifffahrtskanal bei der unteren Schleuse *W. M.!* Wiesen an der Potsdamer Eisenbahn diesseit Schöneberg viel!! jenseit Rixdorf!! Treptow *v. Chamisso jun.!*

† S. sarracénicus L. Im Gebiet nicht einheimisch, sondern nur an Zäunen, Ufern, verwildert. P. Oestliches Ufer der Pfauen-Insel!! B. an einem Zaune in der Lietzower-Wegstraße westlich der Potsdamerstraße *W. M.!!* an der Brückenallee!! seit 1855 durch den Umbau des Dammes verschüttet.

430. S. paludosus L. Sumpfige Wiesen, nur A, zerstreut. P. An der Nuthe *Bs.* Wiesen nördlich von Geltow *Schp.!* Sp.; Pichelswerder *D.* Pichelsberg *Bl.* bei den Papenbergen *Baeyer!* Tegel *D.* Or.; Germendorf *Kr.* Na. Nördlich vom Bredower Forsthause!! Lindholz an der Eisenbahn!! Königshorst *H. S.!!* Kremmen: Linum *H.* B. Jungfernheide an der faulen Spree *W. M.* Charlottenburg nach dem Schützenhause hin *Caspary*; Wiesen südöstlich vom Kottbusser Thor!! am nördlichen Rande der Rudower Wiesen!! K. Nach Glienicke hin *Gr.!* Mittenwalde: Rektorwiese *H. S. II.!!* Fw. Badestelle!! Nst. Am Finowkanal *Bch.*

† Caléndula L.

† C. officinalis L. Bekannte Zierpflanze aus Süd-Europa; an Zäunen, Wegen, zuweilen verwildert.

† Echínops L.

† E. sphaerocéphalus L. Zierpflanze aus Süddeutschland; hier und da verwildert. P. Pfauen-Insel *Schp.! Bs.!* B. Beim Kirchhof zu Tempelhof!! (nach *D.* seit 1820). Wr. Möglin *Bch.* ob noch jetzt?

205. Círsium Tourn.

431. C. lanceolatum (L.) Scop. Wegränder, Triften, an Zäunen, gemein.

432. C. palustre (L.) Scop. Feuchte Wiesen, häufig.

433. C. acaule (L.) All. Trockne Wiesen, Hügel, zerstreut. P. Hinter dem Neuen Palais *Weiland!* und von dort bis Kuhfort *Bs.* an der Chaussee westlich vom Wannsee *Schp.* Sp. Tegel *D.* Or. Wiesen bei Germendorf *Gae.* Na. Wiesen bei der Bredower Meierei!! beim Weinberg!! bei Paulinenau!! Kremmen: Rhinluch *H.!* B. Friedrichsfelde; Weißensee; Reinickendorf; Jungfernheide *D.* südlich vom zoologischen Garten *Bl.* Schöneberg *D.* zwischen Rixdorf und Forsthaus Ober-Rixdorf!! Rudower Wiesen!! K. Rüdersdorfer Kalkberge!! Alt-Landsberg *Gae.* Zossen: Sperenberger Gipsberge!! Fw. Alaunwerk *Rn.* Nst. Karlswerk *Bch.*

434. C. oleraceum (L.) Scop. Wiesen, zerstreut; stellenweise häufig. P. Tornow *Bs.* Teltow *Bl.* Sp. Tegel *D.* Or. [illegible]dorf; Schmachtenhagen *Gae.* Na. Falkenhagen *D.* Wiesen bei der Stadt *Gr.* Kronprinzendamm zwischen Dreibrücken und Seelenhorst und Grenzdamm bei Mangelshorst *H. S.* Kremmen: An den Kanälen bei Linum *H.!* Lw. Lindhorst!! tiefes Gehege *Rt.* B. Friedrichsfelder Park!! Französisch-Buchholz an der Panke!! zwischen dem zoologischen Garten und Wilmersdorf *W. M.!* Wiesen an der Potsdamer Eisenbahn diesseit Schöneberg *Hl.!* Rudower Wiesen!! K. Rabenstein-Mühle; Dahlewitz *H.* Tasdorf *Thiele!* Alt-Landsberg!! Werneuchen *Bl.* Wr. An der Büchnitz bei Möglin *Rn.* Fw. Brunnenthal!! Hammerthal *Rn.* Nst. häufig, z. B. Tornow!! Rogäser Mühle!!

435. C. arvense (L.) Scop. Aecker, besonders auf Lehmboden, häufig.

† Sílybum Vaillant.

† S. Marianum (L.) Gaertn. Zierpflanze aus Süd-Europa;

hier und da in Gärten; an Zäunen, auf Schutt zuweilen verwildert; oft unbeständig. Br. Weseram; Bewesin *Schr.* P. Neuendorf *Bs.* Werder!! Or. Germendorf *Gae.* Zerpenschleuse *Jahn.* Na. Mangelshorst *H. S.!* Beelitz: Wittbrietzen *Rn.* B. Wilmersdorf *K. fil.!* Schöneberg beim Institutsgarten!! Tempelhof *D.* Rixdorf!! Fw. Amalienhof *Rn.* Nst. *Bch.*

206. Cárduus L.

436. C. crispus L. Hecken, Zäune, Gebüsche, zerstreut. P. Bornstedt *Schp.!* Sp. An der Chaussee nach Ruhleben!! Na. An der Straße nach Gr. Bähnitz!! Lw. Frankenfelde *Rt.* Trebbin: Schulzendorf *Gr.!* B. An der Spree bei Bellevue!! am südlichen Ausgange von Wilmersdorf!! am Schöneberger Busch *Bl.* Alt-Landsberg *Gae.* Wr. Möglin *Rn.* Fw. Kietz; Hammerthal; Alaunwerk *Rn.* Falkenberg *Bch.*

437. C. nutans L. Wegränder, Triften, Hügel, häufig.

207. Onopordon Vaillant.

438. O. Acánthium L. Zäune, Dorfstraßen, Triften, nicht selten.

208. Lappa Tourn.

439. L. officinalis All. Dorfstraßen, Wegränder, sehr zerstreut. Br. Saringen; Weseram *Schr.!* P. Bornstedt *Schp.!* Or. Beim Armenhause; Schmachtenhagen *Gae.* B. Tempelhof bei der Schäferei *Bauer!* zwischen dem Buschkruge und Ober-Rixdorf *W. M.!!*

440. L. macrosperma Wallr. Schattige Laubwälder, sehr zerstreut. Na. Bredower Forst *Körnicke!!* besonders im abgetrennten westlichen Theil!! Lindholz im östlichen Theil!! Fasanerie bei Königshorst *H. S.!!*

441. L. glabra Lmk. (ex p.) Wegränder, Zäune, gemein.

442. L. tomentosa Lmk. Wie vorige, weniger häufig. P. Bornim *Bs.* Sp. Heiligensee; Tegel *D.* Na. Brieselang!! an der Straße nach Gr. Bähnitz!! Or. Schmachtenhagen *Gae.* B. Steglitz *D.* am Schifffahrtskanal diesseit Krug's Garten *W. M.* K. Tasdorf *D.* Nst. Zainhammer; Weg nach Lichterfelde *Bch.* Karlswerk!!

209. Carlína Tourn.

443. C. vulgaris L. Sonnige Hügel, trockne Wälder, nicht selten. Br. Gr. Kreutz *Schr.* P. Pirschheide *Schp.* Baumgartenbrück; Potsdamer Heide *Bs.* Sp. Grunewald!! Lw. Rauchenberge *Rt.* Trebbin: Neuendorf; Siethen *Gr.!* B. Exercierplatz vor dem Schönhauser Thor *J.* Eisenbahneinschnitt bei Schöneberg *W. M.!!*

bei Lichtenrade und Glasow; Spreeheide *Bl.* K. Erkner!! südl. vom Alten Grund!! Kalkberge!! Nst. Nach Trampe hin *Bch.* Hekelberg *Bl.*

210. Serrátula L.

444. S. tinctória L. Trockne Wiesen, lichte Laubwälder, zerstreut. Br. Weseram!! Pewesin!! P. Beim Neuen Palais *W. M.!* Kuhfort; Tornow; Templin *Bs.* Sp. Wiesen nach den Papenbergen hin *Bl.* Heiligensee; Tegel *D.* Or. *Gae.* Na. Falkenhagen *D.* in und an der Bredower Forst!! Lindholz!! Königshorst *H. S.* T. Zwischen Kemnitz und Zülichendorf *Kt.* Trebbin: Schulzendorf!! B. Wiesen zwischen der Stadtmauer und Boxhagen!! Friedrichsfelde *D.* nördlich von Reinickendorf!! Schöneberg *D.* Rudower Wiesen!! Wr. Metzdorfer Berge; an der Büchnitz *Walter!* Nst. Britzer Torfstich *Bch.*

211. Jurínea Cass.

445. J. mono clóna (L.) Aschs. Dürre Sandhügel, sehr selten. Na. Beim jüdischen Begräbnißplatz und auf einem Hügel nordwestlich desselben!! zuerst vom verstorbenen Apotheker *Hübner* entdeckt.

212. Centauréa L.

446. C. Jácea L. Sonnige Gebüsche, trockne Wiesen, Wegränder, häufig.

447. C. Cýanus L. Aecker, gemein.

448. C. Scabiósa L. Sonnige Hügel, trockne Wälder, Wegränder, nicht selten, besonders D.

449. C. panniculata Jacq. Wie vorige, zerstreut. P. Bornstedt *Bs.* Baumgartenbrück!! Glindower See!! Brauhausberg *Schp.!* Or. *Gae.* Na. An den Straßen nach Bredow!! und Markee!! Jahnberge!! Lw. Bei der Prätoriusschen Fabrik!! Trebbin: Lüdersdorf *Gr.* B. Weißensee *D.* Chaussee auf dem Spandauer Berge!! Witzleben *W. M.* Schmargendorf am Hohlwege!! südlich von Schöneberg *Bl.* Chaussee zwischen Steglitz und Zehlendorf!! an der Anhaltischen Eisenbahn nach Tempelhof hin!! Mariendorf am Wege nach Lankwitz; Marienfelde *D.* K. Rüdersdorfer Kalkberge!! Alt-Landsberg *Gae.* Zossen: Sperenberger Gipsberge!! Wr. An der Büchnitz bei Möglin; am Upstall bei Schulzendorf *Rn.* Fw. Schloßberg!! Nst. sehr häufig, z. B. an der Chaussee nach dem Bahnhof!! zwischen Hohen-Finow und Köthen!!

† C. solstitialis L. Auf Luzerne-Aeckern zuweilen in Menge eingeschleppt, doch stets unbeständig. P. Uetz 1834 *Thaeder* nach *Schp.* B. Bei Weißensee 1858 *Sickenberger*; Tempelhof 1844 *Rn.!*

bis 1846 *Baetke!* K. Rildersdorfer Kalkberge 1854 einzeln!! Bernau: Börnicke 1858 *Kn.* Werneuchen 1841 *Gae.!* Wr. Batzlow 1858 *Kn.!* Nst. Beim Eichwerder 1857 *Bch.!*

213. Lampsana Tourn.

450. L. commúnis L. Schattige Wälder, an Zäunen, Hecken, häufig.

214. Arnóseris Gaertn.

451. A. minima (L.) E. Mey. Sandige, und sandig-lehmige Aecker, zerstreut, meist mit Hypochoeris glabra L. P. Marquard *Schp.!* Zehlendorf!! Sp. Ruhleben *D.* Pichelsberg *Kth.* zwischen Heiligensee und Tegel *Bl* Or. *Gae.* Na. Zwischen der Haltestelle und dem Finkenkrug *W. M.!* Beelitz: Elsholz *Bs.!* Lw. Bei den Ziegeleien *Rt.!* Trebbin: Schulzendorf *Gr.!* B. Friedrichsfelde *D.* Kolonie Hohen-Schönhausen!! zwischen Charlottenburg und dem Spandauer Berg *Winkler*; Schmargendorf!! Schöneberg *Thiele!* jenseit Lichterfelde *Schp.!* südlich von Tempelhof *D.* Alt-Landsberg *Gae.* Zossen: Zwischen Sperenberg und Kummersdorf!! Nst. Beim Rohrpfuhl zwischen dem Eichwerder und Sommerfelde *Bch.*

215. Cichórium Tourn.

452. C. Íntubus L. Wegränder, Hügel, besonders auf Lehmboden in D, nicht selten.

216. Thríncia Rth.

453. T. hirta Rth. Triften, trockne Wiesen, nur A, besonders auf Salzboden, im westlichen Gebiet nicht selten, im übrigen fehlend. Br. Lünow; südwestlich von Weseram *Schr.* Pewesin *Sp.* P. Sanssouci *Schp.!* Baumgartenbrück am Fuße des Heineberges!! Pfauen-Insel!! am Wannsee *R.* Na. Beim Bredower Forsthause!! zwischen der Bredower Forst und der Meierei sehr viel!! beim Selbelanger Jägerhause!! Paulinenau!! Mangelshorst *H. S.* Kremmen: Rhinluch *H.!* Trebbin: Schulzendorf!! B. Wiesen im Friedrichsfelder Park!! Zuweilen auf Grasplätzen ausgesäet, so P. Lustgarten; Wilhelmsplatz *Bch.* B. Lustgarten!! Charlottenburg vor dem Schlosse!! am Schiffsahrtskanal vor dem Anhaltischen Thor!!

217. Leóntodon L.

454. L. auctumnalis L. Trockne Wälder, Hügel, häufig.

455. L. hastilis L. erweitert.

a) hispidus L. (als Art). Trockne Grasplätze, Wälder, Wegränder, nicht selten, z. B. P. Sanssouci *Schp.!* Sp. Pichelsberg *Kth.* Grunewald; Tegel *D.* Or. *Kr.* Na. Zwischen Königshorst und Sandhorst am grünen Damm *H. S.!* Kremmen: Rhinluch *H.!* B. Friedrichshain!! an der Prenzlauer Chaussee!! Jungfernheide; Wilmersdorf *D.* südlich von Schöneberg *Bl.* Kreuzberg *W. M.* Tempelhof; Hasenheide; Johannisthal *D.* K. Rüdersdorfer Kalkberge!! Storkow: Friedersdorf *H.* Nst. *Bch.*

b) hastilis L. (als Art). Wie vorige, viel seltener. B. Friedrichsfelde *Schl.!* Friedrichshain *J.!!* Lankwitz *Thiele!* K. Rüdersdorf *D.*

218. Picris L.

456. P. hieracioides L. Lichte Gebüsche, sehr zerstreut. Na. Beim Bredower Forsthause 1854!! Lindholz im westlichen Theile!! Trebbin: Schulzendorf südwestlich vom Dorfe *Gr.!!* B. Hasenheide 1857 *Tietz!* K. Rüdersdorfer Kalkberge *Bl.* Nst. Karlswerk bei der Sägemühle *Rn.*

† Helminthia Juss.

† H. echioides (L.) Gaertn. Stammt aus Süd-Europa. Nur selten eingeschleppt und unbeständig. Na. An Zäunen *Gr.!* Werneuchen unter Luzerne 1841 *Gae.!*

219. Tragopógon L.

457. T. major Jacq. Hügel, Wegränder, besonders auf Lehmboden in D, zerstreut. P. Kl. Glienicke *Bs.* Sp. *D.* Tegel am See *Bl.* Na. *Gr.* B. Friedrichshain und an der Landsberger Chaussee *J.!!* Weißensee *Kr.* an der Chaussee zwischen Charlottenburg und dem Spandauer Berg; beim Park Birkenwäldchen *Bl.* Schöneberg am Wege nach Tempelhof!! und im Einschnitt der Potsdamer Eisenbahn *W. M.* Kreuzberg in der Lehmgrube bei der Hopfschen Brauerei!! Hasenheide *Kth.* Chaussee zwischen Rixdorf und dem Buschkrug!! Neuer Krug *Bl.* K. Rüdersdorfer Kalkberge *Gr.* Zossen: Sperenberger Gipsberge!! Buckow: Am See *Walter.* Wr. Am Steig nach Möglin *Sch.!* Fw. Weinberg *Rn.* Falkenberg *Bch.* Nst. Kirchhof; Holländer *Bch.*

458. T. pratensis L. Wiesen, Wegränder, häufig.

b) orientalis L. (als Art). Wie die Hauptart, nicht häufig. P. An der Chaussee bei Neu-Geltow!! Na. Jahnberge!! B. Weißensee *W. M.!*

220. Scorzonéra L.

459. S. húmilis L. Kiefernwälder, trockne Wiesen, zerstreut. Sp. Papenberge D. Liebenwalde *Jahn!* Lw. Zinnaer Forst am

Fußsteig nach Felgentreu *Rt.!* B. Jungfernheide südlich vom Kanal, westlich vom Plötzensee!! Hohlweg diesseit des Spandauer Bocks *Bl.* Rudower Wiesen!! Heideland westlich der Chaussee zwischen Treptow und dem Neuen Krug!! K. Forst östlich von Friedrichshagen!! Woltersdorfer Schleuse!! Alt-Landsberg *Gae.* Nst. Im Walde nach Sommerfelde hin *Bch.!!* beim Gesundbrunnen!! Biesenthal an der Eisenbahn am Eingange des Waldes nach Nst. hin *Bch.*

* S. hispánica L. Stammt aus Mitteldeutschland; bei B. hier und da gebaut.

460. S. purpurea L. Sonnige Hügel, trockne Wälder, meist auf Sandboden, zerstreut. Br. Eiskutenberg bei Gr. Kreutz *Schr.!* P. Ruinenberg *Bl.* Mühlenberg *Bs.* Baumgartenbrück auf dem Heineberg!! Sp. Nach Falkenhagen hin *Bl.* Bamberge; Tegel *D.* Na. Grünefeld *Schl.!* langer Berg bei Gr. Bähnitz *Gr.!* B. Jungfernheide östlich vom Plötzensee!! und an der faulen Spree auf den weißen Bergen *W. M.!!* Nst. Beim Kirchhof; Wald nach Sommerfelde hin *Bch.*

† Podospermum D. C.

† P. laciniatum (L.) D. C. An Ackerrändern. Sp. *Schur* 1833! von *Dr. Philippi* entdeckt, später nicht wieder gefunden; schwerlich einheimisch.

221. Hypochoeris L.

461. H. glabra L. Sandige und sandig-lehmige Aecker, nicht selten, z. B. P. Zehlendorf!! Sp. Zwischen Heiligensee und Tegel *Bl.* Dalldorf *Schl.!* Lw. Brand bei Frankenförde *Rt.* B. Lichtenberger Kietz!! Kolonie Hohen-Schönhausen!! Französisch-Buchholz!! Gesundbrunnen *A. Br.!* südlich an der Jungfernheide!! Schmargendorf!! jenseit Lichterfelde *Schp.* Tempelhof *Kth.* K. Woltersdorf!! Zossen: Kummersdorf!! Sperenberg!! Nst. Am Wege nach Britz *Bch.*

462. H. radicata L. Trockne Wälder, Hügel, Wegränder, häufig.

222. Achyróphorus Scop.

463. A. maculatus (L.) Scop. Trockne Wiesen, Laubwälder, sehr zerstreut. Br. Eiskutenberg bei Gr. Kreutz; Trebelberg bei Schmergow sparsam *Schr.* Or. Liebenwalde; Zerpenschleuse *Kr.* Na. Wald westlich vom Sandkrug!! Jahnberge *Rt.!!* B. Rudower Wiesen *Jahn!!* Alt-Landsberg *Gae.*

223. Taráxacum Haller.

464. T. vulgare (Lmk.) Schrk. Wiesen, Wegränder, Grasplätze, sehr gemein.

b) laevigatum Willd. (als Art). Lw. Lindenberg *Th.*

c) paludosum Scop. (als Art). Kurz begraste Stellen, saure Wiesen, nur A, sehr zerstreut. B. Weseram im Langmathenbruch; Pewesin im Lötz *Schr.!* Na. Westlich von Brieselang!! Eiskeller- und Backofenkoppel bei Königshorst *H. S.!* B. Buschkrug *C. Bouché sen.!*

224. Chondrilla Tourn.

465. C. juncea L. Hügel, Wegränder, Sandfelder, nicht selten, z. B. P. Baumgartenbrück; hinter dem Kirchhof *Bs.* Schlachtensee beim Fischerhause!! Sp. Pichelsberg *D.* Papenberge *Thiele!* Na. Weinberg *H. S.!* Trebbin: Schulzendorf *Gr.!* B. Friedrichsfelde *D.* vor dem Landsberger Thor hinter den Kirchhöfen *J.* Wedding *D.* Charlottenburg!! Witzleben *Bl.* Wilmersdorf *D.* Schöneberg im Eisenbahneinschnitt *W. M.* Kreuzberg in den Lehmgruben!! Alt-Landsberg *Gae.* Fw.!! Nst. Am Wege nach dem Bahnhof *Bch.*

b) acanthophylla Borkhausen. Nach *D.* bei P. und B.

225. Lactúca L.

* L. sativa L. Vaterland unbekannt; häufig gebaut und hier und da einzeln verwildert.

466. L. Scariola L. An Wegen, Hügeln, Mauern, zerstreut. P. Am Wannsee diesseit der Friedrich-Wilhelmsbrücke *Schp.!* Na. An der Straße nach Neukammer *C. Schultze*; Selbelanger Brücke; am Lindholz *H.* Trebbin: In Schulzendorf *Gr.!!* B. Weißensee!! Am Kanal in der Nähe der Potsdamer Eisenbahn auf dem südlichen Ufer!! innerhalb der Stadtmauer östlich vom Köpnicker Thor!! Tempelhof am Kirchhof *Bl.* K. Rüdersdorfer Kalkberge *Schl.* Alt-Landsberg *Gae.* Fw. Akazienberg!! Nst. Brunnen; bei der Schleuse; Bleichberg *Bch.* Karlswerk *H.*

b) augustana All. (als Art). Selten. B. Weißensee *Jahn!*

467. L. muralis (L.) Less. Schattige Wälder, Gebüsche, nicht selten, z. B. Sp. Tegel *Kth.* Na. Gr. Bähnitz!! Lw. Elsthal *Rt.!* B. Jungfernheide *Kth.* Thiergarten!! Wilmersdorf *Kth.*

† Mulgédium Cass.

† M. macrophyllum (Willd.) D. C. Zierpflanze aus Nordamerika. Verwildert B. Charlottenburger Schloßgarten!! Noch nicht blühend gefunden.

226. Sonchus L.

468. S. oleraceus L. Aecker, Gärten, Zäune, gemein.

469. S. asper Vill. Wie vorige, weniger häufig. Na. Königshorst *H. S.* B. Wiesenränder vor dem Frankfurter Thor *J.!* Seegerscher Holzplatz *Bl.* am Kurfürstendamm *W. M.!* am Köpnicker Weg, Treptow gegenüber!!

470. S. arvensis L. Wiesen, feuchte Aecker, häufig.

b) laévipes Koch. Weniger häufig als die Art. Br. Pewesin am Lötzkanal *Schr.* Na. Zwischen dem Bredower Forsthause und der Meierei!! B. Wiesen diesseit Boxhagen *J.!* am Köpnicker Weg, Treptow gegenüber!!

227. Crepis L.

471. C. praemorsa (L.) Tausch. Hügel, trockne Laubwälder, selten. Na. Bredower Forst westlich vom Forsthause *R.!* in neuerer Zeit nicht wieder gefunden. K. Rüdersdorfer Kalkberge *Gae.* Nst. Karlswerk *Bch.!*

472. C. biennis L. Wegränder, Hügel, besonders auf Lehm in O, sehr zerstreut. Br. Trift bei Pewesin!! Or. *Kr.* Na. Am Wege nach Gr. Bähnitz!! Lw. An der Nuthe *Rt.!* B. Südlich von Pankow *Garcke*; ob noch jetzt? Charlottenburg gegenüber dem Schloßgarten an der Spree!! Alt-Landsberg *Gae.* Wr. Möglin an der Büchnitz *Sch.!* Nst. An der Chaussee zwischen Sommerfelde und Tornow *Bch.!*

† C. nicaeensis Balb. Grasplätze, sehr selten und nicht beständig. B. Charlottenburg in der Schloßstraße zwischen Arrhenaterum elatius M. u. K., jedenfalls mit französischem Samen eingeschleppt 1857 *A. Br.!!*

473. C. virens Vill. Grasplätze, Gebüsche, nicht selten.

474. C. tectórum L. Aecker, Wegränder, Hügel, gemein.

475. C. paludosa (L.) Mnch. Feuchte Wiesen, Gebüsche, zerstreut. Br. Götz; Pewesin *Schr.* P. Nuthewiesen *Bs.* Sp. Tegel auf Wiesen südlich vom Fließ!! Na. Falkenhagen *Schl.* Kl. Bähnitz!! Kremmen: Rhinluch *H.* Lw. Elsthal!! Frankenförde *Rt.!* B. Wiesen zwischen der Stadtmauer und Boxhagen *J.!* Wiesen nördlich vom Lichtenberger Kietz *J.* Jungfernheide *D.* Schöneberger Busch auf der Westseite *Bl.* Wiesen beim Buschkrug!! K. Glienicke *Gr.!* Alt-Landsberg *Gae.* Wr. Möglin an der Büchnitz; Batzlower Wiese *Rn.* Fw. Papiermühle *Rn.!* Köthen!! Nst. z. B. beim Zainhammer *W. M.*

228. Hierácium Tourn.

476. H. Pilosella L. Sonnige Hügel, trockne Wälder gemein.

477. H. Auricula L. Wiesen, Sumpfränder, zerstreut. Br. Gr. Kreutz *Schr.* P. Sanssouci diesseit des Neuen Palais *Schp.!*

Sp. Grunewald bei der Hundekehle!! Tegel *Kth.* Na. Gr. faule Lake beim Finkenkrug *W. M.!* Lindholz!! Kl. Bähnitz *Schr.* Kremmen: Rhinluch *H.!* Lw. Bei den Frankenförder Büdnergärten und im Brand *Rt.!* Trebbin: Schulzendorf *Gr.!* B. Beim Lichtenberger Kietz *Bl.* Gesundbrunnen *Sanio!* Witzleben!! nordöstlich von Wilmersdorf *W. M.!* diesseit Lichterfelde *W. M.!* an der Spreeheide *W. M.!* K. Rüdersdorf *Kth.* Storkow: Scaby-Luch *H.*

478. H. praealtum Vill. Wiesen, Wegränder, sonnige Hügel, sehr zerstreut. Na. Rhinluch *H.* Trebbin: Südlich von Schulzendorf *Gr.!!* K. Rüdersdorfer Kalkberge am Gipsbruch *Rn.*

b) hirsútum Koch. K. Rüdersdorfer Kalkberge *Bauer!*

479. H. echioides Lumnitzer. Sonnige Hügel, sehr zerstreut. Br. Springberg bei Deetz *Schr.!* Na. Jahnberge *Hertzsch!!* K. Rüdersdorfer Kalkberge *Draeger!* Buckow: Pritzhagen *Walter.* Fw. Weinberg!! Nst. Nieder-Finow *Bch.*

480. H. cymosum L. Sonnige Hügel, selten. Fw. Weinberg *Sch.!* Alaunwerk; Köthen *Rn.*

481. H. collinum Gochnat. Trockne Wiesen, Waldränder, zerstreut. Br. Gr. Kreutz unter dem Eiskutenberge *Schr.* Or. Nach Wensickendorf hin; Kreuzbruch *Rn.!* Na. Brieselang *Bl.* Bredower Forst westlich vom Forsthause!! grüner Damm zwischen Königshorst und Sandhorst *H. S.!* Kremmen: Rhinluch *H.* Trebbin: Schulzendorf *Gr.!* B. Steglitz *Thiele!* K. Beim Kietz *Gr.* Alt-Landsberg *Gae.* Fw. *R.* Nst. Britzer Torfstich; Finowthal; beim alten Wasserfall *Bch.*

482. H. murórum L. Wälder, nicht selten.

483. H. vulgatum Fr. Wälder, weniger häufig. P. Sanssouci *Schp.!* Sp. Grunewald; Pichelswerder; Papenberge *D.* Schulzendorf *Rei.!* Or. *Gae.* B. Wuhlheide *J.!* Jungfernheide *D.* Thiergarten *Bl.* K. Kalkberge *D.* Nst. Jenseit d. Leuenberger Wiesen *Bch.*

b) ramosum W. K. (als Art). B. Spreeheide!!

484. H. boreale Fr. Wälder, Gebüsche, zerstreut. P. Ruinenberg an der Mauer von Sanssouci *Bs.* Sp. Grunewald; Papenberge; Tegel *D.* Or. Germendorf *Gae.* Kremmen: Rüthnick *Rt.!* Na. Wald bei der Haltestelle Finkenkrug!! Lindholz *H. S.!* Lw. Am Wege nach Gottow!! Trebbin: Lenzburg *Gr.!* B. Friedrichsfelde!! Weißensee *D.* Jungfernheide *Rei.* Wilmersdorf *D.* Thiergarten!! Ober-Rixdorf *W. M.!* K. Rüdersdorfer Kalkberge *D.* Alt-Landsberg *Gae.* Fw. *Sch.!* Nst. Schanzenberg; Schützenhaus; Brunnen *Bch.*

485. H. rigidum Hartm. Wie voriges. Br. Lehnin am vordern Kalkofen *Schr.!* P. Brauhausberg *Bs.!* Havelufer nach der Pfauen-Insel hin!! am nördlichen Ufer des Schlachtensees!! Sp. Papenberge *Thiele!* Na. Lindholz!! Trebbin: Scharfenbrücker Forst

Gr.! B. Wuhlheide an der Eisenbahn *J.!* Witzleben *W. M.!* Thiergarten *Thiele!* Fw. Grenzrain bei Sonnenburg *Sch.!*

b) tridentatum Fr. (als Art). Sonnige Hügel, zerstreut. Sp. Südlich vor Pichelsberg!! B. Friedrichshain!!

486. H. umbellatum L. Wälder, Gebüsche, nicht selten, z. B. P. Station Werder!! Havelufer nach der Pfauen-Insel hin!! Sp.; Grunewald *D.* Tegel *Bl.* Na. Lindholz!! Jahnberge *H. S.!* Lw. Elsthal!! B. Friedrichsfelde *W. M.* beim Gasthof zur weißen Taube *J.!* Weißensee!! Schönhauser Park!! zwischen Pankow und Gesundbrunnen!! Jungfernheide *D.* Wiesen beim Kurfürstendamm!! an der Potsdamer Eisenbahn diesseit Schöneberg; an der Anhaltischen Eisenbahn im Einschnitt *W. M.* Rudower Wiesen!! Alt-Landsberg *Gae.*

b) coronopifolium Bernh. (als Art). Selten. Br. Gr. Kreutz *Schr.*

476 × 481. H. Pilosella × collinum*). Wiesen, sehr selten. Nur Alt-Landsberg zwischen dem Bernauer und Strausberger Thor *Gae.!*

50. Familie. Ambrosiaceae Lk.

229. Xánthium Tourn.

487. X. strumarium L. Dorfstraßen, an Zäunen, zerstreut. P. Bornim *Bs.* Geltow *Schp.!* Or. Germendorf *Kn.!* Na. Am südlichen Ausgang der Stadt!! Bredow!! Lw. *Kt.!* Trebbin: Schulzendorf!! Neuendorf!! B. Schöneberg!! K. Rüdersdorf *Gae.* Wernsdorf *Garcke.* Zossen: Kummersdorf!! Sperenberg!! Fw. Alt-Kietz!! Nst. Hausberg bei den Scheunen *Bch.* Biesenthal *A. Br.*

488. X. itálicum Moretti. Feuchte Triften, Flußufer, selten; verschleppt an Wegrändern, Zäunen, zerstreut. B. Am Wege nach Hohen-Schönhausen, kurz hinter seiner Trennung von der Chaussee!! Aecker neben dem Einschnitt der Anhaltischen Eisenbahn dem Kreuzberg gegenüber *W. M.!* außerhalb des Köpnicker Thores!! Am Spreeufer oberhalb des Neuen Kruges!! Fw. Badestelle!! Alt-Kietz *Kn.!* Nst. Nieder-Finow *Kn.* Nur an den gesperrt gedruckten Standorten als einheimisch zu betrachten.

† X. spinosum L. In Süd- und Ost-Europa einheimisch; im Gebiet nur zuweilen, meist mit fremder Wolle eingeschleppt, an Zäunen, Wegrändern, stets unbeständig. Lw. 1855 *Kt.!* B. An der Schöneberger Straße 1857 *Rei.!*

---

*) Nach dem Urtheil von *C. Ritschl.*

Familie Lobeliaceae Juss.

† Lobélia L.

† L. Erinus L. Zierpflanze vom Kap. Zuweilen auf Schutt verwildert.

51. Familie. Campanulaceae Juss.

230. Jasióne L.

489. J. montana L. Trockne Wälder, sonnige Hügel häufig. b) litoralis Fr. Sandhügel, selten. Bisher nur Buckow: Kahler Berg *O. Jaenicke!*

231. Phyteuma L.

490. P. orbiculare L. Trockne Wiesen mit Mergelgrund, sehr selten. T. Niebelhorst; Seggebusch; Kemnitzer Feldmark *P.!*

491. P. spicatum L. Schattige Laubwälder, zerstreut. Na. Brieselang!! Bredower Forst!! Lindholz!! Alt-Landsberg *Gae.* Fw. Brunnen *Bl.* Zieglerberg; Paschenberg *Rn.* Nst. Gesundbrunnen *Bch.!!* an der Schwärze vom Zainhammer bis Spechthausen *Bch.*

232. Campánula L.

492. C. rotundifolia L. Trockne Wälder, sonnige Hügel, gemein.

493. C. bononiensis L. Sonnige Hügel, Gebüsche, sehr zerstreut; auf Kirchhöfen wohl nur verwildert. P. Bornstedt in der Nähe des Amts *Bs.!* und Ruinenberg nach dem Bornstedter See zu *Bs.* an der Chaussee jenseit Geltow *Schp.!* Dr. Kirchhof zu Marwitz *Rn.!* B. Kirchhof zu Rudow *Schp.* Buckow: Pritzhagen *Sch.!* Wr. Metzdorfer Berge; am Upstall *Rn.* (Dornbuschmühle *Sch.!* zwischen Bevay und Schulzendorf rothblühend *Thiele!*) Fw. Grenzgraben bei Sonnenburg *Sch.!* an der Chaussee diesseit Falkenberg *Bch.* Broigsdorf *Rn.* Nst. Karlswerk *Rn.*

494. C. rapunculoides L. Sonnige Hügel, Laubwälder, an Zäunen, zerstreut. Br. Ketzür *Gr.!* Pewesin im Pfarrgarten *Schr.* P. Sanssouci *Schl.* Geltow; Baumgartenbrück *Bs.!* Werder *Schr.* B. Brandenburger Kommunikation *Bl.* Charlottenburger Schloßgarten!! Tempelhof!! jenseit Rixdorf *Kr.* K. Rüdersdorfer Kalkberge!! Alt-Landsberg *Gae.* Buckow: Pritzhagen *Sch.!* Wr. Upstall bei

Schulzendorf *Rn.* Fw. Zieglerberg!! Nst. Schützenhaus: Eichwerder *Bch.* Karlswerk; Hohen-Finow *H.*

495. B. Trachélium L. Laubwälder, Gebüsche, zerstreut. P. Sanssouci *Schp.* Sp. Papenberge; Tegel *D.* Na. Brieselang *W. M.* Bredower Forst!! Lindholz *Schr.* Fasanerie bei Königshorst *H. S.* Unterholz bei Dechtow *H.* Lw. Oberhalb Elsthal!! zwischen Felgentreu und Mehlsdorf *Rt.* B. Park von Friedrichsfelde!! Reinickendorf *D.* Thiergarten einzeln!! K. Tasdorf *Thiele!* Alt-Landsberg *Gae.* Buckow: Pritzhagen *Thiele!* Wr. Metzdorfer Berge *Rn.* Fw. Zieglerberg *R.!!*

496. C. pátula L. Trockne Wiesen, lichte Laubwälder, nicht selten.

497. C. Rapúnculus L. Wegränder, Gebüsche, sehr zerstreut. P. Sanssouci *Schp.!* Sp. Ruhleben *Schl.* B. Weißensee im Dorfe *Schp.!* Fw. Grenzrain bei Alt-Ranft *Sch.!*

498. C. persicifolia L. Trockne Wälder, zerstreut. P. Sanssouci; Brauhausberg *Bs.* Ravensberge *W. M.* Sp. Grunewald; Pichelsberg!! Pichelswerder!! Papenberge *Thiele!* Tegeler Heide *Schp.* Na. Bredower Forst!! Lindholz *H. S.!* Trebbin: Schulzendorf *Gr.!* B. Jungfernheide am Kanal!! Alt-Landsberg *Gae.* Zossen: Südlich von Sperenberg!! Fw. Schloßberg; Köthen *Rn.* Nst. Zwischen dem Schützenhause und dem Brunnen *Bch.*

† C. carpática Jacq. Zierpflanze aus Ungarn. Verwildert P. An der Mauer von Sanssouci nach dem Ruinenberg zu *Bs.!*

499. C. Cervicária L. Trockne Wiesen, sehr selten. Kremmen: Flatowsche und Bechlinsche Wiesen am Rhin *H.!*

500. C. glomerata L. Trockne Laubwälder, Gebüsche, sonnige Hügel, zerstreut. Br. Eiskutenberg bei Gr. Kreutz *Hechel!* Trebelberg bei Schmergow *Schr.!* Pewesin an Rainen nach Weseram hin *Schr.!* Sp. Papenberge; Tegel *D.* Or. Schmachtenhagen *Gae.* Na. Beim Bredower Forsthause!! und im westlichen abgetrennten Theile der Forst!! Stadtforst zwischen dem Weinberg und der Apfelhorst *Gr.* Lindholz im westlichen Theil!! Kremmen: Rhinluch *H.* Trebbin: Schulzendorf *Gr.* westlich von Neuendorf *Gr.!!* B. Tempelhof an der blanken Hölle *Bl.!* Rudower Wiesen *Schp.!!* K. *Gr.* Rüdersdorfer Kalkberge *Bl.* Alt-Landsberg *Gae.* Zossen: Sperenberger Gipsberge!! Wr. Upstall bei Schulzendorf *Rn.* Fw. Broigsdorf *Rn.* Nst. Bei der Mönchsbrücke *Bch.* Karlswerk *Bch.!*

501. C. sibirica L. Sonnige Hügel, zwischen Gebüsch, nur am Oderthal, sehr zerstreut. P. Pfauen-Insel 1854 *Schp.!* jedenfalls zufällig verwildert. Wr. Batzlower Mühle; Metzdorfer Berge; Schulzendorf am Upstall *Rn.* beim Landhof *Sch.!* Fw. Amalienhof *Rn.!* Nst. Karlswerk *Bch.!* Erreicht hier ihre Grenze nach Westen.

† Speculária Heister.

† S. Spéculum (L.) D. C. fil. In Mitteldeutschland einheimisch; bei uns nur zufällig mit fremder Saat eingeschleppt und unbeständig. P. Landes-Baumschule *Schp.* B. Charlottenburg *Rn.!* Britz *K.* Nst. Beim Kirchhof *Bch.!* Auch als Zierpflanze in Gärten; zuweilen an Zäunen einzeln verwildert.

52. Familie. Siphonandrae Klotzsch.

233. Vaccínium L.

502. V. Myrtillus L. Auf mäßig feuchtem, schattigem Waldboden, häufig.

503. V. Vitis Idaea L. Kiefernwälder, zerstreut. Sp. Grunewald *Schp.* Kremmen: Gr. Ziethener Heide *H. S.* Trebbin: Scharfenbrücker Forst *Gr.!* B. Jungfernheide!! K. Nach Friedrichshagen hin *W. M.* Erkner!! Nst. Oberheide *Bch.*

504. V. Oxycoccus L. Torfsümpfe, zerstreut. P. Zehlendorf im krummen Fenn!! Sp. Im Grunewald häufig!! Stadtheide; Papenberge *D.* Lw. Nach Kolzenburg hin *H. S. H.!* B. Jungfernheide!! Witzleben!! Tempelhof am Sumpf östlich der Chaussee nach Marienborf!! Köpnicker Heide *D.* K. Tasdorf *D.* Alt-Landsberg *Gae.* Storkow: Scaby-Luch *H.* Nst. Am großen See *Bch.!!* Biesenthal: Nach Lanke hin *A. Br.*

234. Arctostáphylus Adans.

505. A. uva ursi (L.) Spr. Moosige Kiefernwälder, sehr selten. K. Rahnsdorfer Heide *v. Chamisso.* Biesenthal beim Forsthause Eisenbude *Kr.*

235. Andrómeda L.

506. A. poliifolia L. Torfsümpfe, sehr zerstreut. P. Zehlendorf im krummen Fenn!! Sp. Grunewald von der Hundekehle bis jenseit Paulsborn!! Stadtheide *D.* B. Tempelhof *D.* K. Tasdorf *D.* Storkow: Scaby-Luch *H.!* Biesenthal: In einem Sumpf nördlich vom Wege nach Lanke *A. Br.*

53. Familie. Ericaceae Klotzsch.

236. Callúna Salisbury.

507. C. vulgaris (L.) Salisbury. Trockne Wälder, sonnige Hügel, gemein.

237. Erica L.

508. E. Tetrálix L. An Torfsümpfen, feuchten Waldstellen, selten. Grieben bei Lindow, nahe der nordwestlichen Grenze des Gebiets, *J. Müller.* Na. Gr. Bähnitz 1815 *Walter!* ob noch jetzt? Storkow: Alt-Stansdorf beim Scaby-Luch *H.*

54. Familie. Rhodoraceae Klotzsch.

238. Ledum L.

509. L. palustre L. Torfsümpfe, sehr zerstreut. Sp. Grunewald von der Hundekehle bis gegen den Rhinmeister-See hin!! in einem kleinen Sumpf beim Saugarten!! Cr. Zerpenschleuse *Jahn.* K. Am Teufelssee *Bl.* Tasdorf *D.* Strausberg im Porstbruch *Gae.!* Zossen: Nächst-Neuendorf; Kummersdorf *Gr.* Buckow *Radig.* Fw. Baa-Fenn *Rn.* Nst. Trebnitz *Bch.* Biesenthal: Am Wege nach Lanke *A. Br.!*

55. Familie. Hypopityaceae Klotzsch.

239. Pirola Tourn.

510. P. rotundifolia L. Feuchte, schattige Stellen in Laub- und Kiefernwäldern, sehr zerstreut. P. Geltow *Gr.!* Sp. Grunewald *D.* Papenberge *Thiele!* Tegel nach Schulzendorf hin *A. Br.* B. An der Chaussee diesseit des Artillerie-Schießplatzes *Schp.* K. Tasdorf *D.* Nst. Jenseit Bornemannspfuhl am Wege nach Klobbicke *Bch.!* Biesenthal: Lanke *Schl.*

511. P. chlorantha Sw. Kiefernwälder, sehr zerstreut. Sp. Grunewald *Kth.* Wald südlich von Tegel!! zwischen Tegel und dem Sandkrug *W. M.!* Na. Gr. Bähnitz am Seeufer beim Sandkrug *Schr.* B. Köpnicker Heide *D.* Fw. Bei der Teufelsbrücke *Rn.!!* zwischen Brunow und Leuenberg *Bl.* Nst. Brunnen; bei den Leuenberger Wiesen *Bch.* Pechteich *Kr.* Biesenthal: zwischen der Hellmühle und Lanke *A. Br.*

512. P. minor L. Schattige Laub- und Kiefernwälder, häufiger als die vorigen. P. Chausseehaus an der Beelitzer Straße; Nikolskoe *Bs.* Sp. Zwischen der Hundekehle und dem Schloß Grunewald *Bl.* zwischen Paulsborn und dem Rhinmeister-See!! Stadtheide *D.* bei Tegel!! Lw. Rauchenberge an der Chaussee *Rt.!* B. Friedrichsfelde *D.* Jungfernheide!! Thiergarten in der Nähe des Forsthauses!! Köpnicker Heide *D.* Alt-Landsberg *Gae.* Wr. Metzdorfer Berge *Thiele!* Fw. Bei der Teufelsbrücke *Rn.* Nst. Bei den Lehmgruben; Drehnitz *Bch.* beim Forstgarten *A. v. Chamisso jun.!* Spechthausen *Bl.*

513. P. uniflóra L. Schattige Wälder, an und in Sümpfen, zerstreut. P. Drewitz *Bs.!* Zehlendorf *D.* Sp. Zwischen Paulsborn und dem Rhinmeister-See im und am Sumpf *A. Br.!!* an einem kleinen Sumpf beim Saugarten!! Papenberge *D.* Tegel nordwestlich vom Gasthofe!! Or. Nach Germendorf hin; Strohberge *Rn.!* Zühlsdorfer Heide *Schl.* Na. Beim Finkenkrug!! Gr. Bähnitz *Kr.* B. Jungfernheide *Schl.* K. *Gr.* Alt-Landsberg *Gae.* zwischen dem Heidekrug und Müncheberg *Thiele!* Prötzel hinter dem Park *Kr.* Fw. Zwischen Brunow und Leuenberg *Bl.* Nst. Beim Brunnen; Leuenberger Wiesen; Bornemannspfuhl *Bch.* Biesenthal: Lanke *Schl.*

240. Chimóphila Pursh.

514. C. umbellata (L.) Nutt. Kiefernwälder, zerstreut. Br. Pewesiner Fichten *Sp.* P. Sakrow in der Heide *Bs.* Nikolskoe *Rt.!* Sp. Grunewald *Rn.!* Tegel!! zwischen Hermsdorf und Glienicke *Kr.* Or. Strohberge *Rn.!* Kremmen: Tietzow in der Pfarrheide *N.!* K. *Gr.* Erkner!! Fw. Bei der Teufelsbrücke *Rn.!* Nst. Bornemannspfuhl *Bch.!* Spechthausen *Schl.* Trampe *Kr.* Biesenthal: Zwischen der Hellmühle und Lanke *A. Br.*

241. Ramíschia Opiz.

515. R. secunda (L.) Gke. Kiefern- und gemischte Wälder, nicht selten. P. Pirschheide *Schp.* Brauhausberg; Havelabhänge nach der Pfauen-Insel hin *Bs.* Sp. Grunewald *Bl.* Papenberge *D.* Tegel!! Schulzendorf *Rei.* Na. Stadtforst *Gr.* Sandkrug bei Gr. Bähnitz *H. S.!* B. Jungfernheide!! Thiergarten bei der Fasanerie-Allee!! Köpnicker Heide *D.* K. Erkner!! Alt-Landsberg *Gae.* Fw. Bei der Teufelsbrücke *Rn.* Nst. häufig *Bch.* z. B. beim Brunnen *A. v. Chamisso jun.!* Biesenthal: Zwischen der Hellmühle und Lanke *A. Br.*

242. Monótropa L.

516. M. Hypópitys L. Schattige Wälder, meist unter Kiefern, zerstreut. P. Gladow *Gr.* Pirschheide!! Brauhausberg *Schp.*

beim Jägerhause; an der Griebnitz; Nikolskoe *Bs.* Sp. Bei Paulsborn im Kiefernwalde *Kt.!* Papenberge; Tegel *D.* B. Jungfernheide!! am Eichgestell jenseit Rummelsburg *Schl.!* K. Nach dem Neuen Krug hin *W. M.* bei den Müggelbergen *Bl.* Schöneiche *Gr.!* Erkner!! Wr. Metzdorfer Berge *Rn.* beim Alaunwerk *Rn.* Nst. Bei der Darre *Bch.*

b) glabra Bernh. (als Art). Sehr selten. P. Kl. Glienicke unter Kiefern *Drees!* Brauhausberg *Schp.*

Familie Aquifoliaceae D. C.

* Ilex L.

* I. Aquifolium L. Im Gebiet nicht einheimisch, sondern nur in Parks angepflanzt.

56. Familie. Oleaceae Lindl.

† Ligustrum Tourn.

† L. vulgare L. Im Gebiet wohl nicht einheimisch, sondern nur zu Hecken gepflanzt und zuweilen verwildert. P. Glindower Ziegeleiberge *Schr.* Na. Möthlower Weinberg!! Nst. Zainhammer; an der Schwärze *Bch.*

† Syringa L.

† S. vulgaris L. Häufige Zierpflanze aus Südost-Europa. Verwildert Sp.!! B. Schöneberg in Elsbrüchern *Thiele!*

* S. chinensis L. Häufige Zierpflanze aus Asien.

* S. pérsica L. Zierpflanze aus dem Orient.

243. Fráxinus Tourn.

517. F. excélsior L. Feuchte Laubwälder, selten. Mit Sicherheit nur Na. Fasanerie bei Königshorst *H. S.* Häufig an Straßen, in Parks gepflanzt.

57. Familie. Asclepiadaceae R. Br.

† Asclépias L.

† A. syriaca L. Stammt aus Nordamerika; früher angepflanzt, jetzt verwildert P. Drachenberg *Bs.!*

244. Vincetóxicum Mnch.

518. V. album (Mill.) Aschs. Trockne Wälder, sonnige Hügel, zwischen Gebüschen, zerstreut. P. Am nördlichen Ufer des Glindower Sees!! Wald zwischen dem Pulverhause und dem Forsthause hinter dem Brauhausberg *Bs.!* Sp. Grunewald *D.* Papenberge!! Tegel im Park!! Na. Piepenberge in der Bredower Forst!! Lindholz!! Jahnberge!! B. Jungfernheide besonders östlich vom Plötzensee!! K. Rüdersdorfer Kalkberge *Bl.* Tasdorf *Thiele!* Alt-Landsberg *Gae.* Mittenwalde: Weinberge *H. S. II.!* Zossen: Sperenberger Gipsberge!! Fw. Weinberg!! Schloßberg *Rn.* Paschenberg *Bch.!!* Nst. Kahlenberg *Bch.!* beim großen See *Bch.* Nieder-Finow *Kr.*

58. Familie. Apocynaceae R. Br.

245. Vinca L.

519. V. minor L. Schattige Wälder, sehr selten. Sp. Tegel *D.* K. Rüdersdorf *R.* Buckow *R.* Fw. Zwischen dem Brunnen und dem Baa-See; wohl nur an der letzten Stelle als wild zu betrachten. Häufig in Gärten.

59. Familie. Gentianaceae Juss.

246. Menyanthes L.

520. M. trifoliata L. Sumpfwiesen, Gräben, nicht selten, z. B. P. jenseit des Neuen Palais; an der Nuthe *Bs.* Teltow *Bl.* Sp. Westl. Sumpfrand bei Paulsborn!! Tegel *D.* Or. Birkenwerder *Rei.* Na. Beim Torfstich nördlich vom Lindholz *H. S.* Kremmen: Am Rhin *H.* Lw. Frankenfelde *Rt.* B. Boxhagen; Lichtenberger Kietz *J.* zwischen Französisch-Buchholz und Buch *Kr.* Plötzensee!! an der faulen Spree *W. M.* Schöneberger Fenn *Bl.* Tempelhof *Schp.* jenseit Treptow an der Chaussee!! Köpnicker Weg diesseit des Neuen Kruges *W. M.* K. Woltersdorf *H.* Wr. Katzensee bei Möglin *Rn.* Nst. z. B. beim Eichwerder!! Biesenthal am Wege nach Lanke *A. Br.*

247. Limnánthemum Gmel.

521. L. nymphaeoides (L.) Lk. Stehende und langsam fließende Gewässer, selten. Bisher nur Sp. An der Südseite von Pichelswerder!! seit 1852 bemerkt; vielleicht nur durch Zufall eingeschleppt, jetzt aber sehr zahlreich.

Swertia L.

S. perennis L. Torfsümpfe, sehr selten und zweifelhaft. Kremmen: Bei der Hackenberger Rhin-Stauarche von *H.* nur einmal in wenigen Exemplaren gefunden, später vergebens gesucht.

248. Gentiána L.

522. G. Pneumonanthe L. Mäßig feuchte Wiesen, im westlichen Gebiet häufig, im östlichen fast fehlend. Br. Pewesin *Sp.* P. Kuhfort *Bs.!* zwischen Bornim und Marquard *Schp.* Sp.; Papenberge; Heiligensee; Tegel *D.* Dalldorf *Schl.!* Na. Lietzow *Gr.* beim Selbelanger Jägerhause!! Königshorst in der Kirchenkoppel *H. S.!* Rüthnick *Rt.!* Lw. Frankenförde *Rt.!* Kremmen: Rhinluch *H.* Trebbin: Ahrensdorf *Gr.!* B. Wiese vor dem Frankfurter Thor *D.* Friedrichsfelde *Jochmann!* Französisch-Buchholz *D.* nördlich von Reinickendorf!! zwischen der Jungfernheide und Charlottenburg *Schp.!* Rudower Wiesen!! Alt-Landsberg *Gae.*

523. G. verna L. Trockne Wiesen, sehr selten. Bisher nur: B. Französisch-Buchholz nach Buch hin!! zuerst von *C. Hoffmann* 1838 entdeckt.

524. G. campestris L. Trockne Wiesen, selten. Na. Am südlichen Rande der Bredower Forst 1832 *Dr. Klotzsch!* zwischen Berge und dem Sandkrug und zwischen dem Sandkrug und Gr. Bähnitz *Gr.!*

525. G. Amarella L. Mäßig feuchte Wiesen, besonders an Maulwurfshaufen, zerstreut. Br. Pewesin südlich vom Kanal *Schr.* Wachow *C. Schultze.* P. Jenseit des Neuen Palais *Bs.!* zwischen Bornim und Marquard *Weiland!* Na. Beim Bredower Forsthause!! Berge *Philippi*; beim Selbelanger Jägerhause!! Pessin östlich vom Wege nach Paulinenau *Rt.!* Buschower Mittelwiese *Schr.* Königshorst: Eiskeller- und Schmiedekoppel *H. S.!* Kremmen: Rhinluch *H.* Trebbin: Wiesen bei Schulzendorf, auch weißblühend *Gr.!* B. Zwischen Rummelsburg und dem Hammelstall *Kr.* Französisch-Buchholz *D.* Wiesen am Wege zwischen Rixdorf und Ober-Rixdorf!! Rudower Wiesen!! Storkow: Scabby-Luch am westlichen Rande *H.!* Wr. Berge beim Spring *Sch.!*

249. Erythraea Renealm.

526. E. Centaúrium (L.) Pers. Feuchte Waldstellen, Wiesen, Wegränder, häufig, z. B. P. Jenseit des Neuen Palais *Bs.* Sp.; Heiligensee; Tegel *D.* Lw. Ziegeleien *Rt.!* Lindhorst!! B. Hegemeister!! Fuchsberge!! diesseit Französisch-Buchholz *Schp.* Gesundbrunnen!! Reinickendorf; zwischen Moabit und Charlottenburg *W. M.*

Steglitz *Bl.* Tempelhof!! Mariendorf *Jochmann!* Rudower Wiesen!! Alt-Landsberg *Gae.* Wr. Am Katzensee bei Möglin; Upstall bei Schulzendorf *Rn.* Nst. z. B. großer Schlangenpfuhl *Bch.!*

527. E. linariaefolia (Lmk.) Pers. Mäßig feuchte, besonders salzhaltige Wiesen und Triften, Gräben, sehr zerstreut im westlichen Gebiet. Br. Pewesin: Lötzwiesen südlich vom Kanal *Schr.!* P. Zwischen dem Neuen Palais und Kuhfort *Bs.!* Na. Bei Paulinenau, besonders in Gräben viel!! Gr. Bähnitz *Thiele!* Mangelshorst *H. S.!* Linumer Hütung *H.!* B. Rudower Wiesen einzeln!!

528. E. pulchella (Sw.) Fr. Triften, Gräben, feuchte Stellen, gerne auf Salzboden, zerstreut. P. Hinter dem Neuen Palais *Bs.!* Geltow *Schp.!* Nuthewiesen *Bs.* Sp. Pichelsberg *D.* Na. Am Wege zwischen dem Bredower Forsthause und der Meierei, und zwischen dem Forsthause und Zeestow!! beim Selbelanger Jägerhause!! Mangelshorst; Ribbecksborst *H. S.!* T. Niebelhorst *P.* Lw. Brand bei Frankenförde *Rt.!* Trebbin: Schulzendorf *Gr.!* B. Kolonie Hohen-Schönhausen *Rach!* Reinickendorf; zwischen Charlottenburg und der Jungfernheide; Wiesen südlich von Charlottenburg *D.* Schöneberg *Thiele!* westlich von Tempelhof *Schp.* K. Rüdersdorf *Kth.* Zossen *Gr.* Wr. Batzlower Wiese *Rn.* Nst. Am Kanal *Bch.!*

Familie Polemoniaceae Lindl.

† Polemónium Tourn.

† P. coeruleum L. Im Gebiet nicht einheimisch, sondern nur häufig als Zierpflanze in Gärten. Verwildert z. B. B. Beim Hofjäger!!

60. Familie. Convolvulaceae Juss.

250. Convólvulus L.

* C. tricolor L. Zierpflanze aus Süd-Europa.

529. C. sepium L. Feuchte Gebüsche, Hecken, häufig.

* C. davúricus Sims. Zierpflanze aus Sibirien.

530. C. arvensis L. Aecker, Wegränder, gemein.

b) auriculatus Desr. Auf steinigem Boden, nicht häufig. Auf dem Pflaster des Leipziger Platzes *Bl.!!* Schöneberg bei der Kirche *Bl.*

† Pharbitis Choisy.

† P. purpurea (Lmk.) Aschs. Häufige Zierpflanze aus dem tropischen Amerika. Zuweilen auf Schutt u. s. w. verwildert.

251. Cuscúta Tourn.

531. C. europaea L. In Gebüschen, meist auf Weiden, Urtica dioeca L. und anderen hohen Pflanzen, selten auf niedrigen Kräutern. Häufig, z. B. P. Beim Neuen Palais *Bs.* Sp. *D.* Pichelsberg *Schp.* Na. Bredower Forst!! Trebbin: Schulzendorf *Gr.!* B. An der Chaussee nach Stralau!! an der Chaussee vor Friedrichsfelde *J.!* Reinickendorf *D.* Gebüsche bei der Moabiter Brücke!! beim Park-Birkenwäldchen!! bei Moritzhof *W. M.* im Thiergarten!! Wilmersdorf *Schl.* Wr. Upstall bei Schulzendorf; Möglin auf Lupinen *Kn.* Nst. Eichwerder *Bch.*

532. C. Epithymum L. Sonnige Hügel, trockne Wälder und Wiesen, zerstreut. Br. Eiskutenberg bei Gr. Kreutz *Schr.* P. Sanssouci unter den Eichen *Schp.!* Baumgartenbrück *Bs.* zwischen Neu-Zehlendorf und dem Walde *Kr.* Sp. Heiligensee *D.* Na. Lindholz!! Jahnberge!! Trebbin: Lehrerwiese bei Schulzendorf *Gr.!* B. Fuchsberge *Lessing!* Jungfernheide *Schl.* Steglitz bei der Schäferei *Bl.* Rauhe Berge bei Lankwitz *W. M!* Rudower Wiesen!!

533. C. Epilinum Weihe. Auf Flachs, sehr zerstreut. Na. Falkenhagen *D.* Beelitz: Wittbrietzen *Rn.!* Kanin *Rt.!* B. Friedrichsfelde *D.* Reinickendorf 1857 *A. Br.!* Schöneberg *D.* Rudower Wiesen *Schp.!* Nst. *Bch.*

† C. lupuliformis Krocker. Weidengebüsche. Nur B. Schöneberger Busch *Radecke!* in Folge früherer Aussaat. Ob noch jetzt? (Nahe der östlichen Grenze Wr. An der alten Oder bei Alt-Medewitz *Sch.!*)

61. Familie. Boraginaceae Desv.

† Heliotrópium L.

† H. europaeum L. Aecker, sehr selten. P. Bornim von *Schoen!* einmal in Menge gefunden, später nicht wieder. Jedenfalls aus Süddeutschland eingeschleppt.

252. Asperúgo Tourn.

534. A. procumbens L. An Hecken, Zäunen, Wegrändern, zerstreut. P. Sanssouci beim alten Orangeriehause!! Brauhausberg *Dr. Torges!* Pfauen-Insel *Vockel* Gröben *Hempel.* Sp. Bei der

Citadelle *R. Hartmann!* Tegel *Schl.* Na Königshorst an der Nordseite *H. S.!* B. An der Stadtmauer außerhalb des Stralauer Thors *J.!* an der Straße vom Frankfurter Thor nach Rummelsburg *J.!* an der Chaussee diesseit des Weißenseer Chausseehauses *Rt.!!* Pankow; Reinickendorf *D.* Charlottenburg in der Scharrnstraße *W. M.!!* Brandenburger Kommunikation *Bl.* Schöneberg an der Nordseite des botanischen Gartens!! Rixdorf *Bl.* K. Rahnsdorf *Kr.* Alt-Landsberg!! Fw. *Bl.* Nst. Chaussee bei der Scharfrichterei *Bch.*

253. Echinospermum Sw.

535. E. Láppula (L.) Lehm. An Zäunen, Mauern, Wegrändern, sehr zerstreut. P. Jägerschießstände *Bs.!* Na. An den Scheunen vor dem Ruppiner Thor *Gr.!* B. Biesdorf *D.* Weißensee *Kth.* Tempelhof; Rollberge *D.* K. Rüdersdorfer Kalkberge *A. Br.!* Tasdorf *Schl.* Fw. Am Damm nach dem Fährkrug *Kn.* Chaussee über Falkenberg *Bch.* Nst. Beim Oberberger Chausseehause *Bch.!* Kahlenberg *Bch.*

254. Cynoglossum L.

536. C. officinale L. Wüste Stellen, Dorfstraßen, Zäune, Waldschläge, nicht selten, z. B. Br. Pewesin am Kanal!! P. Ruinenberg *Bs.* Wildparkstation *W. M.* Baumgartenbrück!! Teltow *W. M.* Sp. Bei der Hundekehle!! Pichelsberg!! Tegel *Kth.* Na. Brieselang *Thiele!* Königshorst *H. S.* Lw. *Rt.* B. Rummelsburg *Schp.* Landsberger Chaussee! Weißensee; Jungfernheide *Kth.* beim Park Birkenwäldchen *W. M.* Britz *Bl.* K. Woltersdorfer Schleuse!! Nst. Beim Zainhammer *W. M.*

† Omphalódes Tourn.

† O. verna Mnch. Zierpflanze aus Süddeutschland. Verwildert B. Friedrichsfelder Park!!

† O. linifolia (L.) Mnch. Zierpflanze aus Süd-Europa, zuweilen auf Schutt einzeln verwildert.

† Borágo Tourn.

† B. officinalis L. In Asien einheimisch; bei uns zuweilen als Zierpflanze, seltener zum Küchengebrauch gebaut, in und an Gärten öfter verwildert, doch meist unbeständig.

255. Anchúsa L.

537. A. officinalis L. Sandfelder, dürre Hügel, Wegränder, häufig. Weißblühend Kremmen: Rüthnick *Muss!*

538. A. arvensis (L.) M. B. Aecker, Wegränder, nicht selten.

256. Sýmphytum L.

• 539. S. officinale L. An Gräben, auf nassen Wiesen, in feuchten Gebüschen, häufig.

257. Échium Tourn.

540. E. vulgare L. Sandfelder, sonnige Hügel, trockne Wälder, gemein. Mit fleischrother Blüthe B. Fuchsberge *Bl.* Weißblühend B. Fuchsberge!! Charlottenburg, dem Schloßgarten gegenüber!!

† E. violaceum L. In Süd-Europa einheimisch. Bisher nur einmal P. Zehlendorf unter Ornithopus sativus Brotero 1858!! eingeschleppt gefunden.

258. Pulmonária Tourn.

541. P. officinalis L. Schattige Laubwälder, zerstreut. Na. Brieselang!! Bredower Forst!! Lindholz *H.* Fasanerie bei Königshorst *H. S.!!* Unterholz bei Dechtow *H.* B. Französisch-Buchholz *D.* Alt-Landsberg *Gae.* Fürstenwalde: Steinhöfel *Hl.!* Wr. Metzdorfer Berge *Schl.* Fw. Hammerthal *Kn.* Zieglerberg!! Nst. Eichwerder!! am Abhange zwischen dem Schützenhause und dem Brunnen!! Spechthausen *Bch.* Biesenthal: Park von Lanke *A. Br.*

542. P. angustifolia L. Sonnige, lichte Stellen in Laubwäldern, sehr selten. Na. Beim Bredower Forsthause!! K. Rüdersdorfer Kalkberge *Cruse* (neuerdings nicht gefunden).

259. Lithospermum Tourn.

543. L. officinale L. Gesträuch, besonders auf sonnigen Hügeln, sehr zerstreut. Br. Pewesin am Lötzkanal westlich der Brücke *Schr.!!* Na. Zwischen Rohrbeck und Döberitz *Bs.!* K. Rüdersdorfer Kalkberge!! Fw. Belvedereberg *Sch.!*

544. L. arvense L. Aecker, Wegränder, Hügel, gemein. Blaublühend: Sp. Hasselhorst *W. M.* B. Aecker bei den Fuchsbergen *A. Br.!!* beim Park Birkenwäldchen!! Fw. Südabhang des Schloßberges *Kn.!*

260. Myosótis L.

545. M. palustris (L.) With. Sumpfwiesen, Ufer, häufig. Weißblühend: Na. Kl. Bähnitz *Thiele!*

b) hirsúta A. Br. An Ufern größerer Gewässer, nicht häufig. Sp. Pichelsberg *Schl.!*

546. M. caespitosa Schultz. Sumpfränder, ausgetrocknete Gräben, zerstreut. P. Am Havelufer, Werder gegenüber; Baumgar-

tenbrück *D.* Sp. *D.* B. Weißensee an den Pfühlen häufig!! Jungfernheide östlich vom Pfefferluch *Rei.!* nördlich von Wilmersdorf *Thiele!* Tempelhof!! Fw. *Schl.* Nst. Leuenberger Wiesen *Bch.*

547. M. stricta Lk. Aecker, sonnige Hügel, häufig.

548. M. versicolor (Pers.) Sm. Etwas feuchte Grasplätze, Ackerränder, zerstreut. Br. Werder bei Ketzür *Schr.* Sp. *D.* bei der Hundekehle *Schp.* B. Seegerscher Holzplatz *Bl.* beim hohlen See *W. M.* Lankwitz *Thiele!* Buckow: Pritzhagen *Thiele!* Fw. *Schl.*

† M. silvática (Ehrh.) Hoffm.

b) alpestris Schmidt. (als Art). Im Gebiete nicht wild gefunden; häufige Zierpflanze, zuweilen einzeln verwildert, so B. Thiergarten!!

c) lactea v. Boenninghausen (als Art). Ebenfalls angepflanzt.

549. M. hispida Schlechtendal sen. Trockne Wälder, Grasplätze, Wegränder, zerstreut. P. Sanssouci *Weiland!* westlich vom Neuen Palais!! Sp. *Schl.* Grunewald am Teufelsfenn *Sanio!* bei Paulsborn *W. M.* Na. Bredower Forst!! Kremmen: Kirchhof zu Tietzow!! B. Friedrichsfelde *D.* zwischen Pankow und dem Schönhauser Park!! Thiergarten unweit des Brandenburger Thors *Bl.* nördlich am zoologischen Garten *Bl.!!* Tempelhof *D.* K. Woltersdorf *D.* Fw. *Schl.* Nst. An der Chaussee nach dem Kirchhofe *Bch.!*

550. M. intermedia Lk. Schattige Wälder, Gebüsche, Wegränder, nicht selten.

551. M. sparsiflóra Mikan. Schattige Laubwälder, selten. P. Neuer Garten *Weiland! Bs.!* Fw. Beim Baa-See *Rn.!* Tränke beim rothen Land *Rn.* bei der Dampfmühle *Rn.!* Selten verwildert, so B. Schöneberg *Bl.!*

62. Familie. Solanaceae Juss.

† Lýcium L.

† L. bárbarum L. Zierstrauch aus Nordafrika. Sehr häufig zu Hecken angepflanzt und zuweilen halb wild.

261. Solánum L.

552. S. nigrum L. Dorfstraßen, Wegränder, Schutt, Gartenland, gemein.

b) chlorocarpum Spenner (als Art). Mit der Hauptart, zerstreut. B. Weißensee!! am Zellengefängniß *Körnicke!* Schöneberg; Johannisthal *A. Br.* Biesenthal *A. Br.*

c) húmile Bernh. (als Art)*). Wie voriges, zerstreut Sp. Ruhleben *Bauer!* B. Friedrichsfelde!! Weißensee!! Tempelhof *Bauer.* Britz *Körnicke!* Fw. Alaunwerk *Rn.!*

d) memphiticum Martius (als Art). Selten. B. Treptow *A. Br.*

553. S. villosum (L.) Lmk. Nur

b) alatum Mnch. (als Art). Aecker, sehr selten. Nur B. Britz 1839 *Drueger!*

554. S. Dulcamára L. Feuchte Gebüsche, Sumpfränder, häufig.

* S. tuberosum L. Stammt aus Südamerika. Ueberall angebaut.

* Lycopérsicum Tourn.

* L. esculentum Mill. Stammt aus dem tropischen Amerika. Im Gebiet zuweilen als Zierpflanze und der Frucht wegen kultivirt.

† Phýsalis L.

† P. Alkekengi L. Im Gebiet nicht einheimisch, sondern nur in Gärten gezogen und in und an denselben zuweilen verwildert. Br. Weseram *Gr.* Na. sparsam *Gr.* Nst. Im Schultzschen Garten in Menge verwildert *Bch.!!*

† Nicandra Adans.

† N. physaloides (L.) Gaertn. Zierpflanze aus Südamerika, in Gartenland, an Zäunen, auf Schutt zuweilen verwildert, doch meist unbeständig. P. Bornstedt *Bs.!* Beelitz: Wittbrietzen *Rn.* Trebbin: Schulzendorf *Gr.!* B. Schöneberg *Rn.!* am zoologischen Garten 1853 *Caspary.* Fw. Brunnen; Alaunwerk *Rn.*

262. Hyoscýamus Tourn.

555. H. niger L. Dorfstraßen, an Zäunen, nicht selten, z. B. Br. Pewesin am Lötzkanal!! P. Neblitz; Bornstedt; Geltow *Bs.* Teltow *Bl.* Zehlendorf *Ascherson sen.!* Na. Königshorst *H. S.* Lw. Schöneweide!! Trebbin: Schulzendorf!! B. Friedrichsfelde; Wilmersdorf; Steglitz *Schl.* Schöneberg am südlichen Ende *W. M.* Tempelhof *Rei.* Alt-Landsberg!! Nst. Beim Spittel; Sommerfelde *Bch.*

b) agrestis Kit. (als Art). Wie die Hauptart, sehr zer-

---

*) Wahrscheinlich S. villosum der früheren Berliner Floristen.

streut. B. Schöneberg 1857 *A. Br.* K. Woltersdorf; Alter Grund *A. Br.!*

c) pállidus Kit. Wie die Hauptart, sehr zerstreut, wohl nur verwildert. B. Grasplätze bei der Universität!! Schöneberg einzeln!!

* Nicotiána L.

* N. Tabácum L. In Nordamerika einheimisch; im Gebiet nur an wenigen Stellen im Großen gebaut: Na. Bei Mangelshorst. Lw. Bei Felgentreu. Sonst nur vereinzelt; dagegen viel außerhalb der nordwestlichen Gebietsgrenze bei Fw., Oderberg u. s. w.

† N. rústica L. Stammt aus Brasilien; hier nicht gebaut, sondern nur zuweilen auf Schutt und als Gartenunkraut. So Na. *Gr.!* Mangelshorst *H. S.*

† Datúra L.

† D. Strammónium L. Aus Vorder-Asien, seit den letzten Jahren des 16ten Jahrhunderts eingewandert; jetzt in Dorfstraßen, im Gartenlande, auf Schutt, nicht selten, z. B. P. Neblitz; Bornstedt *Bs.* Sp. Ruhleben *W. M.* Pichelsdorf *Kth.* Na. Königshorst *H. S.* Lw. Lindenberg *Th.* Gottow!! B. Friedrichsfelde *Kth.* Weissensee!! Wilmersdorf; Steglitz *Kth.* Schöneberg am südlichen Ende *W. M.* Tempelhof *Rei.* Buschkrug!! Buckow!! K. Woltersdorf!!

b) Tátula L. (als Art). In Gärten zuweilen verwildert. B. Charlottenburger Schloßgarten 1858 *W. M.*

63. Familie. Scrophulariaceae R. Br.

263. Verbascum L.

556. V. Thapsus L. Sandfelder, sonnige Hügel, sehr zerstreut. Sp. *R.* Alt-Landsberg *Gae.!* Zwischen dem Heidekrug und Buckow *R.* Müncheberg *Radig.* Nst. An der Schwärze beim Zainhammer *Bch.*

557. V. thapsiforme Schrad. Wie voriges, häufig, z. B. Br. Gr. Kreutz *Schr.* P. Ruinenberg *Bs.* Sp. Ruhleben *Kth.* Trebbin: Schulzendorf *Gr.!* B. Kolonie Hohen-Schönhausen!! Weissensee!! Wedding *Schl.* vor der Jungfernheide!! Charlottenburg *Schl.* südlich von Schöneberg *Bl.* Alt-Landsberg *Gae.* Fürstenwalde: Buchholz *F. Ascherson!* Nst. Beim Bahnhof!!

558. V. Lychnitis L. Wie voriges, nicht selten. Br. Gr. Kreutz *Schr.* P. Pfauen-Insel!! Teltow *W. M.* Sp. *D.* Pichelsberg; Pichelswerder *Bl.* Na. Bredower Forst!! B. Bei der Scharf-

richterei!! Weiße Berge bei d. faulen Spree *W. M.* Schöneberg bei d. Kirche *Schp.* am südl. Ende des Dorfes!! Tempelhof *Rei.* K. Tasdorf *Schl.!* Alt-Landsberg *Gae.* Nst. Mönchsbrücke; Bleichberg *Bch.*

559. V. nigrum L. Gebüsche, Wegränder, häufig, z. B. Br. Gr. Kreutz; Weseram *Schr.* P. Ruinenberg; Bornstedt *Bs.* Teltow *W. M.* Sp. Grunewald; Pichelsberg *Kth.* Na. Brieselang *Rei.* B. Friedrichsfelde *J.!* Friedrichshain *J.* Weißensee; Charlottenburg; Steglitz *Kth.* Wilmersdorf *Bl.* Tempelhof *Schp.* Buckow *W. M.!* Neuer Krug!! Alt-Landsberg!! Wr. Büchnitz bei Möglin; Upstall bei Schulzendorf *Kn.* Nst. Drachenkopf; Oderberger Chaussee *Bch.*

† V. phoeniceum L. Im Gebiet nicht einheimisch, sondern nur selten als Zierpflanze und zuweilen verwildert. P. Ruinenberg *Krumbholz*; Pfauen-Insel *Vocke.* B. Bei der Scharfrichterei *v. Müffling* 1855!

† V. Blattária L. Wie voriges. Nur P. Neuer Garten *Bs.!*

557 × 558. V. thapsiforme × Lychnitis. Mit den Eltern, sehr zerstreut. Br. Deetz unterhalb des Mühlenberges *Schr.!* B. Bei der Scharfrichterei 1853 *A. Br.!*

† Célsia L.

† C. Barnadesii (Vahl.) G. Don. Seltenere Zierpflanze aus Spanien; verwildert B. Seegerscher Holzplatz 1857 *Bl.!*

264. Scrophulária Tourn.

560. S. nodosa L. Gebüsche, Wälder, Hügel, häufig.

561. S. alata Gil. An Gräben, Bächen, zerstreut. P. Sanssouci *Bs.* Römerschanze *Bl.* Kl. Machenow *W. M.* Sp. *D.* Grunewald *Bl.* Heiligensee; Tegel *D.* B. Bei den Fuchsbergen *Rei.!* Französisch-Buchholz an der Panke!! zwischen Pankow und dem Gesundbrunnen!! Reinickendorf; Jungfernheide *D* Bellevue *Bl.* zw. d. Buschkrug und Ober-Rixdorf!! K. Tasdorf *D.* Wr. Metzdorfer Berge *Kn.* Nst. Leuenberger Wiesen; Brunnen; an der Schwärze *Bch.*

† S. vernalis L Stammt aus Süddeutschland; in und an Gärten zuweilen verwildert, doch meist unbeständig. P. Pfauen-Insel *Vocke.* B. Park von Französisch-Buchholz *Tittelbach* 1852!! Schöneberg am Instituts- *Schp.!!* und botanischen Garten *W. M.*

265. Gratíola L.

562. G. officinalis L. Feuchte Wiesen, an Sümpfen, besonders A, zerstreut. Br. Pewesin am Kanal!! P. Am heiligen See *Gr.* Sanssouci; Tornow *Bs.* Ruthewiesen *Bs.!* am Schlachtensee *Gr.* Sp. Havelufer bei Pichelsberg!! Papenberge *D.* B. Wiesen vor dem Frankfurter Thor *J.!* Stralau; Weißensee *D.* Charlot-

tenburg *Bl.* Wilmersdorf *D.* am Hauptgraben östlich der Potsdamer Eisenbahn *W. M.!!* Lankwitz an der krummen Lanke *Bl.* Tempelhof an mehreren Pfühlen!! Rudower Wiesen; Treptow *D.* K. Friedrichshagen am Ausfluß der Spree aus dem Müggelsee *Jahn.* Wr. Upstall bei Schulzendorf *Rn.* Fw. Chausseegraben beim Alaunwerk *Rn.* Nst. Weidendamm *Bch.!*

266. Digitális Tourn.

† D. purpurea L. Häufige Zierpflanze aus Mitteldeutschland. Verwildert: Lw. Bei der Prätoriusschen Fabrik!! B. Beim Hofjäger!!

563. D. ambigua Murr. Sonnige Gebüsche in Laubwäldern, selten. Dr. Zerpenschleuse *Kr.* Na. Beim Bredower Forsthause!! Nst. Sommerfelde *Kirchner.* Chorin *H.*

267. Antirrhínum L.

* A. majus L. ex p. Häufige Zierpflanze aus Süddeutschland.

564. A. Oróntium L. Lehmäcker, sehr zerstreut. Sp. *R.* Na. Kl. Bähnitz *Gr.!* B. Weißensee *Schl.* östlich von Schmargendorf *W. M.!* Tempelhof 1814 *R.!* (seitdem, wie es scheint, nicht wieder). Zossen: Kummersdorf *Rt.!* Buckow: Pritzhagen *Walter.* Fw. Alaunwerk bei der Hütte *Rn.*

268. Linária Tourn.

† L. Cymbalária (L.) Mill. Zierpflanze aus Süddeutschland, hier und da an Mauern verwildert. P. Ufermauer an der Ostseite des Lustgartens *Bs.!* und am Kanal vor dem Königlichen Militair-Waisenhause *Bs.* Na. Königshorst am Amthause *H. S.!* B. Ufermauer bei den Welperschen Bädern an der Friedrichsbrücke *Helmrich!!* Nst. Karlswerk *Rn.*

565. L. Elátine (L.) Mill. Aecker mit Lehm- und Mergelboden, sehr zerstreut. Br. Pewesin: Stammenden neben der Trift *Schr.!* Na. Königshorst: Beckers Nachtkoppel *H. S.!* T. Niebelhorst *P.* Lw. Brand bei Frankenförde *Rt.!* Trebbin: Aecker südlich von Schulzendorf *Gr.!!* Mittenwalde *Schoen.*

566. L. minor (L.) Desf. Aecker mit Lehm- und sandigem Lehmboden, Gartenland, Mauern, zerstreut. Br. Stammenden bei der Trift *Schr.!* P. Treppe des Neuen Palais *Bs.* Feigenmauer *Schp.!* Trebbin: Schulzendorf *Gr.!* B. Lange Brücke; Schloß *D.* Gießhaus *Helmrich!!* Treppe der katholischen Kirche *Helmrich*; an der Königl. Bibliothek 1851!! Pankow *D.* Charlottenburger Schloßgarten einzeln 1858 *W. M.!* K. Am Schloß; Rüdersdorf *D.* Zos-

sen: Kummersdorf nach Sperenberg hin!! südlich von Sperenberg!! Pritzhagen *Thiele!* Nst. In Gärten *Bch.!*

† L. bipartita (Vent.) Willd. Zierpflanze aus Nordafrika. Zuweilen in Gärten und an Zäunen verwildert. Dr. Zehlendorf *Rn.!* Na. Amtsgarten bei Königshorst *H. S.!* B. Witzleben *Tietz!*

567. L. arvensis (L.) Desf. ex p. Aecker mit sandigem Lehmboden, wohl nur D, zerstreut. P. Zehlendorf!! Beelitz: Wittbrietzen *Rn.!* Trebbin: Schulzendorf *Gr.!* B. Schmargendorf *D.* zwischen Wilmersdorf und Schöneberg!! Aecker östlich von Schöneberg *Radecke!* Steglitz *D.* zwischen dem Kreuzberg und Tempelhof einzeln!! südlich von Tempelhof *D.* Zossen: Zwischen Kummersdorf und Sperenberg!! Müncheberg: Hoppegarten *Jahn.*

568. L. vulgaris Mill. Trockne Wälder, Grasplätze, Wegränder, Brachfelder, gemein.

† Mimulus L.

† M. luteus L. Zierpflanze aus Nordamerika, zuweilen an Ufern völlig verwildert. P. Am rechten Havelufer oberhalb Baumgartenbrück *Sanio!* Lw. Am rechten Nutheufer am Steige nach Kolzenburg *Rt.!!*

269. Verónica L.

569. V. scutellata L. Sumpfränder, Gräben, nicht selten, z. B. P. Tornow; Ablage *Bs.* am Wannsee *W. M.* Sp. Grunewald am Rhinmeister-See *Schp.* Pichelsberg; Tegel *Kth.* Na. Brieselang bei der Königseiche *W. M.* Kremmen: Rhinluch *H.!* Lw. Renneberge *Rt.!* Trebbin: Schulzendorf *Gr.!* B. Weißensee an mehreren Pfühlen!! Gesundbrunnen *Kth.* Chausseegraben diesseit Reinickendorf!! Jungfernheide *Kth.* Schöneberg *Thiele!* Tempelhof!! Storkow: Scaby-Luch *H.* Nst. Badeanstalt; Leuenberger Wiesen *Bch.*

570. V. Anagallis L. Wie vorige, häufig, z. B. Sp. Tegel *Kth.* Dr. Lehnitz *Schl.* Na. Königshorst *H. S.* Lw. Bei den Renneberg en *Rt.* Trebbin: Schulzendorf *Gr.!* B. Gräben vor dem Frankfurter Thor bis Boxhagen!! zwischen Schönhausen und dem Gesundbrunnen an der Panke!! Jungfernheide *W. M.* Witzleben *Bl.* Wilmersdorf *Thiele!* Wiesengräben westlich der Potsdamer Straße!! Rudower Wiesen *Bl.* Treptow *Kth.* Nst. Weidendamm *Bch.*

571. V. Beccabunga L. Gräben, Bäche, Quellen, selten. P. Tornow; Ablage; Ravensberge an der Quelle; Bergholz *Bs.* Sp. Am Grunewaldsee!! Tegel *Kth.* Na. Finkenkrug *Rei.* Lw. Schöneweide!! Trebbin: Schulzendorf *Gr.!* B. Rummelsburg am Markgrafendamm *W. M.* Gesundbrunen; Jungfernheide *Kth.* Wilmersdorf *Thiele!* am Schöneberger Busch *Bl.* südöstlich von Rixdorf!!

nördlich vom Buschkrug!! K. Woltersdorfer Schleuse *W. M.!* Tasdorf *Kth.* Alt-Landsberg *Gae.* Fw. *Schl.* Nst. Nach dem Eichwerder hin!! Spechthausen *Bl.*

572. V. Chamaedrys L. Wälder, Gebüsche, gemein.

573. V. officinalis L. Trockne Wälder, häufig, z. B. P. Gebüsche an den Nuthewiesen *Bs.* Sp. Grunewald!! (auch weißblühend!!) Papenberge *Kth.* Tegler Heide *Schp.* Na. Bei der Haltestelle Finkenkrug!! B. Rummelsburg *Thiele!* Jungfernheide *Schl.!* Thiergarten *W. M.* Köpnicker Heide *Kth.* Nst. Oberheide *Bch.*

574. V. prostrata L. Sonnige Hügel, trockne Wiesen, Grasplätze, besonders D, stellenweise fast gemein, an anderen Stellen selten oder fehlend. P. Ruinenberg *Bs.* Wiesen, Werder gegenüber!! am Wege nach dem Templin; Braubausberg *Bs.* Sp. Schildhorn *Rei.!* am Wege nach Nieder-Neuendorf!! Tegel *D.* Na. Lindholz!! Gr. Bähnitz; Buschow *Schr.* B. sehr häufig: Fuchsberge!! Exercirplatz vor dem Schönhauser Thor!! zwischen dem Schönhauser Park und Pankow!! Moabit *Rei.* Weiße Sand-Berge an der faulen Spree!! Spandauer Berg!! Witzleben *Schp.!* Kurfürstendamm *W. M.* Hippodrom *J.!!* Schmargendorf am Hohlweg!! zwischen Wilmersdorf und Schöneberg *Bl.* am Kanal zwischen der Kottbusser und Schlesischen Straße!! K. Tasdorf *Kth.* Alt-Landsberg *Gae.* Fw. Nördlich von Köthen *Bch.!!* Nst. Hausberg *Bch.*

575. V. latifolia L. Wie vorige, zerstreut. Br. Pewesin dem Gasthof gegenüber!! und an der Wachower Grenze *Schr.!* P. Beim Neuen Palais einzeln *Schp.!* Glindower Ziegelei-Berge *Schr.* Zehlendorf *D.* Or. Birkenwerder *Schl.* Na. Brieselang *D.* Jahnberge!! B. Pankow *D.* Charlottenburg im Schloßgarten *Bl.* Kirchhof zu Wilmersdorf *D.* zu Schöneberg *W. M.!* Tempelhof *D.* Rudower Wiesen *Dr. Korschel!* Alt-Landsberg *Gae.* Buckow: Pritzhagen *Thiele!* Fw. Ruinenberg; Akazienberg *Rn.* Amalienhof *Rn.!* Nst. Mönchsbrücke; Warbecks Mühle; Eichwerder; Tornow *Bch.!* zwischen Hohen-Finow und Köthen *Bch.!!* Zuweilen als Zierpflanze in Gärten.

576. V. longifolia L. Feuchte Wiesen, Gebüsche, fast nur A, zerstreut. P. Geltow *Bs.* Kaput *Drees!* Pfauen-Insel *Schp.!* Sp. *D.* Grunewald an der Rhinmeisterbrücke!! Tegel auf dem Hasselwerder *A. Br.!* Or. Hohenbruch *Bl.* B. Stralau *D.* Spreewiesen beim Hegemeister!! Wiesen westlich am Lichtenberger Kietz *J.!!* südlich an der Jungfernheide *Jahn!* Charlottenburg *D.* Treptow am Wege nach dem Eierhäuschen!! Neuer Krug *Rei.!* K. Bei den Kalkbergen *D.* Bernau: Ladeburg *Schl.* Nst. Am Kanal; beim Eichwerder *Bch.* Zuweilen in Gärten gepflanzt.

577. V. spicata L. Sonnige Hügel, trockne Wälder, meist

D, nicht selten. Br. Eiskutenberg bei Gr. Kreutz *Hechel!* P. Charlottenhof *Schp.* Brauhausberg; an den Nuthewiesen *Bs.* Havelabhang nach der Pfauen-Insel hin!! Wald südöstlich vom Schlachtensee!! Sp. Pichelsberg!! Papenberge; Bamberge *D.* Or. Zerpenschleuse *Kr.* Na. Weinberg!! Jahnberge!! Kremmen: Linum auf der krummen Horst *H.!* Beelitz: Zwischen Nettchensdorf und Dobbrikow *Rt.* Lw. Elsthal!! B. Wald beim Hegemeister!! Fuchsberge!! zwischen Schönhausen und dem Gesundbrunnen!! Jungfernheide diesseit des Plötzensees *Schp.* Tempelhof *D.* K. Rahnsdorf *D.* zwischen Woltersdorf und der Schleuse!! Rüdersdorfer Kalkberge!! Tasdorf *Schl.!* Alt-Landsberg am Wege nach den drei Gründen *Gae.!* Zossen: Sperenberger Gipsberge!! Wr. Büchnitz bei Möglin; am Upstall bei Schulzendorf *Rn.* Fw. Ruinen- und Akazienberg; Broigsdorf *Rn.* Nst. Wald nach Sommerfelde hin *Bch.!* Chorin *Baetke!*

578. V. serpyllifolia L. Feuchte Waldstellen, Grasplätze, Ackerränder, nicht selten, z. B. P. Sanssouci *Bs.* Sp. Stadtforst!! Grunewald *Schl.* Tegel *Kth.* Na. Brieselang *W. M.* Lw. Frankenförde *Rt.* B. Weißensee; Reinickendorf *Kth.* vor Moabit!! beim Nonnendamm *W. M.* Thiergarten *Bl.* westlich vom botanischen Garten!! Tempelhof *Kth.* Buckow: Im Elysium!! Nst. Oberheide *Bch.*

b) tenella All. (als Art). Selten Br. Pewesin *Schr.*

579. V. arvensis L. Aecker, Grasplätze, Wegränder, häufig.

† V. peregrina L. Stammt aus Süd-Europa; nur zufällig eingeschleppt. P. Königliche Landesbaumschule *Rudecke!* Pfauen-Insel *Vocke!*

580. V. verna L. Sandfelder, trockne Waldstellen, nicht selten. P. Hinter dem Kirchhofe *Bs.* Sp. *D.* Grunewald am Rhinmeister-See!! und nach Schmargendorf hin!! Tegel *D.* Na. Falkenhagen *D.* Piepenberge in der Bredower Forst!! Börnicke *N.!* Barnewitz *Schr.* Möthlower Weinberg!! B. Bei den Fuchsbergen *J.!* Aecker nördlich der Stadt *D.* an der Jungfernheide!! diesseit Moabit!! Charlottenburg *D.* Schöneberg *Bl.* Tempelhof!! Hasenheide; Neuer Krug *W. M.* K. Erkner!! Nst. Beim Kirchhof *Bch.*

581. V. triphyllos L. Aecker, besonders auf sandigem Lehmboden, gemein.

582. V. praecox All. Aecker mit Lehm- und sandigem Lehmboden, sehr zerstreut. P. Am Braushausberg *Bs.!* hinter dem Kirchhof *Bs.* Lw. Beim Bürgerbusch *Rt.!* B. Zwischen dem Frankfurter und Landsberger Thor *Schl.!* Gesundbrunnen *Kth.* Buckow: Bollersdorf; Pritzhagen *Schl.* Wr. Batzlower Berge *Thiele!* Schulzendorf beim Upstall *Rn.* beim Landhof *Sch.!*

583. V. persica Poir. Lehmäcker, sehr zerstreut, wohl mehr-

fach übersehen. Sp. Nach Falkenhagen zu *E. Rose!* B. Weißensee auf Aeckern südöstlich vom Dorfe *A. Br.!!*

584. V. agrestis L. Aecker, Wegränder, zerstreut. Br. Deetz *Schr.* B. Südöstlich von Weißensee!! Schmargendorf!! Wilmersdorf *Thiele!* an der Ostseite von Schöneberg *W. M.!* an der Chaussee diesseit Rudow *W. M.!* Fw. Beim Alaunwerk!! Nst. *Bch.*

585. V. opáca Fr. Aecker, selten, aber wohl mehrfach übersehen. Nur B. Beim Lichtenberger Kietz *J.!*

586. V. polita Fr. Aecker, Wegränder, Grasplätze, zerstreut, wohl vielfach übersehen. Br. Pewesin an der Trift *Schr.* Na. Neukammer *Schr.!* B. Hohe Aecker vor dem Frankfurter Thor *J.!* Schöneberg!! beim Dustern Keller!!

587. V. hederaefolia Fr. Aecker, Wegränder, trockner Waldboden, gemein.

270. Limosella L.

588. L. aquática L. Feuchter Schlamm an Fluß- und Seeufern, ausgetrocknete Gräben, sehr zerstreut. Sp. Henningsdorf *Philippi.* B. Weißensee am Pfuhl nördlich vom Chausseehause!! bei den Rehbergen *Kth.* Tempelhof *D.* Wr. Schulzendorf *Walter!*

271. Melampýrum Tourn.

589. M. cristatum L. Trockne Wiesen, Laubwälder, Hügel, selten. Br. Früher in dem jetzt urbar gemachten Wachowschen Werder *Sp.* Sp. Nachthütung *C. Bouché sen!* Fw. Schloßgarten *Bl.*

590. M. arvense L. Lehmäcker, sonnige Hügel, sehr zerstreut. Br. Schmergow *Schr.* Pewesin *Schr.* P. Bei Geltow einzeln *Schp.!* Sp. Nach Na. hin *D.* Or. Vehlefanz; Germendorf *Kr.* Na. Am Wege nach Markee *Gr.!* Müncheberg *Jahn.* Wr. Batzlow *Walter!* Fw. Weinberg!! Akazienberg *Rn.* Nst. Südlich der Oberberger Chaussee *Bch.*

591. M. nemorosum L. Laubwälder, Gebüsche, zerstreut, besonders häufig in der havelländischen Niederung. Sp. Papenberge *Thiele!* Na. Rohrbeck *Bs.* Brieselang!! Bredower Forst!! Stadtforst!! Lindholz!! Jahnberge *H. S.!* Lw. Elsthal!! Trebbin: Scharfenbrücker Forst *Gr.!* B. Französisch-Buchholz *Kr.* Schönhauser Park!! Johannisthal *D.* Alt-Landsberg *Gae.* Fw. Ruinenberg!! am Schloßgarten!! Akazienberg *Rn.* Nst. Eichwerder; hinter Dictus' Garten *Bch.!* Biesenthal: Lanke *A. Br.*

592. M. pratense L. Trockne Wälder, Gebüsche, nicht selten, z. B. P. Sanssouci *Schp.* Sp. Grunewald; Tegel *Kth.* Na. Brieselang *W. M.!* Stadtforst!! Lw. Rauchenberge *Rt.* B. Jungfernheide!! Thiergarten!! Lankwitz *Thiele!*

272. Pediculáris Tourn.

593. P. silvática L. Feuchte, moorige Stellen, Sumpfränder, zerstreut. Sp. Beim Grunewald; Stadtforst *D.* Na. Beim Brieselang *D.* Beelitz: Elsholz *Krumbholz.* Lw. Frankenförde *Rt.!* Schöneweide *Gr.!* B. Rummelsburg *Kth.* zwischen Friedrichsfelde und dem Gasthof zur weißen Taube *Hanstein*; Buch *Kona*; Reinickendorf *Jahn!* Jungfernheide *D.* Johannisthal *Thiele!* Friedrichshagen *Gr.* Tasdorf *Kth.*

594. P. palustris L. Sumpfwiesen, nicht selten. P. Nördlich vom Wildpark!! Nuthewiesen *Bs.* Teltow *Bl.* Sp. Grunewald *Schp.* Stadtforst *D.* Tegel *Kth.* Kremmen: Rhinluch *H.!* Lw. Tieffes Gehege *Rt.* B. Am Markgrafendamm!! bei den Fuchsbergen *W. M.* südlich an der Jungfernheide!! Wilmersdorf *Thiele!* Steglitz *Bl.* Tempelhof *D.* Rudower Wiesen!! K. Tasdorf *D.* Nst. *Bck.*

273. Alectorólophus Haller.

595. A. minor (Ehrh.) W. u. Grab. Trockne Wiesen, nicht so häufig als folgender, z. B. P. Nuthewiesen *Bs.* Lw. Züllichendorf *Rt.* B. Wiesen vor dem Frankfurter Thor *J.* Rummelsburg *Thiele!* Wilmersdorf *Bl.* Rudower Wiesen!! am Köpnicker Wege *Ke.*

596. A. major (Ehrh.) Rchb. Trockne Wiesen, gemein.

274. Euphrásia Tourn.

597. E. officinalis L. Trockne Wiesen, Wälder, häufig.

598. E. Odontítes L. ex p. Wiesen, feuchte Aecker, nicht selten.

599. E. lutea L. Sonnige Hügel, selten. Nur im Obergebiete. Wr. Berge beim Rondel *Sch.!* Fw. Amalienhof!! Broigsdorf *Rn.*

275. Orobanche L.

600. O. Epíthymum D. C. Sonnige Hügel, auf den Wurzeln von Thymus Serpyllum L. schmarotzend, sehr selten. Nur P. Baumgartenbrück östlich vom Weinberg!! Von *D.* zuerst gefunden.

601. O. caryophyllacea Sm. Sonnige Hügel, trockne Wiesen, auf Galium verum L. und Mollúgo L., meist D, sehr zerstreut. Br. Ketzür auf dem Werder *Schr.!* Bagow *Sp.* P. Ruinenberg *Bl.* Baumgartenbrück östlich vom Weinberg in mehreren Abänderungen!! Glindower Berge *Schr.* Na. Am Chausseegraben jenseit Berge in vielen Formen *D.* Wiesen nördlich von Kl. Bähnitz *Schr.!!* Möthlower Weinberg!!

602. O. arenaria Borkhausen. Sonnige Hügel, auf Arte-

misia campestris L., selten. P. Baumgartenbrück beim Weinberge *Schp. Schr.* Buckow *Rudig!* Fw. Hinter dem Weinberg *Rn.! Sch.!*
b) robusta A. Dietrich (als Art). P. Baumgartenbrück sehr einzeln *D.*

276. Lathraea L.

603. L. Sqamária L. Schattige Laubwälder, auf den Wurzeln verschiedener Holzgewächse schmarotzend, zerstreut. P. Sanssouci *Weiland! Bs.* Or. Schloßgarten *Rn.!* Na. Brieselang!! Bredower Forst!! Stadtforst *Gr.* Fasanerie bei Königshorst!! Lw. Elsthal *Rt.!* B. Französisch-Buchholz *Kr.* K. Tasdorf *R.* Alt-Landsberg *Gae.* Müncheberg beim Heidekrug!! Buckow: Pritzhagen *Walter!* Nst. Am Graben diesseit des Schützenhauses *Prof. Ratzeburg!!* vom Brunnen bis Spechthausen; bei den Leuenberger Wiesen *Bch.*

64. Familie. Labiatae Juss.

† Elsholtzia Willd.

† E. Patrinii (Lepechin) Aschs. Stammt aus Asien. Im Gebiet nur hier und da als Gartenunkraut. B. In verschiedenen Gärten, z. B. am Schiffbauerdamm!! am Hausvoigteiplatz *J.* Wr. Möglin *Rn.* Fw. (Außerhalb der Grenze in Alt-Ranft *Sch.*) Alt-Kietz *Rn.*

277. Mentha L.

604. M. silvestris L. An Gräben, Zäunen, sehr zerstreut; theilweise wohl nur verwildert. P. Charlottenhof *Schp.!* Sp. In Staaken *Körnicke.* Or. Am Stadtgraben *Rn.!* K. Alter Grund am Fließ *Bl.* Alt-Landsberg: An der Stienitz unterhalb der Berliner Mühle *Gae.!* Fw. Hammerthal; Alaunwerk *Rn.* Amalienhof!! Nst. Graben beim Kniebusch *Bch.!!* Biesenthal am Ausgang nach Lanke *A. Br.*

† M. piperita Sm. Stammt aus England; hier und da gebaut und einzeln verwildert.

605. M. aquática L. Gräben, feuchte Gebüsche, häufig.

606. M. arvensis L. Gräben, Sümpfe, feuchte Aecker, gemein.
b) gentilis L. (als Art). An ähnlichen Stellen als die Hauptart, selten, aber wohl mehrfach übersehen. B. Weißensee *Philippi*; zwischen dem zoologischen Garten und Wilmersdorf *Rei.!*

* M. Pulégium L. Trockne, sandige Wiesen, nur N. (Nahe der nordöstlichen Grenze bei Fw. Wiesen beim Fährkrug nach Brahlitz hin!! Nst. Liepe!!

278. Lýcopus L.

607. L. europaeus L. Sümpfe, Gräben, feuchte Gebüsche, häufig.

279. Sálvia L.

608. S. pratensis L. Sonnige Hügel, trockne Wälder, Kirchhöfe, meist D, nicht selten. Br. Eiskutenberg bei Gr. Kreutz; Bagow *Schr.* P. Katharinenholz *Schp.* Baumgartenbrück!! jenseit Kl. Glienicke *Drees.* Zehlendorf *Bl.* Sp. Pichelsberg!! Stadtforst *Schl.* Tegel *Kth.* Or. Birkenwerder; Wandelitz *Schl.* Na. Oestlich von Falkenhagen *D.* Möthlower Weinberg!! Dechtower Kiefernheide *H. S.* Kremmen: Kirchhof zu Tietzow *N.!!* Lw. Weinberg bei Dobbrikow *P.* B. Beim Plötzensee!! Weiße Sand-Berge an der faulen Spree *W. M.* zwischen Dahlem und Steglitz *W. M.* Kirchhof zu Wilmersdorf *D.* zu Tempelhof *W. M.!* Kreuzberg!! Rollberge!! Britz *D.* K. Nördlich der Woltersdorfer Schleuse!! Rüdersdorfer Kalkberge!! Tasdorf *Kth.* Alt-Landsberg *Gae.* Zwischen Müncheberg und Buckow *O. Jaenicke.* Wr. Metzdorfer Berge (rothblühend) *Thiele!* Fw. Südlich vom Alaunwerk!! Nst. Pfingstberg; Chorin *Bch.* Hekelberg; Leuenberg *Bl.* Biesenthal: Lanke *Schl.*

† S. silvestris L. Stammt aus Mitteldeutschland. Hier nur zuweilen mit fremder Saat eingeschleppt, doch unbeständig. B. Tempelhof *Grunow.* Alt-Landsberg: Mehrow *Gae.!*

† S. verticillata L. Stammt aus Ostdeutschland. Im Gebiet nur hier und da mit Luzernesaamen eingeschleppt, doch unbeständig. B. Friedrichsfelde *Körnicke*; Friedrichshain *Winkler*; Tempelhof *Rn.*

280. Orlganum L.

609. O. vulgare L. Trockne Laubwälder; Gebüsche, sehr zerstreut. Sp. Papenberge *D.* Na. Rohrbeck *Bs.* Bredower Forst!! Lindholz!! Unterholz bei Dechtow *H. S.* Trebbin *Gr.* K. Rüdersdorfer Kalkberge *Bl.* Zossen: Sperenberger Gipsberge!! Fw. Ruinenberg!! Schloßberg; Broigsdorf *Rn.* Nst. Kahlenberg *Bch.!*

281. Thymus L.

610. T. Serpyllum L.

a) Chamaedrys Fr. Trockne Wälder, Wiesen, Hügel, zerstreut. P. Ruinenberg *W. M.!* Na. Brieselang *Körnicke!* K. Rüdersdorfer Kalkberge *Schl.!* Wr. Metzdorfer Berge *Thiele!*

b) angustifolius Pers. Wie vorige, gemein.

* Saturéja L.

* S. hortensis L. Bekanntes Küchenkraut aus Süd-Europa.

282. Calamintha Mnch.

611. C. Ácinos (L.) Clairv. Sonnige Hügel, trockne Wiesen, Wegränder, meist ⊙, häufig. Weißblühend Na. Jahnberge!!

612. C. Clinopódium Benth. Trockne Laubwälder, Gebüsche zerstreut. P. Ruinenberg *W. M.!* Brauhausberg und sonst in der Forst *Bs.* Sp. Grunewald *Bl.* Pichelsberg im Teufelsgraben!! Papenberge *Thiele!* Tegel *D.* Na. Bei der Haltestelle Finkenkrug!! Hahnberge!! Lindholz!! Unterholz bei Dechtow *H. S.* Lw. Jenseit Elsthal!! Trebbin: Schulzendorf *Gr.!* B. Jungfernheide am Kanal!! Thiergarten!! zwischen Rixdorf und Forsthaus Ober-Rixdorf!! K. Rüdersdorfer Kalkberge *D.* Alt-Landsberg am Wall!! Blumenthal *D.* Zossen: Sperenberger Gipsberge!! Fw. Brunnen *Rn.* Weinberg!! Zieglerberg *Rn.* Nst. Brunnen; an der Chaussee nach Trampe *Bch.*

* Melissa L.

* M. officinalis L. Stammt aus Süd-Europa. Zuweilen in Gärten.

† Hyssópus L.

† H. officinalis L. Zierpflanze aus Süddeutschland; hier und da verwildert. Br. Kirchhof zu Roskow *Hechel!* B. Kreuzberg *W. M.!*

283. Népeta L.

613. N. Catária L. Dorfstraßen, an Zäunen, zerstreut. Vielleicht ursprünglich nicht einheimisch. P. Bei der Wildparkstation *W. M.* Sp. Ruhleben; Tegel *D.* Na. Königshorst am Mangelshörster Damm *H. S.!* Lw. *Rt.* Gottow!! B. Lichtenberger Kietz *W. M.!* Weißensee *D.* Seegerscher Holzplatz *Bl.* am Zellengefängniß!! Schöneberg!! Steglitz *D.* Buschkrug *W. M.!* Fw. Alaunwerk; Broigsdorf *Rn.* Nst.; Sommerfelde *Bch.*

284. Glechóma L.

614. G. hederacea L. Trockne Wälder, Gebüsche, Wegränder, gemein. Rothblühend B. Im Thiergarten jenseit des Goldfischteichs *Bl.* unweit des alten Charlottenburger Chausseehauses!!

285. Melittis L.

615. M. Melissophyllum L. Laubwälder, sehr selten. Nur Strausberg: Im Blumenthal an der Chaussee von Werneuchen nach Prötzel *R.*

286. Lámium L.

616. L. amplexicaule L. Aecker und Gartenland, häufig.

617. L. purpureum L. Wie voriges, gemein.

618. L. album L. Dorfstraßen, an Zäunen, gemein.

619. L. maculatum L. erweitert. An Gräben, in feuchten Gebüschen, im westlichen Gebiet sehr zerstreut, in der Obergegend nicht selten. (Na. Nahe der Grenze des Gebiets bei Möthlow am Wege nach Liepe!!) Lw. Elsthal *Kt.!* Trebbin: Burgwall *Gr.* B. An der Löffelbrücke diesseit Französisch-Buchholz!! Buch *Jahn.* K. Tasdorf *Thiele!* Wr. Büchnitz bei Möglin *Kn.* Fw. Brunnen *Kn.* Belvedereberg!! Papiermühle; Köthen *Kn.* Nst. Messingwerk; Weidendamm; Kniebusch *Bch.* nach dem Eichwerder hin!! Karlswerk *B.*

287. Galeóbdolon Huds.

620. G. luteum Huds. Schattige Laubwälder, zerstreut. P. Sanssouci *Bs.!* Or. Schloßgarten *Kn.* Na. Brieselang!! Stadtforst *Gr.* Fasanerie bei Königshorst *H. S.!!* Kremmen: Linum *B.* Lw. Elsbruch nordöstlich der Renneberge *Kt.!* B. Friedrichsfelder Park!! Französisch-Buchholz im Schloßgarten *Schp.* Schönhauser Park *D.* Alt-Landsberg *Gae.* Buckow: Elysium!! Fw. Brunnen *Kn.* Ziegelerberg!! Schloßberg *Kn.!* Schloßgrund!! Köthen *Bl.* Nst. Messingwerk; Eisenspalterei *H.* Brunnen!! Zainhammer!! Eichwerder!! Biesenthal: Lanke *Schl.*

288. Galeopsis L.

621. G. Ládanum L. Nur

a) latifolia Hoffm. Aecker mit sandigem Lehmboden, zerstreut. P. Fahrland *Bs.* Zehlendorf!! Teltow *Schl.* Trebbin: Schulzendorf!! B. Oestlich von Schmargendorf *W. M.!* am südlichen Wege zwischen Wilmersdorf und Schöneberg!! Tempelhof *D.* Bernau *Schl.* Zossen: Kummersdorf!! Sperenberg!! Nst. Beim Holländer *Bch.* Sommerfelde *Bch.!*

622. G. Tetrahit L. ex p. Aecker, Gebüsche, Waldschläge, häufig.

b) bifida v. Boenninghausen. Wie die Hauptart, zerstreut. Sp. Pichelsberg am Teufelsgraben!! B. Thiergarten *Thiele!* nördlich vom Buschkrug *A. Br.!*; an der Chaussee nach Treptow!! K.

Bei der Woltersdorfer Schleuse *A. Br.!!* Nst. Weidendamm; Zainhammer *Bch.* Chorin *A. Br.* Biesenthal: Lanke *A. Br.*!

623. G. versicolor Curt. Etwas feuchte Aecker, Waldränder, an Zäunen, zerstreut. B. Zwischen dem Friedrichsfelder Park und den Fuchsbergen *W. M.!* Seegerscher Holzplatz; Schöneberger Busch *Bl.* Aecker östlich vom botanischen Garten!! zwischen Rixdorf und dem Buschkrug!!

624. G. pubescens Bess. Dorfstraßen, Wegränder, Waldschläge im westlichen Gebiet fehlend, im mittleren zerstreut, im östlichen häufig. B. Thiergarten!! Alt-Landsberg *Gae.* Buckow: Bollersdorf *Walter.* Wr. Möglin; Büchnitz *Kn.* Harnekopf *Thiele!* Fw. Alt-Kietz!! am Akazienberg!! Hammerthal; Fischerthal *Kn.* Nst.!! Sommerfelde!! Tornow!! Hohen-Finow *Walter*; Rogäser Mühle!! Chorin auf dem Amtshofe!!

289. Stachys L.

625. S. germánica L. Sonnige Hügel, Wegränder, sehr zerstreut. P. An der Chaussee jenseit Neu-Geltow einzeln *Schp.!* Fw. Papengrund *Kn.* beim Alaunwerk!! Schloßberg!! Nst. Karlswerk!!

626. S. silvática L. Schattige Laubwälder, an Zäunen, nicht selten. P. Sanssouci; Charlottenhof; Neuer Garten *Bs.* Na. Brieselang!! Stadtforst!! Lindholz!! Fasanerie bei Königshorst *H. S.* Lw. Elsthal!! B. Französisch-Buchholz *Kr.* Thiergarten diesseit des alten Chausseehauses!! Brandenburger Kommunikation *Bl.* an der Chaussee diesseit Rudow *W. M.!* K. Tasdorf *Thiele!* Blumenthal *D.* Fw. Brunnen; Hammerthal *Kn.* Schloßberg!! Nst. Brunnen *Bch.*

627. S. palustris L. Gräben, Sümpfe, Ufer, häufig.

628. S. arvensis L. Lehmäcker, selten. Or. Marwitz hinter dem Kruge *Kr.* Na. Königshorst: Beckers Nachtkoppel *H. S.!* B. Aecker am westlichen Ende des Kurfürstendammes *R.* Storkow: Reichenwalde *Buek!*

629. S. annua L. Gärten und Aecker, nur in der Odergegend. Wr. Batzlower Mühle *Thiele!* Metzdorfer Berge; an der Büchnitz bei Möglin *Kn.* Fw. Alt-Tornow; Alt-Kietz *Kn.!* Biesenthal: Sydow; Grünthal *Bch.*

630. S. recta L. Sonnige Hügel, meist nur D, zerstreut. Br. Eiskutenberg bei Gr. Kreutz *Schr.* Ketzür *Gr.* P. Ruinenberg *W. M!* Baumgartenbrück beim Weinberg!! an der Nordseite des Glindower Sees!! Sp. Schildhorn *A. Br.!!* Na. Möthlower Weinberg!! T. Buchholz, wo der Weg nach Salzbrunn sich von der Chaussee trennt *P.* B. Jungfernheide diesseit des Plötzensee *Schp.* westlich von Wilmersdorf *Bl.* Schmargendorf; Hasenheide *D.* K.

Kranichsberge bei Woltersdorf *Bl.* Rüdersdorfer Kalkberge!! Alt-Landsberg *Gae.* Zossen: Sperenberger Gipsberge!! Buckow: Pritzhagen *Rn.!* Wr. Metzdorfer Berge *Rn.* beim Landhof *Sch.!* Alt-Gaul *Rn.* Fw. Weinberg *Rn.!* Schloßberg *Rn.* Falkenberg *Bl.* Broigsdorf *Rn.* Nst. Warbecks Mühle; Eichwerder *Bch.* Karlswerl *H.* Biesenthal: Zwischen der Hellmühle und Lanke *A. Br.*

290. Betónica L.

631. B. officinalis L. Trockne Wälder, Wiesen, Hügel, zerstreut. Sp. Papenberge; Tegel *D.* Or.; Zerpenschleuse *Kr.* Na. Brieselang!! beim Bredower Forsthause!! Lindholz an der Eisenbahn!! Jahnberge!! Beelitz: Elsholz *Krumbholz.* T. Niebelhorst im Seggebusch *P.* Trebbin: Schulzendorf; Neuendorf *Gr.!* B. Im südöstlichen Theile der Jungfernheide!! nördlich am zoologischen Garten *W. M.!!* K. Wilhelminenhof *H.* Rüdersdorfer Kalkberge *D.* Alt-Landsberg *Gae.* Wr. An der Büchnitz bei Möglin *Walter!* Nst. Eichwerder *Bch.!* Mönchsbrücke *Bch.*

291. Marrúbium L.

632. M. vulgare L. Dorfstraßen, wüste Plätze, nicht selten, z. B. Lw. Bei Lindhorst!! Trebbin: Schulzendorf!! B. Schöneberg!! K. Zwischen Erkner und Woltersdorf!! Nst.; Sommerfelde *Bch.*

292. Ballóta L.

633. B. nigra L. Wie voriges, gemein.

293. Leonúrus L.

634. L. Cardiaca L. Wie die vorigen, häufig.

294. Chaetúrus Willd.

635. C. Marrubiastrum (L) Rchb. An Zäunen, Triften, sehr selten. P. Bornstedt nach 1847 *Bs.* Ob noch jetzt? Marquart *Schl.* (Nst. Nahe der nordöstlichen Grenze des Gebiets bei Liepe *Rn !*)

295. Scutellária L.

636. S. galericulata L. An Sümpfen, Gräben, nicht selten, z. B. P. Zehlendorf bei der Haltestelle!! Kremmen: Rhinluch *H.!* Lw. Frankenfelde *Rt.!* B. Wiesen zwischen der Stadtmauer und Boxhagen; Lichtenberg *J.* Weißensee bei der Oranke!! Wilmersdorf *Rei.* Schöneberg *Thiele!* Thiergarten!! Nst. Weidendamm; Leuenberger Wiesen *Bch.*

637. S. hastifolia L. Wiesen, an Gräben, nur A, sehr zer-

streut. Br. Weseram südlich vom Dorfe *Schr.!!* Pewesin an der Kanalbrücke *Schr.* B. Rudower Wiesen einzeln *Jahn!!* Fw. Am Alaungraben *Rn.* (nahe der Grenze am Kanal bei Neu-Gaul *Sch.!*)

296. Prunella L.

638. P. vulgaris L. ex p. Wälder, trockne Wiesen, häufig.

639. P. grandiflóra (L.) Jacq., Sonnige Hügel, trockne Wiesen, Wegränder, zerstreut. Br. Eiskutenberg bei Gr. Kreutz *Hechel!* Pewesin *Sp.* Na. Am Chausseegraben nach Wustermark hin *Gr.* Kremmen: Rhinluch *H.* Trebbin: Zwischen Schulzendorf und Christinendorf *Gr.!* B. Rudower Wiesen!! K. Rüdersdorfer Kalkberge!! Storkow: Stansdorf *H.* Wr. Metzdorfer Berge *Thiele!* Wrietzener Berge *Sch.!* Nst. Karlswerk *Bch.*

297. Ájuga L.

640. A. reptans L. Laubwälder, trockne Wiesen, zerstreut. P. Sanssouci-Park beim Neuen Palais!! Sp. Tegel *D.* Na. An der Straße von Brieselang nach Perwenitz!! Dechtow *H. S.!* Kremmen: Tietzow *N.!* Lw. Westlich von Gottow *Rt.!* B. Bei den Fuchsbergen *Rei.* Friedrichsfelder!! und Schönhauser Park!! Jungfernheide *D.* Thiergarten!! Forsthaus Ober-Rixdorf am Wege nach Rixdorf!! K. Woltersdorfer Schleuse!! bei den Rüdersdorfer Kalkbergen *Schl.* Alt-Landsberg *Gae.* Müncheberg: Heidekrug!! Buckow: Elysium!! Nst. Zainhammer!!

641. A. pyramidalis L. Trockne, besonders Laubholzwälder, im westlichen Gebiet zerstreut, im übrigen Theile desselben fehlend. P. Zwischen Neuendorf und Drewitz *R.!* Or. Zwischen Kreuzbruch und Zerpenschleuse im Kiefernwalde *Rn.!* Na. Lindholz, besonders an der Eisenbahn!! Wald westlich vom Sandkruge!! (hier zuerst in der Mark von *Walter* entdeckt).

642. A. genevensis L. Trockne Wälder, Wegränder, Hügel, häufig, z. B. Pirschheide *Schp.* (hier an einer Stelle weißblühend *Bs.*) Tornow; Brauhausberg *Bs.* Sp. Grunewald!! auch mit rother!! und weißer Blüthe *Thiele!* Na. Westrand des Lindholzes *H. S.!* B. Diesseit Französisch-Buchholz!! Jungfernheide!! Spandauer Berg; Schöneberg *Bl.* südlich von Tempelhof!! Spreeheide!! K. Friedrichshagen, auch rothblühend!! Fw. Paschenberg!! Nst. Beim Brunnen (auch rothblühend) *Bch.*

298. Teúcrium L.

643. T. Scorodónia L. Trockne Laubwälder, selten. P.

Sanssouci unter den Eichen *Schp.!* B. Thiergarten unweit des großen Sterns!!

644. T. Scórdium L. Gräben, feuchte Wiesen, Ufer, besonders A, zerstreut. P. Nuthewiesen, sparsam *Bs.* Sp. Pichelsberg; Papenberge; Tegel *D.* Or. Am Kanal *Rn.!* Hohenbruch *Bl.* Na. Wiesen nördlich des Bredower Forsthauses!! zwischen demselben und Zeestow!! Dammgräben des großen havelländischen Luchs an mehreren Stellen, z. B. am Südwestrande des Lindholzes zwischen Paulinenau und dem Selbelanger Jägerhause!! zwischen Königshorst und Lobeofsund *H. S.!* zwischen Königshorst und Seelenhorst *H.* Kremmen: Linum am schwarzen Damm *H.!* Beelitz: Elsholz *Krumbholz.* Trebbin: Schulzendorf *Gr.!* B. Wiesen zwischen der Stadtmauer und Boxhagen *J.!* zwischen Rummelsburg und dem Hegemeister!! Chausseegraben südlich von Reinickendorf!! Jungfernheide; Charlottenburg *D.* beim Spandauer Bock *O. Jaenicke*; an der Brückenallee nördlich von Liebo's Garten!! südlich vom zoologischen Garten *Bl.* Hauptgraben östlich der Berlin-Potsdamer Eisenbahn *W. M.!!* bei Ober-Rixdorf *W. M.!!* Treptow *D.* Alt-Landsberg *Gae.* Zossen: Sperenberg am See!! Fw. Wiesen bei Alt-Kietz *Rn.*

65. Familie. Verbenaceae Juss.

299. Verbéna L.

645. V. officinalis L. Dorfstraßen, Zäune, Schutt, häufig, z. B. P. Bornstedt; Bornim *Bs.* Na. Bei der Erxlebenschen Meierei *H. S.!* B. Chaussee vor dem Prenzlauer Thor!! Schöneberg!! Nst. Sommerfelde *Bch.*

66. Familie. Lentibulariaceae Rich.

300. Pinguícula Tourn.

646. P. vulgaris L. Auf moorigen, nicht zu feuchten Wiesen, zerstreut. P. Gr. Glienicke *Vocke*; Wiesen jenseit des Neuen Palais *Bs.!* Nuthewiesen; Bergholz *Bs.* Or. Wiesen südlich von Germendorf *Rn.!* Na. Wiesen westlich von Brieselang *H. S.* Kremmen: Linum *H.!* Lw. Frankenfelde *Rt.!* B. Wiesen nördlich!! und südlich von den Fuchsbergen *Rei.!* östlich und nordöstlich von Französisch-Buchholz!! Jungfernheide *D.* Wilmersdorf *Thiele!* zwischen Steglitz und Lichterfelde *Bl.* Rudower Wiesen!! Alt-Landsberg *Gae.* Nst. Bei der Rogäser Schleuse *Bch.* Britzer Torfstich *Bch.!*

301. Utriculária L.

647. U. vulgaris L. Gräben in Moorwiesen, Torfstiche, Sümpfe, nicht selten. P. Beim Neuen Palais *Bs.* am Havelufer jenseit der Langen Brücke *Bl.* Kl. Machenow *Schl.* Sp. Grunewald; Tegel *D.* Na. Königshorst *H. S.* Trebbin: Schulzendorf *Gr.!* B. Stralau; Friedrichsfelde *D.* Jungfernheide!! beim Spandauer Bock am Wege nach Pichelsberg!! Wilmersdorf *D.* Rudower Wiesen!! K. Tasdorf *D.* Alt-Landsberg *Gae.* Storkow: Scaby-Luch *H.!* Mst. Bei der Rogäser Schleuse; beim großen See *Bch.*

648. U. neglecta Lehm. Wie vorige, sehr selten, aber wohl mehrfach übersehen. B. Vor der Jungfernheide beim Plötzensee 1834 *Dr. Weber!* in neuerer Zeit noch nicht wieder gefunden.

649. U. intermedia Hayne. Torfsümpfe, selten. Sp. Tegel *D.* B. Südlich der Jungfernheide beim Plötzensee!!

650. U. minor L. Wie vorige, sehr zerstreut. P. Beim Templin *Bs.* Kl. Machenow *Schl.* Sp. Zwischen dem Grunewald und Hundekehlensee!! Teufelsfenn im Grünewald *A. Br.* Papenberge *Kth.* B. Jungfernheide *Baetke!* K. Tasdorf *D.* Storkow: Scaby-Luch beim östlichen Kanal *H.!* Mst. Bei der Badeanstalt *Bch.!*

67. Familie. Primulaceae Vent.

302. Trientális L.

651. T. europaea L. Schattige Wälder, sehr zerstreut. Sp. Schulzendorf bei Tegel *Jablonsky.* Or. Zwischen Kreuzbruch, Liebenwalde und Zerpenschleuse *Kn.!* bei Zerpenschleuse westlich der Chaussee *Kr.!* Na. Brieselang *Gr.!* Mst. Sommerfelder Heide *Bch.!*

303. Lysimáchia L.

652. L. thyrsiflóra L. Torfsümpfe, Ufer, Gräben, zerstreut. P. Beim Neuen Palais; Nuthewiesen *Bs.* Sp. Havelufer bei Pichelsberg!! Teufelsfenn!! bei der Hundekehle!! Papenberge *Thiele!* Tegel *D.* Na. Gr. Bähnitz am See *Gr.* Lw. Tiefes Gehege *Rt.* Trebbin: Neuendorf; Wiesen in der Scharfenbrücker Forst *Gr.!* B. Am Spreeufer diesseit Stralau!! Rummelsburg; Friedrichsfelde *D.* Jungfernheide zwischen Plötzensee und Pfefferluch!! am Plötzensee!! Witzleben; Schöneberger Fenn *Bl.* Tempelhof bei der Kirche *Rei.* und am Dorfpfuhl *W. M.* K. Tasdorf *D.* Alt-Landsberg *Gae.* Mst. Zainhammer; am Kanal; zwischen dem kleinen und großen See *Bch.*

† L. ciliata L. Zierpflanze aus Nordamerika, verwildert B. Charlottenburger Schloßgarten am Teich *Bl.*

653. L. vulgaris L. Feuchte Gebüsche, Gräben, Wiesen, häufig.

654. L. Nummulária L. Feuchte Wiesen, an Gräben, Sumpfränder, gemein.

304. Anagallis L.

655. A. arvensis L.

a) phoenicea Lmk. (als Art). Aecker, Gartenland, Wegränder, häufig. Mit fleischrother Blüthe Lw. An der Ruthe am Steige nach Kolzenburg *Rt.!!* mit violetter Blüthe Trebbin: Schulzendorf *Gr.!*

b) coerulea Schreb. Lehmäcker, selten und wohl nur eingeschleppt. Sp. *D.* Liebenwalde *R.* Na. Königshorst: Beckers Nachtkoppel *H. S.!*

305. Centúnculus L.

656. C. minimus L. Feuchte, sandige Stellen, an Pfühlen, feuchte Aecker, zerstreut. P. Wildpark vor dem baierischen Häuschen *Schp.!* Sp. Grunewald *D.* Or. Wiesen südlich von Germendorf *Kn.!* Na. Westlich von Falkenhagen *D.* Kremmen: Nach Dorotheenhof hin *Jahn!* T. Berghorst *P.* Lw. Gänseplan bei Schöneweide!! B. Weißensee auf Aeckern beim Chausseehause und feuchte Sandstellen nördlich vom Wege nach Heinersdorf!! Lankwitz!! Zossen: Zwischen Kummersdorf und Sperenberg!!

306. Prímula L.

657. P. officinalis (L.) Jacq. Sonnige Hügel, Grasplätze, Laubwälder, zerstreut. Br. Pewesin am Lötzkanal *Schr.* P. Lindstedt beim Gut *Bs.!* Pfauen-Insel beim Büffelstall und bei der Meierei *Bl.* Sp. Papenberge; Tegel *D.* Na. Brieselang!! Bredower Forst!! Stadtforst *Gr.* Markee *H.* Lindholz!! Dechtow *H. S.!* Kremmen: Rhinluch *H.!* Trebbin: Scharfenbrücker Forst *Gr.!* B. An den Fuchsbergen einzeln!! Französisch-Buchholz; Schönhausen *D.* Jungfernheide *Kth.* Dahlem *D.* Schöneberg hinter dem Pfarrgarten *Schp.!* Tempelhof an der blanken Hölle!! R. Rüdersdorfer Kalkberge!! Alt-Landsberg *Gae.* Blumberg *Kr.* Buckow: Elysium!! bei der Pritzhagener Mühle!! Wr. Metzdorfer Berge; Büchnitz bei Möglin; Upstall bei Schulzendorf *Rn.* Fw. *Rn.* Nst. Eichwerder!! Hügel am Forstrande beim Kirchhof!!

307. Hottónia Boerh.

658. H. palustris L. Gräben, Sümpfe, nicht selten, z. B. P. Beim Neuen Palais!! Tornow; Nuthewiesen *Bs.* Teltow *W. M.* Sp. Am Wege nach Nieder-Neuendorf!! Tegel *D.* Na. Falkenhagen *D.* Finkenkrug!! Königshorst *H. S.* Lw. Tiefes Gehege; Frankenfelde; Felgentreu *Rt.* B. Stralau *D.* bei den Fuchsbergen *Kei.* Lichtenberg *J.!* Französisch-Buchholz *D.* Jungfernheide *Kei.* bei der Lichtenstein-Brücke!! am Schöneberger Busch *Bl.* beim Forsthause Ober-Rixdorf!! Alt-Landsberg *Gae.* Nst. Zainhammer; Drehnitz *Bch.*

308. Sámolus Tourn.

659. S. Valerandi L. An und in Gräben, Vertiefungen auf Wiesen, an Ufern, besonders auf Salzboden, nur im westlichen Gebiet zerstreut, sonst fehlend. Br. Ketzür; Pewesin im Lötzbruch; Bagow am Seeufer *Schr.* P. Uetz westlich vom Dorfe *Schp.!* Nuthewiesen bei Nowawes *Weiland! Bs.!* Na. Bredow *Gr.* am Südwestrande des Lindholzes bei Paulinenau!! nördlich von Mangelshorst *H. S.!!* zwischen Königshorst und Mangelshorst *H.* Trebbin: Am Steige nach Schulzendorf *Gr.!*

309. Glaux Tourn.

660. G. maritima L. Salzhaltige Triften, Wegränder auf Salzboden, nur im westlichen Gebiet, sehr zerstreut. Br. Pewesin am Lötzkanal *Schr.* P. Wiesen hinter dem Neuen Palais *Bs.!* Uetz *Weiland! Körnicke!* Na. Am Wege zwischen dem Bredower Forsthause und Zeestow *Schr.!!* am Damm nach Dreibrücken in der Nähe des Nauener Weinberges *H.!* beim Selbelanger Jägerhause!! nördlich und südlich von Mangelshorst *H. S.!!* zwischen Lobeofsund und den Jahnbergen *H. S.!*

68. Familie. Plumbaginaceae Juss.

310. Arméria Willd.

661. A. elongata (Hoffm.) Boissier. Trockne Wälder, Grasplätze, häufig.

* A. maritima (Mill.) Willd. An der Nordküste Deutschlands wild, nicht selten in Gärten zu Einfassungen gepflanzt.

69. Familie. Plantaginaceae Juss.

311. Litorella L.

662. L. lacustris L. Schlammige und sandige Ufer von Seen und Pfühlen, sehr zerstreut. P. An der Südseite des Glindower Sees *Schr.* Br. Weißensee; Lankwitz *D.* südwestlich von Tempelhof!! K. Wernsdorfer See *Jahn!*

312. Plantágo L.

663. P. major L. Wegränder, Triften, häufig.
b) minima D. C. (als Art). Feuchte Triften, Sumpfränder, zerstreut. Br. Saringen *Schr.* B. Lichtenberg am nördl. Ende *J.!*
664. P. media L. Wiesen, Waldränder, nicht selten.
665. P. lanceolata L. Wegränder, Wiesen, Triften, gemein.
b) eriophylla Decaisne. Wie die Hauptart, selten. Biesenthal: Am Wege nach Lanke *A. Br.!*
666. P. maritima L. Salzhaltige Triften, selten. Na. Beim Selbelanger Jägerhause *Körnicke!*
667. P. ramosa (Gil.) Aschs. Sandfelder, Wegränder, nicht selten. P. Hinter dem Kirchhofe *Rt.!* Babelsberg *Bs.* am östlichen Ende des Schlachtensees!! Sp. *D.* Or. Sandhausen *Rn.!* Schmachtenhagen *Gae.!* Beelitz: Salzbrunn *P.* Lw. Beim Bahnhof!! Trebbin: Schulzendorf *Gr.!* B. Bei den Fuchsbergen!! Weißensee *D.* auf dem Exercirplatz vor dem Schönhauser Thor!! Schönholz!! beim Wedding!! westlich von Charlottenburg!! Schöneberg!! südlich von Rixdorf an der Chaussee!! K. *D.* am Flakensee südlich von Woltersdorf!! Strausberg: Beim Forsthause Schlag *Gae.* Zossen: Kummersdorf!! Fw. Am Akazienberg!! Nst. Unterhalb des Schanzenberges; Bernauer Straße *Bch.*

70. Familie. Amarantaceae Juss.

313. Albérsia Kth.

668. A. Blitum (L.) Kth. Straßen der Dörfer und Städte, an Rinnsteinen, Gartenland, gemein.

314. Amarantus L.

669. A. retroflexus L. Aecker, Wegränder, zerstreut. P. Bornstedt; Bornim *Bs.* Pfauen-Insel *Bch.* Beelitz: Wittbrietzen *Rt.!* Trebbin: Schulzendorf *Gr.!* B. Friedrichsfelde!! Weißensee!! Rei-

nickendorfer Straße!! Charlottenburg an der Westseite!! Schöneberg sehr häufig!! Steglitz!! jenseit Rixdorf!! beim Buschkrug!! R. Rüdersdorfer Kalkberge *Jahn!* Alt-Landsberg *Gue.* Wr. Schulzendorf *Kn.* Nst. Sommerfelde; Lichterfelder Straße *Bch.!*

† A. cruentus L. Zierpflanze aus China, zuweilen auf Schutt, an Zäunen u. s. w. verwildert, doch meist nicht beständig. Lw. Beim Kirchhof *Rt.!* B. Unweit des Humboldt-Hafens 1855!! Tivoli *W. M.!*

* A. caudatus L. Zierpflanze aus Amerika.

315. Polycnémum L.

670. P. arvense L. Aecker mit sandigem Lehmboden, meist D, zerstreut. P. Diesseit Neblitz *Schp.!* Zehlendorf!! Sp. Pichelswerder *D.* Lw. Zinnaer Vorstadt; Dobbrikow *Rt.!* Trebbin: Zwischen Christinendorf und Gadsdorf *Gr.* B. Pankow *D.* an der Jungfernheide *A. Br.!* westlich von Charlottenburg *Schl.!* Schmargendorf *Schp.!* zwischen Wilmersdorf und Schöneberg *Thiele!* Steglitz *D.* beim Eingange des Einschnitts der Anhaltischen Eisenbahn *W. M.* Tempelhof!! bei der Hasenheide; Rollberge *D.* Buckow: Pritzhagen *Jahn!* Wr. Mögliner Acker nach Kunersdorf hin *Kn.* Nst. Beim Bahnhof; Kupferhammer *Bch.!* Biesenthal: Lanke *A. Br!*

71. Familie. Chenopodiaceae Vent.

316. Sálsola L.

671. S. Kali L. Sandfelder, Wegränder, Feldraine, um B. häufig, sonst selten. P. Am Wildparkzaun *Bs.* Na. An der Eisenbahn bei der Bredower Meierei!! (jedenfalls nur verschleppt). B. An der Chaussee nach Boxhagen!! Ackerraine zwischen der Landsberger und Weißenseer Chaussee bis zur Oranke!! Kommunikation zwischen dem Landsberger u. Königsthor *J.!* Wedding!! am Hamburger Bahnhof!! westlich von Charlottenburg!! am westlichen Ende der Lietzower Wegstraße *W. M.!* zw. dem botanischen Garten u. dem Kreuzberg *Schp.* beim Anhaltischen Bahnhof!! Hasenheide!! an der Chaussee diesseit und jenseit Rixdorf!! Zw. K. u. Friedrichshagen *Gr.!* Buckow *Sch.*

317. Salicórnia Tourn.

672. S. herbacea L. Auf kahlem Salzboden, sehr selten. Na. Beim Selbelanger Jägerhause sparsam!!

318. Chenopódium Tourn.

673. C. hýbridum L. Dorfstraßen, häufig.

674. C. úrbicum L. Dorfstraßen, zerstreut. Sp. Heiligensee *Kth.* Na. Pessin *Hertzsch.* Lw. Schöneweide!! Trebbin: Schulzendorf!! B. Pankow *Kth.* Schöneberg!! K. Tasdorf *Kth.*

675. C. murale L. Dorfstraßen, an Zäunen, Wegrändern, nicht selten.

† C. opulifolium Schrad. Schuttstellen. B. Beim botanischen Garten, wohl nur verwildert *Körnicke.*

676. C. album L. Dorfstraßen, Wegränder, Aecker, gemein.

677. C. ficifolium Sm. Feuchte Aecker, besonders unter Kartoffeln, sehr selten, aber wohl mehrfach übersehen. B. Aecker nördlich vom botanischen Garten *A. Br.!!* bis zum zoologischen Garten *Winkler.*

678. C. glaucum L. Dorfstraßen, Wegränder, Salzboden, nicht selten, z. B. Br. Saringen *Schr.* P. Uetz *Radecke!* Sp. *W. M.* Na. Zwischen dem Bredower Forsthause und Zeestow!! beim Nauener Weinberge!! beim Selbelanger Jägerhause!! Königshorst *H. S.* B. Reinickendorf!! westlich von der Potsdamerstraße!! Schöneberg!! Tempelhof *Kei.* Alt-Landsberg *Gae.*

679. C. rubrum L. Dorfstraßen, Aecker, an Gräben, häufig.

680. C. Bonus Henrícus L. Dorfstraßen, nicht selten, z. B. Br. Lünow *Schr.* P. Bornstedt *Schp.* Na. Finkenkrug!! Möthlow!! Lw. Felgentreu!! Trebbin: Schulzendorf!! B. Schmargendorf!! Wilmersdorf *Thiele!* Schöneberg *Schp.* Buckow: Bollersdorf *Walter!* Nst. Sommerfelde *Bch.* Hekelberg *Bl.*

681. C. polyspermum L. Lehmäcker, Gartenland, Wegränder, zerstreut. P. Landes-Baumschule *Schp.!* Sp.; Tegel *D.* Kremmen: Tietzow *N.* Beelitz: Wittbrietzen *Rn.!* B. An der Wiese vor dem Frankfurter Thor *J.!* Charlottenburg *Rn.!* bei der v. d. Heydt-Brücke 1858 *W. M.!* Schöneberg *R.!* Tempelhof *Tietz!* K. Tasdorf *Kr.* Alt-Landsberg *Gae.* Fw. Weinberg *Rn.!* Alaunwerk *Rn.* Nst. Gartengassen; Wegränder in der Forst westlich der Choriner Chaussee *Bch.!!*

682. C. Vulvária L. Straßen der Dörfer und Städte, stellenweise häufig, z. B. P. Werder!! Na. Pessin *Rt.!* Lw. *Rt.* Gottow!! B. Viel in der Burgstraße!! Stallstraße!! Lustgarten!! Leipziger Platz *Bl.* Weißensee!! Französisch-Buchholz!! Pankow!! Charlottenburg *Schp.* Schöneberg!! Tempelhof *W. M.!*

† Blitum Tourn.

† B. virgatum L. In Süd-Europa einheimisch; hier nur selten kultivirt und hier und da auf Schutt u. s. w. verwildert, doch unbeständig.

* Beta Tourn.

* B vulgaris L. Im Gebiet hier und da zum Viehfutter gebaut; nahe der östlichen Grenze im Oderbruch sehr viel für die dortigen Zuckerfabriken kultivirt.

* Spinácia Tourn.

* S. oleracea L. In Gemüsegärten überall gebaut.

319. Átriplex Tourn.

† A. hortense L. Hier nur selten gebaut; zuweilen auf Aeckern, an Wegrändern zahlreich verwildert. P. Bornim *Schp.* Lw. Am Wege nach Gottow!! Trebbin: Schulzendorf am Wege nach dem Bahnhof!! B. Schöneberg *W. M.!*

683. A. nitens Schk. Wegränder, nur in der Odergegend, sehr zerstreut. Fw. Alt-Kietz *Rn.* Alaunwerk *Rn.!!* Nieder-Finow *Rn.*

684. A. pátulum L. Wegränder, Ackerraine, gemein.

685. A. hastatum L. Wie vorige, nicht selten.

b) salinum Wallr. Triften, Wegränder, auf Salzboden, sehr zerstreut. Na. Nordwestlich vom Weinberg!!

686. A. roseum L. Dorfstraßen, zerstreut. Sp. *D.* Beelitz: Elsholz *Krumbholz.* B. Malchow *Körnicke!!* Schöneberg!!. Alt-Landsberg *Gae.* Zossen: Kummersdorf!! Nst. Sommerfelde!! Tornow!! Nieder-Finow *Körnicke!*

72. Familie. Polygonaceae Juss.

320. Rumex L.

687. R. maritimus L. Sumpfränder, Ufer, nicht selten. Sp. *D.* Na. Beim Forsthause Brieselang!! beim Lindholz *H. S.* Jahnberge *H. S.!* Kremmen: Linum *H.* Lw. Tiefes Gehege *Rt.* B. Weißensee!! Jungfernheide *Kth.* Steglitz *Schl.* am Schöneberger Fenn *Bl.* Tempelhof!! K. Tasdorf *D.* Alt-Landsberg *Gae.* Nst. Am Kanal; Bornemannspfuhl *Bch.*

b) paluster Sm. (als Art). Wie die Hauptart, im Ganzen häufiger. P. An der Havel, Werder gegenüber *Körnicke!* Nuthewiesen *Bs.!* Sp. Pichelsberg!! Na. Am Damm nach dem Weinberg *Schr.!* B. An der Spree vor dem Stralauer Thor!! Lichtenberg *J.* Weißensee!! an der Panke unterhalb Pankow!! am Kanal beim Plötzensee *W. M.!* Wilmersdorf *Thiele!* nordwestlich von Schöneberg *W. M.!* Nst. Am Kanal; Bornemannspfuhl *Bch.*

688. R. conglomeratus Murr. Feuchte Gebüsche, Laubwälder, nicht selten, z. B. Sp. Pichelsberg *Schl.!* B. Friedrichsfelde!! Jungfernheide *D.* Thiergarten!! am Hauptgraben nordwestlich von Schöneberg *W. M.!* Treptow *D.* Nst. Brunnenthal; an der Schwärze *Bch.*

689. R. obtusifolius L. Wie voriger, häufig.

690. R. crispus L. Feuchte Wiesen, an Gräben, häufig.

691. R. Hydrolápathum Huds. An Ufern, Gräben, nicht selten, z. B. P. An der Havel beim Tornow!! Sp. Pichelsberg *Bl.* Papenbergs *Kth.* Tegel *D.* Trebbin: Schulzendorf *Gr.!* B. An der Spree diesseit Stralau!! am Markgrafendamm *W. M.!* Friedrichsfelde; Charlottenburg *D.* Wilmersdorf *Thiele!* am Hauptgraben nördlich von Schöneberg *W. M.!* am Kanal vor dem Anhaltischen Thor *W. M.!* jenseit des Buschkruges!! Treptow *D.* K. Tasdorf *D.* Nst. Gräben der Finowwiesen *Bch.*

692. R. heterophyllus Schultz. An Bächen, Gräben, selten. Nst. Weidendamm *Bch.* Rogäser Mühle *Bch.!!*

693. R. sanguineus L. Feuchte Gebüsche, zerstreut, wohl vielfach übersehen. B. Thiergarten beim Forsthause *W. M.!* Treptower Park *Bauer!*

694. R. pratensis M. u. K. Wiesen, Gräben, selten, aber wohl mehrfach übersehen. B. Südlich am zoologischen Garten *Schl.!*

695. R. aquáticus L. An Bächen, Quellen, Gräben, selten. Nst. Bei den Leuenberger Wiesen *Bch.!* am Kanal *Bch.* bei der Rogäser Mühle *Bch.!!* an der Schwärze; am Weidendamm *Bch.!*

696. R. Acetosa L. Wiesen, gemein.

697. R. Acetosella L. Brachäcker, trockner Waldboden, Hügel, gemein.

321. Polýgonum L.

698. P. Bistorta L. Fruchtbare Wiesen, feuchte Waldstellen, zerstreut. P. Tornow; Nuthewiesen *Bs.* Na. Beim Bredower Forsthause!! auf Wiesen nach Herteseld hin *Gr.!* Lw. Zw. Frankenfelde u. Frankenförde *Rt.* B. Friedrichsfelde; Biesdorf *D.* beim Buschkrug!! K. Tasdorf *Thiele!* Alt-Landsberg *Gae.* Buckow: Bei der Eichendorfer Mühle *Sch.!* Wr. Batzlow *Sch.* Nst. z. B. beim Eichwerder!!

† P. orientale L. Zierpflanze aus Indien. Zuweilen auf Schutt verwildert.

699. P. amphibium L.

a) natans Mnch. In Seen, Gräben, häufig.

b) terrestre Leers. An Ufern, Gräben, nicht selten.

700. P. lapathifolium L. Feuchte Stellen, Wegränder, Dorfstraßen, nicht selten.

701. P. nodosum Pers. Wie voriges, gemein.

702. P. Persicária L. Wie voriges, häufig.

703. P. Hydrópiper L. Gräben, an Sümpfen, Dorfstraßen, häufig.

704. P. minus Huds. An Sümpfen, Ufern, Gräben, zerstreut. P. Landes-Baumschule *Schp.!* Sp. An der Westseite des Grunewald-Sees!! Sümpfe bei der Hundekehle!! Na. Bredower Forst!! Stadtforst am Wege zwischen dem Vorwerk Glien und dem Weinberg!! Kremmen: Beetz *N.!* B. Lichtenberg *J.* Weißensee *A. Br.* bei Bellevue!! am sogenannten Poetensteig beim alten Charlottenburger Chausseehause!! Schöneberger Busch *Bl.* Tempelhof am Dorfpfuhl!! Nst. An der Schwärze; Leuenberger Wiesen *Bch.* Chorin *A. Br.*

705. P. aviculare L. Straßen der Dörfer und Städte, Triften, Wegränder, sehr gemein.

706. P. Covólvulus L. Aecker, Wegränder, Gebüsche, gemein.

707. P. dumetórum L. Gebüsche, Hecken, nicht selten. P. Sanssouci *Schp.* Sp. Pichelsberg; Tegel *D.* Na. Station Finkenkrug!! Bredower Forst!! Stadtforst!! Königshorst an der Fasanerie *H. S.* B. Stralau; Friedrichsfelde *D.* Malchow!! Pankow *D.* Charlottenburger Schloßgarten!! Poetensteig!! an der Spree bei Bellevue!! Schöneberg *Bl.* Treptow *D.* (Br. Malzmühle *Sch.!*) Fw. Akazienberg!! Nst. Beim alten Wasserfall *Bch.*

702 × 704. P. Persicaria × minus. Unter den Eltern sparsam. B. Weißensee *A. Br.!* Nst. Chorin *A. Br.!*

† Fagopyrum Tourn.

† F. esculentum Mnch. Stammt aus Asien; im Gebiet nicht selten gebaut, auch hier und da, selbst mitten in Wäldern, auf Hügeln, verwildert, aber wohl nicht beständig, so B. Wilmersdorf *Bl.* K. Forst bei Erkner!! am Kalksee!!

† F. tartáricum (L.) Gaertn. Als Unkraut unter vorigem, nicht häufig. Lw. Dobbrikow *Kt.!* B. Charlottenburg *Kn.* Buschkrug *Schp.!*

Familie Thymelaeaceae Juss.

* Daphne L.

* D. Mezéreum L. Im Gebiet nicht einheimisch, sondern nur als Zierstrauch.

73. Familie. Santalaceae R. Br.

322. Thesium L.

708. T. intermedium Schrad. Sonnige Hügel, trockne Wälder, zerstreut. Br. Am Fuß des Eiskutenberges bei Gr. Kreutz *Schr.!* Ketzür auf dem Werder *Schr.* P. Bei der Dampfmühle *Bs.!* Baumgartenbrück nach Kaput hin *Rach! Schp.* Sp. Nach Falkenhagen hin *Bl.* Papenberge!! Na. Am Wege vom Finkenkrug nach Brieselang *Sanio!!* am Weinberg!! Jahnberge!! B. Fuchsberge!! und am Rande der Friedrichsfelder Heide *J.!* K. Rüdersdorfer Kalkberge *D.*

T. alpinum L. Wie voriges, selten. (Na. An der Grenze des Gebiets am Möthlower Weinberg *Zowe.*)

709. T. ebracteatum Hayne. Wie voriges, sehr zerstreut. Or. Im Krämer bei Bötzow *H.* B. Fuchsberge!! Jungfernheide *Kth.!* Rollberge *D.* L. Rahnsdorfer Heide *D.* Nst. Beim Brunnen *Bch.!!*

Familie Elaeagnaceae R. Br.

* Hippóphaë L.

* H. rhamnoides L. Zierstrauch, zunächst an der Ostsee einheimisch.

* Elaeagnus L.

* E. argentea Pursh. Zierstrauch aus Nordamerika.
* E. hortensis M. B. Nur
  a) angustifolia L. (als Art). Zierstrauch aus Süd-Europa.

74. Familie. Aristolochiaceae Juss.

323. Aristolóchia Tourn.

710. A. Clematitis L. An Zäunen, Ackerrändern, zerstreut; im Gebiet wohl nicht ursprünglich einheimisch. P. Neuer Garten; Bertinistraße *Bs.* Pfingstberg *W. M.!* Teltow an der Westseite *Bl.* Sp. Vor dem Charlottenburger Thor *Rn.!* Na. Tremmen *Schr.* Kremmen: Linum *H.* Beelitz *Richter!* Lw. *Rt.* B. Wilmersdorf an der Nordseite *Schp.* K. Friedrichshagen *Gr.* Münchehofe *R.* Woltersdorfer Schleuse *W. M.* Alt-Landsberg: Buchholz *Gae.!* Zossen *Gr.!* Sperenberg!! Wr. Möglin *Rn.* Nst. Drachenkopf *Bch.*

324. Ásarum Tourn.

711. A. europaeum L. Schattige Wälder, sehr zerstreut. P. Sanssouci bei der kleinen Fontaine!! Charlottenhof *Bs.* Sp. Am östlichen Rande des Grunewalds *Erichson.* Na. Hahnberge *Gr.* Zossen: Kummersdorfer Forst *Gr.!*

75. Familie. Euphorbiaceae Kl. u. Gke.

325. Tithymálus Scop.

712. T. helioscópius (L.) Scop. Dorfstraßen, Gartenland, häufig.

† T. platyphyllus (L.) Scop. Im Gebiet nicht einheimisch, sondern nur als Gartenunkraut selten. Or. *Rn.!*

713. T. dulcis Scop. Schattige Laubwälder, sehr selten. Nur P. Sanssouci *Weiland! Bs.!!* zuerst von *Willdenow* entdeckt. Die Pflanze erreicht hier ihre Nordgrenze.

714. T. paluster (L.) Kl. u. Gke. Wiesen, besonders an Ufern und Gräben, nur A, zerstreut, im nordwestlichen Gebiet häufig. Br. Südlich von Weseram!! P. Nördlich vom Wildpark!! Kuhfort; Golm *Bs.* Geltow *Schp.* Sp. Papenberge *R.* Schönwalde *D.* Na. Finkenkrug!! Forsthaus Brieselang!! westlich vom Brieselang!! Bredower Forsthaus!! im großen Havelländischen Luch sehr häufig, z. B. im Lindholz an der Eisenbahn!! am Damm zwischen dem Lindholz und Ribbecksghorst!! Kuhhorst *N.* Fw. An den Oberarmen *Rn.!* Nst. Kupferhammer; Marienbruch *Bch.*

715. T. Cyparissias (L.) Scop. Sandfelder, trockne Wälder, Hügel, gemein.

716. T. Esúla (L.) Scop. Wegränder, Ackerraine, besonders auf Lehmboden in D, zerstreut. P. Zehlendorf *Bs.* Lw. Nördlich an der Stadt *Rt.!* Trebbin: Zwischen dem Bahnhof und Schulzendorf!! B. Friedrichshain *J.!!* Weißensee *D.* zwischen Königsdamm und Charlottenburg!! zwischen Schmargendorf und Wilmersdorf!! Steglitz *Schp.* zwischen Schöneberg und Tempelhof!! am Kanal zwischen der Kottbusser und Schlesischen Straße!! Wr. Lüdersdorf *Rn.* Fw. Ruinenberg; Weinberg *Rn.* Akazienberg!! Nst. An der Eisenbahn beim Kanal *Bch.* westlich von Hohen-Finow *Bch !!*

717. T. lúcidus (W. K.) Kl. u. Gke. An Gräben, Ufern, sehr selten. Nur im Oberthale. Fw. Bei der Badestelle *R.!!*

718. T. Peplus (L.) Gaertn. Gartenland, Dorfstraßen, häufig.

T. falcatus (L.) Kl. u. Gke. Ackerränder, sehr selten. Trebbin: Am Wege nach Thyrow 1813 von *Fr. Otto* gefunden; ob noch jetzt?

719. T. exiguus (L.) Mnch. Lehmäcker, sehr zerstreut. Br. Pewesin bei der Windmühle *Schr.* P. Baumgartenbrück nach Petzow hin *Jahn! Schr.* Na. Königshorst: Beckers Nachtkoppel *H. S.!* B. Aecker nordöstlich der Oranke 1858!! Buckow *Radig.* Wr. Möglin *Sch.!* Schulzendorf *Walter.* Fw. Weinberg *Rn.!* Nst. Warbecks Mühle; Eichwerder *Bch.* zwischen Tornow und Karlswerk!! Nieder-Finow *Körnicke!*

† T. Láthyris (L.) Scop. In Süddeutschland einheimisch; früher als Arznei- und Zierpflanze angepflanzt; in Gärten und an Zäunen zuweilen verwildert. P. Neuer Garten *Bs.!* Sanssouci: Kirschmauer *Schp.!* Or. Gärten *Rn.!* Na. Kuhhorst im Park *H. S.!* Nst. Gärten *Bch.!!*

76. Familie. Acalyphaceae Kl. u. Gke.

326. Mercuriális L.

720. M. perennis L. Schattige, feuchte Laubwälder, sehr zerstreut. P. Sanssouci!! (schon von *Willdenow* gefunden). Or. Zwischen Sachsenhausen und dem Theerofen *Rn.!* Liebenberg beim Forsthause *R.* Na. Fasanerie bei Königshorst *H. S.!!* Kremmen: Tietzow *N.* Alt-Landsberg *Gae.* Fw. Falkenberg bei der Dampfmühle *Rn.!* Nst. Brunnen *Bch.!!* Spechthausen *Bch.*

721. M. annua L. Gartenland, sehr selten und vielleicht ursprünglich nicht einheimisch. Alt-Landsberg *Gae.*

Familie Phyllanthaceae Kl. u. Gke.

* Buxus Tourn.

* B. sempervirens L. Bekannter Zierstrauch aus Süd- und Westdeutschland.

77. Familie. Urticaceae Endl.

327. Urtica Tourn.

722. U. urens L. Dorfstraßen, Gartenland, gemein.

723. U. dioeca L. Schattige Laubwälder, Gebüsche, Zäune, häufig.

328. Parietária Tourn.

724. P. erecta M. u. K. An Zäunen, Mauern, sehr zerstreut; ursprünglich wohl nicht einheimisch. Lw. Nach dem Bürgerbusch hin *Rt.!* B. Charlottenburger Schloßgarten an mehreren Stellen!! und am Zaune desselben in der Spandauer Straße *Rt.!!* Potsdamer Straße diesseit des Elisabeth-Krankenhauses *Bl.!!* an der nördlichen Mauer des botanischen Gartens!! (seit *Willdenow*). Buckow *Radig.* Fw. Falkenberg *Schl.* Nst. Bei der Schleuse nördlich am Kanal *Bch.!!*

78. Familie. Cannabaceae Endl.

† Cánnabis Tourn.

† C. sativa L. Stammt aus dem Orient; im Gebiet selten und in geringer Menge gebaut, dagegen viel außerhalb der nordöstlichen Grenze. An Zäunen, Wegen nicht selten verwildert, in Menge: Br. Weseram!! P. Baumgartenbrück beim Weinberg!! Na. Amtshof in Königshorst *H. S.* B. An der Chaussee nach Boxhagen!! bei der v. d. Heydt-Brücke!! am südlichen Ende von Schöneberg *W. M.!!* Bergmannstraße!! Nst. Beim Spittel *Bch.*

329. Húmulus L.

725. H. Lúpulus L. Feuchte Gebüsche, nicht selten. P. Sanssouci *Schp.* Pfauen-Insel!! Sp.; Pichelsberg; Tegel *D.* Na. Bredower Forst!! Königshorst am Damm nach Sandhorst!! an der Fasanerie *H. S.* Lw. Lindenberg *Rt.* B. An der Spree diesseit Stralau!! jenseit Rummelsburg!! an der Panke bei der Kesselstraße!! Thiergarten!! Schöneberger Busch!! Buschkrug!! Buckow *Schl.* Nst. z. B. Eichwerder!! am Kanal, besonders häufig im Stadtbruch *Bch.*

Familie Moraceae Endl.

* Morus Tourn.

* M. alba L. Aus Asien; nicht selten an Wegen, in eigenen Anpflanzungen gebaut.

* M. nigra L. Ebenfalls aus Asien stammend; selten angepflanzt.

79. Familie. Ulmaceae Mirbel.

330. Ulmus L.

726. U. campestris L. Laubwälder, nicht selten; häufig in Dörfern, an Straßen, gepflanzt.

b) excelsa Borkhausen. (als Art). Selten. Biesenthal: Bei der Hellmühle *A. Br.!*

c) suberosa Ehrh. (als Art). Wie die Hauptart, zerstreut. P. An der Nordseite des Wildparks!! Na. Brieselang *Thiele!* Lindholz!! B. Schöneberg *Thiele!* Fw. Hammerthal; Zieglerberg *Rn.* Hier und da gepflanzt.

727. U. pedunculata Fougeroux. Wälder, Gebüsche, selten. Na. Königshorst in der Fasanerie *H. S.* B. Schöneberg in Elsbrüchern *Thiele!* Ueberall in Dörfern, Städten, an Wegen gepflanzt.

Familie Juglandaceae D. C.

* Juglans L.

* J. regia L. Im Orient einheimisch; häufig in Gärten.

80. Familie. Cupuliferae Rich.

331. Fagus Tourn.

728. F. silvática L. Bildet zum größten Theil die in D gelegenen Laubwälder des Gebiets.

* Castánea Tourn.

* C. sativa Mill. In Süddeutschland einheimisch; hier nur zuweilen in Parkanlagen gepflanzt.

332. Quercus L.

729. Q. Robur L. spec. Meist mit Fagus silvatica L. gemischt die Laubholzbestände in D bildend, in den Laubwäldern in A vorherrschend oder nur eingesprengt, auch einzeln in Kiefernwäldern.

730. Q. sessiliflóra Sm. Mit voriger, aber viel weniger häufig.

333. Córylus Tourn.

731. C. Avellána L. Gebüsche, Waldränder, sehr häufig.

* C. tubulosa Willd. Stammt aus Süd-Europa; nicht sel-en in Gärten.

334. Carpínus L.

732. C. Bétulus L. In den Laubwäldern des Gebiets stets ur eingesprengt. Häufig in Gärten, besonders zu Hecken angepflanzt.

81. Familie. Betulaceae Rich.

335. Bétula Tourn.

733. B. alba L. Auf feuchtem Boden nicht selten in ganzen Beständen; außerdem in Laub- und Nadelwäldern häufig eingesprengt.

734. B. davúrica Pallas. Feuchte Wälder, Torfsümpfe, nicht elten. P. Nördlich am Wildpark!! Sp.!! Grunewald!! Papenberge *Thiele!* Na. An der großen faulen Lake beim Finkenkrug!! Lindolz!! B. Steglitz *D.* K. Tasdorf *D.* Alt-Landsberg *Gae.* Nst. Zwischen dem großen und kleinen See!! Biesenthaler Forst *Schl.*

735. B. húmilis Schrk. Torfwiesen, sehr selten. Nur Dr. Grüneberg an der Rohrtrappe beim schwarzen Berg *Gae.!* von *K.* .820 entdeckt.

336. Alnus Tourn.

736. A. glutinosa (L.) Gaertn. Sümpfe, feuchte Wälder, emein.

b) quercifolia Gleditsch. Nur selten angepflanzt. B. An der Panke zwischen Schönhausen und dem Gesundbrunnen ein Strauch!!

* A. incána (L.) D. C. Im Gebiet wohl nirgends wild, ondern an Wegen, in Sümpfen kultivirt, so P. Nördlich am Wildark!! Or. Schloßgarten *Kn.* B. An der Chaussee nach Stralau!! n der Panke zwischen Schönhausen und dem Gesundbrunnen!! Torfraße!! Möckernitz!! Nst. Zainhammer; Großer Schlangenpfuhl; euenberger Wiesen *Bch.*

* A. auctumnalis Hartig. Wahrscheinlich in Nordamerika nheimisch. An einigen Stellen in Menge kultivirt. B. An der anke zwischen Schönhausen und dem Gesundbrunnen!! in der Jungrnheide südlich am Artillerie-Schießplatz!! hier von *A. Br.* zuerst 854 aufgefunden und erkannt.

* A. incána × auctumnalis? Zwischen den muthmaßlichen Eltern. B. An der Panke zwischen Schönhausen und dem Gesundbrunnen ein Strauch!!

Familie Platanaceae Lestiboudois.

* Plátanus L.

* P. occidentalis L. In Nordamerika einheimisch; hier und da an Straßen, in Gärten gepflanzt.

82. Familie. Salicaceae Rich.

337. Salix Tourn.

737. S. pentandra L. Wiesen, Sumpfränder, feuchte Wälder, zerstreut. Sp. Grunewald am nördlichen Ende des Sees und bei Paulsborn!! Na. Bredower Forst *Rei.* Holzhorst bei Königshorst *H. S.!* Dechtow *H.* Kremmen: Tietzow *N.!* B. Pankow *Kth.* Reinickendorf *Bauer!* Jungfernheide *D.* Witzleben!! Wilmersdorf *D.* Schöneberg *Thiele!* Lankwitz *Thiele!* Alt-Landsberg *Gae.* Strausberg: Zinndorf am Mühlgraben *Sch.!* Buckow: Am Dolgensee *Sch.* Nst. Warbecks Mühle; Zainhammer *Bch.* Auch gepflanzt.

738. S. frágilis L. Ufer, feuchte Wälder, nicht selten, überall an Wegen u. s. w. gepflanzt.

739. S. alba L. Wie vorige, nicht selten.

b) vitellína L. (als Art). Nur angepflanzt.

* S. babylónica L. Zierbaum aus dem Orient; nur der ♀ Baum gepflanzt.

740. S. amygdálina L.

a) díscolor Koch. Ufer, zerstreut; nicht selten gepflanzt.

b) triandra L. (als Art). Ebenso.

* S. undulata Ehrh. An Gräben, Ufern, wohl nur angepflanzt und zwar nur in ♀ Exemplaren. Sp. *D.* B. Friedrichshain *J.!!* Moabit *Sonder*; Treptow dem Gasthof gegenüber!! (Nach *Wimmer* 739 × 740. S. alba × amygdálina.)

* S. hippophaëfolia Thuill. An Ufern, jedenfalls nur gepflanzt, und zwar nur ♀. B. An der Spree zwischen der Moabiter Brücke und dem alten Charlottenburger Chausseehause!! Von *Sonder* zuerst bemerkt.

* S. acutifolia Willd. In Ost-Europa einheimisch (?). Hier und da an Zäunen u. s. w. gepflanzt, fast nur die männliche Pflanze.

}. Friedrichshain *J.!!* zwischen Moabit und der Jungfernheide viel!! }ippodrom (auch ein ♀ Baum)!! beim zoologischen Garten!!

* S. daphnoides Vill. In Schlesien und an der Ostsee inheimisch, hier und da gepflanzt. Na. Königshorst am Mangelsorster Damm *H. S.!* B. Bei der Moabiter Strafanstalt *Jahn!* Charottenburg bei der Eisenbahnbrücke!! Hippodrom!!

741. S. purpurea L. Ufer, Gräben, zerstreut. Br. Sarin;en; Weseramer Kolonie *Schr.* Sp. Pichelsberg *Bauer.* B. Straau; an der Panke; Jungfernheide *D.* an der Spree bei Moabit *Bauer*; am Kanal östlich der Wiesenbrücke!! K. *D.* Alt-Landsberg: Sachsendamm *Gae.!* Nst. Am Kanal *Bch.*

742. S. viminalis L. Ufer. Ueberall gepflanzt.

743. S. cinerea L. Gräben, feuchte Wälder, Wiesen, häufig.

* S. holosericea Willd Ufer, selten und nur angepflanzt. B. Treptow unweit des Gasthofes!!

744. S. nigricans Sm. Wiesen, Sumpfränder, selten. Bisher nur B. Möckernitz in der Jungfernheide *Sanio!* zwischen Wilmersdorf und dem zoologischen Garten!! Nicht selten angepflanzt, so P. Ruinenberg *Bs.!* Wiesen jenseit des Neuen Palais!! beim Tortow!! B. Thiergarten!! beim zoologischen Garten!! am Wege nach Treptow!!

745. S. Caprea L. An Gräben, in Laubwäldern, zerstreut. P. An der Havel beim Templin *Bs.!* Na. Finkenkrug!! Lindholz!! B. Jenseit Rummelsburg *D.* Weißensee *Kth.* Jungfernheide beim Königsdamm!! Steglitz *D.* K. Rüdersdorfer Kalkberge *Schl.!* Nst. An der Chaussee nach Trampe; Brunnen; Zainhammer *Bch.*

746. S. aurita L. Wiesen, feuchte Waldstellen, nicht selten. P. Nuthewiesen *Bs.!* Sp. Pichelsberg!! Grunewald!! Na. Bei der Haltestelle Finkenkrug!! Kremmen: Tietzow *N.!* B. Gesundbrunnen!! im südlichen Theil der Jungfernheide!! Witzleben beim Forsthause *W. M.!* zwischen dem zoologischen Garten und Wilmersdorf!! K. Friedrichshagen!!

b) cladostemma Hayne (als Art). Mit der Hauptart, selten. Sp. Südlich von Pichelsberg!! B. Pankow *Schl.*

* S. phylicifolia L. Im Harz und in Schlesien einheimisch, hier nur angepflanzt, so P. Wiesen jenseit des Neuen Palais!! B. Thiergarten in der Nähe des zoologischen Gartens *Dr. Lambert!*

b) laurina Sm. (als Art). B. Treptow unweit des Gasthofes!!

747. S. repens L. Sumpfränder, Wiesen, Moorboden, nicht selten, z. B. Na. Buschow am Bolchow!! Königshorst *H. S.* Kremmen: Rhinluch *H.!* B. Friedrichsfelde; Weißensee *Kth.* zwischen Französisch-Buchholz und Nieder-Schönhausen!! zwischen Pankow und

dem Gesundbrunnen!! Reinickendorf *Schl.* zwischen dem zoologischen Garten und Wilmersdorf!! Rudower Wiesen!!

b) **fusca** Sm. (als Art). Wie die Hauptart. Z. B. Sp. *Schl.* Na. Beim Bredower Forsthause!! B. Pankow *Schl.* Jungfernheide *Thiele!* Tempelhof *Schl.* Auch angepflanzt.

c) **argentea** Sm. (als Art). Desgleichen, z. B. B. Westlich von Bellevue *Bauer*; zwischen dem zoologischen Garten und Wilmersdorf!!

d) **rosmarinifolia** L. (als Art). Torfsümpfe, zerstreut. Sp. *Schl.* Grunewald!! B. Friedrichsfelde *Schl.* Jungfernheide!!

737 × 738. S. **pentandra** × **frágilis**. An Sümpfen, Ufern, sehr zerstreut. Sp. Pichelsberg *Bauer.* Na. Finkenkrug *A. Br.!!* B. Gesundbrunnen *Sanio!* Möckernitz *Sanio!* Auch zuweilen angepflanzt; so Na. Beim Forsthause Brieselang!! B. Friedrichshain *J.!* Jungfernheide am Wege nach Spandau diesseit Königsdamm und am Wege vom Plötzensee nach Charlottenburg!! diesseit Treptow!!

* 738 × 739. **frágilis** × **alba**. Mit den Eltern, aber wohl nur angepflanzt. Sp. Tegel *D.* B. Lichtenberg *Dr. Klotzsch!* Schöneberg *D.*

* 740 × 742. S. **amygdálina** × **viminalis**. Ufer, Wege, nur gepflanzt. B. Westlich der Moabiter Brücke am linken Spreeufer!! bei der unteren Kanalschleuse *Caspary*; bei Ober-Rixdorf *Sanio*; am Wege nach Treptow *Winkler!!*

* 741 × 742. S. **purpúrea** × **viminalis**. Nur angepflanzt. B. Moabit *Sonder*; an der Akazienpflanzung westlich vom botanischen Garten *Caspary!!*

* 742 × 743. S. **viminalis** × **cinerea**. Nur angepflanzt. B. An der Akazienpflanzung westlich am zoologischen Garten *Caspary!!*

742 × 745. S. **viminalis** × **Cáprea**. An Wegen, Gräben, vielleicht nur angepflanzt. B. An der Chaussee nach Stralau *A. Br.!!* am Wege von Treptow nach dem Eierhäuschen!!

* 742 × 747. S. **viminalis** × **repens**. Nur angepflanzt. P. Wiesen jenseit des Neuen Palais *A. Br.!!*

* S. **nigricans** × **phylicifolia***). Mit den Eltern, aber wohl nur gepflanzt. P. Wiesen jenseit des Neuen Palais!!

746 × 747. S. **aurita** × **repens**. Sumpfränder, Wiesen, zerstreut. P. Zehlendorf bei der Haltestelle *A. Br.!!* Sp. Bei den Schanzen nordwestlich der Stadt *A. Br.!!* B. Zwischen Pankow und dem Gesundbrunnen *Wichura!!* an der Tegler Chaussee *A. Br.!* Rudower Wiesen *A. Br.!!*

---

*) Nach *Bauers* Urtheil.

338. Pópulus Tourn.

* P. alba L. Im Gebiet nicht einheimisch; in Parks, an Wegen häufig gepflanzt.

* P. canescens Sm. Desgleichen.

748. P. trémula L. In Wäldern nicht selten. Auch an Wegen gepflanzt.

* P. nigra L. Im Gebiet wohl nicht einheimisch, sondern in Wäldern, an Wegen, Straßen zuweilen gepflanzt. Zahlreich z. B. P. Im Walde nach Kaput hin *Jahn!* Na. An den Dämmen im großen Havelländischen Luch!!

* P. pyramidalis Rozier. An Chausseen sehr häufig gepflanzt; erst seit dem Ende des 18ten Jahrhunderts eingeführt. Hier fast nur ♂ Bäume; ♀ B. Im Soltmannschen Brunnengarten und im Bouchéschen Garten.

* P. monilífera Ait. Aus Nordamerika; an Chausseen überall gepflanzt, fast nur in ♂ Exemplaren.

* P. balsamífera Ait. Zierbaum aus Nordamerika.

B. Monocotylédones.

83. Familie. Hydrocharidaceae D. C.

339. Stratiótes L.

749. S. aloídes L. Pfühle, Seen, Gräben, nicht selten, z. B. P. Nuthewiesen *Bs.* Sp. Havel bei Pichelswerder!! Ruhleben *Kth.* Grunewald!! Tegel *D.* Or. Zerpenschleuse *Kr.* Na. Sandhorst *H. S.* Kremmen: Reglitzgraben bei Linum *H.!* Trebbin: Schulzendorf *Gr.!* B. Stralau *D.* Weißensee!! faule Spree *Bl.* Witzleben *Schp.* zwischen Steglitz und Lichterfelde *W. M.* Schöneberger Fenn *Bl.* Tempelhof!! Treptow *D.* K. Erkner beim Neuen Krug!! Blumberg *Kth.* Mst. Am linken Ufer des Kanals nach der Rogäser Schleuse zu *Bch.*

340. Hydrócharis L.

750. H. morsus ranae L. Wie voriger, häufig, z. B. P. Nuthe; nördlich am Wildpark *Bs.* Sp. Havel bei Pichelswerder!! Grunewald!! Tegel *D.* Na. Königshorst *H. S.* Kremmen: Rhinluch bei Linum *H.!* Lw. Frankenfelde *Kt.* Trebbin: Schulzendorf *Gr.!*

B. Jungfernheide *D.* Charlottenburg *Rei.* Bellevue; Schöneberger Fenn *Bl.* Tempelhof!! Rudower Wiesen!! Nst. Kanal; Oelmühlteich; beim alten Wasserfall *Bch.*

84. Familie. Alismaceae Rich.

341. Alisma L.

751. A. Plantágo L. Sumpfränder, Gräben, häufig.
b) graminifolium Ehrh. In Sümpfen, nicht häufig. B. Tempelhof *Bouché!*

342. Echinódorus Rich.

752. E. parnassifolius (L.) Englm. Tiefe Sümpfe, sehr selten. Sp. Grunewald in der Nähe der Hundekehle *R.* B. An einem Sumpf südlich von Tempelhof östlich der Chaussee *Lucae! Rn.!*

753. E. natans (L.) Englm. Stehende Gewässer, zerstreut. Sp. Teufelsfenn im Grunewald!! B. Weißensee!! Jungfernheide *D.* Hohler See!! Wilmersdorf *D.* Tempelhof!! Lankwitz *W. M.!* K. Tasdorf *D.*

343. Sagittária L.

754. S. sagittaefolia L. Sümpfe, Gräben, Flüsse, nicht selten. P. Nuthe *Bs.* Sp. Pichelswerder!! Na. Brieselang *W. M.!* Königshorst *H. S.* Kremmen: Linum *H.!* B. In dem (der Schifffahrt versperrten) Hauptarm der Spree zwischen der Burgstraße und dem Lustgarten sehr viel, aber selten blühend!! an der Spree diesseit Stralau *Rei.* Weißensee!! Plötzensee *Bl.* Kanal bei der Charlottenburger Brücke, meist nicht blühend!! Lankwitz *Bl.* Nst. Am Kanal nach der Rogäser Schleuse zu *Bch.*

85. Familie. Butomaceae Rich.

344. Bútomus Tourn.

755. B. umbellatus L. Sumpfränder, Gräben, Ufer, nicht selten, z. B. P. An der Havel und Nuthe *Bs.* Sp. Pichelsberg!! Tegel *Kth.* Na. Königshorst!! Lw. Nuthe *Rt.!* B. Rummelsburg *J.!* Weißensee!! an der faulen Spree *Bl.* Tempelhof *Schl.* Treptow *Kth.* Nst. Am Kanal *Bch.*

86. Familie. Juncaginaceae Rich.

345. Scheuchzéria L.

756. S. palustris L. Torfsümpfe, sehr zerstreut. P. Nuthewiesen *Bs.!* Ravensberge *Schp.* Zehlendorf im krummen Fenn!! Sp. Grunewald!! Papenberge; Tegel *D.* B. Jungfernheide *O. Jaenicke.* K. Tasdorf *D.* Fw. Sonnenburg *Sch.!* Biesenthal: In einem Sumpfe nördlich vom Wege nach Lanke *A. Br.*

346. Triglóchin L.

757. T. maritima L. Wiesen, besonders auf Salzboden, im westlichen Gebiet zerstreut, im östlichen fast ganz fehlend. Nur N. Br. Deetz; Lünow; Pewesin *Schr.* P. Jenseit des Neuen Palais *Weiland!* Uetz *Schp.* Nuthewiesen *Bs.* Sp. *D.* Papenberge *Kth.* Tegel *D.* Na. Zwischen der Bredower Forst und Zeestow!! zwischen der Stadt und dem Weinberge *Schr.!* beim Selbelanger Jägerhause!! Luch bei den Jahnbergen!! Mangelshorst *H. S.!* Dechtow beim Unterholz *H.* Kremmen *Jahn*; Flatow *H.* Tietzow *N.!!* Lw. Frankenfelde *Kt.!* Frankenförde; Zülichendorf *Kt.* B. Zwischen der Stadtmauer und Boxhagen *J.!!* Rummelsburg!! Friedrichsfelde *D.* zwischen der Jungfernheide und Charlottenburg *A. Br.* südlich am zoologischen Garten *W. M.!* Rudower Wiesen!! Treptow *D.* K. Tasdorf *D.*

758. T. palustris L. Moorwiesen, Sumpfränder, nicht selten, oft mit der vorigen Art. P. Nuthewiesen *Bs.* Sp. Pichelswerder!! am Grunewald-See!! Tegel *D.* Na. Zwischen der Bredower Forst und Zeestow!! beim Selbelanger Jägerhause!! Königshorst: Kirchenkoppel *H. S.!* Kremmen: Beetz; Linum *H.!* Lw. Felgentreu *Kt.* Trebbin: Schulzendorf *Gr.!* B. Wiesen zwischen der Stadtmauer und Boxhagen!! zwischen Rummelsburg und dem Hegemeister!! zwischen Rummelsburg und dem Lichtenberger Kietz *Schp.* Jungfernheide beim Pfefferluch *Kei.* zwischen der Jungfernheide und Charlottenburg *A. Br* beim Kurfürstendamm!! Wiesen an der Eisenbahn diesseit Schöneberg!! an Pfühlen südlich von Tempelhof!! Wr. Batzlower Wiese *Kn.* Nst. Großer Schlangenpfuhl *Bch.*

87. Familie. Potamiae Juss.

347. Potamogéton L.

759. P. natans L. Stehende Gewässer, häufig.

760. P. fluitans Rth. Flüsse, zerstreut. P. Havel bei Baumgartenbrück *Körnicke*. Or. Havel *Gae.!* B. In der Spree bei der Langen und Marschallsbrücke *Bl.* bei den Zelten *Kth.!* bei Charlottenburg *Körnicke*.

761. P. alpinus Balb. Gräben, Teiche, Bäche, zerstreut. Lw. Beim kleinen Haag *H. S. II.!* Trebbin: Schulzendorf *Gr.!* B. Jungfernheide südlich vom Kanal westlich vom Königsdamm *Schp.!* Charlottenburg *D.* zwischen dem zoologischen Garten und Wilmersdorf *A. Br.!!* südöstlich von Rixdorf *Bauer*; südlich an der Spreeheide *W. M.!* Alt-Landsberg *Gae.!* Fw. Alaungraben *Rn.*

762. P. gramineus L. Stehende Gewässer, Gräben, Torflöcher, zerstreut. Sp. Hundekehle *Körnicke!* Or. *Gae.!* Kremmen: Linum *H.!* B. Saupfuhl!! Weißensee!! Tempelhof *Bauer*. Wr. Batzlow *Thiele!*

763. P. nitens Web. Seen, sehr zerstreut. Sp. Tegler See beim scharfen Berg *Körnicke!* Buckower See *Thiele!*

764. P. lucens L. Stehende und langsam fließende Gewässer, nicht selten. P. Havel beim Tornow!! Schlachtensee *Jahn!* Sp. Krumme Lanke!! Tegler See *Kth.!* Na. Königshorst *H. S.!* Kremmen: Rhinluch *H.* B. Spree; Rummelsburger See *O. Jaenicke*. Weißensee *Schl.* K. Müggelsee *D.* Alt-Landsberg: Bötzsee *Gae.!* Fw. Alaungraben *Rn.*

765. P. decipiens Nolte. Seen, Flüsse, selten. Bisher nur Biesenthal: Liepnitz-See *Jahn!*

766. P. praelongus Wulfen. Stehende und langsam fließende Gewässer, sehr zerstreut. Sp. Krumme Lanke *A. Br.!!* Hundekehlen-See *Schl.!* Tegler See *Körnicke*. Kremmen: Torfgräben bei Linum *H.!* Biesenthal: Ober-See bei Lanke *A. Br.!*

767. P. perfoliatus L. Flüsse, Seen, nicht selten. P. Havel beim Tornow!! bei Ketzin *Hechel!* Schlachtensee *Schp.* Sp. Grunewald-See *D.* Tegler See *Bl.* Or. Havel *Gae.!* Kanal bei Zerpenschleuse *Kr.* Kremmen: Rhinluch *H.!* B. Plötzensee *Bl.* Schifffahrtskanal und Teiche beim zoologischen Garten!! K. Flakensee!! Kalksee *Bl.* Fw. Alaungraben *Rn.* Nst. Kanal; Schwärze *Bch.*

768. P. crispus L. Stehende und fließende Gewässer, häufig. P. *Bch.* Sp. Grunewald *Kth.* B. Weißensee *Kth.* Kanal bei der Torfstraße!! Plötzensee *Bl.* bei den Zelten *Kth.!* Charlottenburg *Kth.* Schöneberg *Winkler!* Tempelhof *Rei.* Rudower Wiesen!! Alt-Landsberg: Wesendahl *Gae.!* Buckow *Walter*. Fw. Alaungraben *Rn.* Nst. Oelmühlteich *Bch.*

769. P. compressus L. Flüsse, Seen, Gräben, zerstreut. Sp. Pichelswerder!! Tegler See *D.* Kremmen: Linum *H.!* B. Spree bei Bellevue *D.*

770. P. acutifolius Lk. Gräben, Seen, zerstreut. Sp. Grunewald; Tegler See *D.* B. Zwischen dem zoologischen Garten und Wilmersdorf *A. Br.!!* Schöneberger Fenn *Bl.* Rudower Wiesen!! Alt-Landsberg: Bruchmühle *Gae.!*

771. P. obtusifolius M. u. K. Wie voriger, zerstreut. P. Havel beim Tornow!! Sp. Grunewald *D.* Tegel *Gae.* B. Saupfuhl *Kth.!* Tempelhof *v. Chamisso!* Alt-Landsberg: Wesendahl *Gae.!* Fw. Sonnenburg *Sch.* Nst. Gräben am Trödelsteig *Bch.*

772. P. mucronatus Schrad. Gräben, Seen, sehr zerstreut. P. Havel bei Werder *Schr.!* Sp. Graben südlich von Paulsborn *Körnicke!!* Tegler See *Bauer!* B. Spree bei den Zelten *Kth.!* Gräben südöstlich von Rixdorf *Grunow!* K. Tasdorf *Bauer!*

773. P. pusillus L. Gräben, stehende Gewässer, zerstreut. Br. Gr. Kreutz im Dorfteich *Schr.* Gohlitz *Schr.!* Sp. *D.* Kremmen: Rhinluch *H.* B. Weißensee *D.* Seegerscher Holzplatz *Bl.* Wilmersdorf; Tempelhof *D.* Rudower Wiesen!! Alt-Landsberg: Wesendahl *Gae.*

774. P. rútilus Wolfgang. Pfühle, sehr selten. B. Zwischen Tempelhof und Mariendorf 1832 *Bauer!*

775. P. trichoídes Cham. u. Schl. Gräben, sehr selten. Sp. Nach den Papenbergen hin *Schl.!* ob noch jetzt? B. In einem Torfloch zwischen der Birkenstraße und der Jungfernheide 1853 *A. Br.!!* jetzt durch Urbarmachung dieser Gegend vertilgt.

776. P. pectinatus L. Seen, Flüsse, Gräben, zerstreut. P. Nuthe *Bs.!* Sp. Pichelsberg!! Tegler See *Kth.!* Kremmen: Linum *H.!* Alt-Landsberg: Bötzsee *Gae.!* Buckow: Tornow-See *Jahn!* Nst. Kleiner See!!

b) Vaillantii R. u. Sch. (als Art). In Flüssen. B. Spree bei der Marschallsbrücke *Bl.* bei den Zelten!! im Kanal vor dem Anhaltischen Thor *W. M.!*

348. Zannichéllia Micheli.

777. Z. palustris L. In stehenden Gewässern, sehr zerstreut, aber wohl mehrfach übersehen. P. Glindower See am südlichen Ufer *Schr.* Schlachtensee *Grunow!* Tegler See *Bl!* im See bei Heiligensee *Kth.!* B. Tempelhof im Pfuhl bei der Kirche!! am 28. Oktober 1855 von *Rach* und mir gefunden.

88. Familie. Najadaceae Lk.

349. Najas L.

778. N. marina L. ex p. In stehenden und langsam fließenden Gewässern auf Sand- und Moorgrund, zerstreut. P. See bei Kaput *Weiland!* Nuthe *Bs.!* Schlachtensee!! Sp. Krumme Lanke *Körnicke!* Tegler See *Schl.!* K. Kalksee *Kth.!* Stienitzsee bei Tasdorf *Dr. Klotzsch!* Alt-Landsberg: Bötzsee *Gae.!* Baruth *Rbh.* Buckow: Tornow-See *Jahn!* Nst. Großer See *Bch.* Biesenthal: Ober-See bei Lanke *Jahn!*

779. N. minor All. Wie vorige, zuweilen mit derselben, seltener. P. Schlachtensee!! Sp. Krumme Lanke *Caspary!* See bei der Hundekehle *Bauer!* Tegler See *Kth.!* Nst. Großer See *Bch.*

89. Familie. Lemnaceae Lk.

350. Lemna L.

780. L. trisulca L. Gräben, Seen, Pfühle, häufig.

781. L. polyrrhiza L. Wie vorige, weniger häufig, z. B. Sanssouci *Schp.* beim Tornow!! Sp. Pichelswerder!! B. Spree diesseit Stralau *Schp.* Charlottenburg *W. M.!* Teiche im Thiergarten!! Wilmersdorf *Thiele!*

782. L. minor L. Wie die vorigen, gemein.

783. L. gibba L. Wie die vorigen, nicht häufig, z. B. P. Bornstedt *Schp.!* B. Bei den Zelten *Bl.*

90. Familie. Typhaceae Juss.

351. Typha Tourn.

784. T. angustifolia L. Sümpfe, Gräben, nicht selten. Br. Lehniner Mühlteich *Schr.* P. Am Wildpark *Schp.* Sp. Grunewald *W. M.!* Kremmen: Linum *H.* Beelitz: Salzbrunn *Kt.!* Lw. Lindenberg *Th.* Trebbin: An der alten Nuthe bei Mertensmühle; Schulzendorf *Gr.!* B. Schöneberger Busch *Bl.* K. Woltersdorf!! Storkow: Scaby-Luch *H.* Nst. Ziegelei; Zainhammer *Bch.*

785. T. latifolia L. Wie vorige, häufig.

352. Spargánium Tourn.

786. S. ramosum Huds. An Gräben, Sümpfen, Ufern, häu-

fig, z. B. P. Tornow!! Na. Königshorst *H. S.* B. Weißensee!! Schöneberger Fenn *Bl.* Tempelhof *W. M.!* Alt-Landsberg *Gae.* Nst. An der Schwärze!! Graben am Weidendamm *Bch.*

787. S. simplex Huds. Wie voriges, nicht selten, z. B. Sp. Grunewald *W. M.!* Kremmen: Linum *H.!* B. Schöneberger Fenn *Bl.* Tempelhof *Rei.* Nst. Bornemannspfuhl *Bch.*

b) flúitans A. Br. In Flüssen fluthend. P. Havel beim Tornow!! (nicht blühend gefunden).

788. S. minimum Fr. Torfsümpfe, zerstreut. P. Kl. Machenow *Schl.* Sp. In einem kleinen Sumpf bei Pichelsberg!! Teufelsfenn!! zwischen dem Grunewald- und Hundekehlen-See!! Sümpfe nordöstlich der Hundekehle!! Lw. Dobbrikow *Rt.!* B. Zwischen Weißensee und Hohen-Schönhausen *A. Br.!* Sümpfe diesseit der Jungfernheide und östlich vom Pfefferluch!! südlich von Tempelhof!! Rudower Wiesen *D.* K. Tasdorf *D.* Wr. Beim Landhof *Sch.* Nst. Diesseit des großen Sees *Bch.!* Biesenthal: Sümpfe nach Lanke hin *A. Br.*

91. Familie. Araceae Juss.

353. Calla L.

789. C. palustris L. Sümpfe, besonders auf Torfboden, zerstreut. Br. Schwiena bei Lehnin *Rt.* Götzer Elsbruch *Schr.* P. Gr. Glienicke *H.* Teufelssee bei den Ravensbergen *Ad. Müller!* Nuthewiesen *Bs.!* Kl. Machenow *D.* Sp. Saugarten *Bl.* am Grunewald-See!! Lw. Frankenförde *Rt.!* Trebbin: Torfstich bei Schulzendorf *Gr.!* B. Zwischen Französisch-Buchholz und Buch *Kr.* Möllernitz in der Jungfernheide!! Wilmersdorf *D.* K. *D.* Rabenstein-Mühle *H.* Tasdorf *Thiele!* Alt-Landsberg *Gae.* Buckow: Bei der Pritzhagener Mühle *Sch.* Fw. Baa-See *Kn.* Nst. Finowbruch *Bch.* beim kleinen See *Bch.!!* Biesenthal: Sümpfe nach Lanke hin *A. Br.*

354. Ácorus L.

790. A. Cálamus L. Sümpfe, Ufer, Graben, nicht selten. P. An der Havel und Nuthe *Bs.* Sp. Pichelsberg!! Grunewald *Schl.* Papenberge *D.* Na. Königshorst *H. S.* Beelitz; Salzbrunn *Rt.* Lw. Lindenberg *Th.* Trebbin: An der Nuthe bei Mertensmühle *Gr.!* B. Weißensee; Jungfernheide *D.* Schöneberger Fenn *Bl.* Tempelhof; Treptow *D.* Nst. Kalmusbrücke; bei der Badeanstalt *Bch.*

92. Familie. Orchidaceae Juss.

355. Orchis L.

791. O. Rivini Gouan. Trocknere Wiesen, meist A, im westlichen Gebiet zerstreut, im östlichen selten. Br. Lünow; Ketzür; Pewesin *Schr.* P. Jenseit des Neuen Palais *Bs.!* Sp.; Schönwalde; Heiligensee *D.* Or. Germendorf *Gae.!* Na. Wiesen beim Finkenkrug!! westlich der Bredower Forst!! bei der Stadtforst *Gr.!* nördlich am Lindholz; Tremmen *Schr.* Kremmen: Tietzow *N.!!* Linumer Wiesen westlich vom Birkhahndamm *H.!* T. Zwischen Kemnitz und Niebelhorst *P.* B. Wiesen zwischen der Stadtmauer und Boxhagen!! bei Friedrichsfelde *D.* Französisch-Buchholz!! Rudower Wiesen!! Müncheberg *O. Jaenicke.* Wr. Berge *Sch.!* Nst. Stadtbruch; bei der Rogäser Schleuse *Bch.!*

792. O. tridentata Scop. Sonnige Hügel, sehr selten. Nur in der Obergegend. Fw. Amalienhof *Bch.* Nst. Karlswerk *Bch.!* hier zuerst von *H.* entdeckt.

793. O. corióphora L. Mäßig feuchte Wiesen, im westlichen Gebiet zerstreut, im östlichen fehlend. Nur A. Br. Weseram; Lünow *Schr.* Pewesin!! P. Zwischen Bornim und Marquard *Schp.!* Wiesen nördlich am Wildpark!! nördlich von Geltow *Ad. Müller!* Sp. Bei den Papenbergen *R.* zwischen Nieder-Neuendorf und Schönwalde *Rn.!* Or. Bötzow *H.* Na. Wiesen nördlich vom Finkenkrug!! westlich an der Bredower Forst!! am Lindholz bei Paulinenau *Rt.!* Kremmen: Cubruch bei Linum *H.* Rüthnick im Dorn *Muss!* Lw. Trift jenseit Elsthal; Frankenfelde *Rt.!* Trebbin: Schulzendorf *Gr.!* B. Wiesen bei Boxhagen *Jablonsky*; Rudower Wiesen einzeln!!

794. O. Mório L. Trockne Wiesen, sonnige Hügel, Waldränder, zerstreut. Br. Ketzür (weißblühend) *Schr.!* P. Jenseit des Neuen Palais; Nuthewiesen *Bs.* Sp. Bei der Hundekehle einzeln *Schp.* Na. Große faule Lake beim Finkenkrug!! nördlich am Lindholz *H. S.!* T. Kemnitz; Niebelhorst *P.* Lw. Felgentreu *Rt.!* Trebbin: Schulzendorf *Gr.!* B. Wiesen nördlich der Fuchsberge *O. Jaenicke!!* Französisch-Buchholz; Buch *Kr.* Reinickendorf *D.* Steglitz bei der Schäferei *Bl.* Tempelhof *D.* Rudower Wiesen *Schp.!* K. Tasdorf *D.* Alt-Landsberg *Gae.* Strausberg: Blumenthal *Kr.* Buckow: Pritzhagen *Schl.* Wr. Berge *Sch.!* Batzlower Mühle *Thiele!* Nst. Trampe *Bch.* Hekelberg *Bl.*

795. O. laxiflóra Lmk. Nur

b) palustris Jacq. (als Art). Sumpfwiesen; im westlichen Gebiet zerstreut, im östlichen selten; besonders A. Br. Südwestlich von Weseram viel!! Lünow; Ketzür *Schr.* Pewesin im Lötzbruch!! P. Jenseit des Neuen Palais *Bs.!* Marquard *Schp.!* Sp. Schönwalde *D.* Na. Nördlich vom Finkenkrug!! Wiesen bei der Stadt *Gr.!* nördlich am Lindholz *Schr.* Königshorst in der Kirchenkoppel *H. S.!* Kremmen *N.* Trebbin: Lüdersdorf *Gr.* B. Rudower Wiesen!! Nst. Bornemannspfuhl *Bch.*

796. O. maculata L. Trocknere Wiesen, feuchte Laubwälder, zerstreut. P. Zwischen dem Neuen Palais und Golm *Bs.!* Sp. *Kth.* Heiligensee *D.* Or. Wandelitz *Schl.* Na. Wiese nördlich vom Finkenkrug!! nördlich von Kl. Bähnitz!! Lw. Frankenfelde *Rt.!* Schöneweide *Gr.!* Trebbin: Schulzendorf *Gr.* B. Friedrichsfelde beim Landwehrkreuz *Rei.* Heinersdorf *D.* Französisch-Buchholz *Kr.* Reinickendorf *D.* Jungfernheide (weißblühend) *Thiele!* Rudower Wiesen!! Alt-Landsberg *Gae.* Nst. Drehnitz; an der Schwärze; Leuenberger Wiesen *Bch.!*

797. O. latifolia L. Feuchte Wiesen, häufig.

798. O. incarnata L. Feuchte Wiesen, zerstreut. Br. Pewesin!! P. Golm *Bs.!* Sp. Grunewald!! Tegel *Schp.* Na. Brieselang *W. M!* große faule Lake beim Finkenkrug!! Kremmen: Linum *H.!* Lw. Frankenfelde *Rt.!* B. Wiesen zwischen der Stadtmauer und Boxhagen!! Jungfernheide!! Rudower Wiesen (auch weißblühend)!! K. Tasdorf *Beyrich!* Biesenthal: Wiesen nach Lanke hin *A. Br.*

356. Gymnadénia R. Br.

799. G. conopéa (L.) R. Br. Mäßig feuchte Wiesen, zerstreut; gern mit Orchis maculata L. Br. Weseram!! Lünow *Schr.* Pewesin!! P. Jenseit des Neuen Palais!! Nuthewiesen *Bs.* zwischen Kl. Machenow und Teltow *Bl.* Sp.; Schönwalde; Heiligensee *D.* Or. Germendorf *Gae.!* Wandelitz *Schl.* Na. Nördlich vom Finkenkrug!! westlich von der Bredower Forst!! Kirchenkoppel bei Königshorst *H. S.!* Lw. Südlich vom Elsthal *Rt.!* Lindenberg *H. S. II.!* zwischen Frankenfelde und Frankenförde *Rt.!* Trebbin: Schulzendorf *Gr.!* B. Wiesen beim Lichtenberger Kietz *J.!* Französisch-Buchholz *Kr.* Reinickendorf *D.* Jungfernheide *Kth.* Wiesen nördlich von Wilmersdorf!! Rudower Wiesen!! Nst. Großer See; Tornow *Bch.*

800. G. densiflóra (Wahlenb.) A. Dietrich. Wiesen, sehr zerstreut. Na. Brieselang *Jahn.* B. Französisch-Buchholz nach Buch und Schönerlinde zu *Kr.* Rudower Wiesen!! (hier zuerst von *D.* entdeckt). Strausberg bei den Lilien-Convallienwällen *Gae.!*

357. Platanthéra Rich.

801. P. bifolia (L.) Rchb. Laubwälder, trockne Wiesen, zer-

streut. B. Kehür *Gr.* Sp. Bei der Hundekehle!! Papenberge!! an der Chaussee jenseit Tegel *Schp.* Na. Brieselang *Gr.* Bredower Forst *W. M.!* Lindholz!! Gr. Bähnitz *Schr.* Lw. Frankenfelde; Felgentreuer Busch *Rt.* Trebbin: Zelle *Gr.!* B. Französisch-Buchholz *Kr.* Jungfernheide westlich vom Artillerie-Schießplatz!! Rudower Wiesen!! Köpnicker Heide *D.* Strausberg: Blumenthal *D.* Fw. Turnplatz; Brunnen *Rn.* Nst. Brunnen; Zainhammer; Bornemannspfuhl *Bch.*

802. P. montana (Schmidt) Rchb. fil. Lichte Laubwälder, selten, aber wohl mehrfach übersehen. Na. Im westlichen Theil des Lindholzes!! zuerst von *Hertzsch* entdeckt.

358. Hermínium R. Br.

803. H. Monorchis (L.) R. Br. Trockne Wiesen, selten. B. Wiesen zwischen der Stadtmauer und Boxhagen!! Rudower Wiesen!!

359. Anacamptis Rich.

804. A. pyramidalis (L.) Rich. Trockne Wiesen mit Mergelgrund, sehr selten. B. Wiesen südlich vom Buschkrug *Dr. Klotzsch!*

360. Cephalanthéra Rich.

805. C. grandiflóra (L.) Babington. Schattige Laubwälder, Gebüsche, selten, aber ziemlich gesellig. Fw. Zieglerberg *Rn.!!* Paschenberg *Bch.!!* Nst. Pfingstberg bei Karlswerk *Bch.*

806. C. rubra (L.) Rich. Trockne, schattige Wälder, meist unter Laubholz, sehr zerstreut und oft vereinzelt. P. Wildpark *Bs.* Wald an den Nuthewiesen in der Nähe des Forsthauses *Bs.!* Sp. Grunewald östlich vom Teufelsfenn *Schp.* Papenberge *D.* Schulzendorf *Bl.!* Or. Zerpenschleuse *Kr.* Na. Beim Finkenkrug einzeln *Sanio!* Hahnberge *Gr.!* Lindholz *H. S.!* B. Jungfernheide *R.* Köpnicker Heide *Bouché!* K. Woltersdorfer Schleuse *v. Chamisso jun.!* Fw. Moderkehle zwischen dem Alaunwerk und Falkenberg *Rn.!* Nst. Zwischen dem Brunnen und Zainhammer *Bch.!* Spechthausen *Bch.* Darre *Bch.!*

361. Epipactis Haller.

807. E. Hellebórine (L.) Crtz. Schattige Laubwälder, zerstreut. P. Charlottenhof; Sanssouci jenseit der Eichen; Pirschheide *Schp.* Hügel an der Griebnitz *Bs.!* Sp. Papenberge *D.* Bamberge *Bl.* Tegel *Kth.* Or. Am Stintgraben *Gae.!* Na. Finkenkrug!! Bredower Forst!! Stadtforst!! Lindholz *Schr.* Königshorst am Damm nach Deutschhof *H. S.* Unterholz bei Dechtow *H. S.!* Lw. Elsthal *Rt.!* B. Friedrichsfelder Park!! Jungfernheide beim Forsthause Kö-

nigsdamm *Schp.!* Thiergarten beim Jägerhause!! Köpnicker Heide *D.* Fw. Brunnen; bei der Kietzer Ziegelei *Sch.* Nst. Darre; großer und kleiner Schlangenpfuhl *Bch.*

808. E. palustris Crtz. Sumpfige Wiesen, zerstreut. Br. Beseram; Pewesin am Lötzbruch nördlich vom Kanal *Schr.* P. Nuthewiesen zwischen Neuendorf und Drewitz *Bs.!* Petzow; Glindow *Sp.* Sp. *Kth.* Grunewald!! Heiligensee *D.* Kremmen: Linumer Gräberei *H.!* Lw. Frankenförde *Rt.!* B. Wiesen zwischen der Stadtmauer und Boxhagen!! Friedrichsfelde *D.* Französisch-Buchholz *Kr.* Reinickendorf *D.* Jungfernheide *Thiele!* Rudower Wiesen!! K. Wiesen beim Alten Grund!! Tasdorf *Schl.* Alt-Landsberg *Gae.* Buckow: bei der Eichendorfer Mühle *Sch.!* Wr. Batzlower Wiese *Rn.* (Am Malzmühlgraben *Sch.*) Nst. Rogäser Schleuse *Baetke!* zwischen dem kleinen und großen See *Bch.!* Biesenthal: Wiesen am Wege nach Lanke *A. Br.*

362. Listéra R. Br.

809. L. ovata (L.) R. Br. Laubwälder, Sumpfränder, feuchte Gebüsche, zerstreut. P. Zwischen Tornow und Templin *Bs.!* Nuthewiesen *Bs.* Sp. An der krummen Lanke *H.!!* Papenberge *D.* Tegel an der Chaussee südlich der Mühle!! Na. An der Eisenbahn westlich der Haltestelle Finkenkrug!! südlich an der großen faulen Lake!! Lindholz!! am grünen Damm zw. Königshorst und Sandhorst *H. S.* Unterholz bei Dechtow *H.* Gr. Bähnitz *Schr.* Kremmen: Rhinluch *H.* Lw. Frankenfelder Nachthütung *Rt.* Trebbin: Zwischen Schulzendorf und Neuendorf *Gr.!* B. Bei den Fuchsbergen *J.!* Französisch-Buchholz im Park!! Jungfernheide bei der Möckernitz *Bl.* Thiergarten unweit des Jägerhauses!! Alt-Landsberg *Gae.!* Fw. Dampfmühle bei Falkenberg *Rn.* Nst. Schützenhaus; Zainhammer; Sommerfelde; Tornow *Bch.*

363. Neóttia L.

810. N. nidus avis (L.) Rich. Schattige Laubwälder, sehr zerstreut. Sp. Grunewald unweit Paulsborn *Winkler*; Papenberge!! Or. Liebenberg *Gae.!* Na. Brieselang!! Lindholz *D.* Strausberg: Blumenthal *D.* Fw. Baa-See; Hauptmannsweg *Rn.* zwischen dem Alaunwerk und Falkenberg *Rn.!* Paschenberg *Rn.* Nst. An der Schwärze; Spechthausen; Mönchsbrücke *Bch.!*

364. Goodyéra R. Br.

811. G. repens (L.) R. Br. Schattige, moosige Wälder, selten. Sp. Nordwestlich von Tegel zu beiden Seiten der Chaussee *Rn.! Schp.* Wr. Büchnitz bei Möglin *Thiele!*

365. Spiranthes Rich.

812. S. spiralis (L.) C. Koch. Trockne Triften, sehr selten. B. Beim Hegemeister *v. Chamisso!* und an der Straße von dort nach K. zuerst von *Dr. Klotzsch* entdeckt; seit mehreren Jahren nicht wieder gefunden.

366. Corallorrhiza Haller.

813. C. innáta R. Br. Schattige Wälder, auf abgefallenem Laube, Torfsümpfe, selten. Sp. Im Torfsumpf zwischen Paulsborn und dem Rhinmeister-See *A. Br.!!* und am Rande desselben *Bs.!!* zuerst von *D.* entdeckt. B. Thiergarten bei der Fasanerie-Allee einzeln *Helmrich!* Müncheberg: Bei Neubodengrün *Buek!* hier zuerst von *Dupuis* für das Gebiet entdeckt.

367. Líparis Rich.

814. L. Loeselii (L.) Rich. Torfsümpfe, sehr zerstreut. P. Bei Kl. Machenow *Bs.!* Sp. Sumpf nördlich vom Grunewald-See und zwischen Paulsborn und dem Rhinmeister-See!! Na. Beim Forsthaus Brieselang *Gr.!* B. Jungfernheide *Thiele!* Rudower Wiesen *D.* K. Teufelssee bei den Müggelbergen *Gr.!* Nst. Zwischen dem großen und kleinen See *Bch.*

368. Malaxis Sw.

815. M. paludosa (L.) Sw. Torfsümpfe, sehr zerstreut, aber meist gesellig. Sp. Sümpfe zwischen dem Hundekehlen- und Grunewald-See!! B. Charlottenburg beim hohlen See *Baetke*; in einem Sumpf südwestlich von Tempelhof *Sanio!* K. Waltersdorf *Rach!* Teufelssee bei den Müggelbergen *D.* Nst Zwischen dem großen und kleinen See einzeln *Bch.!* Biesenthal: In einem kleinen Sumpf nördlich vom Wege nach Lanke *A. Br.!*

369. Micróstylis Nutt.

816. M. monophylla (L.) Lindl. Torfsümpfe, sehr selten. Nur Nst. Zwischen dem großen und kleinen See von *Bch.!* am 31. Juli 1857 entdeckt.

370. Cypripédium L.

817. C. Calcéolus L. Schattige Laubwälder, sehr selten. Na. Stadtforst von *Gr.!* einmal zahlreich gefunden; ob noch jetzt? Nst. Angeblich von *Kr.* in der Gegend des Forstortes Liesekrietz südlich von Spechthausen gefunden.

93. Familie. Iridaceae Juss.

* Crocus Tourn.

* C. vernus (L.) All. Häufige Zierpflanze; zunächst in Schlesien wild.

371. Gladíolus Tourn.

818. G. paluster Gaud. Trockne Wiesen, sehr selten, aber gesellig. B. Rudower Wiesen südlich der Spreeheide!! zuerst 1831 von *Schl.* entdeckt.

* G. commúnis L. Im Gebiet nicht einheimisch, sondern nur in Gärten.

372. Iris L.

819. I. Pseudácorus L. Sümpfe, Ufer, häufig.

820. I. sibirica L. Mäßig feuchte Wiesen, feuchte Laubwälder, sehr zerstreut. Br. Pewesin auf der harten Wiese *Sp.!* Sp. Papenberge; Tegel *D.* Or. Bei Bernöve und Stüpnitz *Rn.!* Na. Bredower Forst *Gr.* Lindholz!! T. Niebelhorster Feldmark *P.* B. Friedrichsfelde *D.* Rudower Wiesen!!

Familie Amaryllidaceae R. Br.

† Narcissus L.

† N. poëticus L. Stammt aus Süd-Europa; hier häufig in Gärten und zuweilen verwildert, so P. Park von Petzow!!

† N. Pseudonarcissus L. Im Gebiet nicht einheimisch, sondern nur zuweilen in Gärten und verwildert, so K. Schloßgarten *Gr.*

† Leucóîum L.

† L. vernum L. Im Gebiet nicht einheimisch, sondern zuweilen in Gärten und in Folge dessen verwildert, so Wr. Möglin *Rn.*

† Galanthus L.

† G. nivalis L. Zierpflanze aus Schlesien, überall in Gärten und zuweilen innerhalb derselben verwildert; so B. Auf dem Leipziger Platz *W. M.* Wr. Möglin *Rn.*

94. Familie. Smilacaceae R. Br.

373. Paris L.

821. P. quadrifolius L. Schattige Laubwälder, Gebüsche, zerstreut. P. An der Havel bei der Ablage zwischen Tornow und Templin *Bs.!* Sp. Eiswerder *D.* zwischen Dallgow und Seegefeld!! Papenberge *D.* Tegel westlich vom Park!! Na. Falkenhagen im Elsbruch *D.* Brieselang!! Haltestelle Finkenkrug!! Bredower Forst!! Lindholz!! am grünen Damm zwischen Königshorst und Sandhorst *H. S.!* Unterholz bei Dechtow *H.* Trebbin *Gr.!* B. Friedrichsfelder Park!! bei den Fuchsbergen!! Französisch-Buchholz; Buch *Kr.* Jungfernheide bei der Möckernitz!! Alt-Landsberg *Gae.!* Fw. Baa-See *Rn.* bei der Dampfmühle bei Falkenberg *Kn.!* Nst. Leuenberger Wiesen; Schanzenberg *Bch.* an der Schwärze zwischen dem Gesundbrunnen und Zainhammer *Bch.!!*

374. Polygónatum Tourn.

822. P. officinale All. Trockne Wälder, Hügel, zwischen Gebüsch, zerstreut. P. Pirschheide!! Brauhausberg *Torges!* Sp. Bei der krummen Lanke *Schp.* Papenberge; Tegel *D.* Or. Zerpenschleuse *Jahn.* Na. Beim Bredower Forsthause!! Jahnberge!! Sandkrug bei Gr. Bähnitz *Schr.* Trebbin *Gr.* B. Diesseit Buch *Kr.* Jungfernheide am südlichen Rande in der Nähe des Plötzensees *Bl.!* und östlich an der Möckernitz!! Hasenheide *D.* Heideland zwischen Treptow und dem Neuen Krug!! K. Zwischen Woltersdorf und der Schleuse *W. M.!* Alt-Landsberg *Gae.* Blumberg *Kth.* Fw. Turnplatz *Rn.!* Fischerweg; Teufelsbrücke *Rn.* Nst. Brunnen *Bch.*

823. P. multiflórum (L.) All. Schattige Laubwälder und Gebüsche, nicht selten. P. Sanssouci *Schp.!* Lindstedt *Bs.!* Or. Schloßgarten *Rn.!* Na. Brieselang!! Bredower Forst!! Lindholz!! Fasanerie bei Königshorst!! Park bei Gr. Bähnitz!! Kremmen: Tietzow nach Flatow hin!! B. Friedrichsfelder Park!! bei d. Fuchsbergen *J.!* Buch *Kr.* Schönhauser Park *Ruch!* Jungfernheide *D.* Thiergarten *Sanio!* besonders beim Floraplatz *Bl.* Johannisthal *Rn.!* Alt-Landsberg *Gae.* Fw. Dampfmühle bei Falkenberg *Rn.!* Nst. Brunnen!! Spechthausen *Bl.* Auch als Zierpflanze in Gärten.

375. Convallária L.

824. C. majalis L. Trockne Laub- und Nadelwälder, zerstreut; in letzteren meist nicht blühend. P. Neuer Garten *Bs.* Sans-

souci!! Sp. Wald nordöstlich der Hundekehle!! Papenberge!! Tegel *Schp.* Na. Brieselang!! Bredower Forst!! Lindholz!! Fasanerie bei Königshorst *H. S.*!! zwischen dem Sandkrug und Barnewitz!! B. An den Fuchsbergen!! südöstlicher Theil der Jungfernheide!! Thiergarten *Bl.* Strausberg: Lilien-Convallien-Wälle *Gae.* Blumenthal *D.* Frw. Brunnen; Fischerthal; Teufelsbrücke *Rn.!* Nst. Zainhammer *v. Chamisso jun.!* Stampfmühle bei Spechthausen *Bl.* Ueberall als Zierpflanze in Gärten.

376. Smilácina Desf.

825. S. bifolia (L.) Desf. Laubwälder, feuchte Gebüsche, an Sümpfen, nicht selten. P. Sanssouci *Schp.* Sp. Beim Saugarten!! Papenberge *Kth.* Na. Brieselang!! Bredower Forst!! Lindholz *H. S.* Park bei Gr. Bähnitz!! Lw. Renneberge *Rt.* B. Friedrichsfelder Park!! an den Fuchsbergen!! Schönhauser Park!! Jungfernheide!! Thiergarten!! Treptow *Kth.* Fw. Brunnen; Zieglerberg; Alaunwerk *Rn.* Nst. Brunnen; Zainhammer *Bch.* Spechthausen *Bl.*

95. Familie. Liliaceae D. C.

† Túlipa Tourn.

† T. silvestris L. Im Gebiete nicht einheimisch, sondern nur in Gärten auf Rasenplätzen zuweilen verwildert. P. Neuer Garten in der Nähe des grünen Hauses *Bs.*

* T. Gesneriana L. Häufige Zierpflanze aus Südost-Europa.

* Fritillária L.

* F. imperialis L. Häufige Zierpflanze aus dem Orient.

377. Lílium L.

† L. bulbiferum L. Häufige Zierpflanze aus Mitteldeutschland; verwildert zuweilen auf Aeckern. B. Kreuzberg am nördlichen Abhang!!

* L. cándidum L. Häufige Zierpflanze aus dem Orient.

826. L. Martagon L. Laubwälder, selten. Sp. Papenberge *Thiele!* Na. Bredower Forst!! Auch als Zierpflanze in Gärten.

378. Anthéricum L.

827. A. Liliágo L. Trockne Wälder, sonnige Hügel, zerstreut. Br. Gr. Kreutz *Schr.* Goblitzer Fichten *Schr.!* P. Pirschheide *Ad.*

Müller! Baumgartenbrück; Brauhausberg *Bs.* Sp. Pichelsberg *D.* Wald bei der Hundekehle!! Papenberge; Bamberge; Tegler Heide *D.* Dr. Zerpenschleuse *Kr.* Na. Weinberg *H. S.!* Lindholz *H. S.!* Lw. Beim Weichpfuhl *Rt.!* zwischen Frankenfelde und Zülichendorf *Rt.* Trebbin: Zelle *Gr.!* B. Fuchsberge; Weißensee; zwischen Reinickendorf und Hermsdorf *Schl.* Spandauer Berg!! Wald beim hohlen See!! Hasenheide *Schp.* diesseit des Neuen Kruges *Bl.* K. *W. M.!* Alt-Landsberg *Gae.* Buckow: Pritzhagen *Thiele!* Fw. Hohlweg bei der Königshöhe; Akazienberg *Rn.* Paschenberg *Bl.* an der Chaussee über Falkenberg!! Nst. Hinter dem Turnplatz; im Walde nach Sommerfelde hin *Bch.* Spechthausen *Bl.*

828. A. ramosum L. Trockne Wälder, Wiesen, Hügel, zerstreut. Br. Eiskutenberg bei Gr. Kreutz; Mühlenberg bei Deetz; Trebelberg bei Schmergow *Schr.* P. Pirschheide *Schp.* Baumgartenbrück; Brauhausberg *Bs.* am Schlachtensee!! Sp. Pichelsberg!! Grunewald *D.* Papenberge *Thiele!* Tegel *D.* zwischen Schulzendorf und dem Sandkrug *Kr.* Na. Bei der Haltestelle Finkenkrug!! Lw. Rauchenberge *Rt.!* Trebbin: Zelle *Gr.!* B. Fuchsberge!! Jungfernheide bei der Scharfrichterei!! Thiergarten *Thiele!* Hasenheide *D.* Rudower Wiesen!! Spreeheide *Rei.* K. Rüdersdorfer Kalkberge *Bl.* Zossen: Wald südlich von Sperenberg!! Nst. Wald nach Sommerfelde hin; zwischen dem Schützenhause und dem Brunnen *Bch.*

379. Ornithógalum L.

829. O. umbellatum L. Wiesen, Aecker, sehr zerstreut; theilweise wohl nur verwildert. P. Charlottenhof; Sanssouci *Bs.!* beim Neuen Palais!! Beelitz: Elsholz *Krumbholz.* Lw. Frankenförde; Felgentreu *Rt.!* B. Schönhauser Park!! Charlottenburg am Nonnendamm *Filly* und im Schloßgarten *Rn.* Aecker am alten Schafgraben bei Albrechtshof *W. M.!!* Schöneberg *Bl.* Kreuzberg dem Ende der Militairstraße gegenüber *W. M.!* und in der Lehmgrube bei der Hopfschen Brauerei *R.* an der Chaussee diesseit Tempelhof *W. M.* beim Neuen Krug *Körnicke!* Fw. Weinberg; Alaunwerk *Rn.*

† O. nutans L. Zierpflanze aus Süd-Europa; in Gärten auf Grasplätzen verwildert. P. Neuer Garten *Bs.!* B. Monbijou!! Garten des Prinzen Albrecht *W. M.!* Friedrichsfelder Park!! K. Schloßgarten *Gr.!* Blumberg *Kr.* Nst. Kirchhof *Bch.*

380. Gágea Salisbury.

830. G. pratensis (Pers.) Schult. Aecker, Wegränder, Gebüsche, nicht selten, z. B. P. Sanssouci; Ruinenberg *Schp.* Sp. Pichelswerder!! Tegel *D.* B. Köpnickerfeld bei der Oranienstraße!! Friedrichsfelde!! Pankow!! Schönhauser Park!! an der Westseite des

Hippodroms!! Albrechtshof!! vor dem Halleschen Thor beim Jerusalems-Kirchhof *W. M.!* Kreuzberg!! Alt-Landsberg *Gae.* Nst. Brunnen *Bch.*

831. G. arvensis (Pers.) Schult. Aecker, Hügel, Gebüsche, weniger häufig. P. An der Chaussee nach Eiche *Schp.* Sp. Pichelswerder!! Tegel *D.* Lw. Felgentreu *Rt.!* B. Friedrichsfelde beim Chausseehause!! an der Landsberger Chaussee!! Weißensee *J.!* Pankow!! Charlottenburger Schloßgarten *Bl.* an der Westseite des Hippodroms!! Albrechtshof!! Kreuzberg *W. M.!* Rixdorf *D.* Alt-Landsberg *Gae.* Nst. An den Chausseen nach Oderberg und Fw. *Bch.*

832. G. saxátilis Koch. Sandige Waldwege, sehr selten. Nur P. Im Wald vor Alt-Teplitz sparsam *Bs.!* Kieswege beim Neuen Palais und an der Rampe desselben!! Zuerst von *Oenicke* entdeckt. Erreicht hier ihre Grenze nach Nordosten.

833. G. silvática (Pers.) Loud. Laubwälder, Gebüsche, sehr zerstreut. P. Sanssouci bei der kleinen Fontaine!! Charlottenhof *Bs.* Na. Hahnberge *Gr.!* Jahnberge *Rt.!* Lw. Nördlich von der Stadt *Rt.!* B. Schönhausen *D.* K. Vogelsdorf *D.* Wr. Büchnitz bei Möglin *Rn.* Metzdorfer Berge *Walter.* Fw. Zieglerberg *Rn.* Schloßberg *Rn.!* Nst. An der Schwärze diesseit des Zainhammers, nicht blühend *Bch.!!* Karlswerk *H.*

* Scilla L.

* S. sibírica Andrews. Häufige Zierpflanze aus Rußland.

381. Állium L.

834. A. ursínum L. Feuchte, schattige Laubwälder, sehr selten, aber äußerst zahlreich. Nur Na. Königshorst im Amtsgarten *H. S.!* und in der Fasanerie, hier in ungeheurer Anzahl!! Zuerst von *H.* entdeckt.

835. A. fallax (Don.) Schult. Sonnige Hügel, trockne Wälder, sehr zerstreut. Sp. Schildhorn *Bauer!!* Tegel *D.* Na. Jahnberge *H. S.!* Buckow: Pritzhagen *Schl.* Fw. Belvedereberg!! Akazienberg *Rn.*

* A. sativum L. Küchengewächs aus Süd-Europa.

b) Ophioscórodon Don. Nicht selten in Gemüsegärten.

* A. Porrum L. Bekanntes Küchengewächs aus Süd-Europa.

836. A. vineale L. Trockne Hügel, Grasplätze, Aecker, besonders in D, nicht selten. P. Baumgartenbrück *Bs.* Sp. *D.* Grunewald; Pichelsberg; Tegel *Kth.* Kremmen *H.* Lw. Weinberge *Rt.* Trebbin: Schulzendorf *Gr.!* B. Kolonie Hohen-Schönhausen!! Weissensee *D.* Exercirplatz vor dem Schönhauser Thor *J.* Charlotten-

burg *D.* beim zoologischen Garten!! Schöneberg *Bl.* Tempelhof *D.* Kreuzberg!! bei der Hasenheide *W. M.!* Zossen: Sperenberg!! Wr. Am Wege nach Biesdorf *Sch.!* Möglin *Rn.* Nst. Aecker an der Chaussee nach Oderberg und nach Fw. *Bch.*

† A. Scorodóprasum L. Im Gebiet wohl nicht einheimisch, sondern nur zufällig verwildert. B. Rosenthal *R.*

837. A. oleraceum L. Laubwälder, trockne Hügel, Gebüsche, zerstreut. Br. Pewesin *Schr.* P. Beim Neuen Palais einzeln *Schp.!* Glindow *Schr.* Sp. *Kth.* Na. Bredower Forst!! Königshorst bei der Fasanerie *H. S.!* B. Zwischen der Jungfernheide und Charlottenburg *D.* K. Rüdersdorfer Kalkberge *Thiele!* Zossen: Sperenberger Gipsberge!! Alt-Landsberg *Gae.* Wr. Am Upstall bei Schulzendorf *Sch.!* Batzlower Mühle *Rn.* Fw. Belvedereberg!! Zieglerberg; Broigsdorf: Amalienhof *Rn.* Nst. Eichwerder; Brunnen *Bch.*

† A. Schoenóprasum L. Im Gebiet nicht einheimisch, sondern nur als Küchenkraut in Gärten und zuweilen verwildert. So B. Beim Saupfuhl!! Fw. *Thiele!*

† A. Ascalónicum L. Küchenkraut aus dem Orient.

* A. Cepa L. Ueberall in Gärten gebaut.

382. Aspáragus L.

838. A. áltilis (L.) Aschs. Sonnige Hügel, Waldränder, zerstreut und theilweise wohl verwildert. Br. Weseram *Schr.* P. Pirschheide *Schp.* Baumgartenbrück!! Sp. Tegel *D.* Na. Königshorst *H. S.* Lw. Lehmgruben *Rt.!* B. Fuchsberge *Bl.* bei der weißen Taube!! Jungfernheide *D.* Charlottenburg; Thiergarten *Bl.* zwischen Wilmersdorf und Schöneberg *W. M.* Wr. An der Büchnitz *Sch.* Nst. *Bch.* Brunow *Bl.* Häufig in Gärten, auf Aeckern gebaut.

* Hemerocallis L.

* H. fulva L. Zierpflanze aus Süddeutschland.

† Múscari Tourn.

† M. botryoídes (L.) Mill. Zierpflanze aus Mitteldeutschland; zuweilen an Ackerrändern, auf Grasplätzen verwildert. B. Bei Albrechtshof 1857 einzeln!! K. Schloßgarten *Gr.!*

96. Familie. Colchicaceae D. C.

383. Cólchicum Tourn.

839. C. auctumnale L. Feuchte Wiesen, sehr selten. Br. Pewesin nördlich vom Lötzkanal westlich der Brücke *Schr.!!* Na. Bei

der Bredower Forst *Thiele.* Erreicht hier ihre Grenze nach Nordosten.

384. Tofieldia Huds.

840. T. calyculata (L. ex p.) Wahlenb. Wiesen, sehr zerstreut. Lw. Wiesen bei Frankenförde nach Gottsdorf zu *Rt.!* B. Rudower Wiesen, häufig!! Nst. Beim großen See *Bch.!*

97. Familie. Juncaceae Bartl.

385. Juncus L.

841. J. conglomeratus L. Feuchte Waldstellen, Gräben, Sumpfränder, gemein.

842. J. effúsus L. Wie vorige, häufig.

843. J. glaucus Ehrh. Wie die vorigen, gern auf Lehmboden, weniger häufig. P. Zwischen Bornim und Marquard; am Wannsee *Schp.!* Na. Waldrand beim Weinberg!! beim Selbelanger Jägerhause!! Königshorst am Mangelshorster Damm *H. S.!* Kremmen *Jahn*; Linum *H.!* B. Weißensee *J.!* am Hauptgraben zwischen der Militairstraße und der Anhaltischen Eisenbahn *Hanstein!* Tempelhof; Rixdorf *D.* Rudower Wiesen!! K. Zwischen dem Alten Grund und Rüdersdorf *W. M.!* Alt-Landsberg *Gae.* Wr. An der Bläcknitz *Sch.* (bei der Malzmühle *Sch.!*) Nst. Kniebusch; Eichwerder *Bch.*

844. J. filiformis L. Moorwiesen, selten. P. Wiesen beim Kirchhofe *Bch.!* Sp. Wiesen nach Pichelsdorf hin *Caspary!* B. Charlottenburg *Vogel!* Schlächterwiese früher, jetzt ausgerottet *R. K. Vogel.*

845. J. capitatus Weigel. Sandige, feuchte Stellen, Gräben, Sumpfränder, zerstreut. P. Gr. Glienicke *Vocke*; Pirschheide *Schp.!* Sp. Staaken *Körnicke!* Lw. Jenseit der Weinberge *H. S. II.!* Frankenfelde; Frankenförde *Rt.* Schöneweide am Gänseplan!! Trebbin: Zelle *Gr.!* B. Nördlich von Weißensee!! zwischen Schönhausen und dem Gesundbrunnen *Winkler*; Jungfernheide *Schl.!* Schöneberg südwestlich vom botanischen Garten *Schp.!!* Tempelhof *D.* Zossen: Zwischen Kummersdorf und Sperenberg!! Biesenthal: Am Wege nach der Station *A. Br.*

846. J. articulatus L. Sümpfe, Gräben, Ufer, gemein.

847. J. silváticus Reichard. Wie vorige, weniger häufig. Kremmen: Linum *H.!* B. Jungfernheide *Winkler!* Tempelhof!! Rudower Wiesen!! beim Neuen Krug *Bl.* Alt-Landsberg *Gae.* Storkow: Friedersdorf *H.* Nst. Beim Kupferhammer; Graben diesseit des Oderberger Chausseehauses *Bch.!*

848. J. atratus Krocker. Moorwiesen, selten, aber wohl mehrfach übersehen. P. Ruthewiesen bei Neuendorf 1857 *Bs.!*

849. J. obtusiflórus Ehrh. Torfsümpfe, Wiesengräben, Ufer, sehr zerstreut. P. Beim Templin *D.* Na. Königshorst am Graben der Tarmower Koppel *H. S.!* K. Schulzenshöhe *Jahn!* Tasdorf *Schl.!* Alt-Landsberg: Am Bötz-See *Gae!* Buckow: Pritzhagener Mühle *Sch.!* Wr. Batzlower Wiesen *Sch.* Nst. Beim großen See *Bch.!*

850. J. alpínus Vill. Sandige, moorige Stellen, Sumpfränder, zerstreut. P. Golmer Bruch *Bs.!* Sp. Hundekehle *Schp.* B. Weißensee!! Jungfernheide beim Pfefferluch *Rei.* beim Gesundbrunnen!! Schöneberg *Thiele!* Rudower Wiesen *Bl.* Nst. Großer See *Bch.!!*

851. J. supinus Mnch. Sumpfränder, Moorwiesen, zerstreut. Sp. Teufelsfenn!! an der Westseite des Grunewald-Sees!! Tegel *D.* B. Weißensee!! Jungfernheide bei den Rehbergen *D.* beim Pfefferluch!! Lankwitz *Thiele!* K. *Kth.*

852. J. squarrosus L. Sandiger Moorboden, feuchte Waldstellen, zerstreut. Sp. Stadtforst *D.* Na. Beim Finkenkrug *Jochmann!* Lw. Bei den Ziegeleien; zwischen Frankenförde und Zülichendorf *Rt.!* Trebbin: Scharfenbrücker Forst *Gr.!* B. Zwischen Weißensee und Hohen-Schönhausen *A. Br.!* Vertiefung bei der Pankstraße!! Jungfernheide *Bl.* Charlottenburg am Sumpf südwestlich vom hohlen See!! Rudower Wiesen!! Spreeheide *W. M.* Nst. In der Nähe der Leuenberger Wiesen *Bch.!* Biesenthal: Auf Wiesen nach Lanke hin *A. Br.*

853. J. compressus Jacq. Feuchte Stellen, an Gräben, auf Wiesen, nicht selten.

854. Gerardi Loisl. Wie vorige, nur auf Salzboden, sehr zerstreut. P. Uetz westlich vom Dorfe *Schp.!* Na. Zwischen der Bredower Forst und Zeestow!! beim Selbelanger Jägerhause zahlreich!! Beelitz: Salzbrunn *P.*

855. J. Tenagéa Ehrh. Auf kahlem, feuchtem Lehmboden, an Ufern, in Gräben, sehr zerstreut. B. Weißensee nördlich vom Wege nach Heinersdorf!! Lankwitz *A. Br.!* Tempelhof an der blanken Hölle *Bl.* Wr. Batzlow *Sch.!*

856. J. bufónius L. Auf feuchtem Boden, in Gräben, gemein.

386. Lúzula D. C.

857. L. pilosa (L. ex. p.) Willd. Schattige Waldstellen, nicht selten. P. Sanssouci *Schp.* beim Neuen Palais *Ad. Müller!* Sp. Am Grunewald-See *W. M.!* Pichelsberg!! Tegel *Kth.* Na. Bei der Haltestelle Finkenkrug!! Lw. Rauchenberge *Rt.* Trebbin: Lenzburg

Gr.! B. Schönhauser Park!! Jungfernheide!! Thiergarten!! nördlich am zoologischen Garten!! Hasenheide *Kth.* K. Am Kalksee beim Alten Grund!! Müncheberg: Heidekrug!! Buckow: Elysium!! Fw. Schloßgrund!! Nst.!!

† L. angustifolia (Wulfen) Gke. Im Gebiet nicht einheimisch, sondern nur zufällig eingeschleppt. P. Sanssouci einzeln *Schp.!* B. Park von Französisch-Buchholz *Körnicke!* Thiergarten beim Hofjäger!! *) und bei der Rousseau-Insel *Bl.* Treptower Park *Tittelbach.*

858. L. campestris (L. ex p.) D. C. Trockne Wälder, Wiesen, Hügel, gemein.

b) multiflóra Lejeune (als Art). Feuchte, schattige Waldstellen, Sumpfränder, zerstreut. Sp. Am westlichen Ufer des Grunewald-Sees (mit blasser Blüthe) *W. M.!* Papenberge *D.* Na. Bredower Forst!! Kremmen: Rhinluch *H.* Lw. Ziegeleien; zwischen Frankenförde und Felgentreu *Rt.!* B. Jungfernheide beim Plötzensee!! Witzleben *W. M.!* Thiergarten beim Hofjäger!! Tempelhof *D.* südlich von Treptow!! Buckow: Pritzhagen *Thiele!* Fw. Ziegler-berg; Alaunwerk *Rn.* Nst. Leuenberger Wiesen *Bch.*

98. Familie. Cyperaceae Juss.

387. Cýperus L.

859. C. flavescens L. Sumpfränder, ausgetrocknete Gräben, Ufer, auf sandig-moorigem Boden, zerstreut. P. Kaput *H.!* Teufelssee bei den Ravensbergen *Bs.!* Wannsee *Schp.!* Sp. Am Grunewald-See!! bei der Hundekehle!! Or. Liebenwalde *Gae.!* Beelitz: Elsholz *Krumbholz.* Lw. Unweit des Weinberges bei Dobbrikow *Rt.!* Schöneweide am Gänseplan!! B. Weißensee; Jungfernheide *D.* am hohlen See viel!! Tempelhof *D.* Nst. Am Wege nach Britz zwischen dem großen und kleinen See *Bch.!!*

860. C. fuscus L. Wie voriger, auf Schlamm- und Moorboden, verbreitet, aber oft unbeständig. P. Jenseit des Neuen Palais *Bs.* Baumgartenbrück *Bs.!* Sp. Am Grunewald-See auf der Westseite!! Hundekehle *Schp.* Tegel *Kth.* Or. *Gae.* Na. Königshorst an der Eiskellerkoppel *H. S.!* Kremmen: Linum *H.!* B. An der Spree diesseit Stralau *Rei.!* Weißensee an den Pfühlen beim Chausseehause!! Jungfernheide *D.* Charlottenburg beim hohlen See *Rei.!*

---

*) An derselben Stelle findet sich die gleichfalls der Flora fremde Poa silvatica Vill., sowie Carex silvatica Huds., welche sonst in der Nähe Berlins fehlt.

Thiergarten an den Teichen 1857 *Tietz!* Rudower Wiesen *Bl.* Wr. Batzlower Wiese *Rn.* Fw. Ahrendskehle *Rn.* Nst. Chorin *A. Br.!* bei den Leuenberger Wiesen *Bch.!*

388. Schoenus L.

861. S. nigricans L. Torfwiesen, sehr selten, aber gesellig. K. Südlich von Tasdorf *R.! Thiele!*

389. Cládium Patrick Browne.

862. C. Mariscus (L.) R. Br. Seen, Torfsümpfe, sehr zerstreut. B. Pewesin im Moor nach Roskow hin *Schr.* P. An der nördlichen Seite des Schlachtensees!! K. Tasdorf *Lessing!* Alt-Landsberg: Im Bötz- und Fänger-See *Gae.!*

390. Rhynchóspora Vahl.

863. R. alba (L.) Vahl ex p. Torfsümpfe, sehr zerstreut. P. Philippsthal *Bs.!* Sp. Zwischen dem Hundekehlen- und Grunewald-See!! K. Am Teufelssee bei den Müggelbergen *Rach!* Tasdorf *D.* Fw. Baa-Fenn *Rn.* Nst. Am großen See *Bch.!*

391. Heleócharis R. Br.

864. H. palustris (L.) R. Br. Sümpfe, Gräben, Ufer, gemein.

865. H. uniglúmis (Lk.) R. u. Sch. Moorwiesen, Sumpfränder, zerstreut. Br. Pewesin *Schr.* P. Kuhfort *Bs.!* Or. Wiesen südlich von Germendorf *Rn!* Lw. Felgentreu *Rt.!* B. Zwischen Rummelsburg und dem Kietz!! Alt-Landsberg *Gae.!* Nst. Zwischen dem großen und kleinen See *Bch.*

866. H. acicularis (L.) R. Br. Sumpfränder, an und in Seen, Teichen, nicht selten, z. B. P. *Bs.* Sp. Teufelsfenn!! am Grunewald-See *Rei.* Tegel *D.* Or. Liebenwalde *Gae.!* B. Weissensee!! Jungfernheide *D.* Tempelhof!!

392. Scirpus L.

867. S. pauciflórus Lightf. Moorwiesen, Ufer, Sumpfränder, zerstreut. Br. Pewesin am Lötzkanal *Schr.* P. Am südwestl. Ende des Schlachtensees *Rn.! Schp.* Sp. Tegel bei der Mühle *A. Br.* Or. Wiesen südlich von Germendorf *Rn.!* B. Vor der Jungfernheide *Sanio!* Wilmersdorf *Thiele!* am Südrand der Schlächterwiese *W. M.!* K. Rüdersdorf *D.* Buckow: Am See *Schl.* Nst. Am Kanal; Hohen-Finow *Bch.*

868. S. setaceus L. Sumpfränder, Ufer, ausgetrocknete Gräben, auf sandigem Moorboden, zerstreut. P. Jenseit des Neuen Palais *Bs.!* Sp. Havelufer bei Pichelsberg!! Pichelswerder!! Grune-

wald *D.* südlich von Tegel *A. Br.!* Kremmen: Rhinluch *H.* Lw. Frankenförde *Rt.!* Schöneweide am Gänseplan!! Trebbin: Zelle *Gr.!* B. Weißensee beim Pfuhl nördlich vom Chausseehause!! Jungfernheide *D.* am hohlen See *W. M.!* südwestlich vom botanischen Garten!! Lankwitz *A. Br.* K. *Kth.* Nst. Bei den Leuenberger Wiesen *Bch.!* am Wege nach Britz zwischen dem großen und kleinen See!! Chorin *A. Br.!*

869. S. **supinus** L. Wie voriger, selten und meist unbeständig, oft mehrere Jahre aussetzend. Or. Liebenwalde *Gae.!* B. Weissensee am Pfuhl nördlich vom Chausseehause 1845 *Garcke!* an der Oranke 1852 viel *Körnicke!* seitdem öfter vergeblich gesucht; Lankwitz 1855 *A. Br.!*

870. S. **lacustris** L. Seen, Gräben, Flüsse, häufig.

871. S. **Tabernaemontáni** Gmel. Sümpfe, Gräben, besonders auf Salzboden, zerstreut. Br. Pewesin *Sp.* P. Uetz *Hanstein!* Sp. Bei den Papenbergen *D.* Na. Zwischen der Brebower Forst und Zeestow!! beim Selbelanger Jägerhause!! Königshorst an der Larmower Koppel *H. S.* Beelitz: Salzbrunn *P.* B. Weißensee; Jungfernheide; Tempelhof *D.* zwischen dem Buschkrug und dem Forsthause Ober-Rixdorf *W. M.!* K. Tasdorf *D.* Alt-Landsberg: Krummensee *Gae.!*

872. S. **Holoschoenus** L. Sandige, niedrige Triften in der Nähe größerer Gewässer, sehr selten, aber gesellig. P. Am östlichen Havelufer, Werder gegenüber und von dort gegen Geltow hin!!

873. S. **maritimus** L. Gräben, Sümpfe, Ufer, zerstreut, gern auf Salzboden. Br. Pewesin!! P. Jenseit des Neuen Palais *Weiland!* an den Seen bei Werder *Schr.* Sp. An der Havel nach Pichelsdorf hin *R.* südlich von Pichelsberg!! Na. Brieselang *D.* Damm zwischen dem Weinberg und Dreibrücken *H.* beim Selbelanger Jägerhause! Seelenhorst *H. S.!* Beelitz: Salzbrunn *Rt.!* Trebbin *Gr.* B. Am linken Spreeufer unterhalb Charlottenburg *Bl.* Zossen: An der Nott *Gr.*

b. **monostáchyus**. Mit der Hauptart, auf Salzboden. Na. Damm nordwestl. v. Weinberg *Schr.* beim Selbelanger Jägerhause!!

874. S. **silváticus** L. Gräben, Sümpfe, zerstreut. Br. Schwiena bei Lehnin *Rt.!* P. Ablage beim Tornow *Bs.* Sp. Grunewald *D.* Papenberge *Schl.!* Or. Hertefeld *Hanstein!* Na. Berge *Bs.* Dechtow *H. S.!* Kremmen: Linum *H.!* Beelitz: Elsholz *Krumbholz.* B. Südlich von Boxhagen!! am Graben bei den Fuchsbergen!! an der Panke bei der Löffelbrücke *Rei.* an einem Sumpf westlich von Nieder-Schönhausen!! Schöneberger Busch *Bl.* an der Chaussee diesseit des Buchkruges!! zwischen dem Buschkruge und dem Forsthause Ober-Rixdorf *W. M.* Neuer Krug *Gr.* Wr. Upstall bei Schulzendorf

Rn. Nst. Am Kanal; an der Schwärze; Graben am Weidendamm *Bch.*

875. S. compressus (L. erweitert) Pers. Wiesen, Triften, Ufer, zerstreut. Sp. *D.* an der Südseite des Grunewald-Sees *W. M.!* Staaken; Heiligensee *D.* Tegel an der Chaussee südlich von der Mühle!! Na. Zwischen der Bredower Forst und Zeestow!! üblich am Lindholz *Schr.* Mangelshorst *H. S.!* Gr. Bähnitz am nordöstlichen Ende des Sees!! B. Zwischen Rummelsburg und dem Lichtenberger Kietz *Schp.!* Jungfernheide *D.* Charlottenburg *Kth.* Wilmersdorf *D.* Köpnicker Heide *Kth.* K. Am Kalksee nördlich der Schleuse!! Alt-Landsberg *Gae.!* (Wr. Am Malzmühlgraben *Sch.*) Nst Am Wege bei der Kalmusbrücke *Bch.*

876. S. rufus (Huds.) Schrad. Salzhaltige Triften, sehr selten. Nur Na. Südlich vom Selbelanger Jägerhause!! zuerst von *K.* gefunden.

393. Eriophorum L.

877. E. vaginatum L. Torfsümpfe, zerstreut. P. Nuthwiesen *Bs.* bei den Ravensbergen *Ad. Müller!* Sp. Grunewald!! Stadtforst; Tegler Heide *D.* Na. Bredower Forst!! Trebbin: Kummersdorfer Forst *Gr.* B. Jungfernheide!! Spreeheide *Schl.* Alt-Landsberg *Gae.* Storkow: Im kleinen Scaby-Luch *H.* Buckow: Bei der Pritzhagener Mühle *Sch.* Fw. Baa-Fenn *Rn.* Nst. Am großen See *Bch.*

878. E. polystáchyum L. ex p. Torfsümpfe, Moorwiesen, häufig.

879. E. latifolium Hoppe. Wie voriges, zerstreut. Sp. Torfsumpf zwischen dem Grunewald- und Hundekehlen-See! Lw. Frankenfelde *Kt.!* B. Jungfernheide *D.* Wilmersdorf *Thiel!* südlich vom Buschkrug!! K. Bei Schulzenshöhe unweit Rüdersdorf!! Strausberg: Beim Forsthaus Schlag *Gae.!* Wr. Batzlower Wiesen *Sch.* (am Malzmühlgraben *Sch.*) Nst. Am großen See *Bch.*

880. E. grácile Koch. Torfsümpfe, sehr zerstreut. P. Zehlendorf im krummen Fenn!! Sp. Grunewald!! B. Oestlich von Französisch-Buchholz!! Sümpfe südlich der Jungfernheide! Lankwitz *Thiele!* K. Tasdorf *D.* Strausberg: Beim Forsthaus Schlag *Gae.!* Buckow: Bei der Pritzhagener Mühle *Sch.*

394. Carex Micheli.

881. C. dioeca L. Torf- und Moorwiesen, sehr zerstreut. P. Bei der Friedrich-Wilhelmsbrücke *Vocke!* Sp. Sumpf nördlich vom Grunewald-See!! Tegel *Kth.* B. Zwischen Rummelsburg und dem Kietz *R.!* Jungfernheide *Schl.!* Rudower Wiesen beim Buschkrug!!

und südlich der Spreeheide!! K. Tasdorf *D.* Alt-Landsberg *Gae.* Buckow: Bei der Pritzhagener Mühle *Sch.* Wr. Batzlower Mühle *Sch.!* Nst. Finow-Wiesen nach dem Kupferhammer hin *Bch.!* zwischen dem großen und kleinen See *Bch.* Biesenthal: In einem Sumpf nördlich vom Wege nach Lanke *A. Br.*

C. Davalliana Sm. Sumpfwiesen, sehr selten und zweifelhaft. B. Witzleben 1820 *D.!* ob noch jetzt?

882. C. pulicaris L. Moorwiesen, sehr selten, aber gesellig. Or. Wiesen zwischen Germendorf und dem Sarnow rechts vom Wege nach Kremmen *Rn.!*

883. C. chordorrhiza Ehrh. Torfsümpfe, sehr selten. B. Jungfernheide südlich vom Kanal in der Nähe des Plötzensees *R.!* in neuerer Zeit noch nicht wieder gefunden.

884. C. disticha Huds. Sumpfwiesen, Ufer, Gräben, nicht selten. Br. Weseram!! P. Sanssouci; Ablage *Bs.* Sp. Am Grunewald!! Or. Liebenberg *Hanstein!* Na. Finkenkrug *W. M.!* große faule Lake!! Königshorst!! Torfstich nördlich des Lindholzes!! Kremmen: Linum *H.!* B. Bei den Fuchsbergen *Schp.!* Moabit *Bl.* am Kanal vor dem Kottbusser Thor!! Buschkrug *Thiele!* an der Spreeheide *W. M.!* Alt-Landsberg *Gae.* Wr. Bei der kleinen Mühle *Sch.!* Nst. Bei der Kalmusbrücke *Bch.*

885. C. arenaria L. Flugsand, sandige Ufer, häufig, z. B. P. Werder gegenüber an beiden Havelufern!! Zehlendorf!! Sp. Pichelsberg!! Na. Weinberg; Jahnberge *H. S.* Lw. *H. S. II.!* B. Zwischen Boxhagen und dem Lichtenberger Kietz!! Fuchsberge!! zwischen Moabit und der Jungfernheide!! beim hohlen See!! südwestlich vom botanischen Garten!! Nst. Bornemannspfuhl *Bch.*

886. C. vulpina L. Gräben, Sumpfwiesen, häufig.

887. C. muricata L. Trocknere Wiesen, feuchte Waldstellen, nicht selten. P. Tornow *Winkler!* Sp.; Tegel *Kth.* Or. Liebenberg *Hanstein!* Na. Bei der Haltestelle Finkenkrug!! Lindholz!! Königshorst *H. S.* Bei den Fuchsbergen *Schp.!* Friedrichshain *J.!!* Jungfernheide *D.* zwischen dem Spandauer Bock und Pichelsberg!! Thiergarten *Bl.* Tempelhof südlich am Kirchhof *W. M.!* Treptow *Kth.* Alt-Landsberg *Gae.* Nst. Wald nach Sommerfelde hin!!

888. C. teretiuscula Good. Torfwiesen, sehr zerstreut. P. Teltow *C. Bouché sen.!* Sp. Grunewald!! Stadtforst *D.* Kremmen: Rhinluch *H.* B. Friedrichsfelde *D.* Jungfernheide!! Buschkrug *Thiele!* Nst. Wiesen nach dem Kupferhammer hin; Kalmusbrücke *Bch.*

889. C. panniculata L. Sümpfe, Ufer, Torfwiesen, zerstreut. Sp. Zw. Paulsborn u. dem Rhinmeister-See!! Havelufer bei Pichelsberg *Bl.* Pichelswerder; Heiligensee *D.* Na. Falkenhagen *D.* B. Südlich vom Lichtenberger Kietz!! Möckernitz beim Königsdamm!!

Witzleben *W. M.!* K. *D.* Alt-Landsberg *Gae.* Fw. Bei der Papiermühle *Rn.!* Nst. Brunnen; Zainhammer. *Bch.*

890. C. **paradoxa** Willd. Wie vorige, zerstreut. Sp. *D.* zwischen dem Grunewald-See und der Hundekehle *W. M.!* Or. *Rn.!* Kremmen: Rhinluch *H.!* B. Nördlich vom Lichtenberger Kietz spärlich!! östlich von Französisch-Buchholz *Körnicke!* Jungfernheide südlich vom Kanal, in der Nähe des Plötzensees!! und Möckernitz beim Königsdamm!! (hier zuerst von *Willdenow* entdeckt und beschrieben.) Witzleben *W. M.!* K. *D.* Alt-Landsberg *Gae.* Wr. Batzlower Wiese *Rn.* Nst. Leuenberger Wiesen *Bch.*

891. C. **Schreberi** Schrk. Trockne Wälder, Hügel, nicht selten. P. Baumgartenbrück!! Tornow *Winkler!* Brauhausberg *Bs.!* Sp.; Pichelsberg *D.* Pichelswerder!! Grunewald!! Na. Brebower Forst!! Lindholz!! B. Fuchsberge!! Jungfernheide!! Hasenheide *D.* Köpnicker Heide *W. M.!* K. Müggelberge!! Alt-Landsberg *Gae.* Fw. Paschenberg *Bch.*

b) **gracillima.** Trockne Laubwälder, selten, aber gesellig. Na. Brebower Forst, den Boden an einigen Stellen ganz überziehend!!

892. C. **ligérica** Gay. An ähnlichen Orten, wie C. **arenaria** L. und meist mit dieser, etwas seltener. P. Zwischen Zehlendorf und der Forst!! Sp. Schildhorn *Schp.!* B. Fuchsberge!! (hier zuerst von *A. Br.* entdeckt) westlich am zoologischen Garten!! Hasenheide *Hl.!*

893. C. **brizoides** L. Schattige Laubwälder, sehr selten. Nur Fw. Zieglerberg *Rn.!*

894. C. **remóta** L. Laubwälder, an schattigen und quelligen Stellen, sehr zerstreut. Sp. Papenberge!! Tegel *D.* Or. Strohberge *Rn.!* Liebenberg *Hanstein!* Na. Beim Finkenkrug *Sanio!* beim Forsthaus Brieselang *W. M.!* Beelitz: Wittbrietzen *Rn.!* B. Jungfernheide *R.* Alt-Landsberg *Gae.* Fw. Brunnen; Ahrendskehle; Schloßgrund *Rn.* Köthen im Wasserthal!! Nst. Brunnen!! und an der Schwärze aufwärts bis Spechthausen; Leuenberger Wiesen *Bch.*

895. C. **echinata** Murr. Sümpfe, feuchte Waldstellen, nicht selten. P. Kaput *Hanstein!* Kl. Machenow *Ad. Müller!* Sp. Grunewald!! Stadtforst; Tegler Heide *D.* Na. Weg zwischen der Haltestelle und dem Finkenkrug *W. M.!* Lw. Beim südlichen Kirchhof *Rt.!* Trebbin: Scharfenbrücker Forst *Gr.!* B. Jungfernheide!! Tempelhof *Kosa!* Köpnicker Heide *D.* Alt-Landsberg *Gae.* Fw. Sonnenburg *Sch.* Nst. Bei der Kalmusbrücke; am kleinen See *Bch.*

896. C. **leporina** L. Moorwiesen, feuchte Waldstellen, nicht selten. Sp.; Grunewald; Heiligensee *D.* Na. Haltestelle Finkenkrug!! Lw. Frankenfelde *Rt.!* Trebbin: Scharfenbrücker Forst *Gr.!*

B. Wiesen beim Lichtenberger Kietz *Schp.!* Kolonie Hohen-Schönhausen!! südlich der Oranke an einem kleinen Sumpf!! Jungfernheide bei den Rehbergen!! Thiergarten *Vogel!* beim hohlen See!! Tempelhof!! zwischen Rixdorf und dem Buschkrug *W. M.!* Köpnicker Heide *Schl.* Alt-Landsberg *Gae.* Fw. Sonnenburg *Sch.* Nst. Oberheide besonders bei den Leuenberger Wiesen *Bch.*

b) **argyroglóchin** Hornemann (als Art). Wie die Hauptart, viel seltener. B. Wiesen nördlich von Wilmersdorf *W. M.!*

897. C. **elongata** L. Feuchte Waldstellen, Sumpfränder, zerstreut. P. Nuthewiesen *Bs.* Sp. Teufelsgraben bei Pichelsberg!! Grunewald *D.* Na. Südrand der großen faulen Lake beim Finkenkrug!! Kremmen: Rhinluch *H.!* B. Französisch-Buchholz *Körnicke!* Jungfernheide in der Möckernitz!! Thiergarten *W. M.* Schöneberg *Krauss!* Köpnicker Heide *D.* Alt-Landsberg *Gae.* Buckow: Pritzhagen *Schl.* Nst. Brunnen; Zainhammer *Bch.*

898. C. **canescens** L. Waldsümpfe, Gräben, zerstreut. Sp. Am Teufelsfenn!! und im Teufelsgraben!! Grunewald!! Kremmen: Rhinluch *H.* Lw. Lehmgruben *Rt.!* Todtenschenke *H. S. II.!!* Trebbin: Scharfenbrücker Forst *Gr.!* B. Jungfernheide!! Thiergarten *Vogel!* Köpnicker Heide *Schl.* Alt-Landsberg *Gae.* Buckow: Pritzhagen *Schl.* Nst. Zainhammer; zwischen dem kleinen und großen See *Bch.*

899. C. **stricta** Good. Tiefe Sümpfe, nicht selten, z. B. P. Zwischen dem Wildpark und der Werderschen Fährstelle!! Sp. Grunewald!! Na. An den tieferen Stellen des großen havelländischen Luches in ungeheurer Menge, hauptsächlich die sogenannten „Hüllen" bildend!! T. Niebelhorst *P.* B. Jungfernheide!! Schöneberger Fenn *Bl.* zwischen Rixdorf und dem Forsthaus Ober-Rixdorf!! Alt-Landsberg *Gae.* Nst. Brunnenpromenade; großer Schlangenpfuhl *Bch.*

900. C. **caespitosa** L. Moorwiesen, Waldsümpfe, sehr zerstreut, aber wohl mehrfach übersehen. Na. Große faule Lake beim Finkenkrug!! hier 1856 von *A. Br.* zuerst für das Gebiet entdeckt. B. Wiesen nördlich vom Lichtenberger Kietz *Schp.! J.!!* Möckernitz beim Königsdamm 1858!! Nonnenwiesen einzeln *W. M.!!* Nst. zwischen der Vorstadt und Dobberts Garten; beim Weidendamm *Bch.* Wiesen östlich von der Stadt am Wege nach dem Eichwerder!! zwischen dem kleinen und großen See *Bch.!*

901. C. **Goodenoughii** Gay. Wiesen, Sümpfe, Ufer, gemein.

b) **melaena** Wimm. (als Art). B. Zwischen Weißensee und Hohen-Schönhausen *A. Br.!*

c) **chlorocarpa** Wimm. (als Art). Zehlendorf unweit der Haltestelle *A. Br.!*

d) **turfosa** Fr. (als Art). Torfsümpfe, selten, aber wohl mehrfach übersehen. Sp. Zwischen dem Grunewald- und Hundekehlen-See *A. Br.!!*

902. C. **grácilis** Curt. Wie vorige, nicht selten.

b) **prolixa** Fr. (als Art). Na. Große faule Lake beim Finkenkrug *A. Br.!*

903. C. **Buxbaumii** Wahlenb. Mäßig feuchte Wiesen, sehr zerstreut. Na. Brieselang *R.! Bouché!* Kremmen: Rhinluch *H.!* B. Rudower Wiesen *A. Br.!!* Nst. Wiese beim Spittel *Ilse*; alter Wasserfall *Bch.!*

904. C. **limosa** L. Torfsümpfe, zerstreut. P. Nuthewiesen *Bs.* Zehlendorf im krummen Fenn *Jahn!!* Sp. Grunewald!! Kremmen: Rhinluch *H.* B. Jungfernheide beim Plötzensee, südlich vom Kanal!! Tempelhof *D.* K. Tasdorf *D.* Alt-Landsberg *Gae.* Buckow: Bei der Pritzhagener Mühle *Sch.* Nst. Kalmusbrücke *Bch.!* zwischen dem großen und kleinen See *Bch.!!* Biesenthal: Am Wege nach Lanke *A. Br.*

905. C. **supina** Wahlenb. Trockne Wälder, sonnige Hügel, meist D, nur im Havel- und Odergebiet, zerstreut, aber gesellig. P. Nedlitz, zwischen der Chaussee nach Spandau und der Krampnitz *Hanstein!* Ruinenberg *Bl.* Wildpark beim baierischen Häuschen *Schp.!* Baumgartenbrück östlich vom Weinberg!! Sp. Pichelswerder!! (hier zuerst von *R.* für das Gebiet entdeckt); Pichelsberg!! Schildhorn *Hanstein!!* am Teufelsfenn *Schp.!!* Na. Piepenberge in der Bredower Forst *A. Br.!!* Buckow *Bch.* Fw. Paschenberg unter der Karlsburg *Bch.!!*

906. C. **pilulifera** L. Laub- und Nadelwälder, besonders an Sumpfrändern, nicht selten. P. Nuthewiesen *Bs.* Sp. Grunewald!! Papenberge!! Na. Haltestelle Finkenkrug!! Lindholz!! Lw. Zinnasche Forst *Rt.!* Trebbin: Scharfenbrücker Forst *Gr.!* B. Jungfernheide!! Thiergarten *D.* Spreeheide *W. M.* K. Wald nach Friedrichshagen hin *W. M.!* Alt-Landsberg *Gae.* Fw. *Sch.* Nst. Zainhammer; Oberheide *Bch.* Eichwerder!!

907. C. **tomentosa** L. Mäßig feuchte Wiesen, nur an der Westgrenze des Gebiets. Br. Pewesiner Wiesen nördlich vom Lötzkanal westlich der Brücke *Schr.!!*

908. C. **montana** L. Schattige Wälder, besonders unter Laubholz, sehr zerstreut. Sp. Grunewald *D.* Na. Falkenhagener Heide *D.* B. Jungfernheide zwischen dem Plötzensee und den Rehbergen 1855 *A. Br.!!* Johannisthal *Thiele!* Alt-Landsberg *Gae.* Fw. Pa-

pengrund; beim Turnplatz *Rn.!* Nst. Beim Schützenhause; beim Gesundbrunnen *Bch.!!* Spechthausen *Bch.*

909. C. **ericetórum** Poll. Trockne Wälder, Hügel, häufig, z. B. P. Brauhausberg *Sanio!* Sp. Pichelsberg *Bl.* Grunewald!! Stadtforst!! Kremmen: Bei der Linumer Ziegelei *H.!* B. Fuchsberge!! beim Gasthof zur weißen Taube!! Jungfernheide!! beim Spandauer Bock!! nördlich am zoologischen Garten!! K. Erkner!! Wr. Berge *Sch.* Nst. Oestlich vom Schanzenberg!! Oberheide; Waldweg nach dem Brunnen *Bch.*

· 910. C. **praecox** Jacq. Wie vorige, häufig, z. B. P. Baumgartenbrück!! Sp. Pichelswerder!! Grunewald!! Stadtforst *D.* Na. Bredower Forst!! Lindholz!! B. Schönhauser Park *W. M.!* Jungfernheide!! nördlich am zoologischen Garten!! Köpnicker Heide *D.* K. Rahnsdorf!! Erkner!! Alt-Landsberg *Gae.* Buckow: Elysium!! Wr. Berge *Sch.* Büchnitz bei Möglin *Rn.* Nst. Oestlich vom Schanzenberg!! Oberheide; Waldweg nach dem Brunnen *Bch.*

b) **umbrosa** Host. Schattige Waldstellen, zerstreut. Sp. In der Gegend von Pichelsberg *Hanstein!* B. Jungfernheide!!

911. C. **húmilis** Leyss. Trockne Waldstellen, sonnige Hügel, meist D, nur in der Havel- und Odergegend, sehr zerstreut. P. Sanssouci *Bs.!* Baumgartenbrück auf den Hügeln zwischen dem Wirthshause und dem Weinberg *Krumbholz!!* Buckow: Pritzhagen *Sch.! Rn.!* hier zuerst im Gebiet von *Walter* entdeckt. Fw. Schmiedeberg *Rn.* südlich vom Alaunwerk *Rn.!!* Paschenberg *Bch.!!*

912. C. **digitata** L. Laubwälder, Gebüsche, sehr zerstreut. P. Sanssouci; zwischen Tornow und Templin *Bs.!* Sp. Pichelsberg *Bouché*; Papenberge *Kth.* Or. *Rn.!* Liebenberg im Park *Hanstein!* Na. Südlich vom Forsthaus Brieselang *W. M.!* Bredower Forst *A. Br.!!* B. Schloßgarten bei Charlottenburg *R.* K. Am nordöstlichen Ufer des Kalksees beim Alten Grund!! Strausberg: Blumenthal *Kr.* Müncheberg: Heidekrug!! Buckow: Im Elysium!! Fw. Brunnen *Rn.* Teufelsbrücke *Rn.!!* Köthen *Rn.* Nst. sehr häufig, z. B. unter dem Schützenhause!! beim Brunnen!!

913. C. **panicea** L. Feuchte Wiesen, Sumpfränder, häufig.

914. C. **glauca** Scop. Wiesen, Ufer, Gebüsche, zerstreut. Br. Pewesin!! Sp. *D.* bei Paulsborn *W. M.!* Na. Wiesen nördlich vom Finkenkrug!! westlich der Bredower Forst!! Kremmen: Tietzow!! Rhinluch *H.!* Lw. Lehmgruben *Rt.!* Trebbin: Schulzendorf *Gr.!* B. Wiese vor dem Frankfurter Thor *Winkler!* Französisch-Buchholz!! Jungfernheide beim Plötzensee südlich vom Kanal *Winkler!!* Wilmersdorf *Thiele!* Rudower Wiesen *Körnicke!* Alt-Landsberg *Gae.* (Wr. Am Malzmühlgraben *Sch.*) Nst. Eichwerder!! großer Schlangenpfuhl; Leuenberger Wiesen *Bch.*

915. C. maxima Scop. Feuchte Gebüsche, sehr selten. Sp. Am Rande der Havelwiesen nach den Papenbergen hin *D.!*

916. C. pallescens L. Schattige Wälder, Wiesen, zerstreut. Sp. *D.* Papenberge *Thiele!* Or. Liebenberg *Hanstein!* Na. Zwischen der Haltestelle und der großen faulen Lake beim Finkenkrug!! Lindholz!! B. Wiesen bei Boxhagen *Rei.!* Jungfernheide *D.* zwischen dem Spandauer Bock und Pichelsberg!! Thiergarten beim Hofjäger!! Rudow; Treptow *D.* Alt-Landsberg *Gae.* Buckow: Pritzhagen *Sch.* Fw. Sonnenburg *Sch.!* Schloßgrund *Rn.!* Nst. Leuenberger Wiesen; Zainhammer; Eisenhammer *Bch.*

917. C. flava L. Moorwiesen, zerstreut. Br. Schwiena bei Lehnin *Rt.!* Or. Zwischen Neu-Holland und dem Liebenberger Busch *Hanstein!* Na. Beim Finkenkrug*!!* Bredower Forst *Schr.* Br. Wiesen beim Buschkrug!! K. Schulzenshöhe bei Rüdersdorf!! Tasdorf *Schl.* Alt-Landsberg *Gae.* Buckow: Pritzhagen *Schl.* Nst. Leuenberger Wiesen *Bch.*

b) Oedéri Ehrh. (als Art). Wiesen, Sumpfränder, Ufer, nicht selten; z. B. Sp. Grunewald!! Na. Große faule Lake!! Paulinenau!! Königshorst *H. S.!* Kremmen: Rhinluch *H.* Lw. Beim Kirchhof *Rt.!* B. Französisch-Buchholz *Kr.* Jungfernheide!! Rudower Wiesen!! Nst. Leuenberger Wiesen *Bch.*

918. C. distans L. Mäßig feuchte Wiesen, gern auf Salzboden, zerstreut. Br. Pewesin!! P. Uetz *Schp.!* Sp. Pichelsberge *Kth.* Papenberge *D.* Na. Haltestelle Finkenkrug *W. M.!* und große faule Lake!! am südwestlichen Rande des Lindholzes!! Königshorst: Karpfenteichkoppel *H. S.!* Kremmen: Tietzow!! Rhinluch *H.!* T. Niebelhorst *P.* Lw. Frankenförde *Rt.!* Schöneweide *Gr.!* B. Wiesen zwischen der Stadtmauer u. Boxhagen!! Jungfernheide *D.* Schöneberg *Thiele!* Rudower Wiesen!! Alt-Landsberg *Gae.* Buckow *Sch.!* Wr. Beim Spring *Sch.* Fw. Bei der Papiermühle *Rn.!* Nst. Westlich von der Berliner Chaussee am Fuße des Schanzenberges *Bch.!!*

919. C. fulva Good. Feuchte Wiesen, sehr zerstreut. Na. Wiesen nördlich vom Finkenkrug zahlreich!! Kremmen: Linum *H.* B. Oestlich von Französisch-Buchholz *Körnicke!* Rudower Wiesen *Garcke!*

920. C. silvática Huds. Schattige Laubwälder, gern auf quelligem Boden, öfter mit C. remota L., sehr zerstreut. Sp. Papenberge; Tegel *D.* Or. Liebenberger Park *Hanstein!* Na. Beim Finkenkrug *Sanio!* B. Thiergarten beim Hofjäger einzeln!! (wohl eingeschleppt). Fw. Baa-See; Falkenberg bei der Papiermühle *Rn.!* Köthen im Wasserthal!! Nst. Eichwerder; bei den Leuenberger Wiesen *Bch.* beim Brunnen *Bch.!!* beim Zainhammer; Spechthausen *Bch.*

921. C. Pseudocyperus L. Sümpfe, Gräben, Ufer, zerstreut. P. Nuthewiesen bei Drewitz *Bs.* Sp. *D.* am Grunewald-See!! Tegel am See *A. Br.!* Kremmen: Linum *H.!* Lw. Frankenförde *Rt.!* Trebbin: Schulzendorf *Gr.!* B. Jungfernheide am Kanal!! und östlich am Pfefferluch!! zwischen dem Spandauer Bock und Pichelsberg!! am Hauptgraben nördlich von Wilmersdorf *W. M.* Tempelhof südlich vom Gute!! zwischen Rixdorf und Forsthaus Ober-Rixdorf!! Rudower Wiesen!! Alt-Landsberg *Gae.* Wr. Katzensee bei Möglin; Batzlower Wiese *Rn.* Nst. Beim Zainhammer *Bch.* beim alten Wasserfall *W. M.!* zwischen dem kleinen und großen See *Bch.*

922. C. ampullacea Good. Torfsümpfe, zerstreut. P. *Bs.!* Sp. *D.* Grunewald!! Papenberge *D.* Kremmen: Linum *H.!* B. Rummelsburg *D.* Jungfernheide *Kth.* Alt-Landsberg *Gae.* Nst. Leuenberger Wiesen *Bch.*

923. C. vesicaria L. ex p. Sumpfwiesen, Gräben, nicht selten. Sp. *D.* Pichelsberg an der Havel!! Grunewald!! Papenberge *D.* Na. Große faule Lake beim Finkenkrug!! nördlich vom Finkenkrug *W. M!* Kremmen: Bei der Linumer Ziegelei *H.!* B. Rummelsburg; Friedrichsfelde *D.* Weißensee bei der Dranke!! Jungfernheide *D.* Thiergarten *Tietz!* Hauptgraben östlich der Potsdamer Eisenbahn *W. M.!* zwischen Rixdorf und Forsthaus Ober-Rixdorf!! Treptow *D.* K. Rabenstein-Mühle *W. M.!* Alt-Landsberg *Gae.* Fw. Sonnenburg *Sch.* Nst. Leuenberger Wiesen *Bch.*

924. C. paludosa Good. Sumpfwiesen, Gräben, nicht selten, z. B. Sp. Grunewald!! Na. An der großen faulen Lake beim Finkenkrug!! südlich von Lobeossund *H. S.!* Kremmen: Tietzow am neuen Damm!! Linum bei der krummen Horst *H.!* B. Beim Lichtenberger Kietz *Schp.!* am Plötzensee!! Witzleben!! Thiergarten; Schöneberg *Bl.* Köpnicker Weg, Treptow gegenüber *W. M.!* K. Rabenstein-Mühle *W. M.!* Alt-Landsberg *Gae.* Wr. Möglin *Sch.!* Nst. Wiesen nach dem Eichwerder hin!!

925. C. riparia Curt. Gräben, Ufer, Waldsümpfe, nicht selten. P. Nördlich vom Wildpark!! Sp. *D.* zwischen Dallgow und Seegefeld!! Na. Finkenkrug *W. M.!* Lindholz an der Eisenbahn!! Nordhof am Dammgraben *H. S.* Lw. Nach Lindenberg hin *H. S. II.!* B. Bei den Fuchsbergen *D.* Jungfernheide am Spandauer Weg *W. M.!* gegenüber der Tichyschen Badeanstalt *Bl.!* Treptow *D.* Alt-Landsberg *Gae.* Nst. Am Kanal; an der Schwärze *Bch.*

926. C. filiformis L. Torfsümpfe, sehr zerstreut. Sp. Grunewald!! Stadtforst *D.* Kremmen: Linum *H.!* B. Jungfernheide!! Tempelhof *Kth.* Alt-Landsberg *Gae.* Fw. Sonnenburg *Sch.!* Nst. Am großen See; Forsthaus bei Trampe *Bch.*

927. C. hirta L. Feuchte Sandstellen, Wiesen, häufig.
b) hirtaeformis Pers. (als Art). Wie die Hauptart, viel seltener. B. Saupfuhl *Kth.* Tempelhof *Schl.*
917 × 919. C. flava × fulva. Na. Brieselang *D.!*

99. Familie. Grámina Juss.

* Zea L.

* Z. Mays L. Aus Amerika; hier und da in Menge gebaut.

395. Pánicum L.

928. P. sanguinale L. Auf Sandboden, an Wegen, auf Aeckern, besonders im Gartenlande, zerstreut. P. Babelsberg *Bs.* Na. Königshorst; Gr. Bähnitz *Gr.!* Lw. Am Wege nach Gottow!! B. In Gärten innerhalb der Stadt!! Wilmersdorf *Thiele!* Schöneberg!! Sandwege in der Hasenheide!! an der Spreeheide *W. M.* Nst. An der Eisenbahn nach dem Zainhammer hin *Bch.*

P. ciliare Retz. Wie voriges, sehr selten und zweifelhaft. Nur Na. Bei Gr. Bähnitz *Walter!* ob noch jetzt? vielleicht nur einmal zufällig eingeschleppt.

929. P. filiforme (Koeler.) Gke. Sandfelder, sandige Wege, häufig.

930. P. crus galli L. Feuchte Aecker, Wegränder, häufig.

† P. miliaceum L. Aus Asien; hier und da gebaut und zuweilen auf Schutt, an Wegrändern einzeln verwildert.

396. Setária P. B.

931. S. verticillata (L.) P. B. Gartenland, Zäune, sehr zerstreut, ursprünglich wohl nicht einheimisch. P. Bornim *Schp.!* Werder *Schr.* Sp. *D.* Alt-Landsberg: Fredersdorf im Pfarrgarten *Gae.!* Fw. An Zäunen beim Brunnen!!

932. S. viridis (L.) P. B. Sandige und sandig-lehmige Aecker, Gartenland, gemein.

933. S. glauca (L.) P. B. Aecker, besonders auf sandigem Lehmboden in D, nicht selten, z. B. P. Zehlendorf!! Sp. Ruhleben *Winkler!* Na. Südlich der Stadt!! B. Zwischen Wilmersdorf und Schöneberg!! an der Anhaltischen Eisenbahn zwischen Schöneberg und Tempelhof!! südlich von Tempelhof!! Fw. Weinberg!! Nst. Hinter dem Kirchhof; Drachenkopf *Bch.!*

* S. itálica (L.) P. B. erweitert. Aus Süd-Europa. Nur an der Westgrenze Na. Buschow *Schr.* in größerer Menge gebaut, sonst nur hier und da in Gärten.

397. Phálaris L.

934. P. arundinacea L. Sumpfwiesen, Gräben, Ufer, nicht selten.

b) picta. Zierpflanze in Gärten.

† P. canariensis L. Stammt aus Süd-Europa; hier und da in Gärten gebaut und zuweilen auf Schutt in Menge verwildert, doch selten beständig. P. Leipziger Straße; Bornstedt *Bs.!* jenseit des Neuen Palais *Bs.* An der Chaussee zwischen Beelitz und T. *Rn.* B. Voigtland *Bl.* Seegerscher Holzplatz *Bl.!* Schuttstelle bei der v. d. Heydt-Brücke *W. M.!* in der Stadt an Rinnsteinen in der Leipziger Straße zuweilen zahlreich, doch wegen der Straßenreinigung selten zur Blüthe kommend *Bl.!!* Nst. *Bch.!*

398. Hieróchloë Gmel.

935. H. odorata (L.) Wahlenb. Mäßig feuchte Wiesen, sehr zerstreut. Nur N. P. Neuer Garten am Jungfern-See *Hanstein!* am rechten Havelufer oberhalb Baumgartenbrück *Sanio!* an der Havel bei der Ablage *Bs.!* Sp. Nordostseite von Pichelswerder *Schp.!!* bei den Pichelsbergen *D.* Tegel am See *A. Br.!* Henningsdorf *D.* Or. Am Grabow-See *Rn.!* B. Wiesen am Kanal zwischen der Kottbusser und Schlesischen Straße (besonders am nördlichen Ufer) *Sickenberger!!* an der Chaussee jenseit Treptow *Caspary!!* K. Jenseit des Bunzelschen Etablissements *Gr.!*

399. Anthoxanthum L.

936. A. odoratum L. Wiesen, feuchte Waldstellen, sehr häufig.

400. Alopecúrus L.

937. A. pratensis L. Wiesen, sehr häufig.

† A. agrestis L. Im Gebiet nicht einheimisch, sondern nur eingeschleppt und verwildert. P. Auf dem Bornstedter Feld einmal zahlreich *Bch.!* Wr. Frankenfelde, gebaut und verwildert *Sch.!*

938. A. geniculatus L. Feuchte Wiesen, Ufer, Sumpfränder, nicht selten, z. B. Na. Schmiedekoppel bei Königshorst *H. S.!* Kremmen: Tietzow!! Linum *H.!* B. Wiesen östlich der Scharfrichterei!! am Kanal zwischen der Kottbusser und Schlesischen Straße!! südöstlich von Rixdorf!! Nst. Weg nach dem Eichwerder *Bch.*

939. A. fulvus Sm. Wie voriger, nicht selten, z. B. Na. Am Lindholz *H. S.!* Lw. Lehmgruben *Rt.!* B. An den Fuchsbergen *Rei.* bei der Oranke!! bei der unteren Kanalschleuse!! zw. dem zoologischen Garten u. Wilmersdorf!! Wiese an der Potsdamer Eisenbahn diesseit Schöneberg *W. M.* Nst. Weg nach d. Eichwerder *Bch.*

401. Phleum L.

940. P. Boehméri Wib. Sonnige Hügel, trockne Wälder, zerstreut, meist in D. Br. Eiskutenberg bei Gr. Kreutz *Schr.* P. Sanssouci bei der Windmühle *Schp.!* Baumgartenbrück!! Sp. Grunewald!! Na. Brieselang!! Jahnberge!! Dechtower Kiefernheide *H. S.!* B. Fuchsberge!! Grasplätze vor dem Schlosse in Charlottenburg!! Steglitz *D.* Wilmersdorf *Bl.* Kurfürstendamm *W. M.* Tempelhof *D.* Rollberge *Schp.!* jenseit Treptow *D.* K. Tasdorf *Schl.* Wr. Rathsdorf *Sch.!* Fw. Paschenberg!! Nst. Bei der Sommerfelder Windmühle!! Schützenhaus; Brunnen *Bch.* Biesenthal: Lanke *Schl.*

b) viviparum. Schattige Stellen. Na. Am Wege zwischen dem Finkenkrug und Forsthaus Brieselang jährlich, zuweilen in Menge *A. Br.!!*

941. P. pratense L. Wiesen, häufig.

b) nodosum L. (als Art). Trockne Hügel, Wälder, nicht häufig, aber wohl vielfach übersehen. P. Wildpark *Schp.*

402. Cýnodon Rich.

942. C. Dáctylon (L.) Pers. Sandige Triften, Hügel, sehr selten, aber gesellig. Nur P. Baumgartenbrück am Fuße der Hügel nahe dem Wirthshause am Wege nach Kaput!! zuerst von *R.* entdeckt; auf dem linken Havelufer bei Werder *R.*

403. Léersia Solander.

943. L. oryzoídes (L.) Sw. Ufer, Sumpfwiesen, sehr zerstreut, aber wohl wegen der seltenen Blüthenentwickelung mehrfach übersehen. P. Bei der Ziegelei unweit der Pfauen-Insel *Vocke.* Sp. Am Grunewald-See dem Schlosse gegenüber *Vocke!!* Tegel *Schl.!* Or. An der Havel, der Badestelle gegenüber *Rn.!* B. Rummelsburg *D.* Charlottenburg *Kth.* am Kanal v. d. Kottbusser Thor *Bl.*

† Polypógon Desf.

† P. monspeliensis (L.) Desf. Zuweilen auf Aeckern unter Serradella mit ausgesäet, so B. Zwischen Schöneberg und Steglitz 1857 *Garcke.*

404. Agrostis L.

944. A. vulgaris With. Wiesen, feuchte Waldstellen, häufig.

945. A. alba L. Wie voriges, weniger häufig, z. B. P. *D.* Sp. *D.* Tegel *Kth.* Na. Fredenhorst bei Königshorst *H. S.!* B.

Gesundbrunnen *Kth.* Reinickendorf *D.* Moabit *Bl.* Thiergarten *D.* diesseit Schöneberg *Bauer*; Treptow *D.* Wr. Nach Biesdorf hin *Sch.*

946. A. canina L. Sumpfwiesen, moorige Waldstellen, nicht selten, z. B. Sp.; Grunewald; Tegel *Kth.* B. Moabit *Bl.* Thiergarten *Kth.* südlich von Wilmersdorf!! Schöneberg *Bl.* Fw. Baa-See *Sch.!* Nst. Beim kleinen See; Sommerfelde *Bch.*

405. Apéra Adans.

947. A. Spica venti (L.) P. B. Feuchte Aecker, Triften, gemein.

406. Calamagrostis Adans.

948. C. lanceolata Rth. Sumpfwiesen, zerstreut. Sp. Grunewald!! Papenberge *Thiele!* Na. Bredower Forst *W. M.* B. Stralau; Jungfernheide *D.* zwischen dem Spandauer Bock und Pichelsberg; Schöneberger Busch *Bl.* Alt-Landsberg *Gae.* Fw. Sonnenburg *Sch.* Nst. Großer Schlangenpfuhl; Leuenberger Wiesen *Bch.*

949. C. epigéa (L.) Rth. Trockner Waldboden, sonnige Hügel, Flugsand, nicht selten. P. Baumgartenbrück *Schp.* Sp. Grunewald; Stadtforst *D.* Tegler Heide *Kth.* Lw. Kolzenburg *H. S. H.!* B. Fuchsberge!! Wuhlheide!! bei der weißen Taube!! Granatenberge!! zwischen Reinickendorf und Hermsdorf *Schl.* Jungfernheide!! beim zoologischen Garten; Hasenheide *W. M.* Köpnicker Heide *D.* K. Mittelheide!! Rüdersdorfer Kalkberge *Thiele!*

950. C. neglecta (Ehrh.) auct. Moorwiesen, besonders auf Torfboden, zerstreut. P. Drewitz *Radecke!* Sp. Hundekehle *Bl.* Stadtforst *Kth.* Kremmen: Linum *H.!* B. Zwischen Rummelsburg und K. *Kth.* diesseit der Jungfernheide!! zwischen dem Spandauer Bock und Pichelsberg!! Rudower Wiesen!! Nst. Beim Spittel; am Trödelsteig in der Nähe der Schleuse beim Eisenwerk *Bch.*

951. C. arundinacea (L.) Rth. Schattige Wälder, sehr zerstreut. Sp. Pichelsberg *Bl.* Papenberge *Thiele!* Or. *Gae.!* B. Jungfernheide *D.* Fw. *Sch.!* Nst. Zwischen dem Schützenhause und dem Brunnen *Bch.!* Spechthausen *Bch.*

† Ammóphila Host.

† A. arenaria (L.) Lk. An den Seeküsten einheimisch; hier nur zum Binden des Flugsandes ausgesäet und hier und da halb wild, oder völlig verwildert. Sp. Zwischen Pichelsberg und Ruhleben noch vor wenigen Jahren *Winkler*, jetzt durch den Festungsbau verschwunden. Or. Am westlichen Bord des Kanals nach Pinnow hin *Rn.!* Na. Ribbeck *R.!* Kremmen: Nach Dorotheenhof hin

Jahn. B. Zwischen Reinickendorf und Hermsdorf *Schl.* Pionier-Uebungsplatz *W. M.!!*

407. Milium L.

952. M. effúsum L. Schattige Laubwälder, zerstreut. P. Sanssouci!! Sp. Papenberge *D.* Na. Brieselang!! Bredower Forst!! Lindholz!! Fasanerie bei Königshorst!! B. Friedrichsfelde *D.* Thiergarten, besonders bei Bellevue!! Köpnicker Heide *D.* Fw. Brunnen *Rn.* Zieglerberg *Rn.!!* Köthen!! Nst. Brunnen; Zainhammer *Bck.* Biesenthal: Lanke *Schl.*

408. Stupa L.

953. S. pennata L. Sonnige Hügel, trockne Wälder, besonders auf Sandboden, zerstreut. P. An der Chaussee zwischen Klein-Glienicke und der Friedrich-Wilhelmsbrücke *Schp.!* Sp. Nach Falkenhagen hin; Bamberge; Sandkrug bei Hermsdorf *D.* Or. Oestlich am Lehnitz-See *Rn.!* zwischen Grüneberg und Löwenberg; zwischen Falkenthal und Zehdenick *Jahn.* Na. Kleine Jahnberge *H. S.!* B. Fuchsberge *Radecke!* (ob noch jetzt?); in einem Wäldchen zwischen Friedrichsfelde und Marzahn *Hanstein.* Bernau *Jahn.* Mittenwalde: Weinberg bei Gr. Machenow *Bl.* Buckow *Radig.* Wr. Berge nach Biesdorf hin *Sch.!* Fw. Akazienberg; Fischerthal; Laugerei *Rn.!* Hügel südlich vom Alaunwerk *Rn.!!* Falkenberg *Bck.*

954. S. capillata L. Sonnige Hügel, meist auf Sandboden, nur D, zerstreut. Br. Mühlen- und Springberg bei Deetz *Schr.!* Trebelberg bei Schmergow *Hechel!* P. Sanssouci bei der Windmühle *Schp.!* Drachenberg *Bs.!* Geltow *Vocke!* Baumgartenbrück auf dem Heineberg!! Glindower Berge *Schr.* Sp. Sandkrug bei Hermsdorf *Kr.* K. Rüdersdorfer Kalkberge *Bl.* Wr. Upstall; Landhof; Alt-Gaul *Rn.* Fw. Akazienberg; Fischerthal; Laugerei *Rn.* zwischen dem Alaunwerk und dem Schloßberg *Rn.!!* Falkenberg über der Chaussee *Bck.* Nst. Pfingstberg; Eichwerder *Bck.*

409. Phragmites Trin.

955. P. vúlnerans (Gil.) Aschs. Ufer der Flüsse, Seen, Sumpfwiesen, sehr häufig.

410. Sesléria Scop.

956. S. coerulea (L.) Arduino. Kalkberge, sehr selten. K. Rüdersdorfer Kalkberge *Gr.!*

411. Koeléria Pers.

957. K. cristata (L.) Pers. Trockne Wälder, Wiesen, Hügel, nicht selten.

958. K. glauca (Schk.) D. C. Sonnige Hügel, Kiefernwälder, meist auf Sandboden, nicht selten. P. Baumgartenbrück *Bs.!* an der Chaussee zwischen Kl. Glienicke und der Friedrich-Wilhelmsbrücke *Vocke!* Sp. *Schl.!* Pichelswerder; Grunewald *Kth.* Forst südlich von Tegel!! Kremmen: Linum *H.!* Lw. Rauchenberge *Rt.* B. Fuchsberge *J.!* Friedrichshain *J.!!* Jungfernheide *Kth.* Spandauer Berg!! beim hohlen See!! zwischen Wilmersdorf und Schöneberg!! Hasenheide *Hl.!* K. *Schl.!* Wr. Möglin nach Kunersdorf hin *Sch.* Fw. Hohlweg; Monte Caprino *Rn.* Nst. Wald nach Sommerfelde hin!!

412. Aira L.

959. A. caespitosa L. Feuchter Waldboden, Moorwiesen, häufig.

960. A. flexuosa L. Trockne Wälder, Hügel, zerstreut, aber gesellig. Br. Götzer Berge *Schr.* P. Potsdamer Forst *Bs.* beim Schlachtensee!! Sp. Grunewald, besonders bei Pichelsberg!! und an den Thalabhängen von der krummen Lanke bis zur Hundekehle!! Na. Zwischen der Haltestelle und dem Finkenkrug *W. M.!* Lw. Rauchenberge *Rt.* B. Jungfernheide beim Kanal!! Thiergarten beim Hofjäger!! Hasenheide *D.* Alt-Landsberg *Gae.* Wr. Möglin: Büchnitz *Rn.* Fw. Beim Schloßberg *Sch.* Nst. Am Wege nach dem Zainhammer *Bch.*

413. Corynéphorus P. B.

961. C. canescens (L.) P. B. Sandfelder, Kiefernwälder, gemein.

414. Holcus L.

962. H. lanatus L. Fruchtbare Wiesen, häufig.

963. H. mollis L. Schattige, feuchte Waldstellen, Gebüsche, Wegränder, zerstreut. Sp. Bei der Hundekehle *Bl.!* Papenberge *Thiele!* Tegel *D.* B. Jungfernheide bei der Möckernitz *A. Br.!* Thiergarten bei den Zelten!! und beim Hofjäger!! nordwestlich von Schöneberg *Körnicke*; zwischen Schöneberg und Tempelhof *Bauer!* Rudower Wiesen unweit Forsthaus Ober-Rixdorf!! Alt-Landsberg *Gae.* Fw. Sonnenburg *Sch.* Nst. Brunnen *Bch.*

415. Arrhenátherum P. B.

964. A. elatius (L.) M. u. K. Wiesen, Laubwälder, Wegränder, nicht selten. P. Pfauen-Insel *Schp.* Sp. Grunewald bei der Rhinmeister-Brücke!! Tegel *D.* Na. Bredower Forst!! Lindholz!! Jahnberge!! Park bei Gr. Bähnitz!! B. Fuchsberge *D.* Pankow *Schl.* Jungfernheide *D.* Chaussee auf dem Spandauer Berge!! Thiergarten *Bl.* nördlich am zoologischen Garten!! Wiese an der Potsdamer Eisenbahn nördlich von Schöneberg!! Hasenheide; Rollberge *D.* K. Vogelsdorf *Schl.* Fw. *Sch.!* Nst. An der Chaussee diesseit Ternow!! Auch häufig auf Grasplätzen angesäet.

416. Avéna L.

* A. sativa L. Häufig, besonders auf feuchtem Boden, gebaut. Vaterland unbekannt.

* A. orientalis Schreb. Selten gebaut, so Wr. Frankenfelde *Sch.!*

† A. strigosa Schreb. Selten gebaut, so Wr. Frankenfelde *Sch.!* aber hier und da unter A sativa L., so Sp. Ruhleben *Kth.* Lw. *Rt.!* B. Gesundbrunnen *Schp.!* Wilmersdorf *Thiele!* Lankwitz *Rach!* Alt-Landsberg *Gae.* Nst. *Bch.*

† A. fatua L. Hier und da unter A. sativa L., so B. An der Chaussee nach Stralau!! Schöneberg *John!* Wr. Batzlower Mühle *Rn.*

965. A. pubescens L. Wiesen, lichte Waldstellen, häufig. P. Baumgartenbrück!! Sp. *D.* Na. Lindholz an der Eisenbahn!! Königshorst am Seelenhorster Damm *H. S.* Kremmen: Linum am Birkhahndamm *H.!* Trebbin: Schulzendorf *Gr.!* B. Wiesen zwischen der Stadtmauer und Boxhagen!! Fuchsberge!! diesseit Französisch-Buchholz und nordöstlich vom Dorfe!! Jungfernheide südlich vom Plötzensee!! Spandauer Berg *Bl.* Wiese an der Potsdamer Eisenbahn nördlich von Schöneberg *W. M.!* Hasenheide *D.* Rudower Wiesen!! Alt-Landsberg *Gae.* Nst. Schützenhaus; Brunnen *Bch.*

966. A. pratensis L. Sonnige Hügel, trockne Wälder, nicht häufig. Br. Eiskutenberg bei Gr. Kreutz *Schr.!* P. Heineberg bei Baumgartenbrück!! B. Fuchsberge!! Rehberge *D.* Jungfernheide südlich vom Plötzensee *Sanio!* Rollberge *D.*

967. A. flavescens L. Wiesen, Grasplätze, zerstreut. P. Sanssouci unter den Eichen *Schp.!* Na. Paulinenau *Rt.!* B. Jungfernheide *D.* am linken Ufer des Kanals unterhalb der Lichtenstein-Brücke *W. M.!* zwischen Wilmersdorf und Schöneberg *Thiele!* Hasenheide *D.* Alt-Landsberg *Gae.* Nst. Trampe *Bch.* Auch hier und da ausgesäet.

968. A. caryophyllèa (L.) Web. Trockner Waldboden, sonnige Hügel, auf Sandboden, zerstreut. P. Katharinenholz *Schp.* Na. Brieselang *Kth.* Lw. Nach Frankenförde hin *Rt.!* B. Weißensee *D.* am hohlen See!! Lankwitz *Thiele!* Hasenheide *Kth.* am Südrand der Spreeheide!! Neuer Krug *Bl.* Nst. Forstgarten *Bch.!* Biesenthal: Zwischen Dannewitz und Melchow *Schl.*

969. A. praecox (L.) P. B. Wie vorige, öfter mit ihr, zerstreut. P. Pirschheide *Schp.!* Wald zwischen Kl. Glienicke und der Friedrich-Wilhelmsbrücke *Vocke!* Sp. Beim Teufelsfenn!! bei Saatwinkel *A. Br.!!* Tegel *Bauer!* Or. Lehnitz *Schl.* am Grabow-See; zwischen Bernöve und Stüpnitz *Rn.!* Beelitz: Elsholz *Krumbholz.* Lw. Zwischen Frankenförde und Felgentreu *Rt.!* B. Beim hohlen See *A. Br.!!* Lankwitz *Thiele!* K. Friedrichshagen *H.* Rüdersdorfer Kalkberge *Bauer!* Fw. Akazienberg; Laugerei *Rn.* Räuberberg *Rn.!* Nst. Forstgarten; Wald nach Spechthausen hin *Bch.!* Biesenthal: Zwischen Dannewitz und Melchow *Schl.*

417. Triódia R. Br.

970. T. decumbens (L.) R. Br. Wälder, sandiger Moorboden, nicht selten. P. Katharinenholz *Schp.!* Sp. Forst bei der Hundekehle!! Pichelsberg; Stadtforst; Papenberge *D.* Tegelsche Heide *Schp.!* Na. Bredower Forst *W. M.* beim Weinberg!! Lw. Schöneweide *Gr.!* Trebbin: Schulzendorf *Gr.* B. Pankow auf dem rechten Pankeufer unweit der steinernen Brücke!! Jungfernheide *W. M!* Hasenheide; Köpnicker Heide *D.* K. Müggelberge!! Nst. Schützenhaus; Brunnen *Bch.*

418. Mélica L.

971. M. nutans L. Laubwälder, Gebüsche, zerstreut. P. Sanssouci *Bs.!* Sp. Grunewald zwischen Paulsborn und dem Rhinmeister-See *Schp.* Papenberge!! Tegel *Schp.!* Schulzendorf *Bl.* Na. Bredower Forst!! Stadtforst (Hahnberge) *Gr.!* Trebbin: Schulzendorf in einem Garten *Gr.!* B. Thiergarten *D.* Alt-Landsberg *Gae.!* Buckow: Elysium!! Fw. Brunnen; Zieglerberg; Alaunwerk *Rn.* Nst. Brunnen!! Zainhammer; Spechthausen *Bch.* Biesenthal: Lanke *Schl.*

972. M. uniflóra Retz. Schattige Laubwälder, sehr zerstreut. Na. Brieselang *D.* Or. Liebenberger Park *R.! Gae.! N.!* Fw. Brunnen; Zieglerberg; Alaunwerk *Rn.* Nst. Beim alten Wasserfall *Bauer* 1850! *W. M.!!*

419. Briza L.

† B. maxima L. Zierpflanze aus Süd-Europa; zuweilen in

Gärten und in der Nähe derselben verwildert. Dr. Gärten *Rn.!* Na. In der Nähe des städtischen Forsthauses *Gr.!*

973. B. media L. Wiesen, Waldränder, häufig.

420. Poa L.

974. P. annua L. Wege, Gartenland, Wiesen, gemein.

975. P. bulbosa L. Sonnige Hügel, zerstreut. Bisher nur B. Schmargendorf am Hohlweg!! beobachtet.

b) crispa Thuill. (als Art). Sonnige Hügel, Wälder, Wegränder, nicht selten. P. Sanssouci unter den Eichen; Feigenmauer *Schp.* an der Chaussee zwischen der Pfauen-Insel und dem Wannsee *Vocke!* Kremmen: Rhinluch *H.!* B. Friedrichsfelder Park!! Schönhauser Park!! Jungfernheide *D.* Moabit *Bl.* am Königsweg jenseit Witzleben *W. M!* Wilmersdorf *Schl.* Hügel südlich von Tempelhof!! Hasenheide *D.* am Köpnicker Weg diesseit des Neuen Kruges *W. M.!* Alt-Landsberg *Gae.* Nst. Beim Gesundbrunnen sparsam *Bch.*

976. P. alpina L. Nur

b) badensis Haenke (als Art). Sonnige Hügel, sehr selten. P. Südliches Ufer der Pfauen-Insel *Vocke!* (ob einheimisch?) Fw. Anhöhen westlich vom Brunnenthal *Christ* 1855!

977. P. nemoralis L. Schattige Wälder, nicht selten, z. B. Na. Bredower Forst!! Lindholz!! Fasanerie bei Königshorst *H. S.!* Gr. Bähnitz *Schr.* Lw. Elsthal *H. S. II.!* B. Thiergarten!! Alt-Landsberg *Gae.* Fw. Schloßgrund!! Nst. Brunnen; Zainhammer *Bch.* Spechthausen *Schl.* Biesenthal: Lanke *Schl.*

978. P. serótina Ehrh. Feuchte Wiesen, Ufer, nicht selten, z. B. Sp. Grunewald *Bauer!* B. Wiesen zwischen der Stadtmauer und Boxhagen!! Jungfernheide *Bauer*; Spreeufer, der Tichyschen Badeanstalt gegenüber *Bl.* Wiesen zwischen dem zoologischen Garten und Wilmersdorf!! südlich von Wilmersdorf!! Nst. Bei der Oelmühle; Forstakademie *Bch.*

† P. silvática Vill. Im Gebiet nicht einheimisch, sondern nur zufällig auf Grasplätzen eingeschleppt B. Thiergarten beim Hofjäger!!

979. P. trivialis L. Wiesen, häufig.

980. P. pratensis L. Wiesen, Wälder, Wegränder, gemein.

981. P. compressa L. Mauern, Hügel, Wegränder, besonders in D, nicht selten. P. Ufermauer des Lustgartens *Bl.* Zehlendorf *Bs.!* Sp. D. Papenberge *Thiele!* Dr. Zühlsdorfer Heide *Schl.* Lw. Lehmgruben *Kt.!* B. Lange Brücke; Schloß *D.* Weißensee *Kth.* Charlottenburg *Lq.* Kreuzberg!! Tempelhof an der Kirchhofsmauer *W. M.!* Rollberge *D.* K. Schloß *D.* Woltersdorfer Schleuse!!

Mauern in Alt-Landsberg!! Bernau *Schl.* Fw. *Sch.!* Nst. Unterheide, besonders an der Angermünder Chaussee *Bch.*

421. Glycéria R. Br.

982. G. altíssima (Gil.) Gke. Gräben, Sümpfe, Ufer, häufig.

983. G. flúitans (L.) R. Br. Wie vorige, sehr häufig.

b) púmila. Sumpfränder, zerstreut. Sp. Teufelsfenn!! B. Am hohlen See *Rach!*

984. G. plicáta Fr. Wie vorige, nicht häufig, aber wohl mehrfach übersehen. Bisher nur B. Wiesenweg in der Nähe des Frankfurter Thors 1856 von mir entdeckt!!

985. G. distans (L.) Wahlenb. Dorfstraßen, Wiesen, Triften, auf Salzboden, sehr zerstreut. P. Uetz *Rudecke!* Baumgartenbrück *Drees!* Nuthewiesen *Bs.!* Or. Zwischen der Havelbrücke und der chemischen Fabrik *Rn.!* Na. Zwischen der Bredower Forst und Zeestow!! am Damm nordwestlich vom Weinberg!! beim Selbelanger Jägerhause!! Pessin *Rt.!* Kremmen: Tietzow *N.!* B. Köpnicker Feld *D.* vor dem Frankfurter Thor *D.!!* Boxhagen *Winkler!!* Seegerscher Holzplatz *A. Br.!* vor dem Halleschen Thor nördlich der Ulanen-Kaserne *Bauer!* Wr. Möglin; Batzlower Wiese *Rn.!* Fw. Alaunwerk bei der Hütte *Rn.*

986. G. aquática (L.) Presl. Gräben, Quellen, Floßholz, sehr zerstreut. Na. *Gr.!* Dammgräben im großen Havelländischen Luch nördlich vom Lindholz *Schr.* B. Floßholz in der Spree *Rn.!* Thiergarten *R.* Buschkrug *Thiele!* Rixdorf südöstlich vom Dorfe *Bauer!* K. Am Stienitz-See bei Tasdorf *A. Br.!* Alt-Landsberg *Gae.!* Wr. Am Batzlower Mühlenfließ *Sch.!* Fw. An Quellen *Schl.* Nst. Graben am Weidendamm *Bch.!!* Torfstich am Wege nach Britz *Bch.*

422. Molínia Mnch.

987. M. coerulea (L.) Mnch. Moorwiesen, feuchte Waldstellen, nicht selten. Sp. Hundekehle *Bl.* Papenberge; Tegel *Schl.* Na. Haltestelle Finkenkrug!! Königshorst *H. S.* B. Bei den Fuchsbergen *Schp.* Friedrichsfelder Park!! Jungfernheide *Schl.* zwischen dem zoologischen Garten und Wilmersdorf *W. M.!* Rudower Wiesen *Radecke!* Wiesen am Köpnicker Weg!! K. Tasdorf am Stienitz-See *Rn.* Buckow; Eichendorfer Mühle *Sch.* Nst. Leuenberger Wiesen; am Wege nach Bornemannspfuhl *Bch.*

b) arundinacea Schrk. Schattiger Waldboden. P. Sanssouci unter den Eichen *Schp.!* Na. Lindholz!!

423. Dáctylis L.

988. D. glomerata L. Wiesen, schattige Wälder, Grasplätze häufig.

424. Cynosúrus L.

989. C. cristatus L. Wiesen, Triften, häufig.

425. Festúca L.

990. F. myúra Ehrh. Sonnige Hügel, Wälder, Wegränder, auf Sandboden, sehr zerstreut, zuweilen unbeständig. Na. Heineberg bei Gr. Bähnitz zahlreich 1853 *Schr.!* dann nicht wieder. K. Woltersdorf; am Stienitz-See bei Tasdorf 1858 *Rn.* Alt-Landsberg: Am Steig nach Fredersdorf 1843 viel, später spärlich *Gae.!* Fw. Alaunwerk bei der Hütte; Ahrendskehle *Rn.* Nst. Forstgarten *Bch.!*

991. F. sciuroides Rth. Wie vorige, viel seltener. Nur B. Zw. Schöneberg und Tempelhof *Rach!* Zuerst von *C. Bouché sen.* entdeckt.

992. F. ovína L. Wälder, Sandfelder, trockne Hügel, gemein.

993. F. duriúscula L. syst. Schattige Laubwälder, Gebüsche, zerstreut. Sp. Stadtforst *D.* Or. Strohberge *Rn.* Na. Bredower Forst!! Lindholz *Rt.!* B. Lichtenberger Kietz *Sonder!* beim zoologischen Garten *Lucae!* Thiergarten *Schur!* Lankwitz *C. Bouché sen.* Köpnicker Heide *Schl.!* Wr. Batzlower Wiese *Rn.* Fw. Brunnen *Sch.!* Nst. Schützenhaus *Bch.* Brunnen *Bch.!* Zainhammer *Bch.*

994. F. rubra L. Wälder, etwas feuchter Sandboden, nicht selten.

995. F. gigantéa (L.) Vill. Schattige Laubwälder, zerstreut. P. Sanssouci *Bs.!* Sp. Papenberge *D.* Na. Brieselang!! Bredower Forst *Schr.* Apfelhorst in der Stadtforst *Gr.* Fasanerie bei Königshorst *H. S.!* B. Friedrichsfelder Park!! Thiergarten!! (Wr. Gebüsch bei der Malzmühle *Sch.*) Fw. Brunnen *Rn.* Akazienberg *Rn.!!* Hammerthal; Köthen *Rn.* Nst. Brunnen und an der Schwärze aufwärts bis Spechthausen *Bch.* Biesenthal: Lanke *Schl.*

996. F. borealis (Trin.) M. u. K. Sumpfwiesen, Gräben, Ufer der Flüsse und Seen, sehr zerstreut. P. Heiliger See *R.* Havel zwischen dem Tornow und Templin *Bs.!* Baumgartenbrück *D.* Sp. Pichelsberg *D.* Tegler See *Körnicke!* Or. Birkenwerder; Graben hinter dem Schloßgarten *Rn.!* Kremmen: Rhinluch am Rhin und den Schifffahrtskanälen *H.* B. Am Markgrafendamm!! Stralau diesseit der Kirche *Bauer*; zwischen dem Hamburger Bahnhof und der Strafanstalt *Körnicke!* Treptow *D.* Zuerst von *Klank* entdeckt; erreicht hier ihre Südgrenze.

997. F. arudinacea Schreb. Moorwiesen, Ufer, nicht selten, z. B. P. Beim Neuen Palais *Schp.* Schlachtensee!! Na. Königshorst am Seelenhorster Damm *H. S.!* Trebbin: Zwischen dem Bahnhof und Schulzendorf!! B. Markgrafendamm!! Pankow an der Panke!! Schöneberger Busch *Bl.* Wr. Möglin an der Büchnitz *Sch.* Nst. Weidendamm; Zainhammer *Bch.*

998. F. elátior L. Wiesen, Triften, häufig.

426. Brachypódium P. B.

999. B. silváticum (Huds.) R. u. Sch. Schattige Laubwälder, Gebüsche, zerstreut. P. Sanssouci *Bs.! Schp.!* Sp. Tegel *D.* Na. Brieselang *D.* Bredower Forst!! Lindholz *D.* Fasanerie bei Königshorst *H S.!* Unterholz bei Dechtow *H.* B. Friedrichsfelder Park!! Schönhauser Park *R.* Thiergarten, besonders zwischen den Zelten und Bellevue und beim Jägerhause!! Alt-Landsberg *Gae.* Wr. Büchnitz bei Möglin *Rn.* (bei der Malzmühle *Sch.!*) Fw. Hammerthal *Rn.* Zieglerberg *Rn.!!* Nst. Beim Brunnen!! Karlswerk *H.*

1000. B. pinnatum (L. ex p.) P. B. Trockne Wälder, Hügel, zerstreut, aber sehr gesellig und zuweilen weite Strecken überziehend. P. Sanssouci bei der Windmühle *Schp.!* Baumgartenbrück *Bs.* Sp. Grunewald, besonders bei der Hundekehle!! Papenberge; Tegel *D.* Na. Falkenhagen *D.* Lindholz!! B. Jungfernheide bei der Scharfrichterei!! nördlich am zoologischen Garten!! K. Zwischen der Woltersdorfer Schleuse und den Rüdersdorfer Kalkbergen!! Alt-Landsberg *Gae.* Wr. Batzlower Mühle *Rn.* Fw. Ruinenberg; Akazienberg *Rn.* Nst. Großer Schlangenpfuhl; Karlswerk *Bch.*

427. Bromus L.

1001. B. secalinus L. Aecker, besonders unter Roggen, häufig.

1002. B. racemosus L. Fruchtbare Wiesen, zerstreut. P. Eiche *Bch.* B. Wiesen zwischen der Stadtmauer und Boxhagen!! Wiesen beim zoologischen Garten *C. Bouché sen.!* Steglitz *D.* Wiese am Kanal zwischen dem Kottbusser und Schlesischen Thor!! Wr. Batzlower Mühle *Sch.!*

1003. B. commutatus Schrad. Aecker, Wegränder, sehr zerstreut. Na. Paulinenau östlich vom Wege nach Selbelang *Hertzsch!* B. Friedrichsfelde *D.* zwischen Charlottenburg und dem Spandauer Bock *Sanio!* Steglitz *D.* an der Potsdamer Eisenbahn diesseit Schöneberg *W. M.!* K. *D.* Baruther Niederung *Rbh.*

1004. B. mollis L. Aecker, Wegränder, Wiesen, sehr häufig.

1005. B. arvensis L. Aecker, Wegränder, Hügel, auf Sand- und Lehmboden, stellenweise häufig. B. Brandenburger Kommunikation *Bl.* Rummelsburg!! Fuchsberge *Rei.!* Seegerscher Holzplatz *Bl.* Kreuzberg!! Fw. *Sch.!* Nst. An der Chaussee nach Fw. *Bch.*

1006. B. asper Murr. Schattige Laubwälder, selten. P. Sanssouci bei den Sabinerinnen *Bch.*

b) serótinus Beneken (als Art). Schattige Laubwälder, sehr zerstreut. Nst. Gesundbrunnen *Bch.* alter Wasserfall; am Fließ diesseit Spechthausen *Bch.!*

1007. B. erectus Huds. Wiesen, Grasplätze, Wegränder, zerstreut. Wohl meist nur angesäet. Br. Pewesin am südlichen Wall des Lötzkanals 1856 *Schr.!* später ausgerottet. P. Neuer Garten *W. M.!* Sp. An der Chaussee nach Ruhleben!! Or. Wiesen südlich von Germendorf (hier wahrscheinlich wild) *Rn.!* Na. Paulinenau südlich vom Wege nach Berge *Hertzsch!* B. Thiergarten *D.* Grasplätze in und vor dem Schloßgarten zu Charlottenburg!! Alt-Landsberg *Gae.!* Wr. Büchnitz bei Möglin *Rn.* (wohl wild).

1008. B. inermis Leyss. Sonnige Hügel, Wegränder, meist D, zerstreut. Br. Buchenberg bei Götz *Schr.* P. Brauhausberg *W. M.* hinter dem Kirchhofe *Bs.!* Sp. *D.* Pichelswerder an der Nordostseite!! Na. Jahnberge!! Kremmen *H.* B. Zwischen Rummelsburg und dem Kietz *Schp.!* an der Chaussee diesseit Weissensee *A. Br.!* bei der Scharfrichterei!! Spandauer Berg *Bl.* westlich am Hippodrom!! zwischen Wilmersdorf und Schöneberg *Schp.* an der Potsdamer Eisenbahn südlich von Schöneberg *W. M.* K. Mahlsdorf *Bl.* Alt-Landsberg *Gae.!* Wr. Büchnitz; Batzlower Berge; Landhof *Rn.* Fw. Hinter dem Weinberg *Sch.!* an der Chaussee über Falkenberg!! Nst. Schützenhaus; Brunnen *Bch.*

1009. B. stérilis L. An Mauern, Zäunen, Wegrändern, nicht selten. P. Sanssouci *Schp.* Sp. Pichelsdorf!! Na. An der Fasanerie bei Königshorst *H. S.* B. Brandenburger Kommunikation *Bl.* an der Stadtmauer zwischen der Eisenbahnpforte und dem Frankfurter Thor!! Rummelsburg *Schp.!* Friedrichsfelde; Moabit *Schl.* Spandauer Bock!! Charlottenburg an der Kirche!! Thiergarten *Bl.* Schöneberg; Hasenheide *W. M.* Fw. Paschenberg!!

1010. B. tectórum L. Sandfelder, Wegränder, häufig.

428. Triticum L.

* T. vulgare Vill. Vaterland unbekannt; auf Lehmboden in D, stellenweise in Menge gebaut.

* T. túrgidum L. Seltener gebaut.

* T. durum Desf. Nur versuchsweise gebaut. Wr. Frankenfelde *Sch.!*

* T. polónicum L. Ebenso. Wr. Frankenfelde *Sch.!*

* T. Spelta L. Hier und da gebaut, doch meist nur in Gärten.

* T. monococcum L. Versuchsweise gebaut. Wr. Frauenfelde *Sch.!*

1011. T. repens L. Wegränder, Aecker, Wiesen, Wälder, gemein.

b) caesium Presl. (als Art). Bisher nur B. Zwischen der Jungfernheide u. Moabit; am Plötzensee; Seegerscher Holzplatz *Bl.!*

1012. T. caninum (L.) Schreb. Laubwälder, zerstreut. Cr. Schloßgarten *Rn.!* Teschendorf *Rn.* Liebenberg *Bch.* Na. Beim Bredower Forsthause 1855 von mir gefunden!! (von *Mund* zuerst in dieser Gegend für das Gebiet entdeckt); Fasanerie bei Königshorst *H. S.!* B. Friedrichsfelder Park *K. Müller!!* Fw. Zwischen dem Belvedere und Akazienberg *Rn.* Nst. Vom Zainhammer bis Spechthausen an der Schwärze *Bch.!* Trampe im herrschaftlichen Garten *Bch.*

† Secále L.

† S. cereale L. Vaterland unbekannt; überall gebaut; auf Schutt, an Wegen zuweilen einzeln verwildert.

429. Élymus L.

† E. arenarius L. An den Küsten einheimisch; im Gebiete seit 100 Jahren zum Binden des Flugsandes angesäet und dann meist verwildert. Br. Deetzer Mühlenberg *Schr.* P. Babersberg *Bs.!* Kremmen: Dorotheenhof *Jahn.* B. Zwischen dem Wedding und Reinickendorf!! zwischen Reinickendorf und Hermsdorf *D.* zwischen der Jungfernheide und Moabit sehr viel!! Hasenheide einzeln!!

1013. E. europaeus L. Schattige Gebüsche, sehr selten. Nur P. An der Griebnitz bei Türkshof 1854 von *Bs.!* entdeckt.

430. Hórdeum L.

* H. vulgare L. Vaterland unbekannt; überall gebaut.

* H. hexástichum L. Hier wohl nicht gebaut, aber zuweilen unter anderen Saaten.

* H. distichum L. Häufig gebaut.

1014. H. murínum L. Wegränder, Zäune, gemein.

431. Lólium L.

1015. L. perenne L. Wiesen, Wegränder, sehr häufig.

† L. multiflórum Poir. In Süddeutschland einheimisch; hier nur zuweilen auf Grasplätzen angesäet und verwildert, so P. Sanssouci *Radecke!*

1016. L. temulentum L. Aecker, besonders unter Hafer, nicht selten.

1017. L. arvense Schrad. Nur unter Flachs, sehr zerstreut.

P. Bei der Dampfmühle *Ad. Müller!* Marquard *Hanstein!* Lw. Dobbrikow *Rt.* B. Rixdorf *Rn.!* Nst. *Bch.*

432. Nardus L.

1018. N. stricta L. Sandiger Moorboden, trockne Wälder, Wiesen, nicht selten. Sp. Grunewald an der Havel *Vockel* beim Rhinmeister-See!! Lw. Zinnasche Forst *Rt.* B. Jungfernheide beim Kanal!! Charlottenburg beim hohlen See!! Schöneberg *Bl.* Schlächterwiese!! Rudower Wiesen!! Nst. Lichterfelde; beim Trampeschen Forsthause *Bch.!*

II. Gymnospermae.

100. Familie. Coniferae Juss.

* Taxus Tourn.

* T. baccata L. Im Gebiet nicht mehr als einheimisch bekannt; häufig in Gärten und Parks gepflanzt.

433. Juniperus L.

1019. J. commúnis L. Kiefernwälder, sonnige Hügel, zerstreut. Sp. Bei Paulsborn einzeln!! Tegelsche Heide!! Stolpesche Heide *Schl.* Na. Bei der Haltestelle Finkenkrug *Rei.* K. Rüdersdorfer Kalkberge!! Bernau; Werneuchen; Strausberg *Schl.* Fw. Köthen *Bl.*

* J. virginiana L. Zierbaum aus Nordamerika. Ein sehr schönes Exemplar B. Schönhauser Park.

* J. Sabina L. Zierstrauch aus Süddeutschland. Eins der größten u. ältesten Exemplare B. Im Königlichen botanischen Garten.

* Thuja L.

* T. occidentalis L. Häufiger Zierstrauch aus Nordamerika, besonders auf Begräbnißplätzen gepflanzt.

434. Pinus Tourn.

1020. P. silvestris L. Bei weitem der häufigste, auf Sandboden fast der ausschließlich vorkommende Waldbaum des Gebiets.

* P. Strobus L. Aus Nordamerika. Nicht selten in Parks gepflanzt, hier und da in ganzen Beständen so bei Buckow *Caspary*.

* Ábies Tourn.

* A. alba Mill. Häufiger Zierbaum aus Mitteldeutschland.

* Pícea Lk.

* P. excelsa (Lmk.) Lk. Im Gebiet nicht einheimisch, aber überall in Parks, auch nicht selten einzeln in Wäldern gepflanzt. In einiger Menge z. B. in der Jungfernheide beim Forsthause Königsdamm *Rn.*

* Larix Tourn.

* L. decídua Mill. Zunächst in Schlesien einheimisch; in Parks nicht selten, zuweilen auch in Wäldern in einiger Menge gepflanzt. So B. Jungfernheide beim Forsthause Königsdamm!! Königswusterhausen unweit des Forsthauses Fasanerie!!

Cryptógamae.

I. Cormóphyta.

A. Filicínae.

a. Gonioptérides Willd.

101. Familie. Equisetaceae D. C.

435. Equisétum L.

1021. E. arvense L. Aecker, Wegränder, Gebüsche, Wiesen, gemein.

b) campestre Schultz (als Art). Sandhügel, selten. B. Bei Witzleben *A. Br.!!*

c) nemorosum A. Br. Schattige Waldstellen, zerstreut. Na. Brieselang!! B. Charlottenburger Schloßgarten!! Lw. *Sch.!* Nst. Unter dem Schützenhause!!

1022. E. Telmatéa Ehrh. Schattige Abhänge in der Nähe von Gewässern, sehr selten. Bisher nur Nst. Zwischen dem Brunnen und Zainhammer 1857 von *Bch.!!* entdeckt.

1023. E. silváticum L. Schattige Wälder, zerstreut. Sp. Papenberge; Tegel *D.* Or. Schmachtenhagen *Gae.* Na. Zwischen dem Finkenkrug und dem Forsthause Brieselang!! am Wege zwischen dem Finkenkrug und dem Eisenbahnübergang des Bredower Weges!! Lw. Am Fuß der Renneberge *Rt.!* B. Zwischen Französisch-Buchholz und Buch *Kr.* Gesundbrunnen; Reinickendorf *D.* am Chausseegraben beim Artillerie-Schießplatz!! Thiergarten in der Gegend des

Jägerhauses *Bl.!* Köpnicker Heide *Kth.* Fw. Sonnenburg; Brunnen; Alaunwerk *Kn.* Nst. Tröbelsteig zwischen dem Kupfer- und Eisenhammer *Bch.!*

1024. E. pratense Ehrh. Wie voriges, sehr zerstreut. Na. Nördlich vom Finkenkrug und am Wege von da nach dem Forsthause Brieselang 1854 *A. Br.!!* B. Charlottenburger Schloßgarten an der Westseite *A. Br.!!* zuerst hier von *Schl.* für das Gebiet entdeckt. Fw. Alaunwerk *Bch.* Nst. Tröbelsteig zwischen dem Kupfer- und Eisenhammer; Spechthausen *Bch.!*

1025. E. palustre L. Wiesen, Gräben, Sumpfränder, nicht selten, z. B. P. Glindower Ziegeleien *Schr.* Sp. Pichelswerder!! dem Schloß Grunewald gegenüber!! Kremmen: Tietzow!! Lw. Lehmgruben *Kt.!* B. Wiesen zwischen der Stadtmauer und Boxhagen *J.* Weißensee!! bei der Pankstraße *W. M.* nördlich vom Hamburger Bahnhof!! Wilmersdorf *Thiele!* am Kanal zwischen dem Halleschen und Kottbusser Thor *W. M.* an der Chaussee diesseit des Buschkruges!! K. Am Kalksee nördlich der Woltersdorfer Schleuse!! Alt-Landsberg *Gae.!* Nst. Am Wege nach dem Eichwerder!!

b) prostratum Hoppe (als Art). Wie die Hauptart, sehr zerstreut. B. Am Spreeufer nach Stralau hin *Körnicke!* K. Tasdorf *Bauer!*

1026. E. limosum L. Sümpfe, Gräben, Ufer, sehr häufig.

1027. E. hiemale L. Sandhügel, Triften, trockne Wiesen und Wälder, zerstreut. P. Havelabhänge bei Baumgartenbrück am Heineberg!! zwischen der Moorlanke und der Pfauen-Insel!! am Schlachtensee *Schp.!* Sp. Havelabhänge zwischen Pichelsberg und dem Teufelsgraben!! Papenberge *D.* am Fuß der Bamberge *Bl.* Or. Strohberge *Gae.!* Na. Lindholz *H.* Jahnberge am nordwestlichen Ende!! B. Beim Gasthof zur weißen Taube *J.!!* nördlich von Weißensee!! beim Gesundbrunnen, besonders zahlreich am Eschengraben zwischen der Eisenbahn und der Pankstraße!! Jungfernheide südwestlich vom Plötzensee!! Kreuzberg *D.* Rudower Wiesen!! Fw. *R.* Nst. Zainhammer *D.*

b) paleaceum Schleicher (als Art). Wie die Hauptart, viel seltener. P. Havelabhang jenseit Tornow *Winkler!* B. An der Eisenbahn beim Gesundbrunnen *Schp.!!*

1021 × 1026. E. arvense × limosum. Feuchte, sandige Triften, sehr selten, aber wohl mehrfach übersehen. P. Oestlich vom Wege zwischen Alt-Geltow und dem Werderschen Fährhause 1857 *Sanio!*

b. Hydroptérides Willd.

102. Familie. Marsileaceae Bartl.

436. Pilulária L.

1028. P. globulifera L. Sumpf- und Teichränder, sehr selten, aber wohl mehrfach übersehen; zuweilen Jahre lang nicht erscheinend. B. An einem Pfuhl südwestlich von Tempelhof *Rach!!*

103. Familie. Salviniaceae Bartl.

437. Salvínia Micheli.

1029. S. natans (L.) All. In stehenden und langsam fließenden Gewässern schwimmend, sehr zerstreut; mit Floßholz öfter wandernd. P. Havel bei Baumgartenbrück *Vocke!* beim Tornow!! bei der Ziegelei unweit der Pfauen-Insel *Vocke!* Sp. An der Ostseite von Pichelswerder *Li.* B. Floßholz am Oberbaum!! Charlottenburg beim Schloßgarten *D.*

c. Bryoptérides Willd.

104. Familie. Lycopodiaceae D. C.

438. Lycopódium L.

1030. L. Selágo L. Waldsümpfe, gern an den Wurzeln von Erlen, sehr zerstreut. Sp. Grunewald *D.* B. Jungfernheide in der Möckernitz *Tittelbach.* Köpnicker Heide *Dr. Klotzsch!* Müncheberg: Nach dem Heidekrug hin *Thiele!* Fw. Sonnenburg nahe dem Sausenngraben *Rn.* bei der Teufelsbrücke einzeln *Rn.!!* Nst. Am kleinen See *Bch.*

1031. L. annótinum L. Schattige Waldstellen, besonders an Sümpfen, zerstreut. P. An der Südseite des Schlachtensees *Schp.!!* Sp. Grunewald südlich von Paulsborn!! Tegel *D.* B. Jungfernheide *D.* Köpnicker Heide *Dr. Klotzsch!* K. Beim Teufelssee unweit der Müggelberge *Bl.!* Strausberg: Blumenthal *Kr.* Fw. Sonnenburg beim Sausenngraben; Teufelsbrücke *Rn.* Nst. Bei den Leuenberger Wiesen *Bch.!* am Wege nach Trampe; bei Spechthausen *Bch.*

1032. L. inundatum L. An Waldsümpfen, auf sandigem Moorboden, zerstreut. P. Gr. Glienicke *Vocke!* Saubude beim Stern *Bs.* Zehlendorf *Kth.* Sp. Grunewald *Thiele!* Dr. Zwischen Sandhausen und der Schäferei *Gae.* Na. Brieselang *Kr.* am Bolchow bei Buschow *Schr.* B. Weißensee nach Hohen-Schönhausen hin *A. Br.!* und nördlich vom Heinersdorfer Weg!! zwischen Pankow und dem Gesundbrunnen in Vertiefungen nördlich und südlich der Panke *Winkler!!* K. Beim Teufelssee unweit der Müggelberge *Kosa!*

1033. L. clavatum L. Trockne Wälder, Moorboden, nicht selten. P. Sanssouci; Wildpark *Schp.!* Potsdamer Heide *Bs.* Sp. Stadtforst!! Na. Bei der Haltestelle Finkenkrug!! B. Friedrichsfelde südlich vom Park!! Vertiefungen beim Gesundbrunnen!! Jungfernheide!! beim hohlen See!! Rudower Wiesen!! K. Zwischen Johannisthal und Glienicke *W. M.* Alt-Landsberg *Gae.!* Fw. Bei der Teufelsbrücke!! Nst. *Bch.* Biesenthal: Im Walde bei Lanke *Sanio!*

1034. L. Chamaecyparissus A. Br. Schattige Kiefernwälder, selten, aber vielleicht mehrfach übersehen. P. Pirschheide östlich von der Chaussee!! Nst. Bei den Leuenberger Wiesen *Bch.!*

1035. L. complanatum L. Kiefernwälder, sehr zerstreut. Sp. Grunewald *D.* Tegel nordwestlich vom Wirthshause *Schp.* Sandkrug *Kr.* Dr. Sarnow *Gae.* B. Jungfernheide; Köpnicker Heide *D.* K. Kranichsberge *Dr. Berg.* Fw. Harnekopf *Gae.* Sonnenburg beim Saufenngraben *Rn.* bei der Teufelsbrücke *Rn.!!* Nst. Spechthausen bei der Stampfmühle *Bl.*

d. Filices L.

105. Familie. Ophioglossaceae R. Br.

439. Botrychium Sw.

1036. B. Lunária (L.) Sw. Sonnige, begraste Hügel, trockne Waldstellen, Wiesen, zerstreut, zuweilen unbeständig. P. An der Chaussee diesseit Neu-Geltow *Bs.!* Karlsberg; Brauhausberg *Schp.* Sp. Nordöstlich von Pichelsberg *Caspary!!* Grunewald beim Saugarten; am See nördlich von Saatwinkel *A. Br.!!* Na. Große faule Lake beim Finkenkrug *A. Br.!* B. Fuchsberge!! beim Gesundbrunnen *Jahn!* bei den Rehbergen *Caspary!!* Südseite der Junfernheide *O. Jaenicke!* Charlottenburg *D.* Lankwitz *Thiele!* Rollberge *Schp.!* K. Rüdersdorfer Kalkberge *Schl.!* Wr. Unweit des Springs *Sch.*

1037. B. lanceolatum (Gmel.) Roeper. Wie voriges, meist in Gesellschaft desselben, sehr zerstreut und öfter unbeständig. P. Wildpark; Karlsberg *Schp.!* Sp. Nordöstlich von Pichelsberg im Grunde 1853 *Caspary!!* in der Gegend der Hundekehle *Körnicke*; am See nördlich vom Saatwinkel *A. Br.!!* B. Friedrichsfelde *Schl.!* Granatenberge *Li.* Gesundbrunnen an der Eisenbahn *Sanio!* an der Chaussee nach Tegel *A. Br.!*

1038. B. Matricariae (Schrk.) Spr. Sandiger Moorboden, an Waldsümpfen, sehr selten. Or. An der Rehkuhle zwischen Hohen-Neuendorf und dem Briesenschen Theerofen *Dr. Homann!* B. In einer Vertiefung beim Gesundbrunnen mit Lycopodium inundatum L. 1855 von *Schp.!!* entdeckt.

440. Ophioglossum L.

1039. O. vulgatum L. Mäßig feuchte Wiesen, an Waldsümpfen, zerstreut. Br. Pewesin am Kanal nach dem See zu *Schr.* Sp. Tegel unweit des Wirthshauses *Rn.!* Or. Neu-Holland *Jahn.* Na. Große faule Lake beim Finkenkrug *A. Br.!* Lw. Frankenförde *Rt.!* Wiesen südlich von Boxhagen!! Friedrichsfelde *D.* Französisch-Buchholz *Kr.* Jungfernheide in der Möckernitz!! Wiesen diesseit Schöneberg *D.* Rudower Wiesen!! Treptow *D.* Fw. Bei der Papiermühle *Rn.!* Nst. An der Eisenbahn im Finowthal *Bch.!*

106. Familie. Osmundaceae R. Br.

441. Osmunda L.

1040. O. regalis L. Feuchte Waldstellen, an Sümpfen, zerstreut. P. An der Südseite des Schlachtensees *Schp.!!* Sp. Westlich vom Wege zwischen Sp. und Nieder-Neuendorf *Rn.!* Papenberge *Thiele!* Tegel *D.* Or. Zwischen Henningsdorf und Bötzow *H.* zwischen Sachsenhausen und dem Theerofen *Rn.!* Liebenwalde *Gae.* Na. Beim Finkenkrug *Körnicke!!* B. Jungfernheide in der Gegend der Kanalbrücke bei Königsdamm!!

107. Familie. Polypodiaceae R. Br.

442. Polypódium L.

1041. P. vulgare L. Wälder, besonders an Abhängen, Baumwurzeln, Gräben, nicht selten. P. Beim Templin *Bs.* Abhänge zwischen der Moorlanke und der Pfauen-Insel!! Sp. Pichelswerder!! Papenberge *Körnicke!* Tegel im Park!! Na. Bredower Forst!! Lw. Forst westlich von Gottow!! B. Weiße Sand-Berge an der faulen Spree *Rei.!* Thiergarten bei der Hofjäger-Allee!! K. Abhänge der Woltersdorfer Schleuse gegenüber!! Alt-Landsberg: Stadtforst *Gae.!* Buckow: Silberkehle!! zw. der Alten Mühle u. Hermersdorf im Hohlweg!! Fw. Schloßgarten *Bl.* südlich vom Alaunwerk!! Paschenberg!! Nst. Oestlich vom Schanzenberg!! unter dem Schützenhause!!

443. Pteris L.

1042. P. aquilina L. Trockne Wälder, sehr häufig.

444. Blechnum L.

1043. B. Spicant (L.) With. Schattige Wälder, besonders in der Nähe von Sümpfen, sehr zerstreut. P. Bei der Saubude unweit des Sterns *Bs.* Sp. Grunewald *Körnicke!* Tegel in der Nähe des Gasthofes *Rn.!* B. Jungfernheide nördlich vom Kanal westlich der Brücke bei Königsdamm *Sanio!!*

445. Asplénium L.

1044. A. Trichómanes L. Hohlwege, Abhänge an Baumwurzeln, sehr zerstreut. K. Gegenüber der Woltersdorfer Schleuse *R.* Buckow: Elysium *O. Jaenicke*; Hohlweg zwischen der Alten Mühle und Hermersdorf!! Fw. Steinkuhlen *Rn.* südlich vom Alaunwerk *Rn.!!*

1045. A. Filix fémina (L.) Bernh. Feuchte Gebüsche, Sumpfränder, häufig.

1046. A. Ruta murária L. Mauern, meist an der nach Norden gekehrten Seite, zerstreut. P. An der Rampe beim Ruinenberg *Bs.!!* Talutten *Weiland!!* Sp. Stadtmauer *D.* B. An der Nordseite des Gießhauses viel und schön!! westliche Mauer des Charlottenburger Schloßgartens!! Alt-Landsberg an der Stadtmauer, besonders an der Berliner Thorbrücke *Gae.!!* Nst. Magdalenen-Kirche *Bch.!!* Stadtmauer *Bch.*

446. Phegópteris Fée.

1047. P. polypodioídes Fée. Schattige Laubwälder, sehr zerstreut. Sp. Tegel *D.* B. Thiergarten in der Nähe des Jägerhauses einmal spärlich von *Bl.* gefunden. Fw. Erste Steinkuhle jenseit des Brunnens *Rn.!*

1048. P. Dryópteris (L.) Fée. Schattige Wälder, Schluch-

Register.

Verbesserungen.

Seite 5 Zeile 20 v. u. lies: westlich statt: wetzlich.
„ 5 „ 16 v. u. lies: Lietzow statt: Tietzow.
„ 14 „ 2 v. o. lies: Kriegersfelde statt: Kringersfelde.
„ 18 „ 14 v. u. lies: *Schr.* statt: *S.*
„ 20 „ 4 v. u. lies: D. C. statt: Juss.
„ 28 „ 6 v. o. lies: östlich statt: nördlich.
„ 57 „ 14 o. o. lies: Ceratophyllaceae statt: Cerataphyllaceae.
„ 63 „ 4 v. u. lies: Cicúta statt: Circúta.
„ 80 „ 9 v. u. lies: Galinsóga statt: Galinsógea.
„ 90 „ 4 v. u. schalte ein: Wiesen, Triften vor: Wälder.
„ 111 „ 10 v. o. lies: nordöstlichen statt: nordwestlichen.
„ 118 „ 7 v. o. schalte ein: K. vor: Friedrichshagen.
„ 119 „ 6 v. o. lies: Squamária statt: Sqamária.
„ 154 „ 1 v. o. lies: Br. statt: B.

Gedruckt bei Julius Sittenfeld in Berlin.

Flora

der

Provinz Brandenburg,

der

Altmark und des Herzogthums Magdeburg.

Zum Gebrauche in Schulen und auf Excursionen

bearbeitet

von

Dr. Paul Ascherson.

Dritte Abtheilung.

Specialflora von Magdeburg.

Berlin, 1864.

Verlag von August Hirschwald.

Unter den Linden Nr. 68.

Verzeichniß

der

Phanerogamen und Gefäßkryptogamen,

welche im Umkreise von fünf Meilen um

Magdeburg

bisher beobachtet worden sind.

Zusammengestellt und herausgegeben

von

Dr. Paul Ascherson.

Berlin, 1864.
Verlag von August Hirschwald.
Unter den Linden Nr. 68.

Digitized by Google

Vorrede.

Magdeburg, die Hauptstadt der reichen und intelligenten Provinz Sachsen, der Sitz dreier höherer Lehranstalten, entbehrt bis jetzt einer Flora seiner Umgegend. Dies ist um so auffallender, als diese Gegend für die Vegetation besonders günstige Bedingungen darbietet. An der Grenze des mitteldeutschen Flötzgebirges und der nördlichen Diluvialebene gelegen, vereinigt sie beiden Gebieten eigenthümliche Pflanzen; sodann wird sie von der Elbe durchströmt, deren Fluthen, wie die ihrer Nebenflüsse, besonders der Saale, gar manche seltene Pflanze aus Böhmen, Sachsen, Thüringen herabgeführt und hier eingebürgert haben. Diesen günstigen Bedingungen entsprechend, hat die Umgebung Magdeburgs auf 31,4 Quadratmeilen 1041 Gefäßpflanzen aufzuweisen, einen Reichthum, der ihre Flora in den Stand setzt, sich mit den meisten Lokalfloren Nord- und Mitteldeutschlands zu messen. Auch sind diese Schätze keineswegs unbemerkt geblieben. Abgesehen von den Beobachtungen Scholler's *) im letzten Drittel des vorigen Jahrhunderts, die zum großen Theil noch heute ihren Werth behalten, hat Herr Hofapotheker F. Hartmann seit bereits vierzig, sowie Herr Gymnasiallehrer Banse seit dreißig Jahren die nähere und entferntere Umgegend botanisch durchforscht. Letzterer hat besonders seit 1855 das botanische Studium mit erneutem Eifer wieder auf-

*) **Flora Barbiensis. Lips. 1775. Supplem. Barb. 1787.**

genommen und unterstützt von gleichgesinnten Freunden und eifrigen Schülern, das Gebiet nach allen Richtungen planmäßig durchsucht. Durch das freundliche Entgegenkommen der genannten und noch zu nennenden Freunde der Botanik ist dem Verfasser, der sich seit 1853 zu wiederholten Malen und in verschiedenen Zeiten des Jahres wochenlang in Magdeburg aufgehalten und das Gebiet täglich und in den verschiedensten Richtungen durchstreift hat, die Gelegenheit gegeben worden, fast alle interessanten Pflanzen desselben an ihren Standorten zu beobachten und so das Resultat jahrelanger Forschungen in kurzer Zeit zur eignen Anschauung zu bringen. In jenen schönen Tagen, die der Verfasser unter dem gastlichen Dache seines väterlichen Freundes Hartmann nur mit der scientia amabilis beschäftigt verlebte, und welche er stets zu den angenehmsten Erinnerungen seines Lebens rechnen wird, äußerten die botanischen Freunde, welche zwar ein reiches Material gesammelt hatten, aber durch Berufsgeschäfte und andere Verhältnisse an der Bearbeitung desselben bisher gehindert worden waren, oft den Wunsch nach einer Lokalflora, und munterten den Verfasser auf, eine solche herauszugeben. So ist unter der bereitwilligsten Unterstützung von allen Seiten das gegenwärtige Werkchen entstanden. Dies möge zur Erklärung des allerdings auffallenden Umstandes dienen, daß die erste Flora Magdeburgs von einem Fremden verfaßt ist.

Ueber die äußere Einrichtung des Werkchens ist Folgendes zu bemerken. Da die Begrenzung einer Lokalflora in den meisten Fällen etwas völlig Willkürliches ist, so ist das Gebiet rein mathematisch abgegrenzt worden, nämlich durch einen mit dem Halbmesser von fünf deutschen Meilen um Magdeburg geschlagenen Kreis. Dasselbe ist nach seiner allgemeinen geognostischen Beschaffenheit in drei Regionen eingetheilt worden, nämlich:

A (Alluvium), die Flußthäler der Elbe und ihrer Nebenflüsse, Saale (mit Bode) und Ohre.

D (Diluvium), das außerhalb der Flußthäler gelegene Gebiet östlich der Elbe und nördlich der Ohre.

F (Flötzgebirge), den von den verschiedenen sedimentären Schichten der unteren Kohlenformation oder Culm-Grauwacke, des Rothliegenden, des Zechsteins, des bunten Sandsteins, des Muschelkalks, des Keupers, des Lias, des oberen Jura, der oligocänen Tertiärformation, so wie von den abnormen Massen des Porphyrs eingenommenen Raum, welcher östlich vom Elb-, nördlich vom Ohrethal begrenzt wird. Die speciellen geognostischen Verhältnisse dieser Gegend sind von Fr. Hoffmann*) in einer, nach dem Urtheil eines der gründlichsten geognostischen Kenner Norddeutschlands, auch jetzt noch fast völlig genügenden Weise abgehandelt**).

Die Angaben dieses Werkchens beruhen auf Beobachtungen, die fast ohne Ausnahme erst seit 1850 angestellt sind. Es ist dies von um so größerer Wichtigkeit, als gerade in diesem Gebiete, dessen sprichwörtliche Fruchtbarkeit seine Bewohner zur möglichsten Ausdehnung des Kulturbodens auffordert, der Botaniker oft genug seine Lieblingsplätze dem Pfluge verfallen sieht.

Die Standorte sind stets in einer bestimmten Reihenfolge, nach den Umgebungen der Städte und größeren Orte geordnet, aufgeführt; der Raumersparung wegen sind die häufiger vorkommenden Namen der letzteren abgekürzt, nämlich:

Bg. Burg.	O. Oschersleben.
Brb. Barby.	R. Rogätz.
Brn. Bernburg.	S. Schönebeck.
M. Magdeburg.	St. Staßfurt.
N. Neuhaldensleben.	W. Wolmirstedt.

Z. Zerbst.

Ebenso sind auch die Namen der Beobachter abgekürzt, nämlich:

Bns. Banse, Lehrer am Pädagogium des Klosters U. L. Frauen zu M., unterstützte den Verfasser durch zahlreiche schriftliche und mündliche Mittheilungen; *Dk.* Deike, Lehrer an der

---

*) Beiträge zur genaueren Kenntniß der geognostischen Verhältnisse von Norddeutschland. 1. Theil. Berlin, 1822 (1823). — Uebersicht der orographischen und geognostischen Verhältnisse vom nordwestlichen Deutschland. Leipzig, 1830.

**) Wesentliche Erweiterungen unserer Kenntniß seit Hoffmann sind nur die Zuweisung des Sandsteins von Plötzky zur Grauwacke, sowie die Entdeckung des oberen Jura zwischen Rodensleben und Wellen und im oberen Allerthale durch Dr. Ewald.

Bürgerschule zu Bg., mündliche und schriftliche Mittheilungen; *E.* Otto Engel, Pharmaceut, jetzt in Dessau, früher Gymnasiast in M.; *Eb.* Ebeling, Lehrer an der Bürgerschule in M., desgl.; *K.* Dr. Korschel, Lehrer in Krossen, früher in Bg.: Flora von Burg, Burg 1856 und direkte Mittheilungen; *M. S.* Max Schulze, Gymnasiast in M., schriftliche und mündliche Mittheilungen über die Gegend von N.; *S.* Schneider, Bürgermeister a. D., früher in Schönebeck, Manuskript über die Standorte des Gebiets; *Sp.* Dr. Th. Spieker, Oberlehrer an der Realschule zu Potsdam, früher in Brn., Mittheilungen über die Flora von Brn.; *T.* Dr. E. Torges, Königlicher Assistenzarzt in M., schriftliche und mündliche Mittheilungen. Außerdem sind die Werke von Schatz*) (*Scht.*) und Garcke**) benutzt worden. ! bedeutet, daß dem Verfasser trockne Exemplare von dem gedachten Standorte vorlagen; !! daß er die Pflanze selbst dort beobachtete.

Allen denjenigen, welche durch ihre uneigennützige und wohlwollende Unterstützung das Zustandekommen des Werkchens möglich gemacht haben, sei hiermit der herzlichste Dank ausgesprochen. Möge es ihnen und allen Freunden der lieblichen Pflanzenwelt als zuverlässiger Führer von Nutzen sein!

Berlin, den 1. Januar 1859.

Dr. Paul Ascherson.

*) Flora von Halberstadt. Halberstadt 1854.
**) Flora von Halle. Halle 1848.

Phanerógamae.

I. Angiospermae.

A. Dicotylédones.

1. Familie. Ranunculaceae Juss.

1. Clématis L.

1. C. recta L. Wiesen und Gebüsche des Elbthals, also A. Brb. Zwischen Göbnitz und Dornburg!! S. Kapitelbusch!! Elbinsel *Eb.* M. Elbdamm bei Prester!! Rothehorn-Wiesen *E.!!* Damm südlich vom Biederitzer Busch *T.!!* Bg. Südlich vom Dunker See *K.!* R. Am Unterholzer Berg *E.!!*

*C. Vitalba L. nur angepflanzt, z. B. M. Friedrich-Wilhelms-Garten.

2. Thalictrum Tourn.

2. T. flexuosum Bernh. Wiesen, Abhänge, zerstreut. S. Spitze Berg bei Alten-Salze; Fuß der Zenser Berge *S.!* Frohsesche Berge *Eb.* M. Rothehorn-Wiesen!! an der Chaussee nach Gerwisch *S.* N. Burgwall bei Althaldensleben *M. S.!* Brn. *Eb.*

b) majus Koch (als Art) S. Wolfskehlenbusch *S!*

3. T. angustifolium Jcq. Wiesen und Gebüsche, nur A, sehr zerstreut. S. Wolfskehlenbusch *S.* M. Rothehorn *T.!* Bg. Zwischen Detershagen und Löbekühn *K.* R. Unterhagen *E.!!* N. Erbke am Bullengraben *E., M. S.!*

4. T. flavum L. Wiesen, wohl nur A, häufig, z. B. S. Buschwiesen *S.* M. Wiesen zwischen dem Sudenburger Thor und Friedrich-Wilhelms-Garten!! Rothehorn-Wiesen *S.* Bg. Nachtweide *K.*

N. Freischütz *M. S.!* Papenberg; Erbke *M. S.* R. Bäthen!! O. Wulferstedt *Scht.* Bodenniederung von Tarthun bis St. *Scht.*

3. Hepática Dillen.

5. H. triloba Chaix. Laubholzwälder, Gebüsche, sehr zerstreut. N. Papenberg *M. S.!* Wellenberge bei Dönnstedt *S.*, *M. S.!* O. Brandsleber Holz am Bach *S.*; Hakel!!

4. Pulsatilla Tourn.

6. P. vulgaris Mill. Sonnige Hügel, lichte Wälder, zerstreut. Z. Butterberg!! S. Plötzky; zwischen Pretzin und Dornburg; Neue Mühle *Eb.* M. Zwischen Wahlitz und Gommern *E.!* Bg. Westlich von den Chaussee-Kienen *K.!* Wüsten-Rogäsen *J. Müller.* R. In und am Oberhagen *E.!!* N. Kolbitzer Heide bei Planken *M. S.!* Benitz *M. S.*; Warenberg *M. S.!* Fuß des Trendelbergs *M. S.!* Egeln *Scht.* St. Ochsenberg *Scht.*

7. P. pratensis (L.) Mill. An denselben Orten als vorige, oft mit ihr zusammen. S. Mühlinger, Keseken-, Frohsesche Berge, Westerhüsen *S.* Randau; Plötzky *Eb.* M. Klusheide *Bns.* R. Am Oberhagen!! N. Kolbitzer Heide *M. S.!* Galgenberg; Heide nach dem Detzel zu *M. S.*

5. Anemóne L.

8. A. nemorosa L. Gebüsche, Laubwälder, gemein, z. B. Brb. Bei Dornburg *S.* S. Kapitelbusch; Grünewalde *S.* Kreuzhorst *Eb.* M. Zuckerbusch; Vogelgesang *Eb.* Biederitzer Busch *S.* R. Hagen *E.* Rammstedt!! N. Planken; Benitz; Papenberg; Hagen *M. S.* Wellenberge bei Dönnstedt *S.* O. Hakel *S.* Egelsche Forst *S.*

9. A. ranunculoides L. Gebüsche, Laubwälder, häufig. Brb. Schloßgarten zu Dornburg *S.* S. Busch; Kapitelbusch *S.*; bei Grünewalde am Nachtigallensteig!! M. Vogelgesang *T.!* Bg. Bürgerholz zwischen Heidhau und Sandforthslake *K.!* R. Hagen *E.* N. Benitz *M. S.!* beim Schweinering im Oberholz *M. S.!* Papenberg *M. S.* Wellenberge bei Dönnstedt *S.* O. Hakel *S.* Egelsche Forst *S.*

6. Adónis Dillen.

† A. auctumnalis L. Zierpflanze aus Süd-Europa, verwildert. N. Auf Aeckern neben der Chaussee bei Gr. Ammensleben *M. S.!*

10. A. aestivalis L. Lehmäcker, zerstreut. S. Zwischen Salze und Felgeleben; vor Eggersdorf *S.* M. An der Leipziger Chaussee

Eb. Krakauer Acker *Bns.* W. Aecker nach Samswegen zu *H. Engel!!* O. Schermke; Ampfurt *Eb.*

† A. flammeus Jcq. Aecker, wahrscheinlich mit fremdem Samen eingeführt, daher unbeständig. S. Von *Eb.* nur einigemal gefunden. O. Am Hakel *Scht.*

11. A. vernalis L. Abhänge, Feldraine nur F, meist auf Kalk. N. Gutenswegen; Glüsig *M. S.!* O. An der südl. Spitze des Brandsleber Holzes neben den Kiefern *S.* Heteborn am Hakelberg; Krottorf an der zweiten Steinkuhle *Scht.* St. Zwischen Börnicke und Hecklingen *S.* Neundorf am kahlen Graseweg!! Brn. Ackerraine nach Gröna zu *Sp.!*

7. Myosúrus Dillen.

12. M. minimus L. Aecker gemein.

8. Batráchium E. Meyer.

13. B. hederaceum (L.) E. Mey. Quellen, seichte fließende Gräben, Moorlöcher, sehr zerstreut. W. Zwischen Farsleben u. Zielitz *E.* N. Graben neben dem Weg nach dem Hagen am Hühnerberg bis 1855 *E.!*, dann ausgerottet; N. Graben diesseit des schwarzen Pfuhls bei Bülstringen *M. S.!* (Etwas jenseit der nördl. Grenze bei der Lüderitzer Wassermühle *E!!*)

14. B. aquátile (L.) E. Mey. In süßem und salzigem, stehendem und fließendem Wasser sehr gemein.

15. B. divaricatum (Schrk.) Wimm. Stehende und langsam fließende Gewässer häufig. Z. Pfannenteich!! S. Röthe; Teich bei der Kreuzhorst *S.* M. Pechauer See *S.* Mittel-Elbe!! Teich beim Biederitzer Busch *S.* Bg. Külzauer Mühlteich!!

16. B. flúitans (Lmk.) Wimm. Schnell fließende Gewässer, selten. O. Bode vom Ausfluß des Mühlgrabens bei Krottorf abwärts *Scht.*

9. Ranúnculus Haller.

17. R. Flámmula L. Sümpfe, Gräben, gemein.

18. R. Lingua L. Tiefe Sümpfe, Gräben, zerstreut. Brb. Badezer Teich!! S. Beim Finn *S.* W. Zwischen Farsleben und Zielitz *E.* Samswegen!! Bg. Niegripp *S.* zwischen Habberg und Dümke *K.* Güsen unweit der Station!! N. Freischütz *M. S.* O. Wulferstedt *Sch.*

19. R. illýricus L. Sonnige Hügel, nur F. S. Am Hummelsberg!! und auf den Frohseschen Bergen *Eb.!!* St. Bei Löderburg; Hecklingen; und bei St. selbst *Scht.* An den 4 letzten Standorten meist von Schafen abgeweidet und nicht blühend.

20. R. auricomus L. Laubwälder, häufig. Z. B. Busch S. Grünewalde!! M. Biederitzer Busch!! Herrnkrug!! Bg. *K.* R. Hagen; Wellenberge *M. S.* O. Hakel!!

21. R. acer L. Wiesen, Gebüsche, gemein.

22. R. lanuginosus L. Feuchte, schattige Laubwälder, sehr zerstreut. Bg. Bürgerholz zwischen dem Heidhau und der Sandforthslake *K.!!* Wulfhagen *S.* R. Unterholzer Berg *E.!!* Unterhagen *E.* N. Wellenberge bei Dönnstedt *S.*, *M. S.!*

23. R. polyánthemus L. Wiesen, Dämme, Laubwälder, meist A, häufig, z. B. S. Kapitelbusch!! bei Grünewalde; vor Randau *S.* M. An der Berliner Chaussee!! an der Elbe zwischen Friedrichstadt und Herrnkrug!! Bg. Deichwall *K.* Wulfhagen *K.!* R. Aue *E.* N. *M. S.*

24. R. repens L. Wiesen, gemein.

25. R. bulbosus L. Abhänge, Wegränder, Laubwald, sehr häufig.

26. R. sardóus Crtz. Lehmäcker mit feuchtem Untergrund, zerstreut. Z. Vor dem Heidethor!! bei Jütrichau!! S. Am Rondel; beim Soolkanal; bei Gr. Mühlingen *S.* M. Süldorf *Eb.* südlich vom Biederitzer Busch!! W. Am südlichen Wege nach Samswegen!! Bg. Bürgermark *K.!*

27. R. arvensis L. Aecker, besonders auf Lehmboden, sehr häufig, z. B. Z. Jütrichau!! S. Felgeleben; Hummelsberg *Eb.* zwischen Pretzin und Dornburg neben dem Walde *S.* Kahlenberge *Eb.* M. Bei Dodendorf!! südlich vom Biederitzer Busch!! W. Am Wege nach Samswegen!! Bg. Ober-Gütter *K.*

28. R. sceleratus L. An Gräben, Sümpfen, überschwemmten Stellen sehr häufig, z. B. S. Bullenwiese *Eb.* am Soolkanal *S.* Zackmünde *Eb.* M. An der Sternschanze!! Langenweddingen!! W. Zwischen Samswegen und Lindhorst!! Bg. *K.* N. Papenberg *M. S.*

10. Ficária Dillen.

29. F. ranunculoides Mnch. Laubwälder, Gebüsche gemein, z. B. S. Busch *S.* Grünewalde!! M. Biederitzer Busch *S.* R. Rammstedt!!

11. Caltha L.

30. C. palustris L. Nasse Wiesen, gemein.

12. Tróllius L.

31. T. europaeus L. Mäßig feuchte Waldwiesen, selten. O. Zwischen Alt-Brandsleben und Eggenstedt östlich vom Wege; Hakel im Wasserthal *S.*

13. Nigella Tourn.

32. N. arvensis L. Lehmäcker in F und O, zerstreut. Z. Aecker zwischen dem Friedrichsholz und Eichholz!! S. Mühlinger, Zenser, Frohsiesche und Sohlsche Berge *S.* Westerhüsen *Eb.* M. Zwischen Dodendorf und Süldorf!! R. Am Steinort *E.!* Mühlenfeld *E.!* N. Aecker beim Warenberge *M. S.!* O. Emmersberg *Scht.*

14. Aquilégia Tourn.

33. A. vulgaris L. Laubwälder, selten. R. Oberhagen am Junkerwege *E.!!* O. Hakel *Scht.* Eine häufige Zierpflanze.

15. Delphínium Tourn.

34. D. Consólida L. Aecker, gemein.

16. Aconítum Tourn.

35. A. variegatum L. Bergige Laubwälder, selten. O. Hakel: Oppensches Holz am Kochstedter Wege und vordern Schmerlenteich *Eb.!*

Familie Berberidaceae Vent.

* Bérberis L.

* B. vulgaris L. Im Gebiet nicht einheimisch, sondern nur zu Hecken u. s. w. gepflanzt.

2. Familie. Nymphaeaceae D. C.

17. Nymphaea L.

36. N. alba L. Stehende Gewässer, häufig, z. B. Z. Badezer Teich!! S. Röthe; Grünewalde *S.* Kreuzhorst *Eb.* M. Pechauer See *Bns.* Bg. Kirchwasser, Dunkler See *K.* N. Behrends Wiese; alte Ohre; Freischütz *M. S.* O. Kuhlachen bei Alickendorf *Scht.*

18. Nuphar Sm.

37. N. luteum (L.) Sm. Wie vorige, oft mit ihr zusammen, z. B. Brb. Gr. Rosenburg *Eb.* S. Röthe, Grünewalde *S.* Kreuzhorst *Eb.* M. Pechauer See *Bns.* Bg. *K.* N. mit voriger *M. S.* O. Alte Bode bei Gröningen *Eb.* Krottorf am Amt; Alickendorf *Scht.*

3. Familie. Papaveraceae D. C.

19. Papáver Tourn.

38. P. Argemóne L. Aecker, sehr häufig.

39. P. hýbridum L. Kultivirter Boden, sehr selten. O. An der Eisenbahn vor dem Bruche und an der nördlichen Seite des mittleren Grabens im Bruche, westlich von den Stegen *Scht.* Kalbe auf Schutthaufen bei einer Tuchfabrik von *S.!* nur einmal gefunden, wohl nur eingeschleppt.

40. P. Rhoeas L. Aecker, gemein.

41. P. dubium L. Aecker nicht häufig. S. Eisenbahngraben nach Gnadau; Frohsesche Berge; zwischen Pretzin und Dornburg *S.* M. Zwischen Diesdorf und Nieder-Dodeleben *Bns.*

*P. somníferum L. Auf Aeckern gebaut, besonders F.

20. Chelidónium Tourn.

42. Ch. majus L. Zäune, Schutthaufen, Wegränder, gemein.

4. Familie. Fumariaceae D. C.

21. Corydallis D. C.

43. C. cava (L.) Schw. u. K. Feuchte, schattige Gebüsche und Laubwälder, zerstreut. W. Barleber Busch *S.* Bg. Am Deichwall südlich vom Tunker See *K.!!* R. Kapellberg *E.!!* Unterholzer Berg *E.* N. Wellenberge bei Dönnstedt *M. S.!* Egeln *Eb.* Brn. Krumbholz *Sp.!* Saalbüsche oberhalb Kalbe *Bns.*

44. C. intermedia (L.) Mér. Wie vorige. N. Backofenberg *M. S.!* Papenberg *M. S.!* Nonnenspring; Althaldensleber Ziegelei *M. S.* Wellenberge bei Dönnstedt *Bns.!* O. Alte Dorf *F. Reineke.*

45. C. púmila Host. Wie vorige. Brb. Zwischen Tochheim und der Polei-Mühle *S.* S. Neue Mühle bei Gommern an der Ehle *E.!* N. Backofenberg *M. S.!* Althaldensleber Park beim Elbpavillon *M. S.!* Wellenberge bei Dönnstedt *Bns.! M. S.!*

†C. lutea (L.) D. C. Zierpflanze aus Süddeutschland, völlig eingebürgert. Z. An den künstlichen Felsen im Schloßgarten!! und an der Chausseebrücke bei Jütrichau!! M. An Mauern in Buckau *Bns.!* hier schon seit 20 Jahren.

22. Fumária Tourn.

† F. capreolata L. In Gärten bei Brb. verwildert *Rother!* Ob noch jetzt zu finden?

46. F. officinalis L. Auf kultivirtem Boden, gemein.

47. F. Vaillantii Loisl. Aecker, Gartenland, nur F, selten. S. Döben *Eb.* St. An der Eisenbahn bei Gänsefurt *Bns.!* Rathmannsdorf im Amtsgarten *Bns.*

5. Familie. Cruciferae Juss.

† Cheiranthus L.

† Ch. Cheiri L. Zierpflanze aus Süddeutschland, verwildert. St. An der Stadtmauer und am Zwinger auf der Südostseite *Garcke!*

23. Nastúrtium R. Br.

48. N. officinale R. Br. In Gräben mit süßem und salzigem Wasser, häufig. Z. Butterdamm!! und Graben neben der Straße nach Tröbnitz!! Brb. Beim sauern Zeitz *Eb.* S. Neben dem Gradirwerk bei Salze!! Bullenwiese!! Pretzin am Kesselteich!! M. Langenweddingen!! Sülze zwischen Süldorf und Dodendorf *Bns.* Bg. Chausseegraben nördlich von Schermen *K.!* Graben in Zibbekleben *K.!* B. Nachtweide *E.!!* N. Graben der Magdeburger Chaussee *M. S.*

49. N. amphibium (L.) R. Br. Sümpfe, Gräben, feuchte Stellen, gemein.

b) auriculatum F. Hartm. M. Friedrich-Wilhelms-Garten *F. Hartmann!*

50. N. austriacum Crtz. Elbwiesen in vereinzelten Gruppen, daher wohl durch Hochwasser eingeführt. Brb. Hopplake bei Grüneberg *Eb.* 1856. S. Grünewalde am Damm nach Ranies *Eb.* 1854!! M. Rothehorn-Wiesen, Krakau gegenüber *E.* 1855!! Rothehorn-Spitze *E.!* *)

51. N. silvestre (L.) R. Br. Feuchte, überschwemmte Stellen, gemein.

52. N. palustre (Leyss.) D. C. An ähnlichen Stellen nicht so häufig. S. Soolkanal *Eb.* vor dem Busch; Grünewalde zwischen dem Damm und der Elbe; vor Randau *S.* M. Biederitz *Bns.* Bg. *K.*

53. N. pyrenaicum (L.) R. Br. Elbwiesen, selten. Brb. bei Saalhorn *Eb.* S. Zwischen Grünewalde und der Alten Fähre *S.* M. Südlich von der Berliner Chaussee **) in der Nähe der Lagois-

---

*) Diese Pflanze wurde auch außerhalb der Flora, am Schloßberge bei Helmstedt 1856 vom Gymnasiasten *M. Klapproth!* gesammelt und mir von *E.* mitgetheilt.

**) Unter „Berliner Chaussee“ ist hier immer nur die Strecke derselben zwischen dem Charlotten-Thor und dem Richter'schen Gasthof verstanden.

schen Ziegelei!! hier von *F. Hartmann* schon vor 30 Jahren aufgefunden; Krakauer Anger, einzeln!! Diese Pflanze erreicht hier ihren nördlichsten Standort.

49., 51., 52. und wahrscheinlich auch 50. bilden auf den Elbwiesen zahlreiche Bastardformen, welche noch nicht hinreichend aufgeklärt sind. Unterschieden ist bisher nur 49×51. N. amphibium × silvestre (N. anceps Rchb.) S. Kapitelbusch; an der Elbe vor Randau *S.!* M. Am Wege nach Pechau!! an der Elbe zwischen der Friedrichstadt und dem Herrnkrug!!

24. Barbaraea R. Br.

54. B. vulgaris R. Br. Wiesen, feuchte Stellen, zerstreut. S. Wolfskehlenbusch; hinter dem Kapitelbusch *S.* Todtenhäger bei Grünewalde!! M. Rothehorn *Bns.* R. Schmucksdorf *E.*

b) arcuata (Opiz) Rchb. (als Art). S. Kapitelbusch; Elbinsel *Eb.* M. Elbufer am Zwinger!!

55. B. stricta Andrzj. Weidengebüsche, feuchte Stellen, nur in A, häufiger als vorige. S. Vor dem Busch!! Grünewalde *S.* Kreuzhorst!! M. Elbufer südlich vom Herrnkrug!! Biederitzer Busch an der Ostseite!! Bg. Deichwall!! Elbufer in Blumenthal *K.* R. Aue *E.* St. Bode-Ufer *Scht.*

25. Turritis Dillen.

56. T. glabra L. Wälder, unbebaute Stellen, zerstreut. Z. *Eb.* S. Zwischen Frohse und Salze *Eb.* Kapitelbusch; Streitheide bei Gommern; Pretziner Kirchhof *S.* M. Heyrothsberge *T.* Bg. Birkensteig *K.* R. Am Wege nach Rammstedt!! O. Emmersberg *Scht.* Friedrikenbusch bei Neindorf *F. Reinecke.*

26. Arabis L.

57. A. Gerardi (Bess.) Koch. Waldwiesen, nur im Elbthal, zerstreut. S. Pflanzgarten im Busch *S.* am Nachtigallensteig bei Grünewalde *Eb.! E.!* M. Biederitzer Busch, vereinzelt!!

58. A. hirsuta (L.) Scop. Wiesen, Wälder, Abhänge, zerstreut. S. Bei Döben *S.* Neue Mühle bei Gommern *Bns.* Bg. Bei der Külzauer Mühle!! R. Moorwiese vor dem Hagen *E.!* R. Bei Krohnens Ruh *M. S.* O. Brandsleber Holz *Scht.*

A. arenosa (L.) Scop. M. Elbufer bei der alten Neustadt 1857 vereinzelt *T.!* Rothehorn 1858 *Bns.*; wohl nur von zufällig angeschwemmtem Samen herrührend.

27. Cardámine L.

59. C. parviflóra L. Ueberschwemmte, im Sommer trocken werdende Stellen, an Külken, nur im Elbthal, zerstreut. S. Grünewalde an der Amtmannslache vor dem Querweg *S.* Kreuzhorst in den Weggräben beim Forsthause *E.!!* M. An einem Kulk zwischen der Berliner Chaussee und dem Biederitzer Busch *E.!!* Bg. Nordöstlich vom Kirchwasser *K.*

60. C. impátiens L. Laubwälder des Elbthals, zerstreut, aber sehr gesellig. S. Grünewalde bei der Amtmannslache *Eb.!* Ranies *Eb.* Kreuzhorst.!! M. Biederitzer Busch, besonders an der Ostseite!! R. Oberhagen, einzeln; Seelenhau *E.*

61. C. hirsúta L. Grasige, feuchte Stellen, Laubwälder, sehr zerstreut. S. Grünewalde, östlich vom Wege nach der Alten Fähre *Eb.!* Bg. Deichwall, Südseite, westl. vom Blumenthalschen Wege *E.!!*

62. C. praténsis L. Nasse Wiesen, gemein.

63. C. amára L. Waldsümpfe, an Bächen, zerstreut. Brb. Zwischen Walternienburg und der Polei-Mühle *S.* Gödnitz *Eb.* S. Weidenbruch bei Plötzky; letztes Erlenbruch vor Dornburg *S.* Bg. Saugraben unterhalb der Schermenschen Mühle!! Molkenbruch *K.* Moorwiese am Hagen *E.!* Unterholzer Berg *E.* Erlenbruch nördlich von Wäthen!! O. An der Bode *Scht.*

† Hésperis L.

† H. matronalis L. Häufige Zierpflanze aus Süddeutschland, verwildert S. Auf dem Friedhof *S.*

28. Sisýmbrium L.

64. S. officinale (L.) Scop. Wegränder, Zäune, Schuttstellen, gemein.

65. S. Loeselii L. Auf und an Mauern, Wegrändern, zerstreut. M. Mauern der Festungswerke der Stadt und Citadelle häufig, besonders zahlreich am Ulrichsthor!! Wegränder an der Mittel-Elbe bei der Citadelle!! Bg. Auf der Stadtmauer beim Oberthor *Dk.!!* O. Krottorf *Scht.* St. *Scht.* Brn. Am Schloß *Garcke* und an der Stadtmauer *Sp.*

66. S. Sóphia L. Schuttstellen, an Wegen, gemein.

67. S. strictissimum L. Weidengebüsche in der Nähe der Elbe, sehr selten. M. Spitze des großen Werders, Juni 1858 von *H. Engel* entdeckt!! Erreicht hier seine nördliche Grenze.

68. S. Thalianum (L.) Gaud. Magere Aecker, trockne Wälder, gemein.

29. Alliária Adans.

69. A. officinalis Andrzj. Gebüsche, Laubwälder, sehr häufig. Z. B. S. Busch; Grünewalde S. Kreuzhorst!! M. Friedrich-Wilhelmsgarten!! Biederitzer Busch!! Bg. L. R. Rammstedt!! N. M. S. O. Hakel: Domburg!!

30. Erysimum L.

70. E. cheiranthoides L. Ufer, Zäune, Gebüsche, sehr häufig, z. B. S. Busch S. M. Elbufer auf dem Rothenhorn!! L. Amtsgarten; St. Bode-Ufer Scht.

71. E. hieraciifolium L. Ufergebüsche, Mauern, zerstreut. Brb. Zwischen Kämeritz und Poleimühle Dr. Mohs! S. Buschhaus; Glinde Eb. Alter Kirchhof S. M. Auf einer Gartenmauer in der Kutscherstraße F. Hartmann! Elbufer bei der Rothehorn-Spitze E.! Bei der Eisenbahnbrücke über die Mittel-Elbe E.!! Werderspitze E.!! Elbufer südlich vom Herrnkrug!!

31. Brássica L.

* B. oleracea L. In Gemüsegärten kultivirt, in sehr vielen Abarten.

B. Rapa L.

* a) annua Koch. Hier „Sommersaat".

* b) oleifera D. C. Hier „Wintersaat", beide in großem Maaßstabe kultivirt.

* c) esculenta Koch. In Gärten und auf Aeckern kultivirt.

† d) campestris L. (als Art). Aecker, Schutthaufen, sehr häufig verwildert.

* B. Napus L.

* a) annua Koch.

* b) oleifera D. C., beide in großem Maßstabe gebaut.

* c) Napobrassica L. Selten kultivirt.

72. B. nigra (L.) Koch. Weidengebüsche, Wiesen, zerstreut. Brb. Zwischen Alt-Tochheim und Klein-Rosenburg!! S. Kapitelbusch S. M. Rothehorn Bns.! Werderspitze E.!! Sudenburger Wiesen S. O. Andersleben südlich von den Arbeiterhäusern; zwischen St. und Förderstedt Scht. Auch gebaut und verwildert.

32. Sinápis Tourn.

73. S. arvensis L. Aecker gemein.

† S. alba L. Sehr häufig gebaut, theils der Samen wegen, theils als Einfassung der Aecker, um das Vieh abzuhalten. Völlig

verwildert z. B. Brb. bei Klein-Rosenburg *S.* S. An der Eisenbahn nördlich von Frohse *S.*

† Erucastrum Presl.

† E. Pollichii Sch. u. Sp. Ackerränder, Abhänge. M. Am Wiesenberg bei Nieder-Dodeleben *E.!* von *Bns.* 1856 aufgefunden. Jedenfalls mit fremden Samen eingeführt, 1857 wieder verschwunden. Bahrendorf 1858 *Eb.* St. Bei Hecklingen am neuen Wege nach Gänsefurt 1858 zahlreich *Eb.!!*

† Diplotáxis D. C.

† D. muralis (L.) D. C. Aecker, Wegränder, auf F. S. Eickendorf *Eb.* Welsleben an den Wegen nach Bahrendorf, Süldorf und Dodendorf häufig *S.* M. Zwischen Dodendorf und Osterweddingen *Bns.!!* Bahrendorf *Eb.!* St. Bei Börnicke *S.* Zwar an mehreren Stellen zahlreich und bis jetzt beständig, aber doch ohne Zweifel nur mit fremdem Samen eingeführt.

33. Alyssum L.

74. A. montanum L. Dürre, sonnige Hügel, Kiefernwälder, besonders in D, zerstreut. Brb. Auf der Anhöhe südlich von Tochheim!! S. Oestlich von Pretzin *S.* Bei der Windmühle von Dannigkow *Eb.* M. Klusheide *Bns.!!* Kieferngehölz nördlich von Gerwisch *E.!* Bg. Bei der Schetmenschen Mühle *Bns.!!* westlich von Lüben, nördlich von der Eisenbahn *K.*

75. A. calycinum L. Abhänge, Aecker, Wegränder, zerstreut. Z. An der Chaussee nach Tochheim *Dr. Mohs.!* S. Hummelsberg; Frohsesche Berge; Eisenbahngräben südlich von Westerhüsen *S.* Aecker bei Salbke!! M. Engelsberg; Jungfernberg *S.* Bei Langenweddingen nach Süldorf hin!! Bg. Bei der Schermenschen Mühle *K.!!*

34. Bertéroa D. C.

76. B. incána (L.) D. C. Wegränder, Sandfelder, gemein.

35. Draba L.

77. D. muralis L. Grasige Stellen, sehr selten. Bg. An der Südseite des Deichwalls westlich vom Blumenthalschen Wege, sehr zahlreich *K.!!*. Ursprünglich sicher durch Hochwasser dahin gekommen, und zwar wohl zunächst von Dessau.

36. Eróphila D. C.

78. E. verna (L.) E. Mey. Sandfelder, Abhänge, gemein.

† Cochleária L.

† C. Armorácia L. Als Gemüsepflanze hier und da gebaut und an Gräben, Ufern, Zäunen verwildert. Brb. Cyprnna *Eb.* S. Rondel *Eb.* Hummelsberg *S.* W. An der Chaussee nach Kolbitz!! D. Theilungen und Schiffgraben; St. Bode-Ufer *Scht.*

37. Camelína Crtz.

79. C. microcarpa Andrzj. Aecker, häufig, z. B. S. Frohsesche Berge *Eb.* am Hummelsberg; zwischen Salze und Felgeleben *S.* M. An der Berliner Chaussee!!

80. C. sativa (L.) Crtz. Leinäcker, zerstreut.

a) integrifolia. R. *E.!!* Bäthen *E.!!* (in ungeheurer Menge jenseit der Grenze bei der Lüderitzer Wassermühle *E.!!*)

b) dentata (Willd.) Pers. (als Art). Z. Zwischen Nieder- und Hohen-Lepte *S.* Brb. Nördlich von Gödnitz *Bns.!!* Bg. Lebekühn *K.* R. *E.!!* Bäthen; Mahlpfuhl *E.!!* (Bei der Lüderitzer Wassermühle *E.!!*)

38. Thlaspi Dill.

81. T. arvense L. Lehmäcker in F und A, gemein.

39. Teesdálea R. Br.

82. T. nudicaulis (L.) R. Br. Kiefernwälder, Sandfelder, fast nur D, zerstreut. Z. Aecker beim Friedrichsholz!! Jütrichau! S. Zwischen Pretzin und Dornburg; Gommersche Forst; Plötzky *S.* Ranbau am Kirchhof *Eb.* M. Klusheide *Bns.* Heyrothsberge *T.* Zwischen Biederitz und Gerwisch!! Bg. Schermensche Mühle!! Güsen!! R. Beim Hühnerberg *E.!* Rammstedt!! N. Neuenhofe!! Bei der Warte; Erxleben *M. S.*

† Ibéris L.

† I. amára L. Zierpflanze aus Süddeutschland, verwildert: Egeln, der Mauer des Amtsgartens gegenüber *S.*

40. Biscutella L.

83. B. laevigata L. Kiefernwälder, Sandfelder, nur D, selten, aber gesellig. Brb. Tochheim *Eb.* Nördlich von Gödnitz!! S. Plötzky *E.!* zwischen Plötzky und Pretzin *Eb !!* Zwischen Pretzin und Dornburg *Eb.!!* M. Beim Forsthaus Alte Klus *Bns.!!* Erreicht hier die Grenze ihrer Verbreitung nach Nordost.

41. Lepídium L.

84. L. Draba L. Aecker, Schuttstellen, Wegränder, selten und öfter unbeständig. Meist wohl nur mit fremder Saat eingeführt. S. In den Anlagen beim Soolbade Elmen *Eb.!!* Unter den Weiden nördlich von Frohse *S.* M. Sternschanze 1857 *B.!* Dodendorf *Eb.* Sülldorf bei der Kirchenmühle 1853 sehr zahlreich *F. Hartmann!!*

† L. sativum L. Als Gemüsepflanze zuweilen gebaut und an Wegrändern, auf Aeckern verwildert: S. Am Stadtgraben *S. R.*; Bäthen; Mahlpfuhl *E.!!* an den drei letzten Orten unter Lein sehr zahlreich.

85. L. campestre (L.) R. Br. Lehmäcker, selten; an Wegrändern, Schuttstellen u. s. w., zuweilen vereinzelt. S. Plötzky hinter dem Kesselteich *S.* M. Hohlweg bei Lemsdorf *S.* Rothehorn-Wiesen, einzeln 1857 *E.!!* Klus *Bns.!* Möckern *Eb.* W. Nach Samswegen zu *H. Engel!!* Bg. An der Eisenbahn beim Saugraben einmal *K.*

86. L. ruderale L. An Wegen, Zäunen, Schuttstellen, besonders um M., gemein.

42. Capsella Vent.

87. C. Bursa pastoris (L.) Mnch. An Wegen auf kultivirtem Boden, sehr gemein.

88. C. procumbens (L.) Fr. An Salinen, auf salzhaltigen Triften, meist sehr gesellig. S. An der Südostseite des Gradierwerks zu Gr. Salze in ungeheurer Menge *Eb.!!* M. Sülldorf, Sülzewiesen nach Dodendorf hin, vereinzelt *Bns.* St. Hecklingen, besonders um die Postbrücke und nach Gänsefurt hin *Scht.*; zwischen St. und Brn. *Garcke.*

43. Corónopus Haller.

89. C. Ruellii All. An Zäunen, auf Lehmwegen, Straßenpflaster der Städte, F und A sehr häufig, D selten. Brb. Bei Kolphus!! S. Rondel *Eb.* Salze *S.* Weg beim Forsthause Kreuzhorst!! M. Auf Lehmwegen der Feldmark auf dem linken Elbufer höchst gemein!! Sülldorf!! W. Beim Posthause!! Bg. Kolonie *K.* N. Weg nach dem Detzel unterhalb des Trendelbergs *M. S.!* St. *Eb.* Brn. *Sp.* Kalbe *Eb.*

44. Néslea Desv.

90. N. panniculata (L.) Desv. Aecker, Wegränder, zerstreut. S. Gnadau *Sp.* Vor Dornburg *S.* Kreuzhorst!! M. Langenweb-

dingen am Weg nach Süldorf!! Gr. Wartberg bei Schnarsleben!! Bg. Schermensche Mühle; nördlich vom Bahnhof *K.* R. Loitsche *E.* nördlich von Bäthen *E.!!* Kalbe *Sp.*

45. Rapistrum Boerh.

91. R. perenne (L.) All. Aecker, nur F, zerstreut. S. An den Frohseschen Bergen!! Sohlsche Berge *S.* M. Wiesenberg bei Nieder-Dobeleben *S.* Dahlen-Warsleben *E.!* St. Hecklingen!! Bra *Sp.* Erreicht hier die Grenze seiner Verbreitung nach Nordosten.

46. Raphanistrum Tourn.

92. R. arvense (All.) Wallr. Aecker, gemein.

* Ráphanus Tourn.

* R. sativus L. als Gemüsepflanze gebaut.

6. Familie. Cistaceae Dun.

47. Heliánthemum Tourn.

93. H. Chamaecistus Mill. Sonnige Hügel, trockne Laubwälder, zerstreut. Brb. Anhöhe südlich von Tochheim!! M. Irxleben; jenseit Gerwisch *S.* Bg. Bürgerholz westlich von den Chaussee-Kienen *K.* jenseit des Forsthauses *S.* R. Beim Forsthaus Heinrichshorst *E.!!* Rammstedter Forst!! N. Warenberg!! nach der Warte hin *M. S.* O. Brandsleber Holz *S.!*

7. Familie. Violaceae D. C.

48. Viola Tourn.

94. V. palustris L. Sümpfe, Moorwiesen, zerstreut. Z. Jütrichau!! Brb. Zwischen Polei-Mühle und Badez *S.* S. Diesseit Pretzin; Schloßbruch bei Gommern *Eb.* diesseit Dornburg *S.* R. Bei Richters Gasthof nach Woltersdorf hin *T.* Bg. Hungriger Wolf!! Schermensches Erlenbruch *K.* Springberg *K.!* R. Moorwiese vor dem Hagen *E.* N. Moosbruch *M. S.!* Schwarzer Pfuhl bei Bülstringen *M. S.*

95. V. hirta L. Grasige, trockne Stellen, Laubwälder, Gebüsch, zerstreut. Brb. Monplaisir *Eb.* S. Frohsesche Berge *Eb.* Am Damm neben der Freiheit *S.* M. Thalmühle bei Süldorf *Eb.* Berliner Chaussee *T.!* Biederitzer Busch *S.* Bg. Deichwall *Dk.!* An der Chaussee nach Schermen *Dk.* R. Südliches Ende des Unter-

holzer Berges *E.!!* Rammstedt!! N. Hagen *M. S.* Wellenberge bei Dönnstedt *T.!* O. Hakel: Voß *S.*

96. V. odorata L. Wie vorige. S. Busch; Kapitelbusch; Grünewalde *S.* M. Westliches Glacis der Sternschanze *T.!!* Bg. *K.* R. Unterholzer Berg *E.!!* N. Wellenberge bei Dönnstedt *M. S.!*

97. V. silvestris Lmk. Schattige Wälder, häufig. Z. B. S. Busch; Grünewalde *S.!!* M. Biederitzer Busch *Bns.* N. Althaldensleber Ziegelei; Wellenberge bei Dönnstedt *M. S.!*

b) Riviniana Rchb. (als Art). An denselben Stellen, wie die Hauptart, z. B. S. Damm neben der Freiheit; Damm nach Ranies *S.* O. Hakel *S.*

c) arenaria D. C. (als Art). Sonnige Hügel, selten. S. Frohsesche Berge; Sohlsche Berge *S.*

98. V. canina L. Laub- und Nadelwälder, Gebüsche, gemein.

99. V. persicifolia Schk. (erweitert). Nur in A, in den Formen:

a) elatior Fr. (als Art). Schattige Laubwälder und Gebüsche, zerstreut. S. Busch!! M. Biederitzer Busch!! Brn. Große Aue *Sp.!*

b) stagnina Kit. (als Art). Nicht zu feuchte Wiesen, häufiger. S. Wiesen zwischen Busch. und Kapitelbusch!! M. Unweit Lagois Ziegelei südlich der Berliner Chaussee!! östlich vom Biederitzer Busch an der Ehle!! Herrnkrug *T.!* Bg. Blumenthaler Wiesen; am Deichwall östlich vom Wärterhause *K.!* R. Wiesen am Fuße des Unterholzer Berges *E.!!* (Die von *Scht.* angeführten Standorte O. Oberbruch bei Hordorf und Meierweiden bei Hadmersleben und St. Zwischen Güsten und Rathmannsdorf gehören wahrscheinlich zu b) stagnina, der häufigeren Form).

100. V. mirabilis L. Bergige Laubwälder, sehr zerstreut. N. Wellenberge bei Dönnstedt *M. S.!* O. Hakel an der Domburg!!

101. V. tricolor L. Aecker, sandige Wälder, Abhänge, gemein.

98 × 99. V. canina × persicifolia. Entsprechend der letzteren Stammpflanze in 2 Formen:

a) V. canina × persicifolia elatior. (V. nemoralis Kütz.) Von *Kützing* vor 20 Jahren M. im Biederitzer Busch beobachtet; in neuerer Zeit nicht gefunden.

b) V. canina × persicifolia stagnina. (V. stricta Hornem.) M. Unweit der Lagoisschen Ziegelei südlich der Berliner Chaussee mit den Stammarten 1856!!

8. Familie. Resedaceae D. C.

49. Reséda L.

102. R. lutea L. Wegränder, sonnige Hügel, fast nur in F, dort aber nicht selten. S. Zenser, Frohsesche Berge S. Beiendorf Eb. M. Dodendorf am Wege nach Frohse!! Langenweddingen am Wege nach Sülldorf!! Klingeberg bei Sülldorf E.!! Bahrendorf Eb. Engelsberg S. zwischen Buckau und Fermersleben an der Chaussee!! Schnarsleben!! zwischen Ebendorf und Hohen-Warsleben Ahlenstiel! Bg. Bei der Kuhleschen Ziegelei K.! (später wieder verschwunden). N. An den Abhängen nördlich der Ziegelei E.!! N. Am Chausseegraben bei Gr. Ammensleben M. S.! St. Zwischen Börnicke und Hecklingen S. Gänsefurt an der Eisenbahn!! Rathmannsdorf Sp. Brn. Anhöhen des Saalthals Sp.!

103. R. lutéola L. Wegränder, Abhänge, an Zäunen, sehr zerstreut. Brb. Saaldamm bei Kl. Rosenburg S.!! S. Grünewalde; Kirchhof in Salze S. M. Festungswerke vor dem Sudenburger Thor E.!! N. Schmucksdorf E. N. Bei Hundisburg; in Dönnstedt M. S.! St. Unter-Börnicke bei den Kohlenschachten Eb. an der Kohlenbahn diesseit Gänsefurt!! Brn. Eb.

9. Familie. Droseraceae D. C.

50. Drósera L.

104. D. rotundifolia L. Torfsümpfe, moorige Stellen, besonders D, zerstreut. Z. Butterdamm!! Brb. Bei der Polei-Mühle S.!! S. Schloßbruch bei Gommern Eb.! Am Kesselteich bei Pretzin S.!! M. Bei Richters Gasthof in einem kleinen Sumpf T.!! Bg. Springberg K.! N. Wintersbusch M. S.! Moosbruch M. S.; Ertle M. S.; Schwarze Pfuhl M. S.!

51. Parnássia Tourn.

105. P. palustris L. Feuchte Wiesen, ziemlich häufig. Brb. Polei-Mühle S. S. Bullenwiese bei Frohse; Zens. S. Döben; Gommern im Schloßbruch Eb. M. Sülzewiesen bei Osterweddingen!! und aufwärts bei Bahrendorf Eb. Pfuhl-Mühle bei Gerwisch S. Bg. Hungriger Wolf S. Beim Bahnhof K. N. Wehlitz; zwischen Angern und dem Bucktum S. N. Moosbruch M. S. D. Bruch F. Reinecke. Bei Eggenstedt S.; Rienhagen Scht. St. Hecklinger Moor Scht.

10. Familie. Polygalaceae Juss.

52. Polýgala L.

106. P. vulgaris L. Trockne Wälder und Wiesen, häufig, z. B. S. Frohsesche Berge *Eb.* bei Döben; zwischen Plötzky und dem Pilm *S.* M. An der Berliner Chaussee *Bns.* N. Am Wege nach Rammstedt!!

107. P. comosa Schk. Trockne Hügel, Waldränder, zerstreut. S. Frohsesche Berge *Eb.!!* M. An der Eisenbahn zw. Dodendorf und Osterweddingen *T.!* O. Am Brandsleber Holz *S.* Brn. *Eb.*

11. Familie. Silenaceae D. C.

53. Gypsóphila L.

108. G. muralis L. Aecker, auf Sand- und Lehmboden, zerstreut. S. Frohsesche Berge *Eb.* M. Pechau *Bns.* Rothehorn, einzeln *E.!!* Bg. *K.* R. Nach Angern zu *E.!!* Schmucksdorf *E.* N. Westlich von Neuenhofe!! schwarze Pfuhl; zwischen dem Nonnenspring und Dönnstedt *M. S.!* O. Westlich von den Espen bei Hordorf; Emmersberg *Scht.*

54. Túnica Scop.

109. T. prolifera (L.) A. Br. Wegränder, sandige Hügel, selten. Bg. Westlich von der Chaussee vor dem Zerbster Thor *K.* R. Unterholzer Berg *E.!* Rammstedter Kirchhof *E.!* Kalbe: Bei Gritzehne an der Eisenbahn nach Gnadau hin *Eb.*

55. Dianthus L.

110. D. Arméria L. Wälder, Abhänge, besonders A, zerstreut. Brb. Zwischen Gr. Rosenburg und Alt-Tochheim *Eb.* S. Grünewalde; zwischen Gommern und Kahlenberge *S.*; M. Am Biederitzer Busch, Südseite *T.!!* R. Unterholzer Berg *E.!* Zwischen R. und Angern am Wege vor dem Scheidgraben rechts *E.!* N. Warenberg *M. S.* O. Brandsleber Holz; Hakel *Scht.*

111. D. Carthusianorum L. Trockne Wälder, sonnige Hügel, gemein.

112. D. deltoides L. Wie vorige, weniger häufig, z. B. Grünewalde; Elbdamm nach Ranies; zwischen Plötzky und Pilm; zwischen Elbenau und Randau *S.* M. Friedrich-Wilhelmsgarten; Leipziger Chaussee nach dem Schwan zu *Eb.* Rothehorn *Bns.*

113. D. superbus L. Laubwälder, trockne Wiesen, sehr zerstreut. R. Unterhagen, vereinzelt *E.!* zwischen Angern und dem Bucktum *E.!* N. Hagen *M. S.!* O. Hakel: Boß *Eb.* Egeln: Zwischen Tarthun und Unseburg *Scht.*

56. Vaccária Medikus.

114. V. segetalis (Neck) Gke. Lehmäcker, nur F, zerstreut. S. Döben; Mühlinger, Zenser Berge; zwischen Felgeleben und Salze; Beindorfer Berge *S.* O. Sanneföhr *Scht.* Brn. *Garcke.*

57. Saponária L.

115. S. officinalis L. Weidengebüsche, nur A, zerstreut. Brb. *S.* Zwischen Gödnitz und Dornburg!! S. Wolfskehlenbusch; Kapitelbusch *S.* M. Rothehorn-Spitze!! An der Elbe südlich vom Herrnkrug!! Auch als Zierpflanze (mitunter mit gefüllter Blume) und an Zäunen verwildert, so Bg. Hinter dem Kirchhof *K.*

58. Cucúbalus Tourn.

116. C. báccifer L. Gebüsche, besonders in der Nähe der Elbe. Brb. Am Damm nordwestlich von Tochheim *Eb.!!* S. Busch *Eb.* Kapitelbusch!! Ranies an der Elbe *Eb.* M. Werder *T.!* im sogenannten Zuckerbusch (Glacis der Friedrichstadt links vom Charlotten-Thor) *Bns.!!* W. Heinrichsberg *K.* Bg. Nordöstlich vom Kirchwasser *K.!* O. Meierweiden bei Hadmersleben *Scht.* Zwischen Rathmannsdorf, Hohen-Erxleben und Neundorf verbreitet *Scht.*

59. Siléne L.

117. S. Otites (L.) Sm. Dürre, sandige Hügel, Kiefernwälder zerstreut. Z. Butterberg!! S. Zenser Berge *S.* Hummelsberg *Eb.* Frohsesche Berge!! Sohlsche und Westerhüsensche Berge *S.* Plötzky!! Pretziner Kirchhof *Eb.* M. Engelsberg; Wiesenberg bei Nieder-Dodeleben *S.* Gr. Wartberg bei Schnarsleben!! Klusheide!! bei Richters Gasthof!! Kienen nördlich von Gerwisch!! Bg. Nördlich der Berg-Mühle *K.* N. Kienen bei der Eisenbahnstation!! N. Jüdischer Begräbnißplatz!!

118. S. inflàta L. Wiesen, Weg- und Ackerränder, Laubwälder, nicht selten. Brb. Tochheim *Eb.* S. Mühlinger und Zenser Berge *S.* Frohsesche Berge; an der Eisenbahn zwischen Felgeleben und Gnadau *Eb.* M. Engelsberg *S.* Bg. Schermensche Mühle *K.* R. Oberhagen!! N. Moosbruch; Erbke *M. S.*

† S. péndula L. Zierpflanze aus Süd-Europa, verwildert. S. Friedhof *S.* W. Bei der Stärkefabrik 1858 einzeln!!

119. S. nutans L. Wälder, Waldränder, Hügel, sehr zerstreut. Z. Friedrichsholz!! S. Eisenbahngräben nach Westerhüsen *Eb.* Bg. Güttersche Berge *K.* R. Rammstedt *Bns.* N. Moorwiese bei Süpplingen *S.*

60. Viscária Rivin.

120. V. vulgaris Roehl. Trockne Laubwälder, Abhänge, sehr zerstreut. Z. Friedrichsholz!! Bg. Wulfhagen *K.* R. Oberhagen!! Rammstedt!! N. *M. S.*

61. Coronária L.

121. C. flos cucúli (L.) A. Br. Feuchte Wiesen, gemein.

† C. tomentosa L. Hort. Ups. Zierpflanze aus Süd-Europa, verwildert. S. Friedhof *S.*

62. Melándrium Roehl.

122. M. album (Mill.) Gke. Wege und Ackerränder, gemein.

123. M. rubrum (Weigel) Gke. Schattige Laubwälder, zerstreut. B. Cyprena; Jritzer Busch *Eb.* Rosenburger Busch; Saalfähre bei Werkleiz *S.!!* Ronnei!! S. Vor dem Buchhause; Kapitelbusch *S.* M. Gr. Werder, einzeln *Eb.* R. Park von Rammstedt!! N. Dönnstedt *S.* Wiesen in Hagen *M. S.!* Egelsche Forst *S.* Brn. Saalufer, Weblitz gegenüber!!

124. M. noctiflórum (L.) Fr. Lehmäcker, besonders F, nicht häufig. M. Wälle *Bns.* Am Wege von der Sudenburg nach Lemsdorf *G. Hartmann!!* Zwischen Ulrichs- und Kröcken-Thor *T.!* W. Aecker nach Samswegen hin!! Brn. *Sp.!*

63. Agrostemma L.

125. A. Githágo L. Aecker, gemein.

12. Familie. Alsinaceae D. C.

64. Sagina L.

126. S. procumbens L. Ueberschwemmte, feuchte Stellen, Ackerfurchen, gemein.

127. S. apétala L. Wie vorige, selten. S. An der Galgenkuhle vor dem Magdeburger Thor; Emmeringen *Scht.* Brandsleber Holz bei der Ziegelei *S.!*

128. S. nodosa (L.) Bartl. Ueberschwemmte Stellen, Moorwiesen, zerstreut. Brb. Badezer Teich *Eb.* Dornburg *S.* M. Festungs-

werke *Bns.* Pfuhlmühle bei Gerwisch *S.* Bg. Hungriger Wolf *E.* Breite Bleek *Scht.* St. Hecklinger Moor *Scht.*

65. Spérgula L.

129. S. arvensis L. Sandfelder, Kiefernwälder, gemein.

130. S. Morisonii Boreau. Dürre Hügel, Kiefernschonungen, zerstreut. S. Frohsesche Berge; Ranbau *Eb.* Berg hinter Plötzky; Sommersche Forst; zwischen Pretzin und Dornburg *S.* Bg. Westlicher Theil des Bürgerholzes *K.!* R. Rammstedter Forst!!

66. Spergulária Presl.

131. S. campestris (L.) Aschs. Wegränder, Triften, Hügel, nicht selten. S. Frohsesche Berge *S.* Sandiges Elbufer *Eb.* diesseit Pretzin *S.* Gommern *Eb.* M. Krakauer Anger *Bns.* Bg. Hinter dem Bahnhof *K.* O. Brandsleber Holz über Neindorf *Scht.* Zwischen St. und Löderburg *Scht.*

132. S. marina (L.) Gke. Auf Salzboden, besonders an feuchten Stellen, häufig. S. Am Soolgraben *S.* Am Gradirwerk bei Gr. Salze!! Sülldorf im Dorf und östlich von demselben!! O. Sülzen; Krottorf: Rothe Lache *Scht.* St.!! Hecklingen *Scht.*

133. S. media (L.) Gke. Wie vorige, seltener. S. Am Gradirwerk bei Gr. Salze!! M. Oestlich von Sülldorf *E.!!* St. Deiche *E.!* Hecklingen *Scht.*

67. Alsíne Wahlenb.

134. A. viscosa Schreb. Lehmig sandige Aecker, sehr zerstreut. S. Sohlsche Berge *S.* M. Wiesenberg bei Nieder-Dodeleben; Gerwisch *S.* Bg. Oestlicher Theil der Feldmark unter dem Hagen *K.!* Zibbekleben *K.* Zwischen St. und Hecklingen; Schneitlingen *Scht.*

68. Moehríngia L.

135. M. trinérvia (L.) Clairv. Laubwälder, ziemlich häufig, z. B. Z. Butterdamm!! S. Grünewalde *S.* M. Biederitzer Busch!! Herrnkrug!!

69. Arenária L.

136. A. serpyllifolia L. Aecker, Wegränder, trockne Wälder, gemein.

70. Holósteum L.

137. H. umbellatum L. Abhänge, trockne Aecker, Wälder gemein.

71. Stellária L.

138. S. media (L.) Vill. An Wegen, auf Wiesen, Aeckern, in Wäldern, sehr gemein.

139. S. Holóstea L. Schattige Laubwälder, zerstreut. Z. Friedrichsholz!! Brb. Zwischen Walternienburg und Polei-Mühle S. S. Wolfskehlenbusch S. Bg. K. N. Unterholzer Berg!! Rammstedt!! Erlenbruch nördlich von Bäthen!! N. M. S. O. Brandsleber Holz Eb. Hakel!! Egelsche Forst S.

140. S. glauca With. Nasse Wiesen, Sümpfe, zerstreut. Z. Zwischen Luso und Jütrichau!! Brb. Grüneberger Busch S. Badez Eb. S. Grünewalde S. Pretzin Eb. M. Südlich der Berliner Chaussee T. W. Zwischen Samswegen und Lindhorst!! Bg. K. R. Rammstedt Bns. O. Alickendorf an den Meierweiden Sch.

141. S. graminea L. Wiesen, Waldränder, gemein.

142. S. uliginosa Murr. Quellen, Gräben, Sumpfwiesen, besonders D, zerstreut. Z. Am Wege nach Tröbnitz!! Brb. Zwischen der Polei-Mühle und Kämeritz; zwischen Göbnitz und Dornburg S. S. Zwischen Pretzin und Dornburg S. Kesselteich bei Pretzin!! Gommern im Schloß- und Mühlenbruch Eb. W. Zwischen Samswegen und Lindhorst!! Bg. Zibbekleben K.! R. Unterhagen E.

72. Maláchium Fr.

143. M. aquáticum (L.) Fr. An Gräben, in feuchten Wäldern und Gebüschen, gemein.

73. Cerástium L.

144. C. glomeratum Thuill. Feuchte, grasige Waldstellen, zerstreut S. S. Elbenau am stillen Wasser Eb.; kurz diesseit Dornburg am Ausgang des Waldes!! M. Biederitzer Busch im südöstlichen Theile häufig auf den Wegen!!

145. C. semidecandrum L. Trockne Waldstellen, Aecker, Abhänge, gemein.

146. C. triviale Lk. Grasige Stellen, Weg- und Waldränder, gemein.

147. C. arvense L. Trockne Grasplätze, Waldränder, gemein.

13. Familie. Elatinaceae Cambessèdes.

74. Elátine L.

148. E. Alsinastrum L. Ueberschwemmte, später trocken

werdende Stellen, selten. S. An einer Lache bei Elbenau am Elysium *Eb.!*

14. Familie. Linaceae D. C.

75. Linum L.

149. L. cathárticum L. Wiesen, feuchte Stellen, häufig. Brb. Badez *Eb.* S. Bullenwiese bei Frohse *S.* Frohsesche Berge; am Gradirwerk bei Gr. Salze; Döben *Eb.* M. Sülldorf *Eb.* Wiesenberg bei Nieder-Dodeleben *S.* Bg. *K.* N. Althaldensleben *M. S.* St. *Eb.*

† L. perenne L. Zierpflanze aus Süddeutschland. Verwildert: S. Friedhof *S.* St. An Gartenzäunen *Bus.!*

* L. usitatissimum L. Nicht selten gebaut. Unkräuter: Camelina sativa Crtz., stellenweise Lepidium sativum L., Cuscuta Epilinum Weihe, Lolium arvense Schrad.

76. Radiola Dillen.

150. R. linoides Gmel. Feuchte, sandige Stellen, Gräben, Sumpfränder, zerstreut. Brb. Zwischen Kämeritz und Badez *S.* S. Zwischen Pretzin und Dornburg *S.* Schloßbruch bei Gommern *Eb.!* Bg. Hungriger Wolf *S.* Südlich von der Eisenbahn und östlich vom Wege nach Parchau *K.* Oestlich vom Brehmer Berg *Dk.!* N. Zwischen dem Bucktum und Wendorf *E.!* N. Schwarzer Pfuhl *E. M. S.!* O. Brandsleber Holz bei der Ziegelei *S.*

15. Familie. Malvaceae R. Br.

77. Malva L.

151. M. Álcea L. Gebüsche, sonnige Hügel, zerstreut. Brb. Zwischen Ronnei und Tochheim *S.* S. Neben der alten Fähre *S.* Kapitelbusch; Randau am Damm nach der Kreuzhorst *Eb.* W. Jüdischer Begräbnißplatz *S.* Bg. Zwischen Detershagen und Löbekühn *K.* N. Unterholzer Berg *E.!!* Scheidgraben zwischen N. und Angern *E.* N. Warenberg!! Althaldensleber Burgwall *M. S.* O. Bruchgrabeninsel westlich von den Stegen *Scht.*; Hakel Ost- und Westrand *S.* Egeln: Unseburg *Scht.* St. Gänsefurter Busch *Eb.*

152. M. silvestris L. Wegränder, Zäune, Dörfer, sehr häufig.

153. M. neglecta Wallr. Wie vorige, gemein.

154. M. rotundifolia L. An Feldwegen, Zäunen, besonders F ziemlich häufig. B. Bei Kolphus!! S. Welsleben, Grünewalde

S. Alte Fähre!! Plötzky!! M. Bei der Sudenburg *S.* Westlich von der neuen Neustadt!! Dodendorf; Sülldorf *Eb.* N. *E.* N. Gröningen *Scht.* St. Alt-Staßfurt!! Neundorf!! Rathmannsdorf an der Straße nach St.!! und nach Hohen-Erxleben *Garcke.* Förderstedt *Eb.* Brn.!!

78. Althaea L.

155. A. officinalis L. An Gräben, Gebüschen, besonders auf Salzboden, zerstreut. Brb. Zwischen Gr. Rosenburg und Alt-Tochheim *Eb.* am Badezer Teich!! S. Bullenwiese *Eb.* Döben *S.* Busch an der Röthe!! Salbke an der Sülze!! M. Nördlich von Gerwisch an einem Feldgraben in der Richtung nach Körbelitz *Bns.!!* Zwischen W. und Samswegen *S.* O. Von Krottorf nach Horsdorf und dem Schiffgraben hin *Scht.* St. Am Wege nach Atzendorf *E.!* Neundorfer Moor *Scht.* Rathmannsdorf *Eb.*

79. Lavatéra L.

156. L. thuringiaca L. Wegränder, Gebüsche fast nur F, zerstreut. B. An der Saalfähre bei Werkleiz (seit *Scholler*)!! S. Grünewalde links vom Wege nach Elbenau spärlich *Eb.!!* O. Krottorf über der dritten Steinkuhle und bei der Salzquelle *Scht.* Hakel, besonders Ost- und Nordostrand *S.* Egeln; Unseburg am Wege nach dem Kohlenschacht *Scht.* Kochstedt *Eb.* St. Am Gänsefurter Busch *S.!!* Löderburg *Scht.* Hecklingen *Sp.* Am Wege von St. nach Atzendorf *E.!* zwischen Rathmannsdorf und Hohen-Erxleben *Eb.* Neundorf am kahlen Graseweg!! Brn. Weinberge!! beim Parforce-Hause *Sp.* Diese Pflanze erreicht hier ihre Nordgrenze.

16. Familie. Tiliaceae Juss.

80. Tilia. L.

† T. platyphyllos Scop. In Bergwäldern z. B. des Harzes einheimisch, hier wohl nur an Wegen u. s. w. angepflanzt.

157. T. ulmifolia Scop. Wälder, nicht selten. Eine große Anzahl schöner alter Bäume findet man N. Kolbitzer Heide östlich von Planken (Kolbitzer Linden)!! Außerdem häufig an Wegen, in Dörfern u. s. w. angepflanzt.

17. Familie. Hypericaceae D. C.

81. Hypericum L.

158. H. perforatum L. Wälder, Gebüsche gemein.

159. H. quadrángulum L. Feuchte, schattige Laubwälder, sehr zerstreut. Z. Friedrichsholz!! R. Unterhagen!! O. Brandsleber Holz *Eb.*

160. H. tetrápterum Fr. An Gräben, Bächen, nicht selten. Brb. Poleimühle; Badez *Eb.* S. Bullenwiese; Westerhüsen; zwischen Plötzky und Pretzin; zwischen Pretzin und Dornburg *S.* W. Samswegen *Bns.* Bg. Bürgerholz Heidhau *K.*

161. H. humifúsum L. Sandige, feuchte Stellen, Aecker, zerstreut. Bg. Am Wulfhagen *K.* R. Bertingen *E.* N. Benitz; an der Althaldensleber Ziegelei *M. S.* O. Emmersberg *Eb.* Brandsleber Holz bei der Ziegelei *S.*; am Beckersberg und über Reindorf *Scht.*

162. H. montanum L. Laubwälder, zerstreut. Bg. Nachtweide *K.* R. Rammstedt!! N. Hagen; Zernitz; Gehölz vor Hundisburg *M. S.!* O. Brandsleber Holz unter den Birken *S.!* Hakel: Oberlinden, Boß *S.*

163. H. hirsútum L. Schattige Laubwälder, fast nur A, zerstreut. Brb. Rosenburger Busch!! Werkleiz bei der Saalfähre!! Tochheimer Busch!! S. Grünewalde!! Kreuzhorst *S.* M. Biederitzer Busch!! Königsborn *T.!* R. Rammstedt; Bucktum *E.*

18. Familie. Aceraceae D. C.

82. Acer L.

164. A. Pseudoplátanus L. Bergwälder, selten. O. Hakel!! Häufiger in Wäldern, an Wegen gepflanzt.

* A. platanoídes L. Im Gebiet nicht einheimisch. Häufig an Straßen u. s. w. gepflanzt.

165. A. campestre L. Wälder, besonders im Elbthal, zerstreut. Brb. Tochheimer Busch (hier baumartig)!! S. Busch; Grünewalde *S.* M. Biederitzer Busch *Eb.* W. Herrnholz bei Glindenberg *S.* Bg. *K.* N. Wellenberge *M. S.*

* A. tatáricum L. Zierbaum aus Südost-Europa, gepflanzt z. B. S. beim Buschhause *S.*

Familie Hippocastanaceae D. C.

* Aésculus L.

* A. Hippocástanum L. Zierbaum aus Nord-Indien, an Wegen u. s. w. sehr häufig angepflanzt.

Familie Ampélides H. B. K.

* Ampelopsis Michaux.

* A. quinquefolia (L.) R. u. Sch. Zierstrauch aus Nordamerika, an Mauern, Lauben u. s. w. häufig angepflanzt. Ein sehr schönes Exemplar Z. An der Südseite der Stadtmauer!!

* Vitis L.

* V. vinifera L. Im Gebiet meist nur an Häusern, und nur der Trauben wegen angepflanzt; besonders viel bei Brn.

19. Familie. Geraniaceae D. C.

83. Gerànium L.

166. G. pratense L. Trocknere Wiesen, Gebüsche, nur A, zerstreut. Brb. Cyprena *Eb.* Rosenburg *S.* An der Saalfähre bei Werkleiz!! S. Busch; am Elbdamm bei Glinde hinter dem Kapitelbusch *S.* M. Rothehorn-Wiesen!! N. Nachthut *M. S.* O. Bruch *F. Reinecke.* Brn. Kleine Aue *Sp.* Saalwiesen, Weblitz gegenüber!! Kalbe *S.*

167. G. palustre L. Feuchte Gebüsche, an Gräben, zerstreut. Brb. Polei-Mühle *S.* M. Klappermühle bei Königsborn *Bns.* Loburg *Eb.* Bg. Birkensteig!! R. Unterhagen *S.* Bäthen!!

168. G. sanguineum L. Trockne Laubwälder, sehr zerstreut. Z. Friedrichsholz *Eb.* R. Oberhagen!! N. Benitz *M. S.* O. Hakel *S.*

169. G. pusillum L. An Wegen, Zäunen u. s. w., gemein.

170. G. dissectum L. Lehmäcker, meist nur F, zerstreut. B. Kolphus *Bns.!* bei Vorwerk Zeitz *S.* S. Beim Buschhause *S.* O. Krottorf; Hordorf *Scht.* beim Brandsleber Holz *S.*

171. G. columbinum L. Sonnige Abhänge, Wegränder, sehr zerstreut. M. Klingeberg bei Sülldorf *T.!* Bg. Bei der Stadt Berlin *K.* Zibbekleben *K.!* O. Am Brandsleber Holz bei Neu-Brandsleben *S.*

172. G. molle L. Gebüsche, Wegränder, Gartenland, häufig, z. B. Br. Walternienburg; Friedrikenberg *Eb.* S. Friedhof *S.* R. Glacis beim Ulrichsthor!! N. *M. S.*

173. G. Robertianum L. Gebüsche, schattige Wegränder, gemein.

84. Eródium L'Héritier.

174. E. cicutarium (L.) L'Héritier. Sandige Aecker, Wegränder u. s. w., gemein.

20. Familie. Balsaminaceae A. Rich.

85. Impátiens L.

175. I. noli tángere L. Schattige Wälder, besonders an Quellen, zerstreut. Brb. Rosenburger Busch; Poleimühle *Eb.* Z. Scharleber Holz zwischen Pretzin und Dornburg *S.!!* Pilm *S.* R. Biederitzer Busch!! Bg. Bürgerholz: Heidhau *K.!!* R. Kapellberg *E.!!* Unterholzer Berg!! Unterhagen *E.* Erlenbruch nördlich von Bätken!! N. Nonnenspring; Schwarzer Pfuhl *M. S.* (Etwas außerhalb der Grenze bei Kalvörde am Wege nach Velsdorf!!)

† Balsámina D. C.

† B. hortensis D. C. Häufige Zierpflanze aus Ostindien, verwildert S. Friedhof *S.*

21. Familie. Oxalidaceae D. C.

86. Óxalis L.

176. O. Acetosella L. Laubwälder, besonders an Sumpfrändern, zerstreut. Brb. Zwischen der Polei-Mühle und Kämeritz *S.* Bg. Springberg *K.* R. Unterhagen *E.* Eichenwald bei Mahlpfuhl *T.!* N. Wellenberge bei Dönnstedt *S.* C. Brandsleber Holz *S.*

† O. stricta L. Ursprünglich aus Nordamerika eingewandert. Im Gartenlande überall gemein.

22. Familie. Rutaceae Juss.

87. Dictamnus L.

177. D. albus L. Laubwälder, besonders auf Kalk, selten. R.

Kolbitzer Heide *Bns.!* Bei der Althaldenslebер Ziegelei *E.* D. Hakel bei der Domburg!!

Familie Xanthoxylaceae Ad. Juss.

* Ptélea L.

* P. trifoliata L. Zierstrauch aus Nordamerika, häufig gepflanzt.

23. Familie. Celastraceae R. Br.

88. Euónymus Tourn.

178. E. europaea L. Laubwälder, Gebüsche, nicht selten. S. Wolfskehlenbusch; Grünewalde *S.* W. Herrnholz *S.* Bg. *K.* R. Rammstedt!! Auch nicht selten angepflanzt.

* E. verrucosa Scop. Zierstrauch aus Ostdeutschland.
* E. latifolia Scop. Zierstrauch aus Süddeutschland.

24. Familie. Rhamnaceae R. Br.

89. Rhamnus L.

179. R. cathártica L. Gebüsche, häufig, z. B. S. Busch; Grünewalde *S.* W. Herrnholz *S.* Bg. *K.* Zu Hecken öfters angepflanzt.

90. Frángula Tourn.

180. F. vulgaris Rchb. Gebüsche, nicht selten, z. B. Brb. Walternienburg *S.* S. Streitheide bei Gommern; zwischen Pretzin und Dornburg *S.* Bg. *K.* R. Seelenhau *S.* Rammstedt!!

Familie Terebinthaceae D. C.

* Rhus Tourn.

* R. Cótinus L. Zierstrauch aus Süd-Europa, angepflanzt, z. B. M. Friedrich-Wilhelsgarten.
* R. týphina L. Zierbaum aus Nordamerika; angepflanzt, z. B. S. Friedhof. M. Friedrich-Wilhelmsgarten.

25. Familie. Papilionatae L.

† Ulex L.

† U. europaeus L. Zierstrauch aus Nordwest-Deutschland. Angepflanzt und völlig verwildert N. Auf dem Abhang nördlich der Ziegelei *E.!!*

91. Sarothamnus Wimm.

181. S. scoparius (L.) Koch. Kiefernwälder, zerstreut. Brb. Zwischen Tochheim und Polei-Mühle *S.* M. Bei Richters Gasthof *Eb.* Bg. Pietzpuhl am Park *T.!* R. Begräbnißberg; hinter dem Hagen *E.* N. Zwischen Planken und Kolbitz *S.* St. Tannenbusch bei Hohen-Erxleben *E.*

92. Genista L.

182. G. pilosa L. Trockne Wälder, dürre Hügel, besonders D, zerstreut. S. Frohsesche Berge; zwischen Pretzin und Dornburg; zwischen Pretzin und Gommern; zwischen Plötzky und Pretzin unter Kiefern *S.* bei der Dannigkower Windmühle *Eb.* zw. Randau und der Kreuzhorst *S.* M. Bei Richters Gasthof *Eb.* Gerwisch *S.* Bg. Hungriger Wolf *S.* R. Bei der Eisenbahnstation!! Kesperbusch!! N. Erbke *M. S.*

183. G. tinctoria L. Trockne Wiesen, Waldränder, nicht selten. Z. Friedrichsholz!! Brb. Badez *Eb.* S. Grünewalde nach Elbenau hin *S.* M. Bg. *K.* R. Oberhagen!! Rammstedt!! N. Schweinering im Oberholz *M. S.!* Papenberg *M. S.* O. Brandsleber Holz *Eb.* Hakel *S.*

184. G. germánica L. Trockne Laubwälder, zerstreut. Bg. Bürgerholz!! Grabauer Busch *K.* R. Oberhagen *E.* Rammstedt!! N. Hagen *S.* Schweinering *M. S.* O. Brandsleber Holz; Hakel *S.*

† Cýtisus L.

* C. Laburnum L. Zierbaum aus Süddeutschland.

† C. nigricans L. Zierstrauch aus dem östlichen Gebiet, verwildert N. Am Althaldensleber Burgwall *M. S.*

† C. capitatus Jcq. Zierstrauch aus Ostdeutschland. Sehr häufig angepflanzt; verwildert R. Im Bucktum *E.!*

* C. elongatus W. K. Zierstrauch aus Südost-Europa.

* Lupinus L.

* L. luteus L. Häufig auf Sandboden gebaut, besonders D.

* L. angustifolius L. Seltener als vorige gebaut.
* L. albus L. Seltener gebaut.

93. Onónis L.

185. O. spinosa L. Weg- und Waldränder, Abhänge, gemein.

186. O. repens L. Wie vorige, weniger häufig. Z. *S.* Brb. Ronnei *Eb.* W. Samswegen!! Bg. Külzauer Forst!! N. Althaldensleber Ziegelei *M. S.!* O. Vor dem Emmersberge! am Hakel; bei Hakeborn *S.* St. Neundorf *Eb.*

94. Anthyllis L.

187. A. Vulneraria L. Wegränder, Gebüsche, sonnige Hügel, zerstreut. S. Zenser, Frohsesche, Sohlsche Berge; Streitheide bei Gommern *S.* M. Wartberg bei Schnarsleben *S.* Chaussee nördlich von Gerwisch!! zwischen Wahlitz und der Neuen Mühle *Eb.* Bg. Külzauer Forst!!; östlich der Padden-Mühle; westlich von den Chaussee-Kienen *K.* N. Weg nach dem Hagen bei der Eisenbahn!! O. Chausseegraben zwischen Kroppenstedt und Heteborn *S.* St. Hecklingen *Eb.*

95. Medicágo L.

† M. sativa L. Häufig gebaut und nicht selten verwildert und eingebürgert. Wenn die Luzerne aus fremdem Samen gezogen wird, so finden sich im ersten Jahre zuweilen darunter Ammi majus L., Centaurea solstitialis L., Helminthia echioides Gaertn.

† M. media Pers. Wiesen, Wegränder, eingebürgert, zerstreut. S. An der Eisenbahn bei Frohse *S.* M. Sternschanze!! Rothehorn-Wiesen.!! Kalbe: Am Saaldamm bei Gritzehne *S.*

188. M. falcata L. Wegränder, Abhänge, gemein.

189. M. lupulina L. Wiesen, Triften, Waldränder, gemein.

190. M. minima (L.) Lmk. Sonnige Abhänge, sehr zerstreut. Brb. Friedrikenberg an der Terrasse *S.!!* S. Mühlinger Berge; am Welsleber Weg *S.*; Kirchhof in Pretzin *S.!* M. Festungswerke vor dem Sudenburger Thor bis 1855 *Bns.!!* seitdem ausgerottet. O. Galgenkuhle *Scht.* St. Alt-Staßfurt unter dem Kirchhofe *Scht.* Brn. bei Gröna *Sp.*

† M. denticulata Willd. Auf einem Ackerstück S. Am Hummelsberge von *S.!* einmal in Menge gefunden, später nie wieder; jedenfalls mit fremdem Samen eingeschleppt.

96. Melilótus Tourn.

191. M. dentata (W. K.) Pers. Salzwiesen, besonders an Gräben, ziemlich verbreitet. S. Gr. Salze am Gradierwerk *Eb.!!*

M. An der Sülze unterhalb Sülldorf!! Bei Altenweddingen; an der Klinke; an der Schrobe *S.* O. Schiffgrabenbruch und am krummen Graben *Scht.* St. *Scht.*; Rathmannsdorf *Sp.!!*

192. M. macrorrhiza (W. K. erweitert) Pers. Wiesen, Gebüsche, nicht häufig. B. Rosenburger Busch nach Gr. Rosenburg hin *S.!!* S. An der Röthe; Kapitelbusch *Eb.* Bg. *K.* O. Schiffgrabenbruch; Teiche im Gröninger Felde *Scht.* St. Bodeniederung *Scht.* Rathmannsdorf *Sp.*

193. M. officinalis (L.) Desr. Wegränder, sonnige Hügel, gemein.

194. M. alba Desr. Wie vorige, weniger häufig. Brb. Zwischen Ronnei und Tochheim *Eb.* S. Busch; Elbdamm nach Ranies *S.* M. Rothehorn *Bns.* Bg. z. B. KülzauerMühle!! O. Durchstich der Braunschweiger Eisenbahn; rechtes Bode-Ufer zwischen Hordorf und Krottorf *Scht.*

97. Trifólium Tourn.

195. T. pratense L. Wiesen, Wegränder, gemein.

196. T. alpestre L. Trockne Wiesen und Wälder, besonders Laubholz, zerstreut. S. Frohsesche Berge *S.* M. Klusheide *S.* Bg. Glüttersche Berge *K.* R. Seelenhau *S.* Rammstedt!! N. Wiesen am Pannegraben *M. S.* O. Brandsleber Holz *T.!* Hakel *S.*

† T. incarnatum L. Stammt aus Süd-Europa. Ackerränder, verwildert; früher wohl gebaut. N. Am Benitz *M. S.!* an der Chaussee nach Magdeburg *M. S.!*

197. T. arvense L. Aecker, Triften, gemein.

198. T. striatum L. Grasige Wegränder, Dämme, Stellen, wo Ziegelerde ausgegraben ist, zerstreut. Brb. Zwischen Walternienburg und Gödnitz *S.* S. Friedhof *S.* Todtenhäger *Eb.* an der Chaussee nach der Alten Fähre *E.!* M. Am Klusdamm *Eb.!* bei der Lagoisschen Ziegelei südlich von der Berliner Chaussee *E.!* bei der letzten Ziegelei nördlich von der Chaussee *T.!!* Bg. An der Chaussee nördlich von Schermen *Dk.!!* vor dem Zerbster Thor *K.!* nördlich von der Bergmühle *K.* bei der Ziegelei am Grabauer Busch *S.*

199. T. medium L. Laubwälder, nicht selten. S. Kapitelbusch *Eb.* Grünewalde rechts vom Nachtigallensteig; am Damm von Elbenau nach Randau *S.* M. Biederitzer Busch!! Bg. Bürgerholz bei der großen Buche!! R. Kesperbusch!! Rammstedt!! O. Brandsleber Holz *Eb.* Hakel *S.*

200. T. rubens L. Bergige Laubwälder, selten. O. Brandsleber Holz *T.!* Hakel Oberlinden, Voß *S.*

201. T. fragiferum L. Auf Wiesen, besonders salzhaltigen, häufig. S. Gr. Salze beim Gradierwerk!! Döben; Bullenwiese *Eb.*

M. Sülzewiesen unterhalb Sülldorf!! Bg. Wolkenbruch *K.* R. Nachtweide *E.* N. Behrends Wiese; am Warenberg *M. S.*

202. T. montanum L. Sonnige Hügel, trockne Wiesen, zerstreut. S. Mühlinger, Hummels-, Frohsesche, Westerhüsensche Berge *S.* M. Schnarsleben am Fuchsberg!! Bg. *K.* R. Hagen!! Kesperbusch!! Bäthen!! N. Warenberg!! O. Hakel *Eb.* St. Rain bei Hecklingen!! Neundorf am kahlen Graseweg!!

203. T. repens L. Wiesen, Triften, gemein.

204. T. hybridum L. Wiesen, wohl nur A, dort aber besonders auf Elbwiesen ziemlich gemein, z. B. Brb. Zwischen der Stadt und der Fähre!! S. Busch!! M. Am Elbufer nach dem Herrnkrug!! Biederitzer Busch!! Rothehorn!! nach Pechau zu!! W. Nach Farsleben zu!! Bg. *K.* N. *M. S.* O. Eisenbahngräben; Karpfenteich *Scht.*

205. T. agrarium L. Wiesen, Laubwälder, zerstreut. Bg. *K.* R. Rammstedt *Bns.* O. Hakel; Brandsleber Holz neben dem Bache *S.*

206. T. procumbens L. Wiesen, Wegränder, gemein.

207. T. filiforme L. Wie vorige, ziemlich häufig, z. B. S. Friedhof; Damm nach Glinde *S.* M. An der Berliner Chaussee!! Bg. Bahnhof!!

98. Lotus L.

208. L. corniculata L. Wiesen, Wege und Waldränder, gemein.

b) tenuifolia Rchb. (als Art). Salzwiesen. S. Gr. Salze beim Gradirwerk!!

209. L. uliginosa Schk. Nasse Wiesen, Sumpfränder, zerstreut. Brb. Poleimühle; Kämeritz; Badez; Göbnitz; Dornburg *Eb.* S. Plötzky und Pretzin; zwischen Plötzky und Gommern *S.* M. Hinter den Heyrothsbergen *Eb.* Bg. Marientränke; Springberg *K.* N. Vor dem Pulverthurme *M. S.* O. Alt-Brandsleben *Eb.*

99. Tetragonólobus Scop.

210. T. siliquosus (L.) Rth. Gute, besonders salzhaltige Wiesen, Gräben, ziemlich verbreitet. Z. *Rosenbaum!* Brb. Saurer Zeitz *S.*; Badez *Eb.!!* S. Döben; zwischen Gnadau und Felgeleben; Zens; Eggersdorf *S.*; Bullenwiese!! M. Festungswerke beim Turnplatz der Volksschule *T.* Ulrichs-Festungswerke beim Gymnasial-Turnplatz *E.!!* Chausseegraben nördlich von Ebendorf *M. S.* Chausseegräben nördlich von Gerwisch *Bns.!!* W. Nördlich von Mose!! Bg. An der Chaussee nördlich von Schermen *K.!* R. Unterhagen *E.* Egeln: Borne *Eb.* St. Hecklingen; Neundorf *Scht.* Nordöstlich von Rathmannsdorf, einzeln *E.!*

* Colútea L.

* C. arborescens L. Häufiger Zierstrauch aus Süddeutschland.

* Robínia L.

* R. Pseudacácia L. Zierbaum aus Nordamerika, überall angepflanzt.

* Caragána Lmk.

* C. arborescens Lmk. Zierstrauch aus Südost-Europa.

100. Astrágalus L.

211. A. exscápus L. Sonnige Hügel, selten. Nur F. (S. Früher bei Beiendorf *Eb.*) M. (Früher bei Lemsdorf *Bns.*) Am Weinberge bei Schnarsleben *Bns.!!* 1857 hier ausgerottet. St. Hecklingen *Garcke.* (Auch hier wohl jetzt verschwunden.)

212. A. Cicer L. Grasige Stellen, Wegränder, Hügel, selten. W. Jüdischer Begräbnißplatz *E.!!* O. Hordorf zwischen dem Bruch und den Espen *Scht.* St. Gänsefurter Busch *Scht.*

213. A. glycyphyllus L. Laubwälder, zerstreut. Brb. Zwischen Ronnei und Tochheim; an der Saale bei Gr. Rosenburg *Eb.* S. Kapitelbusch *S.* Grünewalde *Eb.* M. Am Biederitzer Busch, Südseite!! Bg. Grabauer Busch an den Güttersc hen Bergen *K.* R. Nördlich von der Ziegelei!! Oberhagen!! Rammstedt!! N. Schweinering; Benitz *M.S.* O. Brandsleber Holz *Eb.* Hakel!!

214. A. hypoglottis L. Sonnige Hügel, Wegränder, besonders F und D, zerstreut. S. Mühlinger Berge *S.* Hummelsberg *Eb.!* Frohsesche Berge *Eb.!!* Westerhüsensche Berge *S.* M. Wiesenberg bei Nieder-Dodeleben *S.* Felsenberg bei Dahlen-Warsleben *E.!* an einem Damm, der von der Berliner Chaussee nach dem Biederitzer Busch führt *T.!!* Grabauer Forst am Steglitzer Weg *Dk.!* R. Seelenhau *S.* O. Espen bei Hordorf *Scht.* St. *Scht.*

101. Coronilla L.

215. C. varia L. Wegränder, Laubwälder, ziemlich häufig. Z. Friedrichsholz!! Luso!! Brb. Friedrikenberg *Eb.* S. Zwischen Pretzin und Dornburg!! S. Eisenbahngräben *Eb.* M. Sternschanze!! Rothehorn!! Chausseegräben bei der Sudenburg *Eb.* zwischen Langenwebdingen und Blumenberg an der Eisenbahn *Scht.* W. Chaussee nach Kolbitz!! Bg. Bürgerholz östlich vom Forsthaus *K.* R. Unterholzer Berg!! N. Rammstedt!! N. Jüdischer Begräbnißplatz *M. S.* Brn. Kalkberge!!

102. Ornithopus L.

216. O. perpusillus L. Kiefernwälder, sandige Aecker, zerstreut. Brb. Zwischen Walternienburg und Polei-Mühle *S.!!* S. Zwischen Plötzky und Gommern *S.* M. Bei Körbelitz *T.!* Bg. Madel! Zibbekleben *K.* Zwischen Resen und Gütter *S.* N. Kienen beim Hühnerberg *E.* Angern *E.!* Zwischen Bertingen und Ringforth *E.* Zwischen Kobbel und Schären *E.!*

† Onobrychis Tourn.

† O. viciaefolia Scop. Im Gebiet nicht einheimisch; häufig in F auf Aeckern gebaut. Verwildert z. B. W.!!

103. Vicia L.

217. V. dumetorum L. Laubwälder, Gebüsche, selten. Brb. Elbdamm nordwestlich von Tochheim *Eb.!!* O. Brandsleber Holz *Scht.* Hakel beim vordern Schmerlenteich!! Egelsche Forst *S.*

218. V. sepium L. Laubwälder, Gebüsche, gemein.

* V. sativa L. Häufig auf Aeckern gebaut.

219. V. angustifolia Rth. Trockne grasige Stellen, Wälder, häufig, z. B. S. Friedhof; Grünewalde *S.* M. Zuckerbusch *Bns.* Bg. *K.* N. Bei der Eisenbahnstation!!

220. V. lathyroides L. Trockne Grasplätze, Abhänge, zerstreut. S. Friedhof; Hummelsberg; Glinde im Treugenbusch *Eb.* Grünewalde unweit der Elbe *S.* Pretziner Kirchhof *Eb.* M. Rothehorn; Zuckerbusch *Bns.* Wiesenrand am Brelin bei Krakau!! Bg. Schermensche Mühle *K.!* Deichwall *K.* N. Kesperbusch!! O. Emmersberg *Scht.*

104. Cracca Rivin.

221. C. major Godr. u Gr. Wiesen, Wegränder, gemein.

222. C. tenuifolia (Roth) Godr. u. Gr. Gebüsche, auf Abhängen, sehr zerstreut. S. Frohsesche Berge *Eb.* Brandsleber Holz *Eb.* St. An einem Rain unweit des Weges von Hecklingen nach Neundorf!! Brn. Kalkberge links von der Chaussee nach Kalbe *Eb.!!*

† C. villosa (Roth) Godr. u. Gr. Unter der Saat. W. Auf Aeckern westlich der Stadt im Juni 1857!! sicher mit fremder Saat eingeschleppt; dürfte sich vielleicht einbürgern.

105. Ervum L.

223. E. pisiforme (L.) Peterm. Abhänge, unter Gebüsch, selten. N. Unterholzer Berg *E.!*

224. E. silváticum (L.) Peterm. Laubwälder, selten. Hakel zwischen dem ersten und dritten Bischopeischlage *Scht.*

225. E. cassúbicum (L.) Peterm. Trockne Laub- und Nadelwälder, sehr zerstreut. Z. Friedrichsholz *Eb.* N. Seelenbau *S.* Kiefernschonung westlich von der Eisenbahnstation!! Kesperbusch!! N. Benitz *M. S.!* Butterwinkel bei Neuenhofe *E.!!* Hagen *M. S.!*

226. E. hirsútum L. Aecker, Wiesenränder, gemein.

227. E. tetraspermum L. Wiesen, Grasplätze, häufig, z. B. S. Friedhof *S.* M. An der Elbe nördlich der Friedrichsstadt!! Bg. *K.*

† E. monanthum L. Auf Aeckern, besonders als Mengfrucht gebaut und hier und da verwildert. S. Zwischen Dornburg und Gommern *Bns!* zwischen Plötzky und d. Finn *S.*, in dieser Gegend überhaupt verbreitet. O. Günthersdorf vor den Meierweiden *Scht.*

* Lens Tourn.

* L. esculenta Mnch. Auf Aeckern gebaut.

* Pisum L.

* P. sativum L. Auf Aeckern gebaut.

106. Láthyrus L.

228. L. Nissólia L. Grasige Wege und Waldränder, selten. Nur M. S. Westseite des Kapitelbusches *Eb.!* M. Glacis der Friedrichstadt zwischen Charlotten- und Krakauer Thor!! Wiesenrand am Brelin nördlich von Krakau!! Am Wege nach Zipkeleben 1857 *Bns.!*

229. L. tuberosus L. Auf Aeckern häufig.

230. L. pratensis L. Wiesen, Gebüsche, gemein.

* L. sativus L. Seltnere Futterpflanze. M. Bei der Sudenburg und bei Gerwisch auf Aeckern gebaut.

231. L. silvester L. Wälder, selten. O. Brandsleber Holz; Hakel zwischen dem ersten und dritten Bischopeischlage *Scht.*

b) platyphyllus Retz. (als Art). Gebüsche, selten. Brb. Elbdamm nördlich von Tochheim *T.!* Werkleiz bei der Saalfähre *S.!!*

232. L. paluster L. Wiesen, an Gräben, besonders A zerstreut. Brb. Badezer Teich!! S. Bei Grünewalde nach Randau hin; Kreuzhorst beim Forsthause *S.* Wiesen zwischen Kahlenberge und d. Klus *Bns.* W. Nach Samswegen zu!! O. Schiffgraben; östlich von Günthersdorf *Scht.* Egeln Bodewiesen bei Tarthun, Wolmirsleben Unseburg *Scht.* St. Wiesen am Gänsefurter Busch, Hecklingen, St. *Scht.*

233. L. vernus (L.) Bernh. Laubwälder, selten. Bg. Bürgerholz bei der großen Buche *K.* O. Hakel sehr häufig!!

234. L. niger (L.) Wimm. Trockne Laubwälder, sehr zerstreut.

R. Rammstedt!! N. Wellenberge bei Dönnstedt *Eb.* O. Brandsleber Holz *S.* Schermke im Sauerholz *Eb.* Hakel!!

235. L. montanus Bernh. Laub- und Nadelwälder, zerstreut. Z. Friedrichsholz!! Brb. Zwischen Kämeritz und Badez *S.* Bg. Grabauer Busch *K.* R. Oberhagen *S.* Kesperbusch!! Rammstedt!! N. Benitz!! Butterwinkel!! Wellenberge bei Dönnstedt *Eb.* O. Brandsleber Holz *S.* Hakel!!

b) tenuifolius Roth. (als Art). Bg. Grabauer Busch *K.!*

* Phaséolus L.

* P. multiflórus Willd. Gebaut.

* P. vulgaris L. Häufig gebaut.

26. Familie. Amygdalaceae Juss.

* Amýgdalus L.

* A. nana L. Zierstrauch aus Süd-Europa.

* Pérsica Tourn.

* P. vulgaris Mill. Hier und da an Spalieren gezogen.

107. Prunus L.

* P. Armeniaca L. Häufig in Gärten.

236. P. spinosa L. Waldränder, Abhänge, sehr häufig, z. B. M. Am Biederitzer Busch!! N. Am Unterholzer Berg!!

* P. insitícia L. Hier und da in Gärten.

* P. doméstica L. Ueberall in Gärten.

237. P. avium L. Wälder, sehr selten. R. *E.* Ueberall in Gärten.

* P. Cérasus L. In Gärten, an Chausseen, überall gepflanzt.

238. P. Padus L. Feuchte, schattige Wälder, selten. Brb. Grüneberger Busch *S.* S. Kreuzhorst *S.* O. Mühlenhölzchen bei Krottorf *Scht.* In Anlagen häufig angepflanzt.

* P. Máhaleb L. Zierstrauch aus Süddeutschland, in Anlagen nicht selten.

27. Familie. Rosaceae Juss.

† Spiraea L.

† S. opulifolia L. Zierstrauch aus Nordamerika, verwildert M. Südlich vom Herrnkrug!!

* S. salicifolia L. Zierstrauch aus Südost-Europa, in Anlagen überall.

108. Ulmária Gilibert. erweitert.

239. U. pentapétala Gilibert. Feuchte Wiesen und Gebüsche, sehr häufig.

240. U. Filipéndula (L.) A. Br. Trockne Laubwälder, Wiesen, Abhänge, Wegränder, zerstreut. S. Frohsesche und Sohlische Berge; Wolfskehlenbusch; Wiesen bei Randau *S.* Damm nach Ranies *Eh.* M. Schnarsleben; Damm zwischen Krakau und Prester *S.* An der Chaussee bei Richters Gasthof!! Zwischen W. und Samswegen!! Bg. Grabauer Busch *K.*

109. Geum L.

241. G. urbanum L. Schattige Laubwälder, Gebüsche, gemein.

242. G. rivale L. Sumpfränder, Moorwiesen, feuchte Gebüsche, sehr zerstreut. Z. Zwischen Luso und Jütrichau!! Bg. Mollenbruch *K.* R. Unterholzer Berg *E.* Unterhagen; Torfwiesen vor dem Hagen *S.* Rammstedt!! N. Moosbruch *M. S.* Erbke; Süpplingen *S.*

110. Rubus L. *)

243. R. fruticosus L. Wälder, häufig.

244. R. thyrsoidéus Wimm. Wälder, selten. O. Hakel *Scht.*

245. R. caesius L. Waldränder, Aecker, gemein.

246. R. Idaeus L. Wälder, zerstreut. Brb. Walternienburg *S.* S. Plötzkyer Ziegelei *S.* Bg. Bürgerholz; Gülsener Forst *S.*

247. R. saxátilis L. Bergwälder, selten. O. Hakel am Kochstedter Wege und sonst *Scht.*

111. Fragária L.

248. F. vesca L. Grasige Stellen, trockne Wälder, sehr häufig.

249. F. collina Ehrh. Grasige Stellen, sonnige Hügel, sehr zerstreut. S. Frohsesche Berge; neben dem Wolfskehlenbusch *S.*

† F. elatior Ehrh. Im Gebiet wild noch nicht gefunden; wohl nur verwildert S. Randau neben dem Schloßgarten *S.*

---

*) Die strauchigen Rubi dieses Gebiets sind noch nicht genauer untersucht worden.

112. Cómarum L.

250. C. palustre L. Moorwiesen, Torfsümpfe, besonders D, zerstreut. Z. Butterdamm!! S. Kesselteich bei Pretzin!! zwischen Pretzin und Dornburg *S.* W. Nördlich von Samswegen!! Bg. jenseit Niegripp; Hungriger Wolf; Resen *S.* N. Moosbruch; Erxleben *M. S.*

113. Potentilla L.

* P. fruticosa L. Häufiger Zierstrauch.

251. P. supina L. Ueberschwemmte, feuchte Stellen, Dorfstraßen, zerstreut. S. Friedhof; Wiese vor Frohse; an der Elbe bei Grünewalde *S.* M. Rothehorn *S.* Bg. Niegripp *E.* Am Schartauer See *Dk.!* am Blumenthalschen Wege *K.* N. *E.!!* O. An der Hühnerwiese und am linken Bode-Ufer unweit der Mühle *Scht.*

252. P. Anserina L. Wegränder, Triften, gemein.

† P. recta L. In Bergwäldern Mitteldeutschlands einheimisch; zuweilen als Zierpflanze in Gärten. Verwildert S. Friedhof *Eb.!!* O. Nördlicher Rand des Bahnhofs und Durchstich der Braunschweiger Eisenbahn *Scht.*

253. P. argentea L. Sonnige Hügel, Wegränder, gemein.

254. P. reptans L. Wälder, Gräben, Triften, sehr häufig.

255. P. Tormentilla Sibth. Wie vorige, z. B. Brb. Hinter Walternienburg *S.* S. Zwischen Pretzin und Dornburg; zwischen Plötzky und Pilm *S.* M. Klusheide *Bns.* Bg. *K.* O. Hakel *S.*

256. P. verna L. Triften, sonnige Hügel, nicht selten, z. B. S. Todtenhäger bei Grünewalde *S.* Ueberfahrt nach Dornburg *Eb.* M. Hügel bei Schnarsleben!! Bg. Trift bei Detershagen!! N. Bei der Eisenbahnstation!!

257. P. incána Mnch. Wie vorige. S. Beiendorfer Berge *S.* Ueberfahrt nach Dornburg *Eb.* M. Hügel bei Schnarsleben!! Bei Richters Gasthof!! N. Kolbitzer Heide *S.*

258. P. opáca L. Sonnige Hügel, trockne Wälder, zerstreut. S. Hummelsberg *S.* Frohsesche Berge *Eb.!* M. Engelsberg *S.* Bg. Küllzauer Forst; Grabauer Forst-Ziegelei *K.* Bürgerholz *Dk.!* R. Hagen *S.* N. Kolbitzer Heide *S.* O. Hakel *S.*

259. P. alba L. Trockne Laubwälder und Gebüsche, sehr zerstreut. Z. Friedrichsholz *Rindfleisch!!* Brb. Zwischen Walternienburg und Poleimühle in der Nähe der Nuthe *S.* S. Frohsesche Berge *S.* Bg. Springberg *K.* Grabauer Forst-Ziegelei *Dk.!* O. Brandsleber Holz; Hakel auf der Südseite *Eb.*

260. P. stérilis (L.) Aschs. Schattige Laubwälder, selten. O. Hakel im Domburgshau!!

114. Alchemilla Tourn.

261. A. vulgaris L. Wälder, selten. O. Hakel, besonders im Wasserthal häufig!!

262. A. arvensis (L.) Scop. Aecker, besonders nach der Ernte, ziemlich häufig. Z. Vor Eichholz!! Brb. Zeitz *S.* S. Pömmelte; Zackmünde; Frohse; Welsleben *S.* Bg. Zibbekleben *K.* Krähenberge *Dk.!* R. Am Hagen *E.*

115. Rosa Tourn.

* R. lutea Mill. Häufige Zierpflanze.

263. R. canina L. Waldränder, Abhänge, Wege, gemein.

264. R. rubiginosa L. Wälder, sehr zerstreut. R. Oberhagen *S.* O. Brandsleber Holz *Eb.* St. Hecklingen *Eb.*

265. R. tomentosa Sm. Wie vorige. Brb. Zwischen Gödnitz und Dornburg *S.* O. Brandsleber Holz; Hakel: Boß *S.*

* R. gállica L. Häufige Zierpflanze.

* R. centifolia L. Desgleichen.

116. Agrimónia Tourn.

266. A. Eupatória L. Weg- und Waldränder, gemein.

A. odorata Mill. Außerhalb der Grenze etwa eine Meile nordwestlich von Kalvörde, nördlich von der Ohre in der Nähe des Grabenmeisters beim Dorfe Mannhausen am 10. August 1857 von *E.!!* entdeckt. Wahrscheinlich auch innerhalb des Gebiets.

117. Sanguisorba L.

267. S. officinalis L. Wiesen, ziemlich häufig. Brb. Zwischen Ronnei und Walternienburg; Gödnitz *S.* S. Frohser Wiesen *Eb.* Zwischen Pretzin und Dornburg *S.* Randau *Eb.* Kreuzhorst *S.* M. Rothehorn-Wiesen!! Bei Gerwisch an der Potstrine!! Bg. Blumenthalsche Wiesen *K.* N. Moosbruch; Erbke *M. S.* O. Eggenstedt *S.*

118. Potérium L.

268. P. Sanguisorba L. Sonnige Hügel und Wegränder, hier nur in F. S. Friedhof; Mühlinger, Zenser, Westerhüsensche Berge *S.* M. Dodendorf!! Klingeberg bei Sülldorf!! Wiesenberg bei Nieder-Dodeleben *S.* O. Brandsleber Holz *Eb.* Brn. *Sp.*

28. Familie. Pomariae Lindl.

119. Crataegus L.

269. C. oxyacantha L. Wälder, Gebüsche, häufig, z. B. S. Grünewalde!!

270. C. monógyna Jacq. Wie vorige.

120. Pirus L.

271. P. commúnis L. Wälder, sehr zerstreut, z. B. S. Kapitelbusch; Elbinsel *Eb.* M. Biederitzer Busch!! N. Hagen *E.* In Gärten überall.

272. P. Malus L. Wälder, selten. N. Unterholzer Berg *E.* In Gärten in sehr vielen Varietäten.

273. P. aucuparia (L.) Gaertn. Wälder, zerstreut, z. B. Brb. Zwischen Walternienburg und Poleimühle *S.* S. Zwischen Pretzin und Dornburg *S.* An Straßen öfters angepflanzt.

274. P. torminalis (L.) Ehrh. Bergwälder, selten. O. Hakel an der Domburg!! Von mir dort nur strauchartig bemerkt.

29. Familie. Onagraceae Juss.

121. Epilóbium L.

275. E. angustifolium L. Sonnige Hügel, trockne Wälder, zerstreut. B. Südlich von Dornburg!! S. Grünewalde *S.* Scharleber Holz bei Dornburg *S.!!* Bg. *K.* N. Am Oberhagen *E.!!* zwischen Birkholz und Tangerhütte *E.!* N. Erbke; Hagen *M. S.* O. Hakel *S.*

276. E. hirsútum L. ex p. Gräben, Bäche, zerstreut. B. An der Nuthe bei Kämeritz!! S. Bullenwiese *Eb.* Gr. Mühlingen; Dornburg *S.* M. Klappermühle bei Königsborn *Bns.* Bg *K.* N *M. S.*

277. E. parviflórum Schreb. Wie vorige, sehr häufig.

278. E. montanum L. Schattige Wälder, sehr zerstreut. S. Grünewalde *S.* zwischen Pretzin und Dornburg!! Kahlenberge *Eb.* Bg. *K.* N. Rammstedt!!

279. E. roseum Schreb. Gräben, hier und da. Brb. Cyprena; Iritzer Busch; Gödnitz *Eb.* S Frohser Bullenwiese *Eb.* Finn *S.* M. Sülldorf *Bns.*

280. E. tetragónum L. An Gräben zerstreut. Brb. Zwischen Alt-Tochheim und Klein-Rosenburg *S!!* zwischen Gödnitz und

Dornburg *S.* S. Am Graben, der südöstlich aus dem Kesselteich bei Pretzin kommt!!

281. E. palustre L. Sumpfwiesen, zerstreut. Brb. Poleimühle; Göbnitz *Eb.* Bullenwiese *Eb.* S. Plötzky; Pretzin; Dornburg *S.* M. Pfuhlmühle bei Gerwisch!! W. Zwischen Samswegen und Lindhorst!! Bg. *K.*

† Oenothéra L.

† O. biennis L. Sandfelder, Wegränder, besonders am Elbufer sehr häufig, z. B. S. Todtenhäger *Eb.* M. Südlich vom Herrnkrug!! Bg. *K.* N. Elsterburg bei Hundisburg *M. S.*

† O. muricata L. Wie vorige, zerstreut. Brb. Zwischen Göbnitz und Dornburg *S.!!* S. Randau *Eb.* M. Rothehorn bei der Eisenbahnbrücke und an der Spitze *Eb.* In der Nähe der Elbe südlich vom Herrnkrug!! zwischen Biederitz und Gerwisch in der Nähe der Eisenbahn *S.!!*

× O. biennis × muricata. Mit den Eltern M. In der Nähe der Elbe südlich vom Herrenkrug!!

Die Arten dieser Gattung sind erst seit dem Anfange des 17ten Jahrhunderts aus Nordamerika in Europa eingewandert.

122. Circaea Tourn.

282. C. lutetiana L. Schattige Laubwälder und Gebüsche, zerstreut. Brb. Rosenburger Busch *Eb.* Tochheimer Busch!! Grüneberg *S.* S. Grünewalde *S.* zwischen Pretzin und Dornburg *Eb.* M. Pechauer Busch *T.!!* Biederitzer Busch!! Bg. Heidhau *S.* R. Unterhagen *E.!!* Unterholzer Berg!! N. Backofenberg; Nonnenspring *M. S.!* O. Brandsleber Holz im Voigtstiegholze *Scht.* Hakel *S.* St. Gänsefurter Busch!!

C. alpina L. Nahe der nördlichen Grenze bei Lüderitz in einem Erlenbruch unter dem Landsberg östlich von der Chaussee *E.!!*

123. Trapa L.

283. T. natans L. Stehende Gewässer, besonders in den verlassenen Stromtheilen der Elbe zerstreut. Z. Pfannenteich!! S. Elbenau *S.* M. Pechauer See *Bns.!!*

30. Familie. Halorrhagidaceae R. Br.

124. Myriophyllum Vaillant.

284. M. verticillatum L. Gräben, stehende Gewässer, zerstreut. Brb. Poleimühle *S.* S. Im Graben am Gradirwerk; Sool-

kanal; Kreuzhorst *S.* M. Pechauer See *T.!* Am Klusdamm 1855!! W. Jersleben *S.* Bg. Bei Detershagen 1856 *K.* O. Krottorf an der obersten Wiberbreite und an der Eisenbahn; alte Bode bei Günthersdorf *Scht.*

285. M. spicatum L. Stehende Gewässer, zerstreut. Z. Pfannenteich!! Brb. Gr. Rosenburg *Eb.* Badezer Teich!! S. Am Gradirwerk *Eb.* Röthe; Grünewalde *S.* Elbenau *Eb.* M. Rothehorn in der Mittel-Elbe!! O. Alte Bode bei Günthersdorf *Scht.*

31. Familie. Hippuridaceae Lk.

125. Hippúris L.

286. H. vulgaris L. In und an stehenden Gewässern, Gräben, Sümpfen, zerstreut. Brb. Badezer Teich!! S. Hinter dem Pflanzgarten; zwischen Glinde und der Elbe *S.* M. Südlich von Prester!! W. Am Sumpf bei Samswegen an der Westseite *E.!* Bg. Graben nördlich von Tiefer Wisch *Dk.!!* N. Ohre oberhalb der Stadt *M. S.!* O. Krottorf *Scht.* St. Auf dem Bruche *Scht.*

32. Familie. Callitrichaceae Lk.

126. Callítriche L.

287. C. stagnalis Scop. Stehende Gewässer, zerstreut. S. Grünewalde nach Elbenau hin am Büsterniß; Pretzin *Eb.*

288. C. verna L. Besonders in stehenden Gewässern, gemein.

33. Familie. Ceratophyllaceae Gray.

127. Ceratophyllum L.

289. C. submersum L. Stehende Gewässer, selten. In einem Graben bei Eggersdorf *Eb.* M. Pechauer See *Bns.*

290. C. demersum L. Wie vorige, gemein.

34. Familie. Lythraceae Juss.

128. Lythrum L.

291. L. Salicaria L. An Gräben und Bächen, gemein.

292. L. Hyssopifolia L. An Gräben, auf überschwemmten, später trocken werdenden Stellen, Ackerfurchen, zerstreut. Brb. Zwi-

schen Kolphus und Zeitz *S.* S. Zackmünde *S.* Randau; Kahlenberge; jenseit Pretzin *Eb.* M. Rothehorn 1855 einzeln *E.!!* Bg. Bürgermark *Dk.!* R. Wehlitz *E.* Wendorf *E.!* O. Wulferstedt; am heiligen Hoch; Neu-Brandsleben am gelben Weg *Scht.*

129. Peplis L.

293. P. Pórtula L. An Sümpfen, Gräben, auf überschwemmten, später trocknenden Stellen, zerstreut. S. Grünewalde; Kahlenberge *Eb.* Erlenbruch vor Pretzin; Elbufer bei Ranies *S.* M. Vor dem Biederitzer Busch *T.!* zwischen dem Busch und Biederitz!! Bg. Südlich von der Eisenbahn und östlich vom Wege nach Parchau; Heidhau *K.* N. Schwarze Pfuhl bei Bülstringen *M. S.!* O. Alte Bebe bei Güntbersdorf; Brandsleber Holz bei der Ziegelei *Scht.*

Familie Philadelphaceae Don.

* Philadelphus L.

* P. coronarius L. Häufiger Zierstrauch aus Süd-Europa.

35. Familie. Cucurbitaceae Juss.

* Cucúrbita L.

* C. Pepo L. Häufig in Gärten.

* Sicyos L.

* S. angulata L. Zierstrauch aus Nordamerika, zur Bekleidung von Lauben u. s. w.

* Cúcumis L.

* C. sativus L. Ueberall in Gärten gebaut.

130. Bryónia L.

294. B. alba L. An Hecken, Zäunen, zerstreut. S. Grünewalde *S.* Pretzin *S.!!* M. Sudenburg *S.* Bg. *K.!* R. *E.* Mahlpfuhl!! Vielleicht nicht einheimisch, sondern ursprünglich als Zierpflanze gezogen.

36. Familie. Portulacaceae Juss.

† Portuláca Tourn.

† P. oleracea L. Stammt aus Süd-Europa. Im Gebiet nur als Gartenunkraut. M. Sudenburg *S.* Bei Richters Gasthof!!
* P. sativa Haw. Häufig in Gemüsegärten gebaut.

131. Móntia Micheli.

295. M. fontana L. (minor Gmel.) Sandige, feuchte Aecker, selten. Bg. Springberg *K.!* zwischen Resen und Gütter *S.*
296. M. rivularis Gmel. In Quellen und kleinen Bächen bisher nur auf D des rechten Elbufers, dort aber ziemlich verbreitet. Z. Am Wege nach Tröbnitz *Rosenbaum!!* Brb. Zwischen Badez und Poleimühle *S.!!* zwischen Göbnitz und Dornburg *Bns.!!* S. Im Graben südöstlich vom Kesselteich bei Pretzin *Bns.!!*

37. Familie. Paronychiaceae St. Hilaire.

132. Corrigíola L.

297. C. litoralis L. Feuchte, sandige Flußufer, Sandwege, zerstreut. Brb. Badez *S.!!* Kämeritz!! S. Elbufer bei Grünewalde; zwischen Pretzin und Dornburg *S.* M. Rothehorn-Spitze *E.!!* alte Klus *Bns.* Bg. Elbufer bei der Rogätzer Fährstelle; Krähenberge *K.* R. Weg nach dem Hagen *E.!!* Zibbrickſche Tannen *E.!* N. Vor d. Zernitz *M. S.* schwarze Pfuhl *M. S.!*

133. Herniária Tourn.

298. H. glabra L. Sandfelder, gemein.

134. Illécebrum Tourn.

299. I. verticillatum L. Feuchter, mooriger Sand, sehr selten. N. Schwarze Pfuhl *E.*, *M. S.!*

38. Familie. Scleranthaceae Lk.

135. Scleranthus L.

300. S. perennis L. Wegränder, Brachäcker, trockne Wälder, sehr häufig.
301. S. annuus L. Wie vorige.

39. Familie. Crassulaceae D. C.

136. Sedum L.

302. S. maximum Sutt. Trockne Wälder, Grasplätze, Hügel, zerstreut. S. Friedhof *S.* an der Eisenbahn nach Westerhüsen *Eb.* Bg. *K.* R. Oberhagen!! Rammstedt!! N. Butterwinkel *M. S.* Benitz!! jüdischer Begräbnißplatz!! Hagen; Wellenberge *M. S.* Brn. *Eb.*

303. S. purpurascens Koch. Gebüsche, bisher nur in der Nähe der Elbe, zerstreut. Brb. Zwischen Walternienburg und Poleimühle *T.!* Grüneberger Forst *S.* S. Beim Schießhaus; hinter Pretzin *Eb.* M. Rothehorn *E.!!*

* S. album L. In Gebirgen Mitteldeutschlands einheimisch, hier nur auf Mauern angepflanzt. S. Westerhüsen, Kirchhofsmauer *E.!!* Dornburg, Mauer des Schloßgartens *Eb.!!* O. Hordorf, unweit des Pfarrhauses *Scht.*

304. S. acre L. Mauern, trockne Wälder, Hügel, Grasplätze, gemein.

305. S. boloniense Loisl. Wie vorige, weniger häufig, z. B. S. Friedhof; Busch *S.* M. Elbufer nördlich vom Herrnkrug *Bns.* N. Backofenberg *M S.*

306. S. reflexum L. Sonnige Hügel, trockne, grasige Stellen, Kiefernwälder, zerstreut. Brb. Friedrikenberg!! S. Zenser Berge *S.* Kesekenberge *Eb.* Frohjesche Berge!! Grünewalde am Damm nach Ranies *Eb.!!* Plötzky; Gommern *S.* zwischen Pretzin und Dornburg *S.!!* M. In der Nähe der Elbe südlich vom Herrnkrug!! Heyrothsberge *Eb.* Bg. Westlich von den Chaussee-Kienen!! Gütterische Berge *K.* R. Weg nach dem Hagen; Bertingen *E.*

* Sempervivum L.

* S. tectorum L. Auf Dächern häufig gepflanzt. Einheimisch an Felsen Süddeutschlands.

40. Familie. Grossulariaceae D. C.

137. Ribes L.

† R. Grossulária L. Ueberall in Gärten. Wohl nur verwildert S. Zwischen Pretzin und Dornburg *Eb.*

307. R. alpinum L. Bergwälder, selten. N. Wellenberge bei Dönnstedt *Eb.* Sonst nur in Anlagen angepflanzt.

308. R. nigrum L. Erlenbrücher, sehr zerstreut. B. Zwischen Walternienburg und Poleimühle *S.* Bg. *K.* Nicht häufig in Gärten.

309. R. rubrum L. Schattige, feuchte Waldränder, sehr zerstreut. S. Busch; zwischen Pretzin und Dornburg *S.* N. Tannen bei der Althaldensleber Ziegelei *M. S.!* In Gärten überall.

* R. aureum Pursh. Zierstrauch aus Nordamerika.

* R. sanguineum Pursh. Desgleichen.

41. Familie. Saxifragaceae Vent.

138. Saxífraga L.

310. S. tridactylitis L. Mauern, Aecker, Kiefernschonungen, zerstreut. S. Hummelsberg; Eisenbahngräben bei Westerhüsen *S.* Ueberfahrt nach Dornburg *Eb.* M. Nördliche Glacismauer der Sternschanze!! Bg. Bei der Schermenschen Mühle!! bei der rothen Mühle *K* Brn. *Garcke.*

311. S. granulata L Sonnige Hügel, trockne Wälder. häufig, z. B. S. Hummelsberg!! Frohsesche, Kesekenberge; vor Westerhüsen; zwischen Pretzin und Dornburg *S.* M. Klusheide *T.!* Bg. *K.* N. Backofenberg; Erbke; Hagen; Wellenberge *M. S.*

139. Chrysosplénium Tourn.

312. C. alternifolium L. Auf quelligem Boden, besonders in Wäldern, an schattigen Gräben, sehr zerstreut. Bg. Bürgerholz zwischen Heidbhau und Sandforthslake; Molkenbruch *K.* N. Unterholzer Berg *E.* Moorwiese vor dem Hagen *E.!*

42. Familie. Umbellíferae Juss.

140. Hydrocótyle Tourn.

313. H. vulgaris L. An Sümpfen, auf Moorwiesen, zerstreut. Z. Butterdamm!! Brb. Zwischen Walternienburg und Poleimühle *S.* zwischen Göbnitz und Dornburg *Eb.* S. Finn *S.* zwischen Plötzky und Pretzin *S.!:* M. Zwischen der Klus und Wahlitz *Bns.* Bg. Beim Forsthaus Bürgerholz *K.* Güsener Forst!! N. Kolbitzer Heide!! O. Wulferstedt *Scht.*

141. Sanícula Tourn.

314. S. europaea L. Schattige Laubwälder, sehr zerstreut. N. Kesperbusch *E.!!* N. Dönnstedt in den Wellenbergen *M. S.* O. Brandsleber Holz *S.* Hakel!!

142. Erýngium Tourn.

315. E. campestre L. Wegränder, Triften, Anger, an der Elbe überall gemein, F sehr häufig. Verschleppt in D meilenweit landeinwärts z. B. Z. Vor dem Heidethor!! Bg. Bei Hohenseeden *J. Müller.*

143. Cicúta L.

316. C. virosa L. An Gräben, Sümpfen, auf Floßholz, zerstreut. Z. Butterdamm *S.* Brb. Zwischen Walternienburg und Polenzmühle; Badezer Teich!! zwischen Gödnitz und Dornburg *S.* S. Finn; zwischen Plötzky und Pretzin *S.* W. Samswegen *Bns.* Bg. An der Ihle bei der Wulfhagenmühle *K.* N. Moosbruch *M. S.*

144. Ápium L.

317. A. gravéolens L. An salzigen Gräben und Bächen, häufig. S. Gr. Salze am Gradirwerk *S.* Sohlen; Beiendorf *S.* M. Bei Süldorf!! O. *Scht.* Zwischen St. und Hecklingen *Eb.* Außerdem in Gemüsegärten gebaut.

* Petroselínum Hoffm.

* P. sativum Hoffm. Stammt aus Süd-Europa. In Gärten überall.

145. Helosciádium Koch.

318. H. repens (Jacq.) Koch. Moorwiesen, selten. M. Sülldorf bei der Thalmühle früher *Bns.* Gerwisch zwischen der Pfuhlmühle und der Chaussee!!

146. Falcária Rivin.

319. F. Rivíni Host. Weg- und Ackerränder, gemein.

† Ammi Tourn.

† A majus L. Stammt aus Süd-Europa. Zuweilen auf frisch angesäten Luzernefeldern. S. 1850 *S.!* M. Sülldorf *Eb.*, aber stets unbeständig.

147. Aegopódium L.

320. A. Podagrária L. Laubwälder, Gebüsche, gemein.

148. Carum L.

321. C. Carvi L. Wiesen, Wegränder, gemein.

149. Pimpinella L.

322. P. magna L. Laubwälder, Gebüsche, sehr zerstreut. Brb. Hopplake bei Grüneberg *S.* Bg. Zwischen Detershagen und Löbekühn *K.* R. Rammstedt *E.!* Wäthen!!

323. P. saxifraga L. Trockne Wälder, Grasplätze, Wegränder, gemein.

b) dissectifolia Wallr. In der Nähe der Elbe südlich vom Herrnkrug!!

150. Bérula Koch.

324. B. angustifolia (L.) Koch. Gräben, Bäche, nicht selten, z. B. Z. Zwischen Luso und Jütrichau!! Brb. Zwischen Göbnitz und Dornburg!! S. Busch *Eb.* Eggersdorf; Frohse; Bullenwiese; Beiendorf *S.* M. An der Sternschanze beim Friedrich-Wilhelmsgarten *Bns.* Bg. *K.* R. Rammstedt an der Eisenbahn!! St. Gänsefurter Busch!!

151. Sium L.

325. S. latifolium L. Gräben, Sümpfe, gemein.

* S. Sisarum L. Stammt aus dem östlichen Asien. Hier und da gebaut

152. Bupleurum Tourn.

326. B. tenuissimum L. Salinen, salzhaltige, kurzbegraste Stellen. S. Soolkanal *S.* Gradirwerk bei Gr. Salze *Eb.!!* vor Randau *S.* M. Sülldorf östlich am Dorf *E.!* Krakauer Anger *E.!* O. Espenanger; kleine Sülzen; hinter dem Kohlenschacht vor dem Magdeburger Thor *Scht.* Hecklingen; St. *Scht.* Rathmannsdorf *Sp.!*

327. B. falcatum L. Waldränder, Gebüsche, meist F, sehr zerstreut. S. Sohlsche Berge *Eb.!* N. Kolbitzer Heide *Bns.!* O. Brandsleber Holz; Hakel *S.* St. Hohen-Erxleber Busch *E.!*

328. B. rotundifolium L. Aecker, Gartenland, nur F, selten. S. Anlagen bei Gr. Salze *Eb.!* (vielleicht nicht einheimisch) Brn. *Garcke.*

153. Oenanthe L.

329. O. fistulosa L. Gräben, zerstreut. Z. Butterdamm!! Brb. Cyprena; Iritzer Busch; Badezer Teich *Eb.* S. Rondel; Busch; zwischen Felgeleben und Gnadau; Döben *Eb.* M. Krakau *Bns.* Chausseegräben nördlich von Gerwisch!! Bg. *K.* Güsen!! N. Freischütz *M. S.* Zwischen O. und Günthersdorf *F. Reinecke.* Eisenbahngräben bei Krottorf *Scht.*

330. O. aquática (L.) Lmk. Sümpfe, Gräben, z. B. Brk. *Eb.* S. Busch!! Grünewalde *S.* M. Vor dem Sudenburger Thor östlich der Sternschanze!! Krakau *Bns.* Bg. *K.* O. Hordorf in der alten Bode; Meierweiden bei Hadmersleben *Scht.*

154. Aethúsa L.

331. A. Cynápium L. An Zäunen, im Gartenlande, gemein.

155. Seseli L.

332. S. Hippomarathrum L. Steinige Abhänge, nur F und zwar meist auf Kalk, sehr zerstreut. M. Sülldorf am Wege nach Osterweddingen *E.!!* und nach der Thalmühle *T.!* O. Emmeringen am Emmersberg und vor dem Brandsleber Holz *Scht.* Brn. Kalkberge bei der Chaussee nach Kalbe und über den Weinbergen in großer Menge!! Erreicht hier seine nördliche Grenze.

333. S. annuum L. Abhänge, Triften, Laubwälder, zerstreut. S. Hummelsberg; Frohsesche, Beiendorfer, Westerhüsensche Berge *S.* M. Klingeberg bei Sülldorf *Eb.* Wiesenberg bei Niederdodeleben *S.* N. Oberhagen!! O. Brandsleber Holz im Voigtholz *Scht.* St. Hecklinger Berge von der Ascherslebеr Warte nach Neundorf und St. zu; Hohen-Erxleben *Scht.*

b) pygmaeum. M. Hügel bei Schnarsleben *E.!* St. Triften bei Rathmannsdorf *Sp.!*

156. Cnidium Cuss.

334. C. venosum (Hoffm.) Koch. Wiesen, besonders zwischen Gebüschen, fast nur im Elbthal. Brb. Zwischen Walternienburg und Kämeritz *E.!!* zwischen Tochheim und Poleimühle *S.* S. Busch!! Grünewalde; Randauer Wiesen; zwischen Plötzky und Gommern; zwischen Pretzin und Dornburg *S.* M. Pechau!! Biederitzer Busch Südrand!! an der Potstrine südlich von Gerwisch *Bns.!!*

157. Silaus Bess.

335. S. pratensis Bess. Wiesen, Gebüsche, besonders A, sehr verbreitet, z. B. Brb. Bei der Fährstelle!! S. Kapitelbusch!! Elbenau; Pretzin *Eb.* M. Rothehorn-Wiesen!! An der Elbe südlich vom Herrnkrug!! am Biederitzer Busch!! südlich von Gerwisch!! W. Nach Samswegen zu!! Mose!! Bg. Nördlich von Schermen, westlich von der Chaussee!! N. Unterhagen!! im Holz!! Bäthen!! O. Schiffgraben; Bodeniederung von Hadmersleben bis St. *Scht.* z. B. Gänsefurt!! Brn. Auen *Sp.*

† Levisticum Koch.

† L. officinale Koch. Stammt aus Süd-Europa. Im Gebiet wohl kaum gebaut, aber verwildert Bruchwiesen oberhalb St. *Scht.*

158. Selinum L.

336. S. Carvifolia L. Schattige Laubwälder, Wiesen, zerstreut. Z. Friedrichsholz!! S. Busch!! Wiesen vor Randau *S.* Bg. *K.* N. Oberhagen!! Rammstedt!! O. An der Braunschweiger Eisenbahn; Brandsleber Holz *Scht.* Egeln: Bodenniederung zwischen Tarthun und Unseburg *Scht.*

159. Angélica L.

337. A. silvestris L. Feuchte Wiesen und Gebüsche, häufig, z. B. Z. Ankuhn!! Brb. Tochheimer Busch!! Poleimühle; Dornburg *Eb.* S. Busch; Grünewalde *S.* M. Beim Richterschen Gasthof!! Biederitzer Busch!! W. Barleber Busch *Ahlenstiel!* Bg. *K.* N. Unterhagen!! St. Gänsefurter Busch!!

160. Archangélica Hoffm.

338. A. sativa (Mill.) Aschs. An Gräben und Wiesen, selten. Bodewiesen von Egeln bis St. *Scht.* Bei St. im Fabrikgarten *E.!*

161. Peucédanum L.

339. P. officinale L. Wiesen, Gebüsche, nur in A. Brb. Anger zwischen Kl. Rosenburg und Breitenhagen *T.* S. Kapitelbusch!! M. An der Berliner Chaussee!! Am Südrand des Biederitzer Busches *Bns.!!* Bg. Nördlich der Dümke *K.* O. Horbdorf *Scht.* Egeln: Zwischen Tarthun und Unseburg *Scht.* Brn. Bei München-Nienburg *Sp.*

340. P. Cervária (L.) Lapeyr. Laubwälder, Abhänge, selten. S. Frohsesche Berge *Eb.!* früher auch auf den Beiendorfer Bergen *Eb.* O. Ampfurt im Sauerholz *Scht.*

341. P. Oreoselinum (L.) Mnch. Sonnige Hügel, trockne Wälder, zerstreut. Z. Friedrichsholz!! Brb. Anhöhe südlich von Tochheim!! S. Zenser Berge *Eb.* Frohsesche Berge; Pretziner Kirchhof; zwischen Pretzin und Dornburg *S.* W. Südlich von Lindhorst!! Bg. Unter dem Hagen *K.* westlich von den Chaussee-Kienen!! N. Oberhagen!! N. Warenberg!! Kolbitzer Heide!!

162. Thysselinum Rivin.

342. T. palustre (L.) Hoffm. Sumpfwiesen, zerstreut. Brb.

Zwischen Walternienburg und der Poleimühle; zwischen Poleimühle und Badez *S.* S. Zwischen Pretzin und Dornburg *S.* Gommern im Schloßbruch *Eb.* W. Zwischen Samswegen und Lindhorst!! Bg. An der Chaussee nach Schermen *K.!* O. Bruchgraben zwischen Wulferstedt und O. *Scht.*

* Anéthum Tourn.

* A. gravéolens L. In Gärten. Stammt aus Süd-Europa.

163. Pastináca Tourn.

343. P. sativa L. Wiesen, gemein.

164. Heracléum L.

344. H. Sphondýlium L. Wiesen, Wälder, gemein.

165. Laserpícium Tourn.

345. L. latifolium L. Bergwälder, selten. Nur b) ásperum Crtz. (als Art). O. Hakel: Voß, Steinwegshau und vorderer Schmerlenteich *S.!*

346. L. prutúnicum L. Laubwälder, sehr zerstreut. R. Rammstedt westlich vom Kirchwege *F. Hartmann!!* O. Hakel *Eb.*

166. Daucus Tourn.

347. D. Caróta L. Weg- und Waldränder, Wiesen, gemein.

167. Caúcalis L.

348. C. daucoídes L. Aecker, nur F, selten. S. Frohsesche Berge *Eb.!* Sohlsche Berge *S.* St. Nordöstlich von Rathmannsdorf am Wege von St. nach Brn.!!

168. Tórilis Adans.

349. T. Anthriscus (L.) Gmel. Gebüsche, Zäune, Hecken, gemein.

169. Scandix L.

350. S. pecten Véneris L. Aecker, nur F, nicht häufig. S. Am Rondel *Eb.!* Beiendorfer Berge *Eb.* zwischen Salze und Felgeleben; Döben; vor Eggersdorf *S.* O. Krottorf; Horborf *Scht.* St. Rathmannsdorf *E.!* Brn. *Sp.*

170. Anthriscus Hoffm.

351. A. silvestris (L.) Hoffm. Schattige Laubwälder, Gebüsche, gemein.

† A. Cerefolium Hoffm. Stammt aus Süd-Europa. Häufig in Gärten; verwildert S. Hecken nach Frohse hin; Grünewalde bei der Oberförsterei *S.*

352. A. Scandix (Scop.) Aschs. An Hecken und Zäunen, gemein.

171. Chaerophyllum L.

353. C. témulum L. Gebüsche, an Zäunen, gemein.

354. C. bulbosum L. Gebüsche, Wegränder, Wiesen A. meist sehr häufig, z. B. Brb. Werkleiz bei der Saalfähre!! S. Busch!! M. Rothehorn!! Werderspitze *T.!* Berliner Chaussee!! W. An der Chaussee nach Kolbitz!! Bg. *K.* R. Kapellberg!! Brn. gemein; hier werden unter dem Namen Päperläpä die Knollen der wilden Pflanze gegessen.

172. Conium L.

355. C. maculatum L. Zäune, Gebüsche, nicht gerade selten. Brb. Zwischen Ronnei und Tochheim *Eb.* S. Busch; Grünewalde *S.* Randau *Eb.* M. Rothehorn!! Werderspitze *T.!* W. Herrnholz bei Glindenberg *S.* R. Väthen bei der Eisenbahnstation!! O. An den Scheunen; Krottorf am Amte *Scht.* St. Athensleben; Löderburg; Neundorf; Hohen-Erxleben *Scht.*

† Coriandrum L.

† C. sativum L. Stammt aus Süd-Europa. Im Gebiet nur zufällig ausgesamt. S. Eisenbahngräben bei Gnadau *Eb.* M. Am Zwinger *E.* Chausseegraben vor Kl. Ottersleben *S.*

43. Familie. Araliaceae Juss.

173. Hédera L.

356. H. Helix L. Laubwälder, zerstreut. R. Dönnstedt *S.* O. Hakel!! dort aber unfruchtbar. An Mauern überall gepflanzt und dann zuweilen blühend.

44. Familie. Cornaceae D. C.

174. Cornus Tourn.

357. C. sanguinea L. Laubwälder, zerstreut, z. B. S. Busch *S.* Grünewalde *Eb.* M. Rothehorn!! Biederitzer Busch *Eb.* R.

Krohnens Ruh *M. S.* Br. Saalufer, nördlich von München-Nienburg!! Nicht selten angepflanzt.

* C. alba L. Zierstrauch aus Nordamerika, häufig in Anlagen.

* C. mas L. In Mitteldeutschland einheimisch; zur Zierde und der Früchte wegen gepflanzt.

45. Familie. Loranthaceae Don.

175. Viscum L.

358. V. album L. Auf verschiedenen Bäumen schmarotzend, selten (indeß wohl mehrfach übersehen). Brb. Friedrikenberg (Pappeln) *S.* S. Buschallee (Pappeln); Grünewalde (Obstbäume) *S.*

46. Familie. Caprifoliaceae Juss.

176. Adoxa L.

359. A. Moschatellina L. Schattige, feuchte Gebüsche, zerstreut. Brb. Poleimühle, links vom Wege nach Tochheim *S.* S. Pilm *Eb.* M. Klusheide *T.!* W. *S.* Bg. Wulfhagen *K.!* Grabauer Busch *S.* R. Unterholzer Berg *E.!!* N. Nonnenspring; Dönnstedt in den Wellenbergen *M. S.!* O. Brandsleber Holz *S.* Egelsche Forst *S.*

177. Sambúcus Tourn.

360. S. nigra L. Feuchte Gebüsche, zerstreut, z. B. Brb. Tochheim *S.* S. Pretzin *S.* Hier und da gepflanzt.

178. Viburnum L.

361. V. Ópulus L. Wie vorige, häufiger, z. B. S. Busch *S.* Grünewalde *Eb.* M. Pechauer Busch *Bns.* Bg. *K.* N. Schwarze Pfuhl *M. S.* St. Gänsefurter Busch!!

* V. Lantana L. Zierstrauch aus Mitteldeutschland.

179. Lonicéra L.

362. L. Periclýmenum L. Laubwälder, feuchte Gebüsche, zerstreut. Bg. Schermensche Mühle *K.* Bürgerholz: Wehmerlake *S.* R. Erlenbruch bei Bäthen!! N. Butterwinkel!! Schwarze Pfuhl *S.* O. Brandsleber Holz *S.* Sauerholz bei Schermke *Eb.*

363. L. Xylósteum L. Bergige Laubwälder, selten. Hinter dem Hagen *E.* N. Wellenberge bei Dönnstedt *S.*

47. Familie. Rubiaceae D. C.

180. Sherárdia Dillen.

364. S. arvensis L. Aecker, F, sehr gemein, z. B. M. Bei Buckau!! Schnarsleben!! Dodendorf!! D und A nicht häufig. Bg. Blumenthalsche Wiesen *K.!* Küsel *J. Müller*. N. Fuchsberg *M. S.*

181. Aspérula L.

365. A. tinctoria L. Sonnige Hügel, Gesträuch, selten. S. Frohsesche Berge *Eb.!* O. Beim Brandsleber Holz *S.!*

366. A. cynánchica L. Sonnige Hügel, Wald- und Wegränder, nicht selten. Z. Butterberg!! S. Raine bei Gnadau *Eb.* Mühlinger Berge; Hummelsberg *S.* Frohsesche Berge!! Sohlsche Berge *S.* zwischen Pretzin und Dornburg *S.!!* M. Zwischen Langenweddingen und Süldorf!! Engelsberg; Wiesenberg bei Nieder-Dodeleben *S.* Gr. Wartberg bei Schnarsleben!! Heyrothsberge *Eb.* Klusheide!! Bg. Grabauer Forst; Gütter *K.!* Bürgerholz *Dk.* R. Bei der Eisenbahnstation *E.* zwischen Rammstedt und Schricke!! N. Warenberg! O Am Hakel *S.*

367. A. glauca (L.) Bess. Sonnige Abhänge, nur F, zerstreut. S. Hummelsberg *S.* Frohsesche Berge!! Sohlsche Berge *S.* M. Fuchsberg und Rumpelsberg bei Schnarsleben!! St. An einem Rain bei Hecklingen am Wege nach Neundorf!! Berge nach Börnicke zu *Scht.* Brn. Weinberge *Sp.!!*

368. A. odorata L. Schattige Wälder, selten. Bg. Bärenlake im Bürgerholz *Dk.!* R. Unterholzer Berg *E.!!* N. Planken *M. S.!* Dönnstedt *S.* Oberförsterei Bischofswalde bei Erxleben *M. S.* Brandsleber Holz *S.*

182. Gálium L.

369. G. Cruciata (L.) Scop. Wiesen, Gebüsche, Wegränder, A, meist gemein, z. B. S. Busch!! Grünewalde *S.* M. Berliner Chaussee!! Pechau!! Herrnkrug!! Bg. Deichwall!! R. Am Fuß des Unterholzer Berges!! Brn. *Sp.* F spärsam, z. B. O. Hakel!! D gar nicht.

370. G. tricorne With. Aecker, nur F, selten. O. Am Brandsleber Holz *S.* St. Rathmannsdorf *Bns.!!* Hecklingen!! Brn. Altenburg!! Kalbe *Eb.*

371. G. Apárine L. Aecker, Gebüsche, gemein.

372. G. uliginosum L. Feuchte Wiesen, nicht selten, z. B. S. Bullenwiese *S.*

373. G. parisiense L. Im Gebiet nur die Abart b) anglicum Huds. (als Art). Aecker, besonders unter Esparsette, selten aber sehr gesellig. Nur F. S. Frohsesche Berge *Eb.!* M. Klingeberg bei Sülldorf *Bns.!!* Brn. Chaussee nach St !!

374. G. palustre L. Wiesen, Sümpfe, gemein.

375. G. boreale L. Laubwälder, trockne Wiesen, nicht selten. S. Friedhof; Frohsesche Berge; Frohsesche Wiesen *Eb* Wolfskehlenbusch; vor Randau *S.* M. Rothehorn-Wiesen *Eb.* Damm am Südrande des Biederitzer Busches!! südlich von Gerwisch!! W. Farsleben!! Bg. Zwischen Löbekühn und Detershagen *Dk.!* R. Oberhagen *E.* Rammstedt!! Bäthen *T.!* O. Brandsleber Holz; an der Försterwiese; am Hakel *S.*

376. G. verum L. Sonnige Hügel, gemein.

377. G. Mollúgo L. Trockne Wiesen, Wegränder, Laubwälder, gemein.

378. G. silváticum L. Schattige Laubwälder, zerstreut. Bg. Wulfhagen *S.* Bürgerholz bei der großen Buche *S.!!* R. Unterhagen!! Oberhagen!! Rammstedt!! N. Butterwinkel!! Dönnstedt *S.* Hagen *M. S.* O. Brandsleber Holz *S.* Hakel!! Egelsche Forst *S.*

48. Familie. Valerianaceae D. C.

183. Valeriana L.

379. V. officinalis L. Feuchte Wiesen, Gesträuch, sehr häufig. Seltener in trocknen Wäldern, z. B. Z. Friedrichsholz!!

380. V. dioeca L. Feuchte Wiesen, zerstreut. Brb. Zwischen Walternienburg und Poleimühle *S.* S. Pretzin; Mühlenbruch bei Gommern *Eb.* M. Wiesen zwischen Menz und Wahlitz *Bns.* Bg. Hungriger Wolf; Schermen *S.* Rothe Mühle; Springberg *K.* N. Moosbruch *M. S.* Süpplingen *S.* O. Eggenstedt *S.*

184. Valerianella Tourn.

381. V. olitoria (L.) Mnch. Aecker, gemein. Seltener in Mauerritzen, z. B. M. Vor dem Kröckenthor in den Festungsmauern!!

382. V. dentata (L.) Poll. Wie vorige, häufig, z. B. B. Gödnitz *S.* S. Frohsesche Berge; Eggersdorf; zwischen Pretzin und Dornburg *S.* M. Zwischen Diesdorf und Nieder-Dobeleben *Bns.* Bg. Deichwall *K.* Schartau *Dk.!* zwischen St. und Brn. *S.!!*

383. V. Auricula D. C. Wie vorige, aber seltener. S. Salze; Felgeleben; Welsleben; zwischen Pretzin und Dornburg *S.* Bg. Blumenthal *K.* St. Hohen-Erxleben *Scht.* nordöstlich von Rathmannsdorf!!

49. Familie. Dipsacaceae D. C.

185. Dipsacus Tourn.

384. D. silvester Mill. Abhänge, Wegränder, Triften, besonders F und A häufig. Brk. Zwischen Zeitz und Kolphus!! Ronnei!! S. Am Welsleber Graben, Kapitelbusch *Eb.* Grünewalde!! Ranies: Randau *S.* M. Biederitzer Busch!! Rothensee *S.* W. Nach Samswegen hin!! Bg. Deichwall *K.* R. Schloßgarten! Unterholzer Berg!! N. Althaldensleber Burgwall *M. S.* O. Am Brandsleber Holz *F. Reinecke.*

385. D. laciniatus L. Gräben; selten. W. Bei der Stärkefabrik einzeln 1858!! an den beiden Wegen nach Samswegen und dazwischen verlaufenden Gräben mit D. silvester Mill. in Menge;! Am 25. Juni 1857 von *F. Hartmann, H. Engel* und mir entdeckt. Erreicht hier seine Grenze nach Nordwesten.

* D. fullónum L. (ex p.) Nur bei Burg gebaut.

386. D. pilosus L. Schattige, feuchte Gebüsche und Laubwälder, besonders A. Brk. Rosenburger Busch; zwischen Ronney und Tochheim; Walternienburg *S.* S. Pretzin gegenüber auf dem Elbwerder *S.* M. Elbdeich beim Pechauer Busch *T.!* Biederitzer Busch *Eb.* R. Schloßgarten *E.!!* Unterholzer Berg!! O. Krottorf im Mühlenholz; Brandsleber Holz *Scht.*

186. Knaútia L.

387. K. arvensis (L) Coult. Wiesen, Wälder, Wegränder, gemein

187. Succísa M. & K.

388. S. pratensis Mnch. Wiesen, Waldränder, nicht selten, Brk. Walternienburg *S.* S. Zwischen Pretzin und Dornburg; zwischen Plötzky und Pilm *S.* M. Bei Richters Gasthof!! südlich von Gerwisch *Bns.* Bg. Niegripp *S.* R. Bäthen!! N. *M. S.* O. Hakel *S.* St. Gänsefurt *S.*

188. Scabiósa L.

389. S. Columbária L. Wälder, nicht häufig. S. Zwischen Plötzky und Gommern *S.* Bg. *K* N. Benitz!! Kolbitzer Heide!! O. Branisleber Holz unter den Kiefern *S.* Hakel *Eb.*

b) ochroleuca L, (als Art). Sonnige Hügel, Wegränder, Nie mit der Hauptart. F und A ziemlich gemein, z. B. S. Frohsesche Berge!! M. Hauptwall!! Sternschanze!! Schnarsleben!! Rothehorn!! L. Krottorf; Hakel am Südrand *Scht.* St. Hecklingen!!

Hohen-Erxleber Busch *E.* Brn. *Sp.* D seltener. Z. Tröbnitz *Brunn.* Brb. Badezer Teichhaus!! S. Gommern; Leitzkau; Dornburg *Eb.!* Loburg *Eb.* M. Jenseit Gerwisch an der Chaussee!! W. Nach Farsleben zu!! Bg. Zibbekleben *K.!* R. Nördlich von der Ziegelei!! Baubude!! Rammstedter Forst!!

390. S. suavéolens Desf. Sonnige Hügel, Kiefernwälder, D und F, häufig mit Sc. Columbaria b) ochroleuca, seltener mit der Hauptart. Brb. Friedrikenberg!! Tochheim!! Gödnitz *Eb.* S. Hummelsberg; Frohsesche Berge; Gommern; Pretzin; Dornburg *S.* M. Gr. Wartberg bei Schnarsleben!! beim Richterschen Gasthof!! Klusheide!! R. Kienen bei der Eisenbahnstation!! St. Ran über Hecklingen unweit des Weges nach Neundorf!! N. Warenberg!! Benitz!! Kolbitzer Heide!!

50. Familie. Compósitae Adans.

189. Eupatórium Tourn.

391. E. cannabinum L. An Gräben und Bächen, nicht selten. Brb. Ronnei; Poleimühle *S.* S. Bullenwiese; an der Ehle bei der Neuen Mühle unweit Gommern *S.* M. Klappermühle bei Königsborn *Bns.* Pfuhlmühle bei Gerwisch!! Bg. Molkenbruch *K.* R. Vor dem Hagen *S.* N. Maschensteig *M. S.* St. Gänsefurter Busch!! Rathmannsdorf *S.*

190. Tussilágo Tourn.

392. T. Fárfara L. An Gräben, auf Lehmboden, besonders F häufig, z. B. Brb. Steiles Elbufer bei Tochheim!! S. Bullenwiese; Eggersdorf *S.* M. An der Schrode zwischen dem Ulrichs- und Kröckenthor *T.!* Schnarsleben!! Langenweddingen!! W. Lolbitz!! Bg. Pietzpuhler Mergelkuhlen *K.* R. *E.* N. Schweinering; Hagen *M. S.* Selten auf Torferde in Torfstichen. Z. Zwischen Luso und Jütrichau!! W. Zwischen Samswegen und Lindhorst!!

191. Petasítes Tourn.

393. P. officinalis Mnch. An Gräben, Bächen, feuchte Wiesen, zerstreut. Z. An der Nuthe westlich von der Stadt!! S. Eggersdorf *Eb.!* M. An der Schrode zwischen dem Ulrichs- u. Kröckenthor *T.!* (Hier nur die weibliche Pflanze.) Süldorf bei der Thalmühle *S.* Bahrendorf *Eb.* N. An d. Beber bei der Damm-Mühle; Dönnstedt *M. S.* Kl. Santersleben *S.* O. Bode; Kirschengarten bei Reindorf *F. Reinecke.* (Hier nach *Scht.* auch weiblich). St. Gänsefurter Busch!!

394. P. tomentosus (Ehrh.) D. C. Weidengebüsche, sandige und grasige Stellen in der Nähe der Elbe und Bode, zerstreut. S. Kapitelbusch *Eb.* Todtenhäger bei Grünewalde *Eb.!* an der Elbe vor Randau; Ranies *S.* M. Rothehorn!! große Werder *Eb.* Elbufer südlich vom Herrnkrug!! Bg. Elbstrand bei Blumenthal *K.* N. Schmucksdorf *E.* An der Bode von Unseburg bis Hohen-Erxleben *Scht.* besonders St. am Fabrikgarten *Sp.!* Erreicht hier seine Grenze nach Südwesten.

192. Aster L.

395. A. Linósyris (L.) Bernh. Lichte Gebüsche in Laubwäldern, selten. N. Oberhagen *E.!!* · O. Sauerholz bei Ampfurt *Scht.*

395a. A. Amellus L. Wie vorige, sehr selten. O. Voigtholz im Brandsleber Holz *Scht.*

396. A. Tripólium L. Salzhaltige, feuchte Wiesen und Gräben, verbreitet. S. Gr. Salze am Gradirwerk!! am Soolkanal *S.* M. Sülldorf an der Sülze (hier auch mit weißem Strahl); auf einer Wiese südöstlich von Prester *T.!* O. Wulferstedt; zwischen Krottorf und der Wiesenmühle *Scht.* St. Nach Löderburg!! und Rathmannsdorf zu!! Hecklingen *Scht.*

397. A. salicifolius Scholler. Weidengebüsche der Flußthäler, zerstreut. Im Gebiet sicher einheimisch. S. Busch; Grünewalde *S.* M. Rothehornspitze *Bns.!!* Werderspitze!! W. Herrenholz bei Glindenberg *S.* Bg. Rogätzer Fährstelle *K.* Bodethal: Tarthun, Unseburg bis St. *Scht.* Diese Pflanze ist innerhalb des Gebiets bei Brb. zuerst entdeckt worden.

† A. parviflórus Nees. Zierpflanze aus Nordamerika. Völlig verwildert und eingebürgert. W. Glindenberg im Herrenholz *E.!*

† Stenactis Cass.

† S. annua (L.) Nees. Stammt aus Nordamerika. Völlig eingebürgert: Brb. An der Terrasse des ehemaligen Schlosses Friedrikenberg!! S. Gnadau an der Eisenbahn *S.*

192a. Erigeron L.

† E. canadensis L. Seit Anfang des 17ten Jahrhunderts aus Nordamerika eingewandert. Auf sandigen Aeckern, an Wegrändern, gemein.

398. E. acer L. Sonnige Hügel, Wegränder, häufig, z. B. S. Frohser Berge; Eisenbahngräben *S.* Chaussee nach der alten Fähre *Eb.* M. Sternschanze!! Südrand des Biederitzer Busches *Bns.* Bg. *K.* N. Parforde!!

193. Bellis L.

399. B. perennis L. Wiesen, Grasplätze, gemein. In Gärten mit sogenannten gefüllten Blumen.

194. Solidágo L.

400. S. Virga aurea L. Trockne Wälder, zerstreut. Z. Friedrichsholz *Eb.* Bg. Wulfhagen *K.* R. Station; Hagen *S.* Rammstedt!! N. Benitz!! Althaldensleben *M. S.* O. Hakel: Oberlinden *S.*
* S. canadensis L. Zierpflanze aus Nordamerika.
† S. longifolia Schrad. Zierpflanze, wahrscheinlich aus Nordamerika. Verwildert W. Beim Bahnhof *S.!*

195. Ínula L.

401. I. germánica L. Abhänge, Gebüsche, F sehr selten. St. An dem südlichen Graben des kahlen Grasewegeß im Neundorfer Felde *Roehl, Bns.!!*
• 402. I. salicina L. Wiesen, Gebüsche, zerstreut. Brb. Rosenburger Busch!! S. Wolfskehlenbusch; Kapitelbusch *S.* M. Südrand des Biederitzer Busches *Bns.* Bg. *K.* R. Angern *E.* O. Theilungen; Hakel, besonders vorderer Schmerlenteich, Voß und Steinwegshau *Scht.* Brn. Große Aue *Sp.*
403. I. hirta L. Wälder, sehr selten. St. Am Westrande des Tannenbusches bei Hohen-Erxleben *Eb.!*
404. I. Conýza D. C. Abhänge, Gebüsche, sehr zerstreut. R. Unterholzer Berg *E.!!* O. Hakel: Domburgshau und vorderer Schmerlenteich *S.*
405. I. Británnica L. Wiesen, besonders in der Nähe der Elbe, gemein.

196. Pulicária Gaertn.

406. P. prostráta (Gil.) Aschs. Dorfstraßen, feuchte Triften in der Nähe der Flüsse, häufig, z. B. Brb. Kolphus!! Fährstelle!! S. Grünewalde *S* M. An der Elbe südlich vom Herrnkrug!! nach Krakau hin!! Pechau!! vor Biederitz!! Bg. Beim Bahnhof!! St. Rathmannsdorf *Eb.* Brn. *Eb.*
407. P. dysentérica (L.) Gaertn. Feuchte Gräben, zerstreut. S. *S.* M. Gräben bei Dodendorf *Bns.* oberhalb Sülldorf an der Sülze!! nördlich von Gerwisch mit Althaea!! W. Nach Samswegen hin!! Bg. *K.* R. Jenseit der Ohre häufig!! Webringen!! O. Krottorf am Amt *Scht.* St. Rathmannsdorf am Amtsgarten!!

† Galinsóga Ruiz u. Pavon.

† G. parviflóra Cav. Stammt aus Südamerika, seit Anfang dieses Jahrhunderts auf Aeckern, an Wegen, in Gärten eingebürgert, besonders auf Sandboden. B. Domäne *E.!* Bg. Möser *E.!* Schermen!! Unter dem Hagen; Neuenzinn *K.* (In der Nähe des Gebietes, im Dorfe Nielebock bei Genthin von *F. Hartmann* schon 1816 beobachtet.)

197. Bidens L.

408. B. tripartita L. An Sümpfen, Gräben, gemein.

409. B. cernua L. Wie vorige, häufig.

b) radiata (Coreopsis Bidens L.) S. Zwischen Plötzky und Pretzin *S.*

c) minima L. (als Art). Brb. Badez *S.*

198. Filágo L.

410. F. germánica L. Aecker, Wegränder, zerstreut. Brb. Kolphus!! S.; Frohse; Mühlinger und Frohsesche Berge *S.* M. Dodendorf!! Pechau *Bns.* Bg. *K.* R. Beim Forsthaus Heinrichshorst!! Aecker nach Angern zu!! N. An den Kienen bei der Warte *M. S.*

411. F. arvensis L. Aecker, häufig.

412. F. mínima Fr. Sandige Aecker, Schonungen, zerstreut. Brb. Badez!! S. Frohsesche Berge; Gommern; Dornburg *S.* M. Engelsberg *S.* bei Richters Gasthof!! zwischen Bieberitz und Gerwisch!! Bg. *K.* R. *S.* N. *M. S.!*

199. Gnaphálium Tourn.

413. G. silváticum L. Trockne Wälder, zerstreut. S. Plötzky; Pretzin; Gommern; Dornburg *S.* Bg. *K.* R. Oberhagen!! zwischen Rammstedt und Schricke!! N. Benitz *M. S.* Kolbitzer Heide!! O. Brandsleber Holz; Sauerholz bei Schermke; Hakel *Eb.*

414. G. uliginosum L. Feuchte Triften, Sumpfränder, gemein.

b) nudum Hoffm. (als Art). Sehr selten. M. Am Pechauer See *Bns.!* in den letzten Jahren nicht wieder gefunden.

415. G. luteo-album L. Sumpfränder, feuchte Aecker, zerstreut. Brb. Zwischen Göbnitz und Dornburg *S.* S. Schloßbruch bei Gommern *Eb.!* zwischen Pretzin und Dornburg *S.* M. Königsborn *T.!* Bg. *K.* R. Steinort *E.!* Angern *E.!*

416. G. dioecum L. Trockne Wälder und Hügel, häufig, z. B. Brb. Friedrikenberg *Eb.* S. Sohlsche Berge; zwischen Pretzin und Dornburg *S.* M. Schnarsleben!! bei Richters Gasthof *Eb.* Bg.

Hungriger Wolf!! R. Bei der Eisenbahnstation!! Hagen!! N. Beim Detzel; Erbke *M. S.* O. Brandsleber Holz bei der Ziegelscheune *S.*

200. Helichrýsum Gaertn.

417. H. arenarium (L.) D. C. Trockne Hügel, Sandfelder, Kiefernwälder, sehr häufig.

201. Artemísia L.

† A. Absinthium L. Stammt aus Süd-Europa; in Dörfern u. s. w. verwildert. S. Hummelsberg; Frohse *S.* Pretzin *S.*!! Bg. Niegripp *S.* Detershagen *K.* beim Forsthaus Bürgerholz!! R. Rammstedt beim Forsthaus!! Mahlpfuhl!! N. *M. S.*

418. A. rupestris L. Salzhaltige Triften, sehr selten, aber gesellig. Um St. und Hecklingen bis ins Brn. Moor *Scht.*, besonders südlich von St. *Bns.*!! und häufig nordöstlich von Rathmannsdorf am Wege von St. nach Brn. *Bns.*!!

419. A. laciniata Willd. Wie vorige, aber viel seltener. St. An der Straße nach Brn. nordöstlich von Rathmannsdorf *Bns.*!!

420. A. póntica L. Abhänge, Gebüsche, selten. M. An einem Walle nördlich von Gerwisch *Bns.*! seit 20 Jahren ausgerottet. S. In einem Graben nach Samswegen zu in der Nähe von Dipsacus laciniatus 1858 *T.*!! St. Am südlichen Graben des kahlen Grasweges im Neundorfer Feld (A. maritima bei *Scht.*) *Roehl. Bns.*!! Erreicht hier die Nordgrenze ihres Vorkommens.

† A. austriaca Jacq. In Südost-Europa bis Böhmen einheimisch. Vielleicht einmal durch Hochwasser herabgeschwemmt. M. An der Ufermauer nördlich vom Jakobs-Förder seit 1853 von *E.* bemerkt!! Seit dem Brande am 24. August 1857 verschwunden.

421. A. campestris L. Sonnige Hügel, Ackerränder, gemein.

422. A. vulgaris L. Gebüsche, Zäune, Wegränder, gemein.

202. Achilléa L.

423. A. Ptármica L. Wiesen, Gräben, feuchte Gebüsche, zerstreut. Brb. An der Saale bei Rosenburg; Tochheim; Poleimühle; Badez *Eb.* S. Vor dem Busch; Elbwerder nach Ranies hin *S.* R. Große Werder *Bns.* beim Richterschen Gasthof!! Bg. Birkensteig *K.* N. *M. S.* O. Wulferstedt *Scht.* Brandsleber Holz *Eb.* Hakel *Scht.* Egeln: Tarthun *Scht.*

424. A. Millefólium L. Sonnige Hügel, Weg- und Waldränder, gemein.

b) setacea W. K. (als Art). Sonnige Hügel, selten. S. Mühlinger Berge *Eb.* Hummelsberg *Bns.*! Frohsesche Berge *Eb.* O. Hinter der Ziegelei *Scht.*

425. A. nóbilis L. Mauern, sonnige Hügel, in F, sehr zerstreut. S. Gnadau an der Eisenbahn nach Felgeleben hin *Eb.!* O. Emmersberg; Mauern in Gröningen *Scht.* Mauern in Kochstedt *S.* Brn. Stadtmauer *Sp.!* Erreicht hier ihre Grenze nach Nordosten.

203. Ánthemis L.

426. A. tinctoria L. Wegränder, sonnige Hügel, Mauern, sehr zerstreut. Brb. Beim Badezer Teichhause!! zwischen Kämeritz und Hohen-Lepte *S.* M. Rothehorn 1856!! Werderspitze 1858 *Bns.!* Elbdamm bei Rothensee *Ahlenstiel!* (An diesen drei Orten wohl nur angeschwemmt und nicht beständig.) C. Stadtmauer *Scht.* Hakel an der Domburg *S.* St. Stadtmauer *Bns.!!* Brn. Weinberge *S.* Steinbrüche *Sp.*

427. A. arvensis L. Aecker, Wegränder, nicht überall. S. Eisenbahngraben nach Gnadau; zwischen den Frohseschen Bergen und Westerhüsen *S.* M. Aecker beim Biederitzer Busch *Bns.* Bg. *K.*

428. A. Cótula L. Dorfstraßen, Zäune, zerstreut. Z. Vor dem Heidethor!! B. Walternienburg!! Gödnitz!! S. Am Stadtgraben vor Salze!! zwischen Eggersdorf und Gr. Mühlingen *S.* Plötzky!! M. Schnarsleben!! W.!! Bg. Vor dem Magdeburger Thor!! Schartau!! R. Dolle beim Posthause!!

* Anacýclus L.

* A. officinarum Hayne. Kultivirt. Nur M. Auf der Grauwackenformation!!

204. Matricaria L.

429. M. Chamomilla L. Aecker, sehr häufig.

205. Chrysánthemum L.

430. C. Leucánthemum L. Wiesen, Waldränder, gemein.

431. C. Tanacétum Karsch. Wegränder, Laubwälder, Triften, besonders in der Nähe der Elbe, gemein.

432. C. corymbosum L. Bergige Laubwälder, sehr zerstreut. M. Vereinzelt angeschwemmt in den Weiden am großen Werder 1858 *Eb.* N. Wellenberge bei Dönnstedt *M. S.!* O. Brandsleber Holz *S.* Hakel, sehr häufig!!

† C. Parthénium (L.) Pers. Stammt aus Süd-Europa, früher als Arzneipflanze gebaut. Verwildert S. Gnadau am Bahnhof 1855!! M. An der Mittel-Elbe unweit der Citadelle 1853!!

433. C. inodórum L. Wegränder, Aecker, sehr häufig.

434. C. ségetum L. Lehmige und sandig-lehmige Aecker, sehr zerstreut. M. Elbufer auf dem Werder, vereinzelt 1855 *T.!* N. Bei

Sandbeindorf *E.* N. Warenberg; Papenberg *M. S.* Wellenberge bei Dönnstedt *M. S.!* O. Zwischen Alt-Brandsleben und Eggenstedt *S.* Neindorf *Scht.*

206. Árnica L.

435. A. montana L. Waldränder, etwas moorige Wiesen, sehr zerstreut. N. Moosbruch *M. S.!* Erble *M. S.* Schwarze Pfuhl *E.!* O. Hohes Hinterholz im Brandsleber Holz *Scht.*

207. Senécio L.

436. S. paluster (L) D. C. Moorwiesen, Torfstiche, zerstreut. Z. Zwischen Luso und Jütrichau!! W. Zwischen Samswegen und Lindhorst!! Bg. Güttersches Mollenbruch *K.* Resen *S.!* N. Moorwiese am Hagen, selten *E.* O. Krottorf; Hordorf; Gr. Alsleben *Sch.* St. *Scht.*

437. S. vulgaris L. Aecker, Gartenland, sehr gemein.

438. S. viscosus L. Wege, Waldränder, häufig.

439. S. silváticus L. Trockne Wälder, zerstreut. Brb. Zwischen Tochheim und Poleimühle *S.* S. Zwischen Pretzin und Dornburg *S.!!* M. Zwischen Biederitz und Gerwisch *Bns.!!* Bg. *K.*

440. S. erucaefolius L. Gebüsche, Wiesen, an Gräben, zerstreut. S. Busch *S.* Döben *Eb.!* W. An den Wegen nach Samswegen!! Bg. An der Chaussee nördlich von Schermen auf der Westseite!! N. Unterholzer Berg *S.* O. Espen bei Hordorf; im Schiffgrabenbruch vor den Stegen; Meierweiden bei Hadmersleben *Scht.* St. Zwischen Neundorf und Rathmannsdorf!! an der Straße nach Brn. nordöstlich von Rathmannsdorf!!

441. S. Jacobaea L. Sonnige Hügel, Wälder, sehr häufig.

442. S. aquáticus Huds. Wiesen, nur M, dort aber wahrscheinlich verbreitet. S. Busch *S.* Wiesen nach Zackmünde zu; Frohse bei der Eisenbahnbrücke *Eb.* Grünewalde an der Chaussee nach Plötzky!! Kreuzhorst *Eb.* M. Neben der Berliner Chaussee!! An der Elbe südlich vom Herrnkrug!! Bg. Gilsen östlich von der Eisenbahn!! N. Nördlich von Bäthen!! zwischen Tangerhütte und Birkholz *E.!*

443. S. Fuchsii Gmel. Laubwälder, zerstreut. Z. Friedrichsholz!! B. Rosenburger Busch *S.* S. Scharleber Holz bei Dornburg *S.!!* Bg. Bürgerholz *K.* N. Beim Oberhagen *E.!!* Unterhagen *E.!!* Rammstedt!! O. Brandsleber Holz am Königsberg *Scht.* Hakel!! Egeln: Zwischen Tarthun und Unseburg *Scht.* St. Gänsefurter Busch *S.!*

444. S. sarracénicus L. In der Nähe der Flüsse, besonders in Weidengebüschen, zerstreut. Brb. Tochheimer Busch *E.* S.

Busch *S.* an der Elbe jenseit Elbenau *Eb.* Grünewalde am Damm nach Ranies *Eb.!!* M. Rothehorn-Spitze!! W. Herrenholz bei Glindenberg *E.!* O. Bode-Insel unterhalb Hordorf; Theilungen *Scht.* Brn. Dröbelsche Busch *Sp.!* Die Pflanze steht öfter in Gesellschaft von Aster salicifolius Schollet.

445. S. paludosus L. Sumpfwiesen, Gebüsche, an Gräben, nur A, zerstreut Brb. An der Ruthe bei Walternienburg *Eb.* S. Busch!! Kreuzhorst!! Bg. Heidhau im Bürgerholz *K.!* Gülsen!! O. spärlich an den Bruch- und Eisenbahngräben *Scht.* St. Hecklingen *Eb.*

* Caléndula L.

* C. officinalis L. Häufige Zierpflanze aus Süd-Europa.

208. Cirsium Tourn.

446. C. lanceolatum (L.) Scop. Wegränder, Triften, Dörfer, gemein.

447. C. erióphorum (L.) Scop. Sonnige Hügel, nur F, selten. O. Am Brandsleber Holz *S.!* Erreicht hier seine Grenze nach Nordosten.

448. C. palustre (L.) Scop. Sumpfige Wiesen, häufig, z. B. S. Bullenwiese; zwischen Plötzky und Pilm; zwischen Pretzin und Dornburg *S.* M. Pfuhlmühle bei Gerwisch *S.* Bg. *K.* R. Wehlitz!! O. Zwischen Peseckendorf und Schermke *Eb.*

449. C. acaule (L.) All. Sonnige Hügel, trockne Wiesen, zerstreut. Brb. Badez!! S. Döben; Gr. Mühlingen; Eggersdorf! Frohsesche Berge *S.* M. Schnarsleben *S.* Krakauer Anger!! Bg. Springberg *K.* R. Angern *E.!*

450. C. ánglicum (Lmk.) Koch erweitert. Trockne, fruchtbare Wiesen, sehr zerstreut. Bg. Nördlich von Schermen an der Chaussee *Dk.!!* zwischen Löbekühn und Detershagen *Dk.!* R. Wehlitz am Rande des Unterhagen *Bns.!!* im Holz!! zwischen Angern und dem Bucktum *S.* O. Schiffgraben unterhalb Wulferstedt; Pfarrwiese bei Klein-Oschersleben *Scht.* Egeln! zwischen Tarthun und dem Unseburger Hölzchen *Scht.* St. An der Westseite des Gänsefurter Busches *Scht.* Rathmannsdorf *Sp.!* Erreicht hier sein nordöstlichstes Vorkommen.

451. C. oleraceum (L.) Scop. Feuchte Wiesen und Gebüsche, ziemlich häufig. Z. Ankuhn!! Schloßgarten!! Brb. Poleimühle *S.* M. Sudenburg; an der Schrode zwischen Diesdorf und Nieder-Dodeleben *S.* Bg. Schermen!! R. Unterhagen!! Schricke!! N. Webringen *S.* nach Bülstringen zu!! Förderstedt *Eb.* St. Gänsefurter Busch *S.!!* Brn. Nienburg *Eb.* Kalbe *S.*

452. C. arvense (L.) Scop. Aecker gemein.
450 × 451. C. anglicum × oleraceum. St. Westseite des Gänsefurter Busches *Scht.*

† Silybum Gaertn.

† Marianum (L.) Gaertn. Zierpflanze aus Süd-Europa. Verwildert S. Kirchhof zu Gr. Salze *S.* Frohse *Eb.* Bg. *K.*

209. Cárduus L.

453. C. acanthoídes L. Wegränder, Abhänge, F und A ziemlich gemein.
454. C. crispus L. Gebüsche, Zäune, häufig.
455. C. nutans L. Sonnige Hügel, Wegränder, sehr häufig.

210. Onopordon Vaillant.

456. O. Acánthium L. Wegränder, Zäune, sehr häufig.

211. Lappa Tourn.

457. L. officinalis All. Wälder, Wegränder, sehr zerstreut. M. Rothehorn!! Biederitzer Busch!!
L. macrosperma Wallr. Laubwälder. (Nahe der nordwestlichen Grenze des Gebiets: Kalvörde nördlich von der Ohre beim Grabenmeister nordwestlich von Mannhausen!!) Wahrscheinlich auch im Gebiete.
458. L. glabra Lmk. (ex p.) Wegränder, Zäune, gemein.
459. L. tomentosa Lmk. Wegränder, Dorfstraßen, Waldränder, sehr häufig.

212. Carlina Tourn.

460. C. vulgaris L. Trockne Wälder und Hügel, D und F nicht selten. S. Frohsesche, Sohlsche, Westerhüsensche Berge *S.* M. Wiesenberg bei Nieder-Dodeleben *S.* Süldorf *Eb.* Bg. Springberg *K.* N. Lehmkuhle beim Galgenberg *M. S.* O. Brandsleber Holz; Hakel *S.* St. Hohen-Erxleber Busch *E.* Brn. *Eb.*

213. Serrátula L.

461. S. tinctoria L. Wiesen, Laubwälder, zerstreut. Z. Friedrichsholz!! S. Busch *S.* Frohser Wiesen *Eb.* Randauer Wiesen *S.* M. Am Biederitzer Busch!! Bg. *K.* N. Bäthen!! O. Hakel *S.*

214. Jurínea Cass.

462. J. monoclónos (L.) Aschs. Dürre, sandige Hügel, sehr zerstreut. Brb. Auf der Anhöhe südlich von Tochheim!! Hügel,

nördlich von Göbnitz *S.!!* (An beiden Standorten schon im vorigen Jahrhundert von *Scholler* gefunden.) S. Zwischen Plötzky und Pretzin *S.* zwischen Plötzky und dem Pilm *Eb.!* N. Jüdischer Begräbnißplatz!! am Fuße des Trendelberges *M. S.!*

215. Centauréa L.

463. C. Jácea L. Wiesen, Wegränder, gemein.

464. C. phrýgia L. Schattige Laubwälder, selten. Z. Friedrichsholz!! N. Hagen; Zernitz *E., M. S.!* O. Hakel, Oberlinden *S.*

465. C. Cýanus L. Kornfelder, gemein.

466. C. Scabiósa L. Trockne, sonnige Hügel und Wälder, in F und D zerstreut. S. Wart- und Teufelsküchenberg bei Zens *Eb.* Hummelsberg; Frohsesche und Sohlsche Berge *S.* M. Süldorf *Eb.* Engelsberg *S.* Bg. *K.* N. Wellenberge *M. S.!* Brn. *Sp.*

467. C. maculosa Lmk. Sonnige Hügel, Wegränder, Mauern, häufig, z. B. Z. Wall beim Heidethor!! S. Gr. Salze auf Mauern; Frohsesche Berge; Wart- und Teufelsküchenberg bei Zens *Eb.* M. Chaussee zwischen Fermersleben u. Salbke!! Dodendorf; Sülldorf *Bns.* N. Vor dem Stendaler Thor!! O. Stadtmauer *Scht.* St. Stadtmauer *Scht.* Hohen-Erxleber Busch *E.* Brn. Kalkberge!!

468. ⊙ Calcitrapa L. Wegränder, nur F, zerstreut. Brb. Zeitz!! Kolphus!! S. Bei Salze sehr häufig!! M. Im Neustädter Felde!! Sülldorf!! Chaussee zwischen Fermersleben und Salbke!! St. gemein!! Brn. ebenso *Sp.*

† C. solstitialis L. Stammt aus Süd-Europa. Auf frisch angelegten Luzernestücken zuweilen erscheinend, doch nie beständig. Kalbe bei der Eisenbahnstation Gritzehne 1856 *Eb.*

† Xeránthemum Tourn.

† X. annuum L. Zierpflanze aus dem südöstlichen Deutschland, verwildert S. Friedhof *S.*

216. Lámpsana Tourn.

469. L. commúnis L. Gebüsche, Laubwälder, gemein.

217. Arnóseris Gaertn.

470. A. minima (L.) E. Meyer. Sandige Aecker, zerstreut. Z. Eichholz!! Brb. Badez!! S. Randau *Eb.* Pretzin; Gommern; Dornburg *S.* M. Klus *Eb.* Bg. Zibbekleben *K.!* Gülsen *Bns.!!* N. *E.* N. Fuchsberg bei Neuenhofe!!

218. Cichórium Tourn.

471. C. Intubus L. Wegränder, gemein. Auch häufig bei M. gebaut.

219. Thrincia Roth.

472. T. hirta Roth. Moorige, besonders salzhaltige Wiesen und Triften, zerstreut. S. Kapitelbusch *Eb.* Am Gradirwerk bei Gr. Salze!! am Soolkanal; Frohsesche Berge *S.* Frohser Wiesen *Eb.* Grünewalde *S.* M. Dodendorf am Wege nach Osterwebdingen!! Rothehorn *Eb.* Bg. Beim Hungrigen Wolf!! Güsen bei der Eisenbahnstation!! N. Parförde!! vor d. Erble; am Wege nach dem Hagen *M. S.* O. Günthersdorf *Scht.* Brn. Aue *Sp.*

220. Leóntodon L.

473. L. auctumnalis L. Wälder, Gebüsche, häufig.

474. L. hastilis L. Trockne Wiesen, Abhänge, Wälder, nicht selten, z. B. Brb. Gödnitz *S.* S. Gradirwerk bei Gr. Salze; Zens; Frohsesche Berge; Randau *S.* Bg. *K.* N. *Bns.*

221. Picris L.

475. P. hieracioides L. Gebüsche, Gräben, Wegränder, nicht selten. Brb. Saaldamm bei Gr. Rosenburg nach Gritzehne zu *Eb.* Kapitelbusch *Eb.* S. Döben; Eggersdorf; Bullenwiese *S.* Neue Mühle bei Gommern *Eb.* M Sternschanze!! Diesdorf *S.* Dodendorf!! Chaussee nördlich von Gerwisch!! W. Am mittleren Wege nach Samswegen!! Bg. Birkensteig *K.* N. Am Wege nach dem Römerschen Bierkeller!! O. Bruch am mittleren Graben *Scht.* Brandsleber Holz *Eb.* St. *Scht.* Brn. Weinberge *S.!!*

† Helmínthia Juss.

† H. echioides (L.) Gaertn. Auf frisch angelegten Luzernestücken zuweilen erscheinend, aber unbeständig. Stammt aus Süd-Europa. M. Elbdamm bei Rothensee *Peck* 1844! Zwischen O. und Gr. Alsleben *Scht.*

222. Tragopógon L.

476. T. major Jcq. Sonnige Hügel, Wegränder, zerstreut. S. Eisenbahngräben; Steinbrüche bei Alten-Salze *S.* Damm bei der Zwangsarbeitanstalt *Eb.* Westerhüsen!! M. Sülldorf *Bns.* Bg. *K.* N. Jüdischer Begräbnißplatz; Warenberg *M. S.* O. An der Eisenbahn zwischen Nienhagen und Krottorf *Scht.* St. Hecklinger Kirchhof *Eb.* Brn. Weinberge *S.*

477. T. pratensis L. Wiesen, gemein.
b) orientalis Jcq. Wegränder, Wiesen, zerstreut. Brb. Wiese zwischen Grüneberg und Dornburg *S.* S. Frohsesche Berge *S.* M. Sternschanze!! Chausseegraben nördlich von Gerwisch!! Bg. *K.*

223. Scorzonéra L.

478. S. húmilis L. Kiefernwälder, sehr zerstreut. M. Klusheide *Bns.* Bg. Bürgerholz südlich der Eisenbahn, wo sie den Krielschen Weg zum ersten Mal kreuzt *Dk.!*
479. S. hispánica L. Wälder, Gebüsche, nur F, sehr selten. St. Rathmannsdorf *Garcke.*
480. S. purpurea L. Sonnige Hügel, trockne Wälder, sehr zerstreut. S. Frohsesche Berge *S.* Bg. Grabauer Forst am Steglitzer Weg *Dk.!* R. Haserberg bei Rammstedt *E.!* O. Emmersberg *Scht.* St. *Scht.*

224. Podospermum D. C.

481. P. laciniatum (L.) D. C. Steinige Hügel, Wegränder, nur F ziemlich verbreitet. S. Neben der Aßmannschen Holzstrecke *S.* Gradirwerk bei Gr. Salze Südostseite!! Wall des Soolkanals *S.* M. Friedrich-Wilhelms-Garten *T.!* Langenwebdingen!! in Sülldorf!! kahler Wiesenberg bei Nieder-Dodeleben *S.* O. Südlicher Kirchhofsgraben *Scht.* St. Am Wege nach Löderburg!! Hecklingen!! Löderburg *Scht.* Brn. München-Nienburg *Sp.!* Kalbe *Sp.*

225. Hypochoeris L.

482. H. glabra L. Sandige Aecker, oft mit Arnoseris minima E. Mey., zerstreut. Z. Vor Eichholz!! Brb. Badez!! S. Pretzin; Gommern; Dornburg *S.* M. Bei Richters Gasthof!! W. Kolbitz!! Bg. *K.* R.!! N. Neuenhofe!!
483. H. radicata L. Grasige Abhänge, Wälder, häufig.

226. Achyróphorus Scop

484. A. maculatus (L.) Scop. Abhänge, trockne Wiesen, sehr zerstreut. Bg. Abhang bei den Chaussee-Kienen *Dk.!!* O. Emmersberg selten *Eb.* St. Ochsenberg bei Hecklingen einzeln *Scht.*

227. Taráxacum Juss.

485. T. officinale Wigg. Wiesen, Waldränder, Wege, höchst gemein.

228. Chondrilla Tourn.

486. C. juncea L. Sandige Hügel, Wälder, zerstreut. Brb. Friedrikenberg *E.* Göbnitz *S.* S. Frohseische Berge; Plötzky bis Dornburg *S.* M. Gerwisch!! W. Lindhorst!! Bg. Kirchhof *K.* R. Englischer Berg *E.!!* N. Vor dem Stendaler Thor!! O. Emmersberg *Scht.*

229. Lactúca L.

* L. sativa L. Ueberall in Gemüsegärten.

487. L. Scariola L. Wegränder, Abhänge, Mauern, zerstreut. S. Eisenbahngräben nach Westerhüsen zu *S.* M. Sülldorf *Bns.* Berliner Chaussee!! Heyrothsberge *Eb.* Bg. Weg nach Blumenthal *K.* R. Unterholzer Berg *S.* O. Krottorf an der Eisenbahn; mittlerer Bruchgraben *Scht.* Brn. Am Fuße der Kalkberge!!

488. L. saligna L. Wegränder, Ufer, Gräben, selten. St. Am Wege nach Neundorf *Garcke.* Br. An der Bode bei München-Nienburg *Sp.!* Erreicht hier ihre nördliche Grenze.

489. L. quercina L. Schattige Laubwälder, sehr zerstreut. Brb. Rosenburger Busch am Ausgange nach Gr. Rosenburg *Eb.!* O. Hakel an der Domburg *S.* Egeln: zwischen Tarthun und Unseburg *Scht.* St. Gänsefurter Busch *S.!!* Rathmannsdorf im Park *E.!* Erreicht hier ihre Nordgrenze.

490. L. muralis (L.) Less. Schattige Laubwälder, zerstreut. Z. Friedrichsholz!! S. Westlich von Dornburg *S.* Bg. Bürgerholz: Wehmer Lake *K.!* R. Rammstedt *S.* O. Hakel *Eb.*

230. Sonchus L.

491. S. oleraceus L. Gartenland, Zäune, Wegränder, gemein.

492. S. asper Vill. Wiesen, Aecker, Wegränder, häufig.

493. S. arvensis L. Wiesen, Gräben, feuchte Aecker, gemein.

494. S. paluster L. An Bächen, Gräben, selten. O. Espen bei Hordorf schwindend *Scht.* St. Gänsefurter Busch *Scht.* Graben des Parks bei Rathmannsdorf *Bns.!!*

231. Crepis L.

495. C. foétida L. Wegränder, steinige Hügel, nur F, selten. Brn. In den Weinbergen an einer Stelle viel *Bns.!!*

496. C. praemorsa (L.) Tausch. Bergwälder, selten. O. Hakel, besonders Steinweg im Winnigschen Privatholz und Mittelhau unweit des Kochstedter Weges *Scht.*

497. C. biennis L. Weg- und Waldränder, Wiesen, häufig,

z. B. Z. Luso!! S. Döben; Zens; Kirchhof zu Gr. Salze; Kapitelbusch; Bullenwiese *S.* M. Sternschanze!! Dodendorf!! An der Berliner Chaussee!! W. Chaussee nach Kolbitz!! Bg. *K.* R. *E.!!* N. Gr. Ammensleben!!

498. C. virens Vill. Wiesen, grasige Wegränder, zerstreut. S. Soolkanal *S.* Grünewalde am Damm nach Ranies!! Wiesen vor Randau *S.* Bg. *K.*

499. C. paludosa (L.) Mnch. Feuchte Wiesen, Waldbäche und Sümpfe, zerstreut. Z. Butterdamm!! zwischen Luso und Jütrichau!! Brb. Poleimühle *Eb.* zwischen Gödnitz und Dornburg *S.* S. Zwischen Pretzin und Dornburg *S.* Bg. Bürgerholz beim Forsthause *K.* R. Unterhagen *S.* Rammstedt!! Erlenbruch bei Väthen!! St. Hecklingen *Scht.*

500. C. succisaefolia (All.) Tausch. Waldwiesen, selten. St. Gänsefurt; Hecklingen *Scht.*

232. Hierácium Tourn.

501. H. Pilosella L. Trockne Hügel, Wälder, Wiesen, gemein.

502. H. Auricula L. Feuchte Wiesen, zerstreut. Z. Jütrichau!! S. Grünewalde *S.* M. An der Eisenbahn zwischen der Berliner Chaussee und dem Biederitzer Busch!! Bg. Zwischen Löbekühn und Detershagen *K.* Bürgerholz *S.* N. Beim schwarzen Pfuhl *M. S.!*

503. H. praealtum Vill. Trockne Hügel, selten. Brn. Weinberge *Garcke.*

b) fallax D. C. (als Art). Brb. Stadtmauer nach der Elbe hin *S.!*

c) hirsútum Koch. M. Glacis der Sternschanze!! St. Rathskalkhütte *Bns.!!*

504. H. murorum L. Wälder, zerstreut. S. Vor Dornburg *S.* Neue Mühle *Eb.* Bg. *K.* Rammstedt *S.* N. Dönnstedt *Eb.* O. Brandsleber Holz *Eb.*

505. H. vulgatum Fr. Wälder, Mauern, zerstreut. M. Festungsmauern *S.*

506. H. boreale Fr. Wälder, zerstreut. Brb. Zwischen Walternienburg und Poleimühle *S.* S. Grünewalde *S.* R. Rammstedt!! O. Brandsleber Holz; Hakel *Eb.*

507. H. rigidum Hartm. Wälder, Gebüsche, sehr zerstreut. Z. Friedrichsholz!; S. Scharleber Holz bei Dornburg!! Brn. Weinberge!!

b) tridentatum Fr. M. Glacis der Sternschanze *T.!*

508. H. umbellatum L. Wegränder, Gebüsche, häufig, z. B.

Brb. Zwischen Walternienburg u. Poleimühle *S.* R. Frohsesche Berge; Ranbau *S.* M. Beim Herrnkrug!! Bg. Birkensteig *K.*

501 × 503. Pilosella × praealtum. M. Glacis der Sternschanze!! St. Bei der Rathskalkhütte *Bns.!*

51. Familie. Ambrosiaceae Lk.

233. Xánthium Tourn.

509. X. strumarium L. Zäune, Dorfstraßen, zerstreut. Brb. Zwischen Ronnei und Walternienburg!! S. Grünewalde!! M. Gerwisch bei der Kirche!! Bg. Schartau!! R.!! N. Freischütz *M. S.* St. Gänsefurt und an der Bode abwärts bis St. *Scht.*

510. X. itálicum Moretti. Weidengebüsche, Wegränder, Dämme, in der Nähe der Elbe nicht selten. Brb. Tochheim *E.* zwischen Ronnei und Walternienburg!! nördlich von Göbnitz *S.* S. Vor dem Busch!! Grünewalde!! Elbufer bei Frohse *S.* M. Unterhalb Salbke *Prof. A. Braun.* Rothehorn-Spitze!! südlich vom Herrnkrug!! Bg. *K.!* R. Schmucksdorf *E.* Steinort!!

† X. spinosum L. Stammt aus Süd-Europa. Mit fremder Wolle eingeführt, aber unbeständig. Bg. Gartenzäune im Westen der Stadt *K.*

509 × 510. X. strumarium × italicum. R. Steinort!!

52. Familie. Campanulaceae Juss.

234. Jasióne L.

511. J. montana L. Trockne Hügel, Wälder, gemein.

235. Phyteuma L.

512. P. orbiculare L. Trockne Wiesen, selten. St. Hecklingen *Scht.*

513. P. spicatum L. Schattige Laubwälder, sehr zerstreut. Bg. Wulfhagen *S.* R. Erlenbruch nördlich von Bäthen *E.!!* N. Wellenberge bei Dönnstedt *M. S.* O. Brandsleber Holz; Sauerholz bei Schermke *Eb.* Hakel *S.*

b) nigrum Schmidt (als Art). Waldwiesen, selten. N. Hagen *M. S.!* Dönnstedt *S.*

236. Campánula L.

514. C. rotundifolia L. Trockne Wälder, sehr häufig.

515. C. bononiensis L. Gebüsche, Waldränder, sehr selten. O. Brandsleber Holz *Scht.*

516. C. rapunculoides L. Gebüsche, Hügel, Wegränder, zerstreut. S. Frohsesche Berge *S.* M. Dodendorf *B.* Kalkbrüche bei Sülldorf!! R. Unterholzer Berg!! N. Benitz *M. S.* Egelsche Forst *S.* St. An einem Rain bei Hecklingen am Wege nach Neundorf!! kahler Graseweg bei Neundorf!!

517. C. Trachélium L. Schattige Laubwälder, Gebüsche, zerstreut. Brb. Rosenburger Busch *S.* Tochheimer Busch!! S. Friedhof; Busch *S.* M. Pechauer Busch *Bns.* Biederitzer Busch!! Bg. *K.* R. Oberhagen!! Rammstedt!! Erlenbruch nördlich von Bäthen!! N. Benitz *M. S.* Wellenberge bei Dönnstedt *M. S.!* O. Brandsleber Holz *Eb.* Hakel *S.* Egelsche Forst *S.*

518. C. pátula L. Wiesen, Waldränder, nicht selten, z. B. Z. Friedrichsholz *Eb.* Elbwiesen *Eb.* M. Rothehorn-Wiesen!! N. Benitz *M. S.* O. Hordorf; Brandsleber Holz *Scht.*

519. C. persicifolia L. Trockne Wälder, Hügel, sehr zerstreut. Z. Friedrichsholz!! Brb. Tochheim *Eb.* S. Frohsesche Berge, selten *S.* Bg. Güttersche Berge, selten *K.* R. Rammstedt *S.* N. Benitz *M. S.* Kolbitzer Heide!! O. Brandsleber Holz *Eb.* Hakel *S.*

520. C. glomerata L. Gebüsche, trockne Hügel, zerstreut. Z. Friedrichsholz!! Brb. Badezer Teichhaus!! S. Frohsesche Berge; Grünewalde *S.* W. Schnarsleben *S.* Klingeberg bei Sülldorf!! R. Oberhagen *E.!!* Rammstedt!! N. Warenberg; Hagen *M. S.!* Althaldensleber Burgwall *M. S.!* Egeln: zwischen Tarthun und Unseburg *Scht.* St. An einem Rain über Hecklingen am Wege nach Neundorf!!

† Speculária Heister.

† S. Spéculum (L.) D. C. fil. Zierpflanze aus Mitteldeutschland. Verwildert S. Friedhof *S.*

53. Familie. Siphonandrae Klotzsch.

237. Vaccínium L.

521. V. Myrtillus L. Trockne, schattige Wälder, zerstreut. S. Schloßbruch bei Gommern *Eb.* M. Klusheide *S.* Bg Zwischen Madel und Forsthaus Grabow *K.* N. Schwarzer Pfuhl *S.* Bornkrug *M. S.* O. Brandsleber Holz nach Beckendorf zu *S.*

522. V. uliginosum L. Feuchte Wälder, sehr selten. An

der westlichen Grenze des Gebiets bei Gr. Bartensleben unweit Helmstedt *A. Müller*.

523. V. Vitis Idaea L. Nadelwälder, sehr selten. O. Brandsleber Holz am Beckersberg *Scht*.

524. V. Oxycoccus L. | Torfsümpfe, selten. Z. Butterdamm *Rosenbaum!!* Bg. Springberg *K.!* N. Moosbruch *M. S.* Schwarze Pfuhl *E.!* An der westlichen Grenze bei Gr. Bartensleben *A. Müller*.

54. Familie. Ericaceae Klotzsch.

238. Callúna Salisburg.

525. C. vulgaris (L.) Salisburg. Trockne Wälder und Hügel, gemein.

239. Erica L.

526. E. Tetrálix L. Moorboden an Sümpfen, sehr zerstreut. Bg. Springberg *K.!* N. Zwischen Birkholz und Tangerhütte *E.!* (Außerhalb der Grenze am Fuße des Landsbergs nach Schernebeck hin *E.!*) N. Schwarze Pfuhl *E.!*

55. Familie. Hypopityaceae Klotzsch.

240. Pírola L.

527. P. rotundifolia L. Schattige Wälder, selten. N. Kesperbusch *E.!*

528. P. chlorantha Sw. Wie vorige. N. Kesperbusch *E.!!*

529. P. minor L. Wie vorige, zerstreut. Brb. Friedrikenberg *Dr. Mohs!* S. Streitheide bei Gommern *S.* Bg. Bürgerholz nordwestlich vom Exercierplatz *S.* N. Kesperbusch!! N. Schweinering im Oberholz *M. S.!*

530. P. uniflóra L. An Waldsümpfen, selten. M. Beim Forsthaus Alte Klus *E.!*

241. Ramíschia Opiz.

531. R. secunda (L.) Gke. Schattige Wälder, sehr zerstreut. Bg. Bürgerholz nordwestlich vom Exercierplatz *S.* N. Bei der Eisenbahnstation *E.* O. Brandsleber Holz *S.*

242. Monótropa L.

532. M. Hypópitys L. Schattige Wälder, zerstreut. S. Neue Mühle bei Gommern *S.* Bg. Grabauer Forst zwischen Madel und

dem Forsthause *K.* N. Rammstedt *S.* N. Zernitz *M. S.!*] Egeln: Hölzchen bei Unseburg *Scht.*

56. Familie. Aquifoliaceae D. C.

243. Ilex L.

533. I. Aquifolium L. Wälder, sehr selten. Nur an der westlichen Grenze des Gebiets bei Gr. Bartensleben *A. Müller!* (Von *E.* mitgetheilt).

57. Familie. Oleaceae Lindl.

244. Ligustrum Tourn.

534. L. vulgare L. Wälder, nicht häufig. S. Wolfskehlenbusch; Kapitelbusch *S.* O. Hakel *S.* Häufig zu Hecken angepflanzt.

* Syringa L.

* S. vulgaris L. Häufiger Zierstrauch aus Vorderasien.
* S. chinensis L. Desgleichen.
* S. persica L. Desgleichen.

245. Fráxinus Tourn.

535. F. excélsior L. Wälder, selten. S. Busch!! Bg. Bürgerholz *K.* Häufig angepflanzt.

58. Familie. Asclepiadaceae R. Br.

246. Vincetóxicum Mnch.

536. V. album (Gil.) Aschs. Wälder, Gebüsche, Abhänge, zerstreut. S. Wolfskehlenbusch; Kapitelbusch *S.* R. Unterholzer Berg!! Oberhagen *E.!* N. Kolbitzer Heide südlich von Planken!! Wellenberge bei Dönnstedt *S.* O. Domburg im Hakel!!

Familie Apocynaceae R. Br.

† Vinca L.

† V. minor L. Im Gebiete noch nicht wild gefunden, sondern nur häufige Zierpflanze. Verwildert S. Friedhof *S.*

59. Familie. Gentianaceae Juss.

247. Menyanthes L.

537. M. trifoliata L. Sümpfe, an Gräben, zerstreut. Z. Butterdamm *S.* Brb. Zwischen Walternienburg und Poleimühle; zwischen Poleimühle und Badez *S.* Zwischen Gödnitz und Dornburg!! S. Bei der Pretziner Mühle *S.* W. Teich bei Samswegen und bis Lindhorst!! Bg. Nördlich von Schermen *S.* bei der Krause-Mühle *K.* N. Moosbruch; Erbke; Krohnens Ruh; Dönnstedt *M. S.* O. Goldbach bei Neu-Brandsleben *Scht.*

248. Gentiána L.

538. G. Pneumonanthe L. Moorwiesen, zerstreut. Brb. Badez!! M. Südlich von Gerwisch *E.!* Bg. Hungriger Wolf *E.!* R. Zwischen dem Bucktum und Wendorf *E.!* Bäthen!! zwischen Birkholz und Tangerhütte *E.!* Schernebeck *E.!* N. Erbke *M. S.!* O. Sanneföhr; im Brehme; Hadmersleben, östlich von den Meienweiden und zwischen diesen und den Espen südlich der Günthersdorfer Feldmark *Scht.*

539. G. campestris L. Trockne Hügel, Heideboden, zerstreut. M. Wartberg bei Schnarsleben *E.!* R. Heidberg bei Angern *E.!!* O. An der südlichen Seite des Brandsleber Holzes *S.*

540. G. germánica Willd. Sonnige Hügel, nur F, sehr zerstreut. S. Frohsesche Berge *S.* M. Gr. Wartberg bei Schnarsleben *T.!* O. Goldbachthal im Brandsleber Holz *F. Reinecke!* am Hakel *S.*

541. G. Amarella L. Trockne Wiesen, sehr zerstreut. Z. Butterdamm *S.* R. Zwischen Angern und dem Bucktum *E.!*

542. G. ciliata L. Sonnige Hügel, Gebüsche, nur F, selten. O. Brandsleber Holz *Bns.!* Hakel, spärlich *S.*

249. Erythraea Renealm.

543. E. Centaúrium (L.) Pers. Wiesen, Gebüsche, feuchte Wälder, häufig, z. B. S. Frohsesche Berge; Grünewalde *S.* Kreuzhorst *Bns.* M. Pechau *Bns.* Bg. Deichwall *K.* N. Benitz; Backofenberg; Schweinering; Althaldensleber Ziegelei *M. S.* O. Brandsleber Holz *Eb.* Hakel *S.*

544. E. linariaefolia (Lmk.) Pers. Trockne, salzhaltige Wiesen, selten. O. Schiffgrabenbruch zwischen dem mittleren und nördlichen Graben an der Hornhäuser Grenze *Scht.* St. Hecklingen *Scht.* nordöstlich von Rathmannsdorf *Bns.!*

545. E. pulchella (Sw.) Fr. Wiesen, Triften, gern auf Salzboden, zerstreut. Brb. Cyprena; Fritzer Busch *Eb.* S. Am Rondel *Eb.* Salze!! Glinde; Döben *S.* Bullenwiese *Eb.* M. Bei der Lorenzbrücke im Neustädter Feld *T.* Sülzewiesen, östlich von Süllsdorf!! Bg. Zwischen dem Habberg und d. Dümke *K.* R. Wehlitz beim englischen Berg!! Bäthen an der Eisenbahn *E.!* N. Wiese bei den Franzosengärten *M. S.* St. Heckingen *Scht.*

60. Familie. Convolvulaceae Juss.

250. Convólvulus L.

546. C. sepium L. Hecken, Gebüsche, häufig.
547. C. arvensis L. Aecker, Wegränder, sehr gemein.

* Pharbítis Choisy.

* P. purpurea (Lmk.) Aschs. Häufige Zierpflanze zu Lauben u. s. w., aus dem tropischen Amerika stammend.

251. Cuscuta Tourn.

548. C. europaea L. Auf Sträuchern und hohen krautartigen Pflanzen, auch Vicia sativa L., häufig, z. B. S. Busch!! Damm nach Ranies *S.* M. Rothehorn *Bns.* am Wege nach Pechau auf Vicia!! W. Nach Samswegen zu auf Vicia *Bns.!* Bg. *K.* R. Unterholzer Berg!! N. Maischensteig; vor dem Detzel *M. S.*

549. C. Epithymum L. Auf niedrigen, krautartigen Pflanzen an trocknen Hügeln, zerstreut. Brb. Friedrikenberg!! Kirchhof zu Flötz!! S. Sohlsche Berge *S.* R. Oberhagen!! N. Zernitz *M. S.!* Brn. Kalkberge *Eb.*

550. C. Epilinum Weihe. Nur auf Flachs. R. *E.!!*

61. Familie. Boraginaceae Juss.

252. Asperúgo Tourn.

551. A. procumbens L. Zäune, Wegränder, Gebüsche, zerstreut. S. Gr. Salze am Stadtgraben!! und Gradirwerk *S.* M. Glacis der Stadt und Friedrichstadt, besonders häufig zwischen dem Sudenburger u. Ulrichsthor!! Bg. Deichwärterhaus *K.!!* R. Schloßgarten!!

253. Echinospermum L.

552. E. Láppula (L.) Lehm. Steinige Hügel, an und auf

Mauern, besonders F häufig. S. Zenser Berge; Hummelsberg; Sohlsche Berge; Wellenberge; Steinbrüche bei Alten-Salze; Lehmmauern in Salze; Sohlen S. M. Lehmmauern in Sülldorf!! Bahrendorf *Eb.* Bg. Stadtmauer beim Magdeburger Thor *K.* St. Mauern in Neundorf!! Egeln: Borne *Eb.* Brn. Weinberge!! bei Aderstedt *T.!*

254. Cynoglossum L.

553. C. officinale L. Weg- und Waldränder, zerstreut. Brb. Tochheim; Friedrikenberg *Eb.* S. Döben; Damm nach Ranies *S.* M. Bei der Friedrich-Wilhelmsbrücke *Eb.* M. Klustamm bei Pechau *Bns.* Sülldorf *Eb.* Bg. Detershagen *K.* N. Galgenberg *M. S.* O. Brandsleber Holz *S.* St. Hohen-Erxleben *Eb.*

* Borágo Tourn.

* B. officinalis L. In Gemüsegärten gebaut.

255. Anchúsa L.

554. A. officinalis L. Wegränder, Sandfelder, nicht selten, z. B. Brb. Beim Badezer Teichhause; Dornburg *Eb.* S. Wiese zwischen Grünewalde und der Ziegelei; an den Dämmen nach Glinde und Ranies *S.* M. Elbufer beim Herrnkrug *Bns.* Rothehorn; Eisenbahnbrücke beim Kommandantenwerder *Eb.* Bg. *K.* N. Galgenberg *M.S.* St. Löderburg *Scht.*

555. A. arvensis (L.) M. B. Aecker, sehr häufig.

256. Nónnea Medikus.

556. N. pulla (L.) D. C. Wegränder, Abhänge, nur F, dort aber nicht selten. S. Hummelsberg!! Frohsesche Berge!! an der Eisenbahn bei Westerhüsen *S.* M. Festungswerke am Ulrichsthor beim Gymnasial-Turnplatz *E.!* Sternschanze!! Leipziger Chaussee nach dem Schwan zu *Eb.* Dodendorf!! Bahrendorf *Eb.* Schnarsleben!! Rodensleben; Mammendorf *Eb.* Egeln: Borne *Eb.* St.!! Brn. *Sp.* Kalbe: Brumby *Eb.*

257. Sýmphytum L.

557. S. officinale L. An Sümpfen, Gräben, sehr häufig.

258. Échium Tourn.

558. E. vulgare L. Triften, Wegränder, Aecker, gemein, weißblühend N. Schweinering *M. S.*

259. Pulmonária Tourn.

559. P. officinalis L. Schattige Laubwälder und Gebüsche, hr zerstreut. Bg. Damm zwischen dem Heidhau und der Sandrthslake im Bürgerholz *K.* R. Unterholzer Berg *E.!!* Unterhaen *S.* N. Backofenberg *M. S.!* Nonnenspring *M. S.!* Hagen *M. S.* Zellenberge bei Dönnstedt *T.!* O. Hakel!! Egelsche Forst *S.*

560. P. angustifolia L. Lichte Laubwälder, selten. O. Hael: Heuecke, Voß *S.*

260. Lithospermum Tourn.

261. L. officinale L. Sonnige Hügel, Gebüsche, sehr zerreut. O. Brandsleber Holz unter Birken *S.* Hakel *Scht.* St. Am Hänsefurter Busch *S.!!* Brn. Kalkberge links von der Chaussee nach Calbe!!

562. L. purpureo-coeruleum. L. Wie voriges. R. Am nördlichen Ende des Unterholzer Berges unter Prunus spinosa *E.!!* O. Hakel: Domburg!! Erreicht hier seine Nordgrenze.

563. L. arvense L. Aecker, gemein.

261. Myosótis L.

564. M .palustris (L.) With. Sümpfe, Gräben, gemein.

565. M. caespitosa Schultz. Feuchte Wiesen, Waldsümpfe, zerstreut. S. Bullenwiese; hinter dem Buschhause *Eb.* Grünewalde bei der Amtmannslache; Birkenmoor zwischen Plötzky und Gommern *S.* Kreuzhorst!! M. Zwischen der Berliner Chaussee und der Eisenbahn östlich der Durchlaßbrücke!! Bg. Südlich von Detershagen *K.!*

566. M. stricta Lk. Aecker, sehr häufig.

567. M. versicolor (Pers.) Sm. Feuchte, grasige Stellen, Waldränder, nicht häufig. Z. Ackerränder westlich von Iltrichau!! S. Elbdamm nach Ranies, besonders wo die Chaussee nach Gommern abgeht; zwischen Pretzin und Dornburg *S.* Bg. Am Grabauer Busch *K.!*

568. M. silvática (Ehrh.) Hoffm. Schattige Wälder und Gebüsche, sehr zerstreut. M. Gübser Damm *E.!* R. Oberhagen am Junkerweg *E.!!* St. Hagen *M. S.!* Wellenberge bei Dönnstedt *S.!*

569. M. híspida Schlechtendal sen. Grasige Stellen, Aekker, zerstreut. S. Gr. Salze; Gräben an der Königsstraße; Aecker zwischen den Frohseschen und Sohlschen und zwischen den Frohseschen und Wellbergen *S.* M. Diesdorf *S.* Bg. *K.*

570. M. intermedia Lk. Ackerränder, schattige Wälder, sehr häufig.

571. M. sparsiflóra Mikan. Schattige Wälder, Gebüsche,

besonders A, nicht selten. Z. Friedrichsholz *Eb.* S. Beim Bad Eßmen!! Kapitelbusch *Eb.* Grünewalde am Nachtigallensteig!! zwischen Bretzin und Dornburg; Kreuzhorst *S.* M. Westliches Glacis der Sternschanze!! Vogelgesang *T.!* Biederitzer Busch *T.!* Herrnkrug!! Bg. Deichwall *K.* R. Unterholzer Berg!! Kapellberg!! Rammstedt im Park *F. Hartmann!!* St. Mühlendamm *Scht.*

62. Familie. Solanaceae Juss.

* Lýcium L.

* L. bárbarum L. Zierstrauch aus Nord-Afrika, überall zu Hecken angepflanzt.

262. Solánum L.

572. S. nigrum L. Zäune, Dorfstraßen, Schutthaufen, gemein.

573. S. villosum (L.) Lmk. Wegränder, selten. O. Krottorf an der Straße nach Hordorf *Scht.*

b) alatum Mnch. (als Art). Wegränder, Sandfelder, häufiger als die Stammart. Brb. Zwischen Kämeritz und Poleimühle!! S. Frohsesche Berge; Plötzky *S.!* M. Dobendorf *E.* Nieder-Dobeleben *S.* Krakauer Anger!! Bg. Zwischen Niegripp und Külzau *E.* R. Am Wege nach dem Hagen bei der Eisenbahn *E.!!* Zielitz *T.* St. und Brnb. bis Altenburg, gemein!!

574. S. Dulcamára L. Feuchte Gebüsche, gemein.

* S. tuberosum L. Ueberall gebaut, aus Südamerika stammend.

† Phýsalis L.

† P. Alkekengi L. Im Gebiet nicht einheimisch, sondern an Zäunen und Weinbergen verwildert. S. Hummelsberg *S.* Brn. *Garcke.*

† Nicandra Adans.

† N. physaloídes (L.) Gaertn. Stammt aus Südamerika. Früher hier und da als Zierpflanze. Verwildert S. *Eb.*

263. Hyoscýamus Tourn.

575. H. niger L. Dorfstraßen, Zäune, häufig.

* Nicotiána L.

* N. Tabácum L. Stammt aus Nordamerika; wird auf Sandboden gebaut, besonders zwischen M. und Bg. bei Gerwisch, Körbelitz, Wörmlitz, Schermen, Detershagen, Schartau, Niegripp,

Hohenwarte und Loſtau und zwiſchen W. und N. bei Samswegen und Meeſeberg; N. Loitſche.

† Datúra L.

† D. Strammónium L. Stammt aus Vorderaſien. Seit Ende des 16ten Jahrhunders in Europa eingewandert, jetzt an Zäunen und Dorfſtraßen, häufig, z. B. B. Tochheim *E.* M. Biederitz *Bns.* Bg. Gütter *K.* N. Beim Römerſchen Bierkeller; Schweinering *M. S.* O. Vor dem Hornhäuſer Thor; Emmeringen; Krottorf hinter dem Amt; Kl. Oſchersleben *Scht.* Egeln: Tarthun *Scht.* St. Bahnhof!! Brn. Altenburg!!

63. Familie. Scrophulariaceae R. Br.

264. Verbascum L.

576. V. Thapsus L. Anhöhen, Grasplätze, ſelten. S. Friedhof *S.*

577. V. thapsiforme Schrad. Sonnige Hügel, Sandfelder, trockne Wälder, nicht ſelten, z. B. Brb. Zwiſchen Ronnei und Tochheim *Eb.* zwiſchen Kämeritz und Hohen-Lepte *S.* S. Weſterhüſenſche Berge *S.* Randau; Pretzin; Gommern *Eb.* M. Biederitz *Bns.* Bg. K. N. Eiſenbahnſtation *E.* N. Beim Römerſchen Bierkeller *M. S.* O. Wulferſtedt *S.*

578. V. phlomoides L. Wegränder, Dämme, nicht häufig. S. Grünewalde *Eb.!!* M. Bei der Citadelle *E.* Preſter am Elbdeich!!

579. V. Lychnitis L. Wälder, Wegränder, zerſtreut. Brb. Zwiſchen Tochheim und Poleimühle; Dornburg *S.* Neue Mühle; Gommern *Eb.* Bg. *K.* Güſen!! N. Unterholzer Berg!! Rammſtedt *Bns.* N. Oberholz *M. S.*

580. V. nigrum L. Wie voriges, häufiger, z. B. S. Neue Mühle bei Gommern *S.* Bg. *K.* N. Eiſenbahnſtation *E.* N. Kolbitzer Heide *S.* Nonnenſpring *M. S.!* Brn. *Eb.*

581. V. phoeniceum L. Kiefernwälder, ſonnige Hügel, zerſtreut. S. Frohſeſche Berge; Pilm *S.* Bg. Pietzpuhl beim Park *K.* Wüſten-Rogäſen *J. Müller.* N. Bei der Eiſenbahnſtation!! Oberhagen *E.!* Rammſtedt!! N. Backofenberg *M. S.* Kolbitzer Heide!!

582. V. Blattária L. Dämme, Gebüſche, Wegränder, faſt nur in der Nähe der Elbe, dort aber nicht ſelten. Brb. Zwiſchen Ronnei und Tochheim *Eb.* Saaldämme bei Gr. Roſenburg *Eb.* S. Buſch!! Grünewalde *Eb.!!* M. Rothehorn *E.!* Pechau!! W. Herrnholz bei Glindenberg *S.* N. An der Ohre *E.*

577 × 581. V. thapsiforme × phoeniceum. Dieser bisher noch nicht bekannte Bastard wurde N. bei Rammstedt im Juni 1856 von *E.!* entdeckt.

580 × 581. V. nigrum × phoeniceum. (V. rubiginosum W. K.) R. Bei der Eisenbahnstation *E.!*

265. Scrophularia Tourn.

583. S. nodosa L. Gebüsche, Wälder, Gräben, nicht selten.

584. S. alata Gil. Gräben, sehr zerstreut. S. Vor Tornburg *S.* M. Pfuhlmühle bei Gerwisch *S.* Bg. Birkensteig *K.* R. Wiese vor dem Hagen *S.* St. Gänsefurter Busch!!

† S. vernalis L. Stammt aus Süddeutschland. In Gartenland, an Zäunen, zuweilen eingeschleppt. Brb. Friedrikenberg *S.!!* M. Schneckenberg auf dem Werder 1855 *E.!*

266. Gratíola L.

585. G. officinalis L. Wiesen, Gräben, meist A, zerstreut. Brb. Walternienburg *S.* S. Busch; Zackmünde *Eb.* Grünewalde *S.* Kreuzhorst!! M. Bei der Berliner Chaussee!! zwischen Pechau und dem Forsthaus Alte Klus!! Bg. Springberg; beim Schartauer See *K.* Deichwall *Dk.!* R. *E.* N. Erbke; Bullengraben *M. S.* O. Zwischen den Espen und Meierweiden südlich von der Günthersdorfer Feldmark und Theilungen im Brehme; Kl. Oschersleben *Scht.* Egeln: zwischen Tarthun und Unseburg *Scht.* Zwischen St. und Hecklingen *Scht.*

267. Digitális Tourn.

586. D. ambigua Murr. Laubwälder, sehr zerstreut. Z. Friedrichsholz!! N. Kolbitzer Heide südlich von Planken!! Benitz *M. S.* Zernitz *M. S.!* O. Brandsleber Holz im Klaushagen *Scht.* Hakel *S.*

268. Antirrhínum L.

† A. majus L. (ex p.) Zierpflanze aus Süddeutschland, verwildert Brn. Am Schloß *Sp.*

587. A. Oróntium L. Aecker, besonders auf Lehmboden, zerstreut. S. Salze; Westerhüsen *S.* M. Sudenburg *S.* Bg. Detershagen; Deichwall *K.* Wüsten-Rogäsen *J. Müller.* N. Vor dem Benitz; Rosmarinbreite *M. S.*

269. Linária Tourn.

† L. Cymbalária (L.) Mill. Zierpflanze aus Süddeutschland, die aber in vielen Gegenden Norddeutschlands an alten Mauern eingebürgert ist. Z. Stadtmauer *Dr. Mohs.* M. Mauern bei der

„Bombe" südlich von der Schleuse!! (hierher wahrscheinlich von Dresden herabgeschwemmt).

588. L. Elátine (L.) Mill. Lehmäcker, besonders F, ziemlich häufig. S. Buschäcker; Gr. Salze beim Bad Elmen; bei der Bullenwiese *Eb.* M. Fermersleben *S.* Dodendorf nach Osterweddingen u *E.!!* Altenweddingen *S.* Felsenberg bei Dahlen-Warsleben *C. Hartmann!* Bg. Zwischen Habberg und Dümke *K.!* N. Vor dem Benitz *M. S.* St. Rathmannsdorf!! Brn. *Eb.*

589. L. spuria (L.) Mill. Kalkhaltige Aecker, sehr selten. Brn. *Garcke.*

590. L. minor (L.). Desf. Aecker, Steinbrüche, Kalkberge, zerstreut. S. Gr. Salze; Felgeleben *S.* Frohsesche Berge *Eb.* Beiendorf; Westerhüsen *S.* M. Dodendorf!! östlich von Osterweddingen *T.!* Sülldorf *E.!!* Bg. Am Schartauer Weg bei d. Dümke *K.!* N. *E.* Bäthen *E.!!* St. Gänsefurt!! Rathmannsdorf!! Brn. *Eb.*

591. L. arvensis (L.) Desf. ex p. Sandig-lehmige Aecker, zerstreut. Z. Vor Eichholz!! S. Aecker an der Eisenbahn nach Frohse *Eb.* Westerhüsen; Beiendorf *S.* Dornburg *Eb.!* W. Samswegen *E.!* Bg. Löbekühn; Schermen *K.* N. Aecker nach Angern hin *E.!!* N. Warenberg *M. S.* westlich von Neuenhofe *E.!!* O. Zwischen Emmeringen und der Wasserrinne *Scht.* Brn. An der Chaussee nach St.!!

592. L. vulgaris Mill. Wegränder, Sandfelder, Waldränder, gemein.

† Collínsia Nuttal.

† C. bicolor Benth. Zierpflanze aus Nordamerika, verwildert N. Am Eiskeller auf dem Galgenberg *M. S.!*

270. Verónica L.

593. V. scutellata L. Sumpfwiesen, Gräben, zerstreut. Brb. Grüneberg; Dornburg *S.* Elbinsel *Eb.* S. Pilm; Plötzky; Pretzin *S.* Kreuzhorst!! M. An der Berliner Chaussee!! Bg. Brehmer Wiese *K.* O. Nienhagen; Krottorf, Hadmersleben *Scht.*

594. V. Anagallis L. Gräben, Bäche, häufig.

595. V. Beccabunga L. Gräben, Bäche, Quellen, nicht selten, z. B. S. Gr. Mühlingen; Graben der Bullenwiese; Sohlen; Erlenbruch und Kesselteich bei Pretzin!! vor Dornburg *S.* Bg. *K.* N. Station Bäthen!! N. *M. S.*

596. V. Chamaedrys L. Wälder, Gebüsche, gemein.

597. V. montana L. fil. Schattige Laubwälder, nur im Elbthal, selten, aber sehr gesellig. S. Grünewalde am Nachtigallensteig *Eb.!!* vor der alten Fähre; Pfaffenhagen bei Pretzin *S.*

598. V. officinalis L. Trockne Wälder, nicht selten, z. B. Brb. Poleimühle *S.* S. Streitheide bei Gommern; zwischen Pretzin und Dornburg *S.* N. Kolbitzer Heide *S.* O. Brandsleber Holz *Eb.*

599. V. prostráta L. Trockne Wiesen, Hügel, Waldränder, nicht selten. Brb. Friedrikenberg *Eb.* S. Frohser Berge zwischen Frohse und Westerhüsen; Damm nach Ranies; Pretziner Kirchhof *S.* M. Jungfernberg bei Hohen-Dodeleben; Schnarsleben!! Rothehorn-Wiesen!! Krakauer Anger!! Heyrothsberge *Eb.* Bg. Detershagen!! R. In Rammstedt!! N. *M. S.* Brn. *Eb.*

600. V. latifolia L. Trockne Laubwälder, Gebüsche, grasige Stellen, zerstreut. S. Kapitelbusch *Eb.* Bg. Bierkeller *K.!* R. Oberhagen am Junkerweg *E.!!* N. Benitz *M. S.* Althaldensleber Park *H. Engel!* Wellenberge *M. S.!* O. Hakel an der Domburg!!

b) minor Schrad. S. Am Damm nach Ranies *S.!* Glinde im Sägebusch *Eb.*

601. V. longifolia L. Feuchte Wiesen, Gebüsche, meist A, ziemlich häufig. S. Busch!! Grünewalde *S.* Kreuzhorst!! M. Elbweiden südlich vom Herrnkrug!! am Biederitzer Busch!! Bg. Deichwall *Dk.!* Birkensteig *K.!* R. Unterholzer Berg!! N. Benitz; Hagen; Erbke *M. S.!* O. Ost- und Südseite der Meierweiden *Schl.*

602. V. spicata L. Trockne Hügel und Wälder, zerstreut. S. Hummelsberg; Frohsesche Berge *S.* zwischen Pretzin und Dornburg *Eb.* M. Klingeberg bei Sülldorf *Eb.* Bg. Brehmer Berg *Dk.!* R. Oberhagen!! Rammstedt!! N. Jüdischer Begräbnißplatz!! Warenberg *M. S.* Benitz!! Kolbitzer Heide!!

603. V. serpyllifolia L. Feuchte, grasige Stellen, sehr häufig.

604. V. arvensis L. Aecker, Wegränder, gemein.

605. V. verna L. Trockne Hügel, Sandfelder, zerstreut. S. Hummelsberg *Eb.* zwischen Frohse und Welsleben; hinter Plötzky; Gommern *S.* M. Krakauer Anger; beim Richterschen Gasthof *Eb.* Bg. Schermensche Mühle!! Bürgerholz *K.!* R. Hagen *E.* N. *M. S.*

606. V. triphyllos L. Aecker, gemein.

607. V. praecox All. Lehmäcker, zerstreut. S. Zwischen Salze und Felgeleben *S.* Döben *Eb.* Biere *S.* zwischen dem Hummelsberg und den Frohseschen Bergen *Eb.!!* M. Festungsmauer am Ulrichsthor 1853!! Brn. *Garcke.*

608. V. agrestis L. Aecker, hier und da, z. B. M. Schnarsleben!! W. Nach Samswegen hin!!

609. V. polita Fr. Aecker, Wegränder, besonders F, gemein, z. B. M. Am Klostersteig bei Buckau!! westlich von der Neuen Neustadt!! bei Richters Gasthof!! W. Nach Samswegen hin!! St.!! Brn.!!

610. V. hederaefolia L. Aecker, Gebüsche, gemein.

271. Limosella L.

611. L. aquática L. Ufer, kahle Stellen an Teichrändern, zerstreut. Brb. Elbufer *S.* S. Elbufer bei Grünewalde und Westerhüsen *S.* Elbenau am stillen Wasser; Kahlenberge *Eb.* M. An einem Kulk westlich von Prester!! Bg. Niegripp *S.* Detershagen *K.* R. Elbhäger in Schmucksdorf *E.* N. Schwarze Pfuhl *M. S.!* O. Hordorf; alte Bode bei Günthersdorf *Scht.* Brn. Große Aue *Sp.*

272. Melampýrum Tourn.

612. M. cristatum L. Trockne Wiesen, Laubwälder, zerstreut. S. Kapitelbusch; Grünewalde; Kreuzhorst *S.* Bg. *K.* R. Oberhagen *E.!!* Rammstedt *Bns.* N. Backofenberg *M. S.* Benitz *M. S.!!* am Moosbruch *M. S.* O. Meierweiden *Scht.*

613. M. arvense L. Aecker, sehr zerstreut. S. Zenser Berge bei der Mühle *S.* M. Schnarsleben!! besonders beim Gr. Wartberg *S.* Bg. *K.*

614. M. nemorosum L. Schattige Wälder, zerstreut. Z. Friedrichsholz!! Brb. Westlich von Walternienburg *S.* S. Wolfskehlenbusch *S.* M. Biederitzer Busch!! Bg. Wulfhagen *S.* Bürgerholz!! R. Oberhagen!! Rammstedt!! N. Moosbruch; Fuß des Backofenberges *M. S.* Benitz!! Butterwinkel bei Neuenhofe!! O. Brandsleber Holz; Sauerholz bei Schermke *Eb.* Hakel *S.*

615. M. pratense L. Wälder, nicht selten. Brb. Zwischen Tochheim und Poleimühle *S.* S. Zwischen Pretzin und Dornburg!! Bg. *K.* R. Hagen!! Rammstedt!! N. Benitz!! O. Sauerholz bei Schermke; Hakel *Eb.*

273. Pediculáris Tourn.

616. P. silvática L. Moorwiesen, zerstreut. Brb. Zwischen Walternienburg und Poleimühle *S.* S. Erste Moorwiese zwischen Pretzin und Dornburg *S.* Schloßbruch bei Gommern *Eb.* Bg. Springberg *K.!* N. Erbke *M. S.* Schwarze Pfuhl *S.* O. Brandsleber Holz hinter der Ziegelei *Scht.*

617. P. palustris L. Wie vorige, häufiger. Z. Zwischen Luso und Jütrichau!! Brb. Poleimühle *Eb.* S. Zwischen Pretzin und Dornburg *S.* Schloßbruch bei Gommern *Eb.* W. Samswegen nach Lindhorst zu!! Bg. Niegripp *S.* Rothe Mühle *K.* Resen *S.* Güsen!! N. Behrends Wiese; Erbke *M. S.* Süpplingen *S.* O. Breite Bleek *Scht.* St. Hecklingen; Neundorf *Scht.*

274. Alectorólophus Haller.

618. A. minor (Ehrh.) W. u. Grab. Wiesen, nicht selten.
619. A. major (Ehrh.) Rchb. Wie vorige, gemein.

275. Euphrásia Tourn.

620. E. officinalis L. Wiesen, Triften, trockne Wälder, gemein.

621. E. Odontites L. ex p. Wiesen, feuchte Aecker, sehr häufig.

622. E. lutea L. Sonnige Hügel, sehr zerstreut. N. Warenberg *M. S.!!* beim jüdischen Begräbnißplatz *M. S.!* Brn. Kalkberge bei der Chaussee nach Kalbe *Eb.!!*

276. Orobanche L.

623. O. caryophyllacea Sm. Sonnige Hügel, auf Galium verum L. und Mollugo L. selten. S. Frohsesche Berge *S.*

624. O. rubens Wallr. Wie vorige, auf Medicago sativa L. und falcata L. selten. M. Schnarsleben *E.!*

625. O. Picridis F. Schultz? Auf Picris hieracioides L. sehr selten. Bg. Löbekühn *Dk.!*

626. O. purpurea Jacq. Auf Achillea Millefolium L. selten. An der westlichen Grenze bei Moorsleben in der Gegend von Helmstedt *W. Lettau!* (Von *M. S.* mitgetheilt).

277. Lathraea L.

627. L. Squamaria L. Feuchte Laubwälder, Gebüsche, sehr zerstreut. Bg. Damm zwischen Heidhau und Sandforthslake im Bürgerholz *Dk.!* N. Unterholzer Berg *E.!!* Hagen *S.*

64. Familie. Labiatae Juss.

† Elsholtzia Willd.

† E. Patrinii (Lepechin) Aschs. Stammt aus dem Innern Asiens. An Gartenzäunen und in Gärten zuweilen verwildert M. Barleben *F. Hartmann.*

278. Mentha L.

628. M. aquatica L. Gräben, an Sümpfen, häufig.
b) sativa (als Art). S. Friedhof *S.* Wohl nur verwildert.
629. M. arvensis L. Feuchte Aecker, Wiesen, Gräben, gemein.

b) gentilis L. (als Art). Brb. Zwischen Göbnitz und Dornburg *S.* S. Bullenwiese; zwischen Plötzky und Pretzin *S.*

630. M. Pulégium L Wiesen, feuchte Triften, besonders in der Nähe der Elbe, häufig und sehr gesellig. Nur A. Brb. Am rechten Elbufer bei der Fährstelle!! S. Grünewalde!! zwischen der alten Fähre und Plötzky!! Beim Elbenauer Kirchhof *Eb.* M. An der Elbe südlich vom Herrnkrug!! Bg. Elbufer bei Niegripp *S.* und westlich von Mohrs Lanke *K.* N. *E.* Egeln: Bodeniederungen abwärts der Stadt, besonders bei Tarthun unweit der Brücke und Wolmirsleben *Scht.*

279. Lýcopus L.

631. L. europaeus L. Wiesen, Sümpfe, gemein.

632. L. exaltatus L. fil. Feuchte Gebüsche, sehr selten. S. Im nordwestlichen Theil der Kreuzhorst sehr selten, von *Bns.* und *S.* 1856! gefunden.

280. Sálvia L.

† S. officinalis L. Stammt aus Süd-Europa. Hier und da in Gärten, verwildert S. Friedhof *S.*

633. S. pratensis L. Sonnige Hügel, trockne Grasplätze und Wälder, nicht selten. Brb. Südlich von Tochheim *Eb.* S. Glinde an der Ueberfahrt nach Dornburg *Eb.* Mühlinger Berge *S.* Hummelsberg!! Frohsesche Berge; Beiendorfer Berge *Eb.!!* M. Sülldorf *Eb.* Bg. Zwischen Pietzpuhl und Forsthaus Grabow *K.* N. Althaldensleber Burgwall; Wellenberge bei Dönnstedt *M. S.* Kalbe: Zwischen Brumby und Hohen-Erxleben *Eb.*

634. S. silvestris L. Wegränder, sonnige Hügel, nur F, zerstreut. S. Mühlinger Berge *S.* Hummelsberg *Eb.!* zwischen Frohse und Welsleben an der Bullenwiese; zwischen Beiendorf und Sohlen *S.* zwischen Loburg und Leitzkau, wohl nur verschleppt *Eb.* M. Hohlweg zwischen der Station Dodendorf und der Sülzebrücke *Bns.!* Rothehornspitze 1858 angeschwemmt *Eb.* St. Rathskalkhütte!! nach Förderstedt hin *Eb.* Br. Parforcehaus *Sp.* Aderstedt *T.!*

† S. verticillata L. Im östlichen Deutschland einheimisch. Im Gebiet nur eingeschleppt und an Wegrändern hier und da beständig. S. Frohse an der Eisenbahn *Eb.!* zwischen Loburg und Leitzkau *Eb.!* M. Chausseegraben in Barleben *F. Hartmann!* O. Unterhalb Nienhagen bei der Wiesenmühle am Wege nach Krottorf *Scht.*

281. Origanum L.

635. O. vulgare L. Wälder, Gebüsche, sehr zerstreut. Bg. Wulfhagen *S.* R. Oberhagen *E.*!!

282. Thymus L.

636. T. Serpyllum L. Trockne Wälder und Hügel, gemein.

* Saturéja L.

* S. hortensis L. Aus Süd-Europa. In Gemüsegärten gebaut.

283. Calamintha Mnch.

637. C. Ácinos (L.) Clairv. Wegränder, trockne Grasplätze, häufig, besonders F und D.

638. C. Clinopódium Benth. Laubwälder, Gebüsche, zerstreut. Z. Friedrichsholz!! Brb. Tochheim *S.* S. Neue Mühle bei Gommern *S.* Bg. Schermen!! Birkensteig *K.* R. Oberhagen *E.*!! Rammstedt!! N. Butterwinkel!! Benitz!! O. Brandsleber Holz *Eb.* Hakel *S.* Egelsche Forst *S.*

† Hyssópus L.

† H. officinalis L. Stammt aus Süddeutschland. Zuweilen als Zierpflanze. Verwildert S. Gnadau am Bahnhof!!

284. Népeta L.

639. N. Cataria L. Zäune, Wegränder, ursprünglich vielleicht nicht einheimisch. M. Alte Neustadt *Bus.* Alte Klus!! Bg. *K.* N. Vor dem Römerschen Bierkeller!! Planken *M. S.* O. Neu-Brandsleben *Eb.*

b) citriodóra Becker. O. Krottorf; Gröningen *Sch.*

285. Glechóma L.

640. G. hederacea L. Wälder, gemein.

286. Lámium L.

641. L. amplexicaule L. Aecker, Zäune, Wegränder, sehr häufig.

642. L. purpureum L. Wie voriges, sehr gemein.

643. L. maculatum L. Gebüsche, Zäune nicht selten. Z. Schloßgarten!! Brb. Saalbüsche; Cyprena; Fritzer Busch *Eb.* S. Busch *S.* am Damm nach Ranies *Eb.* M. Vogelgesang *Bus* Bg. Deichwall!! Wulfhagen *K.*! R. Kapellberg!! Rammstedt!!

644. L. album L. Zäune, Dorfstraßen, gemein.

287. Galeóbdolon Huds.

645. G. luteum Huds. Laubwälder, sehr zerstreut. Bg. Bürgerholz zwischen dem Heidhau und der Sandforthslake *S.* R. Unterhagen *E.!* N. Schwarze Pfuhl *M. S.* Brn. Büsche im Saalthal *Sp.*

288. Galeopsis L.

646. G. Ladanum L. Aecker, nicht häufig. Z. Vor Eichholz!! S. Frohsesche Berge *S.* jenseit Pretzin; Neue Mühle; Gommern *Eb.* M. Nieder-Dodeleben *S.* Brb. Badez!! W. Kolbitz!! Bg. Möser!! N. Fuchsberg bei Neuenhofe!! St. Rathmannsdorf!! Brn. Kalkberge!!

647. G. Tetrahit L. ex p. Aecker, Zäune, sehr häufig.

b) bifida v. Boenninghausen (als Art). Wälder. Bisher nur M. Biederitzer Busch!! Jedenfalls mehrfach übersehen.

648. G. versicolor Curt. Aecker, Waldränder, zerstreut. Brb. Zwischen Walternienburg und der Poleimühle *S.* S. Zwischen Kahlenberge und der Neuen Mühle *S.* W. Hinter der Stärkefabrik *E.* Bg. An der östlichen Seite des Molkenbruchs *K.* R. Unterholzer Berg!! N. Hagen *M. S.!* Zernitz; Chausseegraben bei Büllstringen *M. S.*

289. Stachys L.

649. S. germánica L. Steinige Aecker, Hügel, Wegränder, zerstreut. S. Zwischen Frohse und den Westerhüsenschen Bergen; Anger vor Westerhüsen *S.* M. Sülldorf an der Nordseite!! Bg. Am Schartauer See *K.* N. Oberholz; Althaldensleber Burgwall *M. S.* Brn. Anhöhen des Saalthals *Sp.*

650. S. silvática L. Schattige Laubwälder, nicht selten z. B. Z. Friedrichsholz!! Brb. Tochheimer Busch!! S. Busch; Grünewalde *S.* M. Biederitzer Busch!! Bg. *K.* R. Rammstedt!! Erlenbruch bei Bäthen!!

651. S. palustris L. Sümpfe, Gräben, häufig.

652. S. arvensis L. Lehmäcker, zerstreut. M. Pechauer Feld *E.!* W. Kolbitz östlich von der Chaussee!! Bg. Am Fußsteig nach Schartau *K.* R. Aecker nach Angern zu *E.!!* N. Am Weg nach dem Detzel unterhalb des Trendelberges; zwischen dem Nonnenspring und Dönnstedt *M. S.!* O. Am Busch zwischen O. und Emmersberg; Ampfurt *S.* Brn. *Garcke.*

653 S. annua L. Kalkhaltige Aecker und Weinberge, nur F, sehr zerstreut. S. Zenser Berge bei der Mühle *S.!* Frohsesche Berge *Eb.* Beiendorfer Berge *Eb.* Brn. Weinberge!!

654. S. recta L. Sonnige, besonders sandige Hügel, D und F, zerstreut. Brb. Kirchhof zu Flötz!! Gödnitz; Dornburg *Eb.* S. Frohsesche Berge!! Sohlsche Berge; Streitheide bei Gommern; Pretzin *S.* M. Gr. Wartberg bei Schnarsleben *S.* Klusheide!! Bg. *K.* R. Seelenhau; Oberhagen *E.* Rammstedt!! N. Jüdischer Begräbnißplatz!! Warenberg!! Brn. Kalkberge!!

290. Betónica L.

655. B. officinalis L. Trockne Wiesen und Wälder, zerstreut. Z. Friedrichsholz!! S. Frohsesche Berge; Kapitelbusch *S.* Bg. Wulfhagen *K.* R. Unterholzer Berg!! Unterhagen *S.* Rammstedt!! Wiesen nördlich von Bäthen!! N. Benitz!! Erbke *M. S.*

291. Marrúbium L.

656. M. vulgare L. Wegränder, Dorfstraßen, sonnige Hügel, häufig.

292. Ballóta L.

657. B. nigra L. Dorfstraßen, Zäune, gemein.

293. Leonúrus L.

658. C. Cardiaca L. Wie vorige, sehr häufig.

294. Chaetúrus Willd.

659. C. Marrubiastrum (L.) Rchb. Dorfstraßen, Weg- und Waldränder, besonders in der Nähe der Elbe häufig und gesellig. Brb. Ronnei!! S. Grünewalde am Wege nach der alten Fähre *Eb.*!! Elbenau *Eb.* hinter dem Buschhause; Elbdamm nach Randau *S.* Kreuzhorst!! M. Am südlichen Rande des Biederitzer Busches!! W. Glindenberger Holz *E.*!! Bg. Elbufer bei Blumenthal *K.* R. *E.* O. Amtsgarten *Scht.*

295. Scutellaria L.

660. S. galericulata L. Gräben, Sumpfränder, nicht selten, z. B. Z. Nuthe!! Brb. Plötzky; zwischen Pretzin und Dornburg *Eb.* Poleimühle; Badez *Eb.* S. Busch; Grünewalde *S.* Kreuzhorst!! W. Samswegen *E.*! Bg. Pietzpuhler Forst *T.*! R. *S.* Erlenbruch bei Bäthen!! N. Kolbitzer Heide!! Egeln *S.*

661. S. hastifolia L. Wiesen, Waldränder, nur A, ziemlich verbreitet und gesellig. S. Busch *S.* Elbenau *Eb.*! Am Damm nach Ranies *Eb.* Kreuzhorst!! M. Südrand des Biederitzer Busches!! Prester!! Elbwiesen nördlich vom Herrnkrug *T.*! W. Nach Samswegen hin!! Bg. Beim Deichwärterhause *K.*! O. Nordrand

der Spitzwiese hinter dem Amtsgarten; Hordorf und Güntherssdorf an den Espen und Meierweiden *Scht.* Egeln: zwischen Tarthun und Unseburg *Scht.* St. Gänsefurt; Hecklingen *Scht.*

296. Prunella L.

662. P. vulgaris L. ex p. Wiesen, Wälder, gemein.

663. P. grandiflóra (L.) Jacq. Sonnige Hügel, sehr zerstreut. S. Mühlinger, Frohsesche, Sohlsche Berge *S.* M. Wartberg bei Schnarsleben *S.* St. Rain über Hecklingen am Wege nach Neundorf!! Brn. Weinberge *Garcke.*

297. Ájuga L.

664. A. reptans L. Wiesen, Laubwälder, zerstreut. Brb. Poleimühle; Badez *Eb.* S. Grünewalde am Wege nach der alten Fähre und nach Ranies *S.* Bg. *K.* R. *Bns.* N. Benitz *M. S.*

665. A. genevensis L. Trockne Wälder, Hügel, nicht selten. S. Frohsesche Berge *S.* Neue Mühle *Eb.* Bg. Schermensche Mühle!! Deichwall *S.* R. Vor dem Hagen!! Rammstedt!! N. Benitz *M. S.* O. Braudsleber Holz; Hakel *S.*

298. Teúcrium L.

666. T. Botrys L. Sonnige Kalkberge, selten. O. Rand des Hakel beim Wasserthal *S.!*

667. T. Scórdium L. Wiesen, Gräben, zerstreut. Brb. Badez am Teich!! S. Neben der Röthe *S.* jenseit Zackmünde *Eb.* M. Klinke bei der Sudenburg *S.* W. *T.!* Bg. Graben der Nachtweide *E.* O. Schiffgraben; Hordorf; Günthersdorf; Meierweiden bei Hadmersleben *Scht.* Bodeniederung von Tarthun bis St. *Scht.*

65. Familie. Verbenaceae Juss.

299. Verbéna L.

668. V. officinalis L. Zäune, Dorfstraßen, sehr häufig.

66. Familie. Lentibulariaceae Rich.

300. Pinguícula Tourn.

669. P. vulgaris L. Moorwiesen, sehr zerstreut. Bg. Resen *Bns!* R. (Außerhalb der nördlichen Grenze zwischen Steglitz und Gr. Schwarzlosen *E.!*) N. Moor vor dem Gehölz beim Pulverthurm

M. S.! Erbke *E.* O. Brandsleber Holz *S.* Breites Bleek kurz vor dem Hakelksberger Plan *F. Reinecke!*

301. Utricularia L.

670. U. vulgaris L. Gräben, Sümpfe, zerstreut. Brb. Dornburg nach der Elbe zu *S.* S. Röthegraben; Kreuzhorst *S.* M. Küvette des äußern Festungsgrabens am Ulrichsthor *E.* Mittel-Elbe bei der Eisenbahnbrücke *Eb.* Pechauer See *S.* Bg. Hungriger Wolf!! Gülsen nordwestlich der Eisenbahnstation!! N. Zwischen St. und Hecklingen *S.*

671. U. minor L. Torfsümpfe, sehr selten. N. Schwarzer Pfuhl *Bns.*, *E.*, *M. S.!*

67. Familie. Primulaceae Vent.

302. Trientális L.

672. T. europaea L. Schattige Wälder, sehr zerstreut. N. Schwarzer Pfuhl *M. S.!* O. Brandsleber Holz; Beckersberg nach Eggenstedt hin *S.*

303. Lysimáchia L.

673. L. thyrsiflóra L. Sümpfe, Gräben, nur D, sehr zerstreut. S. Moor zwischen Plötzky und Pretzin *Eb.!* Bg. *K.*

674. L. vulgaris L. Gräben, feuchte Wälder, sehr häufig.

675. L. Nummularia L. Feuchte, grasige Stellen, Grabenränder, sehr häufig.

304. Anagallis L.

676. A. arvensis L.

a) phoenicea Lmk. (als Art). Aecker, gemein.

b) coerulea Schreb. (als Art). Lehmäcker, wohl nur F, dort aber nicht selten. S. Zwischen Kl. Mühlingen und Zens; Mühlinger Berge; Frohser Berge am Wege nach Dodendorf *S.* M. Dodendorf nach Osterwebdingen zu!! nördlich von Sülldorf!! Bahrendorf *Eb.* Nieder-Dodeleben *S.* W. Am südlichen Wege nach Samswegen!! Bg. Stadtmauer an der Südseite *K.!* (wohl nur verschleppt). O. Am Brandsleber Holz und Hakel *Eb.* Egeln: Zwischen Wolmirsleben und Altenwebdingen *S.* St. Gänsefurt an der Eisenbahn!! Hecklingen!! Rathmannsdorf!! Brn. *Eb.*

305. Centunculus L.

677. C. minimus L. Feuchte, sandige Aecker und über-

schwemmte Stellen, sehr zerstreut. Bg. Schermensches Erlenbruch *K.!* Grabauer Busch *Dk.!* N. Im Hagen am Bullengraben; schwarzer Pfuhl *M. S.!* O. Kloster Gröningen *Scht.* Brandsleber Holz am Zeckersberge *Scht.* und bei der Ziegelei *S.* Aecker bei Alt-Brandsleben *S.*

306. Andrósaces Tourn.

A. elongatum L. M. Kommandantenwerder bei der Ziegelei von *Bns.!* vor 20 Jahren gesammelt Später von *Peck* einmal daselbst in Menge gefunden, allein stets unbeständig und wohl nur durch Hochwasser dahin geführt.

678. A. septentrionale L. Kiefernschonungen, sehr selten, aber gesellig. Bg. Zwischen der Külzauer und Schermenschen Mühle *K.!!*

307. Primula L.

679. P. officinalis Jacq. Sonnige Hügel, trockne Wiesen, Laubwälder, zerstreut. Z. Friedrichsholz *Eb.* Brb. Badez *Eb.* S. Frohsesche Berge; Welsleben; Mühlinger Berge *Eb.* Pretziner Kirchhof *S.* Neue Mühle bei Gommern *T.!* M. Biederitzer Busch *Eb.* Sülldorf *Eb.* Bg. Külzauer Mühle!! R. Hagen *S.* Rammstedt!! N. Krohnens Ruh; Hagen *M. S.* Wellenberge bei Dönnstedt *T.!* O. Brandsleber Holz *S.* Hakel!!

308. Hottónia Boerh.

680. H. palustris L. Gräben, nicht selten. Brb. Badez *S.* S. Grünewalde; Ranies *Eb.* zwischen Plötzky und Pilm *S.* Steinbrüche zwischen Plötzky und Gommern; Gommern im Schloßbruch *Eb.* Pretzin *Eb.* M. Rothehorn *S.* Bg. Südlich von Niegripp *S.* Eisenbahngräben bei Güsen!! R. Erlenbruch bei Bäthen!! N. Weg nach dem Papenberg; Ohre *M. S.* O. Präsidentenloch *Scht.*

309. Sámolus Tourn.

681. S. Valerandi L. Gräben, feuchte, moorige Stellen, besonders auf Salzboden, zerstreut. Brb. Zwischen dem Teichhause und Badez *Eb.!!* S. Graben der Bullenwiese *S.* M. An der Küvette des äußern Festungsgrabens am Ulrichsthor *E.!* O. Schiffgraben; Krottorf *Scht.* St. Am Gänsefurter Busch *Eb.!* Zwischen St. und Hecklingen *Scht.* Rathmannsdorf *E.!*

310. Glaux Tourn.

682. G. maritima L. Salzwiesen, auf salzigem Boden, an Gräben, sehr verbreitet. S. Gr. Salze am Gradirwerk!! Soolkanal;

Rothe Mühle; Sohlen *S.* M. Bei der Lorenzbrücke im Neustädter Feld *T.* in und bei Sülldorf sehr viel!! O. Schiffgrabenbruch; Herdorf; Krottorf *Scht.* St. Am Wege nach Löderburg!! zwischen St. und Hecklingen *Scht.* südlich von St.!! Rathmannsdorf!!

68. Familie. Plumbaginaceae Juss.

311. Arméria Willd.

683. A. elongata (Hoffm.) Boissier. Trockne Wälder und Grasplätze, häufig.

69. Familie. Plantaginaceae Juss.

312. Plantágo L.

684. P. major L. Wegränder, Triften, Ufer, gemein.
685. P. media L. Wiesen, häufig.
686. P. lanceolata L. Triften, Wiesen, gemein.
687. P. marítima L. Salzboden, Salztriften, verbreitet und gesellig. S. Gr. Salze am Gradirwerk!! am Soolkanal; Sohlen *S.* M. Sülzewiesen östlich von Sülldorf!! O. Wulferstedt; Krottorf in der rothen Lache vor der Wiesenmühle *Scht.* St. Nach Löderburg!! und Hecklingen zu *Scht.* Moor südlich der Stadt!! Rathmannsdorf *Sp.*
688. P. ramosa (Gil.) Aschs. Sandfelder, Triften, nur in der Nähe der Elbe, dort aber gesellig. S. Grünewalde; Kreuzhorst *S.* M. Elbufer südlich vom Herrnkrug!! Bg. Elbufer an der Blumenthaler Forst *K.* R. Schmucksdorf *E.*

70. Familie. Amarantaceae Juss.

313. Albérsia Kth.

689. A. Blitum (L.) Kth. Straßenpflaster, Wegränder, Zäune, gemein.

314. Amarantus L.

690. A. retroflexus L. Wegränder, Zäune, zerstreut. Brn. Kolphus!! S. An der Friedrichsstraße *S.* M. Sudenburg *S.* Sülldorf an der Nordseite!! Vogelgesang *T.* beim Richterschen Gasthof!! Bg. Niegripp *E.* Holzstrecke in der Kolonie *K.* Brn. Altenburg!!
† A. cruentus L. Zierpflanze aus China Verwildert S. *S.*
* A. caudatus L. Häufige Zierpflanze aus Amerika.

315. Polycnémum L.

691. P. arvense L. Sandig-lehmige Aecker, mit Sicherheit nur in D, sehr zerstreut. Bg. Springberg K.! Lübersdorf; unter dem Hagen K. R. Aecker nach Angern zu E.!! N. Neuenhofe!! O. Heiliger Hoch (ob hierher gehörig?) Scht.

692. P. majus A. Br. Dürre Hügel, nur F, besonders auf Kalk. S. Frohsesche Berge Eb.! M. Klingeberg bei Sülldorf F. Hartmann. Erreicht hier seine nördliche Grenze.

71. Familie. Chenopodiaceae Vent.

316. Chenopódina Moq. Tand.

693. C. maritima (L.) Moq. Tand. Nackter Salzboden, nicht häufig, aber sehr gesellig. S. Gradirwerk bei Gr. Salze!! Soolkanal; Rothe Mühle; Sohlen S. M. Süllsdorf!! St. Am Wege nach Löderburg!! Moor südlich der Stadt!! Hecklingen Sp.

317. Sálsola L.

694. S. Kali L. Sandfelder, dürre Hügel, sehr zerstreut. S. Vesterhüsen; Sohlsche Berge S. Plötzky Eb.! M. An der Elbe diesseit des Herrenkrugs Eb. Gerwisch an der Nordwestseite T.! und bei der Zuckerfabrik Bns.!! Bg. Schermensche Mühle K.

318. Salicórnia Tourn.

695. S. herbacea L. Nackter Salzboden mit Chenop. maritima Moq. Tand., meist gesellig. S. Salze am Gradirwerk!! M. Süllsdorf!! St. Bei der Saline Leopoldshalle!! Hecklingen Sp.

319. Chenopódium Tourn.

696. C. hýbridum L. Zäune, Dorfstraßen, häufig.

697. C. úrbicum L. Wie voriges, zerstreut. S. Grünewalde; Elbenau S. alte Fähre!! Dornburg S. M. Rothensee Bns. Bg. Beim Forsthaus Bürgerholz K. N. Planken!! St. Rathmannsdorf!!

698. C. murale L. Wie voriges, häufig.

699. C. album L. Wegränder, Aecker, sehr gemein.

700. C. opulifolium Schrad. Schuttstellen, selten. St. Beim Bahnhof!!

701. C. glaucum L. Dorfstraßen, Salzboden, nicht selten, B. S. Soolkanal S. M. Süllsdorf; Osterwebbingen Bns. an der Schrode in der Neustadt!! Bg. Niegripp E.

702. C rubrum L. Dorfstraßen, feuchte Aecker, Ufer, häufig.

703. C. Bonus Henricus (L.). Dorfstraßen, häufig.

704. C. polyspermum L. Lehmige Aecker, Gartenland, Ufer, nicht selten. Brb. Walternienburg *E*. S. Buschäcker; Kies am Elbufer *S*. M. Prester *S*. Richters Gasthof!! Biederitzer Busch!! W. Glindenberger Holz *E*. Bg. *K*.

705. C. Vulvaria L. Straßenpflaster, Zäune, zerstreut. Brb. Walternienburg *E*. S. Salze; Hummelsberg *Eb*. Frohse; Westerhüsen *S*. M. Prester; Krakau *S*. Bg. Eisenbahn am Schartauer Weg *K*. St. Beim Bahnhof!!

† Blitum Tourn.

† B. virgatum L. Gemüsepflanze aus Süd-Europa. Verwildert S. Grünewalde hinter dem Forsthause *S*. Brn. Steinbrüche bei Altenburg 1851 *Sp.!*

* Beta Tourn.

* B. vulgaris L. In mehreren Varietäten auf schwerem Boden sehr häufig kultivirt.

* Spinácia Tourn.

* S. oleracea L. In Gemüsegärten häufig gebaut.

320. Obione Gaertn.

706. O. pedunculata (L.) Moq. Tand. Nackter Salzboden, nicht häufig, aber sehr gesellig. S. Am Gradirwerk bei Gr. Salze *Eb.!* Soolkanal; Sohlen; Beiendorf *S*. M. Sülldorf am östlichen Ende des Dorfes!! St. Nach Hecklingen zu *Bns.!* Leopoldshalle!!

321. Átriplex Tourn.

† A. hortense L. Als Gemüse früher häufig gebaut. Verwildert S. Koloniestraßen *S*.

707. A. nitens Schk. Wegränder, Ufer, sehr zerstreut. Brb. Am Saalufer bei Werkleiz westlich von der Fähre *S.!!* M. Werderspitze!! Rothensee im Pfarrgarten *Ahlenstiel!* Bg. *K.!* An der alten Elbe zwischen R. und Bertingen *T*. St. An der Ostseite der Stadt!! Brn. Weinberge *Bns.!!*

708. A pátulum L. Weg- und Ackerränder, gemein.

709. A. hastatum L. Wegränder, Dorfstraßen, häufig.

b) salinum Wallr. Salzboden, verbreitet. S. Gradirwerk bei Gr. Salze!! Soolkanal *S*. M. Sülldorf!!

710. A. roseum L. Dorfstraßen, zerstreut. S. Salze *Eb*. Hummelsberg; Döben *S*. Grünewalde; Elbenau *Eb*. Randau *S*. M.

Pechau!! Süldorf *Eb.* W. Farsleben!! Bg. Niegripp *E.* R. Katerberg!! St. Alt-Staßfurt!! Brn. Waldau!! Altenburg!!

72. Familie. Polygonaceae Juss.

322. Rumex L.

711. R. maritimus L. Ufer, Moorwiesen, zerstreut. Brb. Zeitz *S.* S. Röthe; Soolkanal; an der Elbe *S.* M. Teich vor Kralau *Bns.* Bg. Niegripp *S.* Blumenthaler Weg *K.*

b) paluster Sm. (als Art). Wie die Hauptart, seltener. M. An der Klinke bei Lemsdorf *S.* Rothehorn *Herrmann!*

712. R. conglomeratus Murr. Gebüsche, Gräben, häufig, z. B. S. Rondelgraben; Grünewalde *S.* M. Sternschanze!!

713. R. obtusifolius L. Wie voriger, sehr häufig, z. B. Brb. Ronnei *S.* S. Frohse; Randau; alte Fähre *S.*

714. R. crispus L. Feuchte Wiesen, Gräben, gemein.

715. R. Hydrolápathum Huds. Gräben, Ufer, häufig, z. B. Brb. An der Ruthe *S.* S. An der Ehle *S.* M. Biederitzer Busch *Bns.* an der Potstrine bei Gerwisch!! Bg. *K.* O. Meierweiden *Scht.*

716. R. sanguineus L. Feuchte Gebüsche, zerstreut. S. Buschhaus; Grünewalde *S.*

717. R. Acetosa L. Wiesen, gemein.

718. R. Acetosella L. Trockne Wiesen, Brachäcker, Wegränder, gemein.

323. Polýgonum L.

719. P. Bistorta L. Moorwiesen, sehr zerstreut. N. Weferingen *S.* Moosbruch *M. S.* Süpplingen *S.* O. Eggenstedt *S.*

720. P. amphibium L. Gräben, stehende Gewässer, sehr häufig.

721. P. lapathifolium L. Feuchte Aecker, Wegränder, Dorfstraßen, sehr häufig.

722. P. Persicaria L. Gräben, Waldwege, nicht selten.

723. P. Hydropiper L. Gräben, Dorfstraßen, nicht selten.

724. P. mite Schrk. Feuchte Stellen, Wegränder, Gräben, selten. S. Grünewalde *S.*

725. P. minus Huds. Wie voriges, nicht häufig. Brb. Cyprena; Zritzer Busch *Eb.* S. Grünewalde *S.* Bg. Bei Niegripp *T.!* O. Amtsgarten am Sool; Bruchgrabeninsel *Scht.* St. Bode-Ufer, besonders im Fabrikgarten; Gänsefurt *Scht.*

726. P. aviculare L. Wege, Straßenpflaster, höchst gemein.

727. P. Convólvulus L. Aecker, Gebüsche, sehr häufig.

728. P. dumetorum L. Gebüsche, zerstreut. Brb. Damm bei Walternienburg *E.* S. Grünewalde *Eb.!!* Randau *Bns.* M. Pechau *Bns.* Richters Gasthof!! Biederitzer Busch!! W. Herrnholz bei Glindenberg *S.* Bg. *K.* R. Rammstedt!!

* Fagopýrum Tourn.

* F. esculentum Mnch. Hier und da gebaut.

73. Familie. Thymelaeaceae Juss.

324. Passerína L.

729. P. annua Wickstr. Aecker, nur F, sehr selten. S. Südseite der Frohseschen Berge!! 1854 von *Eb.* entdeckt. Erreicht hier die Nordgrenze.

325. Daphne L.

730. D. Mezéreum L. Schattige Laubwälder, sehr zerstreut. N. Wellenberge bei Dönnstedt *S.* O. Hakel häufig!!

74. Familie. Santalaceae R. Br.

326. Thesium L.

731. T. linariaefolium Gil. Sonnige Hügel, Kiefernwälder, zerstreut. Brb. Südlich von Tochheim *Dr. Mohs!* S. Zenser Berge bei der Mühle; Frohsesche Berge *S.* zwischen Pretzin und Dornburg *Eb.!* R. Oberhagen *E.!* N. Kolbitzer Heide *M. S.*

732. T. alpinum L. Wie voriges, sehr zerstreut. Bg. Hügel westlich von den Chausseekienen *K.!* (seit 1856 ausgerottet). R. Oberhagen *E.!* besonders am Junkerweg!!

Familie Elaeagnaceae R. Br.

* Hippóphaë L.

* H. rhamnoides L. Zierstrauch, zunächst an der Ostsee einheimisch.

† Elaeagnus L.

† E. argentea Pursh. Zierstrauch aus Nordamerika. Verwildert M. Südlich vom Herrnkrug, sehr zahlreich!!

* E. hortensis M. B. Nur

a) angustifolia L. (als Art). Zierstrauch aus Südost-Europa.

75. Familie. Aristolochiaceae Juss.

327. Aristolóchia Tourn.

733. A. Clematitis L. Zäune, Hecken, Gebüsche, zerstreut. Wahrscheinlich ursprünglich nicht einheimisch. Brb. Am Amtsgarten in Kl. Rosenburg *Eb.* S. Kapitelbusch *Eb.!* Damm nach Ranies *S.* M. Werder *E.!* Biederitzer Busch am südlichen Rand!! Bg. *K.* O. Amtsgarten *Scht.* Brn. München-Nienburg *Eb.*

76. Familie. Empetraceae Nutt.

328. Empetrum L.

734. E. nigrum L. Wälder, sehr selten. Nur an der westlichen Grenze bei Gr. Bartensleben *A. Müller.* (Von *E.* mitgetheilt.)

77. Familie. Euphorbiaceae Kl. u. Garcke.

329. Tithymálus Scop.

735. T. helioscópius (L.) Scop. Gartenland, Aecker, Dorfstraßen, sehr häufig.

736. T. platyphyllos (L.) Scop. Triften, grasige Stellen, sehr zerstreut. S. Elbdamm bei der alten Fähre *S.* Ranies *Eb.!* St. Zwischen Neundorf und Rathmannsdorf *Bns.!* Gänseweide westlich von Rathmannsdorf *Bns.!!*

737. T. paluster (L.) Kl. u. Garcke. Gräben, Sumpfwiesen, nur A, häufig und verbreitet. Brb. An der Saale; Cyprena *Eb.* Walternienburg *E.* Dornburg *Eb.* S. Vor und im Busch!! M. Rothehorn!! am Biederitzer Busch!! Bg. Deichwall beim Dunker See!! R. Aue *E.* O. Wulferstedt *Scht.* Bodethal von Tarthun bis St. *Scht.*

738. T. Cyparissias (L.) Scop. Sonnige Triften, trockne Wälder, sehr häufig.

739. T. Esúla (L.) Scop. Weg- und Ackerränder, Triften, besonders A, gemein.

740. T. Peplus (L.) Gaertn. Gartenland, Zäune, sehr häufig.

741. T. exiguus (L.) Mnch. Aecker, F sehr häufig. z. B. M. Buckau!! Dodendorf!! Schnarsleben!! Rothehorn!! St. Gänsefurt!! Rathmannsdorf *Sp.!!* sonst selten. Bg. *K.* R. *E.*

78. Familie. Acalyphaceae Kl. u. Garcke.

330. Mercurialis L.

742. M. perennis L. Schattige Laubwälder, sehr zerstreut. O. Hakel, häufig!! Egelsche Forst *S.*

743. M. annua L. Wegränder, Gartenland, zerstreut. S. Gr. Salzer Kirchhof; Bad Elmen im Gasthofsgarten *S.* M. Friedrich-Wilhemsgarten *F. Hartmann!!* Sudenburg, Aecker neben dem Soldatenkirchhof *S.* Werder!! Bahrendorf *Eb.* Egeln: Kochstedt; Schneitlingen *S.* St.!! Brn. Weinberge *S.!!* Wahrscheinlich ursprünglich nicht einheimisch.

Familie Phyllanthaceae Kl. u. Garcke.

* Buxus L.

* B. sempervirens L. Zierstrauch aus Süddeutschland.

79. Familie. Urticaceae Endl.

331. Urtica Tourn.

744. U. urens L. Wegränder, Zäune, Aecker, gemein.

745. U. dioeca L. Gebüsche, Wälder, Zäune, gemein.

332. Parietaria Tourn.

746. P. erecta M. u. K. Mauern, Zäune, selten. B. An der Innenseite der Stadtmauer *Geigenmüller!!* Brb. Stadtmauer von der Domaine bis zum Jüdischen Begräbnißplatz *T.!!*

80. Familie. Cannabaceae Endl.

† Cannabis Tourn.

† C. sativa L. Aus Asien stammend; an Zäunen, Gebüschen, nicht selten, verwildert.

333. Humulus L.

747. H. Lupulus L. Feuchte Gebüsche, zerstreut. E. Busch; Grünewalde *S.* M. Rothehorn *S.* W. Hermholz bei Glindenberg *S.* Bg. *K.*

Familie Moraceae Endl.

* Morus Tourn.

* M. alba L. Stammt aus Asien; hier und da angepflanzt.

81. Familie. Ulmaceae Mirbel.

334. Ulmus L.

748. U. campestris L. Wälder, zerstreut, z. B. S. Busch; Grünewalde *S.* W. Herrenholz bei Glindenberg *S.* Bg. *K.* N. Unterholzer Berg!! O. Hakel an der Domburg einige prachtvolle Bäume!! häufig angepflanzt.

b) suberosa Ehrh. S. Grünewalde *Eb.*

749. U. pedunculata Fougeroux. Wälder, seltener. S. Busch; Grünewalde *S.* Bg. Bürgerholz *K.!* N. Wellenberge *M. S.* Häufiger angepflanzt.

Familie Juglandaceae D. C.

* Juglans L.

* J. regia L. Stammt aus Vorderasien. Häufig angepflanzt.

82. Familie. Cupuliferae Rich.

335. Fagus Tourn.

750. F. silvática L. Laubwälder, häufig.

336. Quercus L.

751. Q. robur L. spec. Wie vorige.

752. Q. sessiliflóra Sm. Wie vorige, seltener.

337. Corylus Tourn.

753. C. Avellána L. Gebüsche, nicht selten.

* C. tubulosa Willd. Stammt aus Süddeutschland. Nicht selten in Gärten.

338. Carpinus L.

754. C. Bétulus L. Wälder, zerstreut. Brb. Grüneberger

Busch *S.* S. Vor Elbenau *S.* N. Wellenberge bei Dönnstedt *T.*! O. Brandsleber Holz; Hakel *S.* Häufig, besonders zu Hecken angepflanzt; sehr schöne Exemplare Brb. Im Park bei Dornburg!!

83. Familie. Betulaceae Rich.

339. Bétula Tourn.

755. B. alba L. Wälder, häufig.

756. B. davúrica Pall. Wälder, Moore, nicht so häufig. S. Zwischen Pretzin und Dornburg *S.* bei der Dannigkower Mühle *Eb.* Bg. Bürgerholz!! O. Brandsleber Holz bei der Ziegelei *Scht.*

340. Alnus Tourn.

757. A. glutinosa (L.) Gaertn. Feuchte Wälder, Sümpfe, sehr häufig.

* A. incána (L.) D. C. Im Gebiet wohl nicht einheimisch, sondern nur hier und da angepflanzt. Brb. Grüneberger Forst; zwischen Gödnitz und Dornburg *S.* S. Zwischen Pretzin und Dornburg *S.* M. Biederitzer Busch *S.*

Familie Platanaceae Lestiboudois.

* Plátanus L.

* P. occidentalis L. Zierbaum aus Nordamerika.

84. Familie. Salicaceae Rich.

341. Salix Tourn. *)

758. S. frágilis L. Ufer, Wälder, häufig, auch eben so oft angepflanzt.

759. S. alba L. Wälder; an Wegen sehr häufig angepflanzt.

* S. babylónica L. Stammt aus Asien, Zierbaum.

760. S. amygdálina L. Ufer gemein, oft angepflanzt.

S. undulata Ehrh. Ufer, selten An der Bode vor Egeln *S.!* Angepflanzt M. An der Berliner Chaussee *T.!* Nach *Wimmer* 751 × 753. S. alba × amygdalina.

---

*) Die Weiden des Gebiets bedürfen noch weiterer Beobachtung.

* S. hippophaëfolia Thuill. Selten angepflanzt. M. An der Berliner Chaussee bei der Durchlaßbrücke *S.!!*

761. S. purpurea L. Feuchte Stellen, Gräben, z. B. S. Vor dem Busch!! Nicht selten angepflanzt.

762. S. viminalis L. Ufer, Gräben, gemein. („Elbweide".) Sehr häufig gepflanzt.

763. S. cinerea L. Waldsümpfe, Wiesen, sehr häufig, z. B. S. Nördlich von Frohse, westlich der Eisenbahn *S.* Döben *Eb.* Gommern *S.* M. Biederitzer Busch *Eb.* Bg. *S.* R. *S.*

764. S. Cáprea L. Wälder, seltener als vorige. S. Busch; Grünewalde *S.* M. Weinberg bei Königsborn *T.!* Bg. *K.* R. Kesperbusch!!

765. S. aurita L. Waldränder, Moorwiesen, zerstreut. S. Zwischen Pretzin und Dornburg *S.* M. An der Berliner Chaussee *S.* Bg. *K.* R. Seelenhau *S.*

766. S. repens L. Wie vorige. S. Pretzin; Gommern *S.* M. Alte Klus *Bns.* N. Hagen *M. S.!*

b) argentea Sm. (als Art). Bg. Hungriger Wolf *S.*

c) leiocarpa Meyer. S. Gommersche Forst *S.!*

342. Pópulus Tourn.

* P. alba L. Im Gebiet nicht einheimisch, aber an Wegen u. s. w. häufig angepflanzt.

* P. canescens Sm. Desgleichen.

767. P. trémula L. Wälder, nicht selten, z. B. Busch; Grünewalde *S.* M. Alt-Königsborn *Bns.* Bg. *K.*

* P. nigra L. Wahrscheinlich im Gebiet nicht einheimisch, sondern an Wegen, in Dörfern angepflanzt. Selten in Wäldern. S. Busch *S.*

* P. pyramidalis Rozier. An Chausseen angepflanzt.

* P. monilífera Ait. Desgleichen. Aus Nordamerika.

* P. balsamífera Ait. Aus Nordamerika. Zuweilen als Zierbaum z. B. S. Königsstraße *S.* M. Friedrich-Wilhelmsgarten *S.*

B. Monocotylédones.

85. Familie. Hydrocharidaceae D. C.

343. Stratiótes L.

768. S. aloídes L. Sümpfe, Gräben, zerstreut. Fehlt in F. Brb. Poleimühle; Badez *Eb.* S. Elbenau; Finn *S.* M. Pechauer

See; Rothehorn; am Biederitzer Busch *S.* am Klusdamm *Eb.* W. Samswegen *S.* Bg. Rothe Mühle *K.* N. Alte Ohre; Freischütz *M. S.* O. Hadmersleben: Kuhlachen an den Meierweiden *Scht.*

344. Hydrócharis L.

769. H. Morsus ranae L. Gräben, stehende Gewässer, zerstreut. Brb. Cyprena; Fritzer Busch; Badez *Eb.* S. Röthe *Eb.* Grünewalde *S.* Plötzky im Kesselteich *Eb.* M. Pechauer See *Bns.* W. Samswegen!! Bg. Güttersches Molkenbruch *K.* N. Alte Ohre; Freischütz *M. S.* O. Kuhlachen bei den Meierweiden unweit Hadmersleben *Scht.*

86. Familie. Alismaceae Juss.

345. Alisma L.

770. A. Plantágo L. Sümpfe, Gräben, Ufer, gemein.

346. Sagittária L.

771. S. sagittaefolia L. Gräben, Sümpfe, häufig, z. B. Brb. Cyprena; Fritzer Busch *Eb.* S. Grünewalde *S.* M. Pechauer See *Bns.* Prester!! Bg. Ihle unterhalb der Stadt *K.* N. Alte Ohre *M. S.* O. Faule See bei Gröningen; Meierweiden *Scht.*

87. Familie. Butomaceae Rich.

347. Bútomus Tourn.

772. B. umbellatus L. Wie vorige, nicht selten, z. B. S. Busch; Randau *S.* M. Eisenbahnteich im Friedrich-Wilhelmsgarten *Bns.* Bg. *K.*

88. Familie. Juncaginaceae Rich.

348. Triglóchin L.

773. T. maritima L. Wiesen, besonders salzhaltige, zerstreut. Z. *Rosenbaum!!* S. Am Gradirwerk!! Soolkanal; Döben; Welsleben *S.* M. Sülldorf, besonders an der Sülze!! südöstlich von Prester *T.* O. Krottorf bei der Wiesenmühle *Scht.* St. *Scht.*

774. T. palustris L. Moorwiesen, nicht selten. Z. Vor dem Heidethor!! Jütrichau!! Brb. Im sauren Zeitz; zwischen Walternienburg und Poleimühle *S.* S. Soolkanal; Bullenwiese *S.* Dornburg

Eb. M. Südöstlich von Prester T. W. Zwischen Samswegen und Lindhorst!! Bg. K. Güsen!! N. Krohnens Ruh M. S.! schwarzer Pfuhl M. S.

89. Familie. Potamiae Juss.

349. Potamogéton L.

775. P. natans L. Stehende Gewässer, sehr häufig.

776. P. fluitans Roth. Bäche, selten. Z. Nuthe beim Butterdamm S.!

b) spathulatus Schrad. (als Art). D. Alte Bode bei Günthersdorf S.!

777. P. alpinus Balb. Stehende und langsam fließende Gewässer, nicht häufig. Z. Im Teich der ersten Mühle nördlich der Stadt!! Bg. Külzauer Mühlteich Bns.!! Parchauer See K.

778. P. gramineus L. Moorlöcher, Torfstiche, selten. Bg. Hungriger Wolf Bns.!!

779. P. lucens L. Stehende und langsam fließende Gewässer, nicht selten. Brb. See bei Gr. Rosenburg Eb. Walternienburg E. Dornburg S. M. Pechauer See S. Mittel-Elbe!! D. Eisenbahngraben; alte Bode bei Günthersdorf Scht. Brn. Garcke.

780. P. perfoliatus L. Wie voriger, z. B. Brb. Teich bei Dornburg S. S. Röthe S. Elbenau Eb. M. Pechauer See S. Bg. K.! D. Alte Bode bei Günthersdorf Scht.

781. P. crispus L. Wie voriger, z. B. Z. Nuthe!! Brb. Walternienburg E. S. Graben am Gradirwerk Eb. Röthe; Grünewalde S. M. Mittel-Elbe!! Sülze bei Buckau Bns.

782. P. compressus L. Wie voriger, nicht häufig. Bg. Kirchwasser K. D. Günthersdorf Scht.

783. P. acutifolius Lk. Gräben, nicht häufig. M. Rothehorn S. W. Teich bei Samswegen S.

784. P. obtusifolius M. u. K. Stehende Gewässer, selten. M. Pechauer See S.!

785. P. pusillus L. Gräben, nicht selten, z. B. Brb. Dornburg Eb. S. Gr. Salze neben dem Gradirwerk S. Elbenau Eb. M. Ehle bei Biederitz Bns. Bg. Kirchwasser K.

786. P. trichoides Cham. u. Schl. Stehende Gewässer, selten. W. Jersleben im Kulk bei der Schleuse Bns.!

787. P. pectinatus L. Fließende und stehende Gewässer. Brb. Dornburg Eb. S. Soolkanal; Grünewalde im Teich am Wege nach der alten Fähre S. Bg. Kirchwasser; Parchauer See K. Brn. Bode bei München-Nienburg Sp.

b) scoparius Wallr. Salzhaltige Bäche. M. In der Sülze bei Dodendorf *Prof. Braun!*

350. Rúppia L.

788. R. maritima L. Salzhaltige Gewässer, sehr selten. St. Bei den Hungerquellen am Löderburger Wege *Roehl!*

351. Zannichéllia Micheli.

789. Z. palustris L. Stehende und fließende, süße und salzhaltige Gewässer, zerstreut. S. Gr. Salze beim Gradirwerk *Eb.!* M. Lemsdorf im Teich und in der Klinke; Diesdorf in der Schrote *S.* Pfuhlmühle bei Gerwisch *K.!* St. Graben bei Hecklingen *S.*

790. Z. pedicellata Fr. Salzhaltige Bäche, selten. M. Sülldorf in der Sülze *Bns.!*

90. Familie. Typhaceae Juss.

352. Typha Tourn.

791. T. angustifolia L. (ex p.) Gräben, Sümpfe, zerstreut. Brb. Cyprena *Eb.* Badezer Teich *S.* S. Eisenbahngräben; Döben *S.* M. Eisenbahnteich im Friedrich-Wilhelmsgarten *Bns.*

792. T. latifolia L. Wie vorige. Brb. Badezer Teich *S.* S. Zwischen Gr. Salze und Kl. Mühlingen; Frohse *S.* W. Samswegen!! Bg. Unter dem Hagen *K.*

353. Spargánium Tourn.

793. S. ramosum Huds. Gräben, Sümpfe, stehende Gewässer, häufig, z. B. Brb. Cyprena; Iritzer Busch *Eb.* S. Zwischen Gr. Salze und Kalbe; vor Westerhüsen; Grünewalde; vor Dornburg *S.* M. Pechau *Bns.*

794. S. simplex Huds. Wie voriges, nicht selten, z. B. Z. Butterdamm *S.* Brb. Badez *Eb.* zwischen Gödnitz und Dornburg!! S. Grünewalde *S.* Elbenau *Eb.* M. Neben der Berliner Chaussee!! W. Jersleben bei der Schleuse; Samswegen *S.* Bg. *K.* St. An der Bode *Eb.*

795. S. minimum Fr. Torfsümpfe, sehr zerstreut. S. Pretzin bei der Mittelwiese *S.!!* Bg. Hungriger Wolf *K.!!* E. Kobbel *E.!*

91. Familie. Lemnaceae Lk.

354. Lemna L.

796. L. trisulca L. Gräben, stehende Gewässer, gemein.

797. L. polyrrhiza L. Wie vorige, häufig, z. B. S. Rondel; Welsleber Graben *Eb.* S. Grünewalde *S.* M. Pechauer See *Bns.* W. Samswegen *Bns.* Bg. Kirchwasser *K.*

798. L. minor L. Wie vorige, gemein.

799. L. gibba L. Wie vorige, nicht häufig. S. Rondelgraben; Gr. Salze neben dem Gradirwerk *S.* M. Pechauer See *Bns.* Bg. Kirchwasser *K.*

92. Familie. Araceae Juss.

355. Arum L.

800. A. maculatum L. Feuchte, schattige Laubwälder, sehr zerstreut. R. Unterholzer Berg *E.!!* Unterhagen *E.!!* N. Papenberg *M. S.* Nonnenspring *M. S.!* Zernitz *M. S.!* Schwarze Pfuhl *S.* Wellenberge bei Dönnstedt *M. S.!* O. Hakel *Scht.* Egeln: Zwischen Tarthun und Unseburg *Scht.*

356. Calla L.

801. C. palustris L. Torfsümpfe, sehr zerstreut. Z. Butterdamm!! Brb. Zwischen Gödnitz und Dornburg im Erlensumpf spärlich *S.* N. Schwarze Pfuhl *Bns.!*

357. Ácorus L.

802. A. Cálamus L. (ex p.) Gräben, Ufer, zerstreut, aber sicher einheimisch. Z. Butterdamm *S.* Brb. Poleimühle *S.* zwischen Gödnitz und Dornburg *S.!!* Teich bei Dornburg *S.* Bg. Rothe Mühle; Wulfhagen-Mühle *K.* N. Ohre; Freischütz *M. S.* Egeln: Unseburg *Scht.* St. Gänsefurt; Athensleben *Scht.*

93. Familie. Orchidaceae Juss.

358. Orchis L.

803. O. purpurea Huds. Bergige Laubwälder, nur F, sehr zerstreut. O. Brandsleber Holz unter Prunus spinosa auf dem Berge,

auf welchen der Weg von der Ziegelei stößt *S.* Sauerholz bei Schermke *Eb.* Hakel: Wasserthal!! Voß *S.*

804. O. tridentata Scop. Sonnige Hügel, trockne Wiesen, nur F. selten. S. Frohsesche Berge nördlich vom Dodendorfer Wege *S.* M. Schnarsleben, Wiese zwischen dem Dorf und der Chaussee *E.!* seit 1856 durch Umackern ausgerottet.

805. O. coriophora L. Mäßig feuchte Wiesen, selten. Brb. Diebziger Bruch *Rindfleisch!* N. Moosbruch *M. S.!* O. Zwischen Hornhausen und Wulferstedt an den Stegen aufwärts *Scht.*

806. O. Mório L. Trockne Hügel, Wälder, Wiesen, zerstreut. S. Frohsesche Berge *Eb.* Sohlsche Berge *S.* M. Fuchsberg bei Schnarsleben!! Bg. Möser *S.* Wiese bei der Külzauer Mühle!! beim Deichwall *S.* R. Am Oberhagen!! N. Moosbruch; Erbke; Hagen *M. S.*

807. O. máscula L. Wiesen, lichte Wälder, sehr zerstreut. Bg. Deichwall *S.!* (Wahrscheinlich durch Hochwasser herabgeschwemmt.) O. Brandsleber Holz *S.!* Hakel; Domburg!! Zwischen Hecklingen St. und Neundorf *Scht.*

808. O. laxiflóra Lmk. Sumpfwiesen, sehr zerstreut. E. Döben *S.* R. Moorwiese vor dem Hagen *E.* O. Krottorf *Scht.* St. Nach Hecklingen und dem Ochsenberge zu *Scht.*

809. O. maculata L. Wiesen, Sumpfränder, zerstreut. Z. Zwischen Luso und Jütrichau!! Brb. Birken bei Badez *S.* zwischen Walternienburg und Poleimühle!! S. Zwischen Pretzin und Dornburg *S.* Bg. Springberg *S.* nordöstlich am Bürgerholz!! R. Seelenhau; Unterhagen *S.* nördlich von Bäthen!! N. Papenberg; Zernitz *M. S.* O. Brandsleber Holz *S.* Sauerholz *Eb.* Hakel!!

810. O. latifolia L. Wiesen, nicht selten.

811. O. incarnata L. Wiesen, zerstreut. Brb. Zwischen Dornburg und Gödnitz *S.* S. Bullenwiese; vor Pretzin; zwischen der Plötzkyer Ziegelei und d. Pilm *S.* M. An der Berliner Chaussee diesseit der Friedrich-Wilhelmsbrücke sehr einzeln!! *) nördlich von Gerwisch!! Bg. Hungriger Wolf!! R. Seelenhau *S.* Bäthen *T.!* St. Wiesen unter dem Ochsenberge *Bns.!*

359. Gymnadénia R. Br.

812. G. conopéa (L.) R. Br. Mäßig feuchte Wiesen, zerstreut. Bg. Detershagen *K.* zwischen dem Bürgerholz und Resen *S.* R. Unterhagen *S.* Rammstedt auf der langen Wiese *E.!* nördlich von Bäthen auf Feldwiesen!! N. Moosbruch; Erbke *M. S.*

*) Ich fand dort 1853 nur zwei Exemplare, die beide fast völlig ungetheilte Knollen hatten.

360. Platanthera Rich.

813. P. bifolia (L.) Rchb. Laubwälder, sehr zerstreut. Z. Butterdamm *S.* Bg. Bürgerholz nordwestlich vom Exerzierplatz *S.* R. Rammstedt!! N. Butterwinkel bei Neuenhofe; Schwarzer Pfuhl *M. S.* O. Brandsleber Holz; Sauerholz; Hakel *Eb.*
814. P. montana (Schmidt) Rchb. fil. Wie vorige, seltener. Z. Friedrichsholz!! R. Oberhagen am Junkerwege *Bns.!*
815. P. viridis (L.) Lindl. Waldwiesen, selten. R. Nördlich von Bäthen! von *Bns.*, *F. Hartmann* und *T.* 1858 entdeckt.

361. Ophrys L.

816. O. muscifera Huds. Kalkberge, Gebüsche, selten. O. Hakel an der Domburg *E.!* Gänsefurt im Busch *Bns.* Rathmannsdorfer Park *Garcke.*

362. Epipactis Haller.

817. E. Helleborine (L.) Crtz. Schattige Wälder und Gebüsche, zerstreut. Brb. Zw. Görnitz u. Dornburg *S.* S. Grünewalde nach Elbenau hin und vor der alten Fähre *S.* M. Biederitzer Busch *S.* Bg. Heidbau im Bürgerholz *K.* N. Hakel *M. S.* O. Brandsleber Holz: Irrkamp vor der Ziegelei; Hakel: Wasserthal *Scht.* am Kochstedter Weg *Eb.*
818. E. palustris Crtz. Moorwiesen, sehr zerstreut. S. Bullenwiese *S.* R. Wiesen jenseit Angern *E.!* (Am nördlichen Fuß des Landsberges *E.!!*) O. Breite Bleek *Scht.*

363. Listera R. Br.

819. L. ovata (L.) R. Br. Schattige, feuchte Gebüsche, Sumpfränder, zerstreut. S. Zens *S.* Döben *Eb.* zwischen Pretzin u. Dornburg häufig *Eb.!* M. An der Chaussee nördlich von Gerwisch!! Bg. Heidhau *K.* R. Hagen *E.* Unterholzer Berg!! N. Benitz *M. S.* O. Brandsleber Holz *S.* Hakel!!

364. Neottia L.

820. N. nidus avis (L.) Rich. Schattige Laubwälder, zerstreut. Z. Friedrichsholz!! R. Unterhagen *S.* Kesperbusch!! Rammstedt!! N. Benitz; Papenberg *M. S.* Dönnstedt *S.* O. Brandsleber Holz *F. Reinecke.*

365. Spiranthes Rich.

821. S. spiralis (L.) C Koch. Kurzbegraste Triften, selten. Brb. Poleimühle *S.* R. Zw. Angern und d. Bucktum *H. Engel!*

366. Cypripédium L.

822. C. Calcéolus L. Laubwälder, nur F, sehr selten. O. Brandsleber Holz *Scht.*

94. Familie. Iridaceae Juss.

367. Iris L.

823. I. Pseudácorus L. Sumpfränder, Gräben, Ufer, sehr häufig.
824. I. sibirica L. Wiesen, sehr zerstreut. M. Wiese am nördlichen Ende des Biederitzer Busches an der Ehle einzeln *T.!* Bg. Deichwall östlich vom Deichwärterhause *K.* N. Erbke *E.!*

95. Familie. Amaryllidaceae R. Br.

* Narcissus L.

* N. poëticus L. Häufige Zierpflanze aus Süddeutschland.

368. Leucóĭum L.

825. L. vernum L. Schattige Laubwälder, selten, aber gesellig. N. Hagen *M. S.*

* Galanthus L.

* G. nivalis L. Häufige Zierpflanze aus Süd- und Ostdeutschland.

96. Familie. Smilacaceae R. Br.

369. Paris L.

826. P. quadrifolius L. Schattige Wälder, zerstreut. Brk. Rosenburger Busch *S.* W. Barleber Busch *Ahlenstiel!* Bg. Nordöstlich vom Kirchwasser *K.* Bürgerholz bei der großen Buche *S.* R. Unterhagen!! N. Wellenberge bei Dönnstedt *M. S.!* O. Brandsleber Holz *Scht.* St. Gänsefurter Busch *Scht.*

370. Polygónatum Tourn.

827. P. officinale All. Trockne Wälder, selten. R. Oberhagen!! Rammstedt!! N. Dönnstedt *Eb.* O. Brandsleber Holz; Hakel *Eb.*

828. P. multiflórum (L.) All. Schattige Laubwälder, zerstreut. Z. Friedrichsholz!! Bg. Wulfhagen; Bürgerholz S. R. Oberhagen!! Rammstedt!! N. Butterwinkel!! Hagen M. S. Dönnstedt S. O. Brandsleber Holz; Hakel S. Egelsche Forst S. St. Gänsefurter Busch S.!!

371. Convallária L.

829. C. majalis L. Trockne Laubwälder, zerstreut. Z. Friedrichsholz!! Brb. Grüneberger Forst S. M. Biederitzer Busch Eb. Bg. Wulfhagen; Bürgerholz S. R. Hagen!! N. Butterwinkel!! Hagen M. S. Wellenberge bei Dönnstedt S. O. Brandsleber Holz S. Sauerholz Eb. Hakel!! St. Gänsefurter Busch S.

372. Smilácina Desf.

830. S. bifolia (L.) Desf. Schattige Wälder, Sumpfränder, nicht selten. Z. Butterdamm!! Friedrichsholz!! Brb. Zw. Walternienburg und Poleimühle S. S. Zwischen Pretzin und Dornburg S. Bg. K. R. Kesperbusch!! Rammstedt!! N. Butterwinkel!! Sauerholz Eb. Moosbruch; schwarzer Pfuhl; Hagen M. S. Dönnstedt S. O. Brandsleber Holz S. Hakel!!

97. Familie. Liliaceae D. C.

† Túlipa Tourn.

† T. silvestris L. Im Gebiete nicht einheimisch, sondern nur angepflanzt und verwildert. M. Friedrich-Wilhelmsgarten Eb.!

* Fritillária L.

* F. imperialis L. Häufige Zierpflanze aus Vorderasien.

373. Lílium L.

* L. bulbiferum L. Häufige Zierpflanze aus Mitteldeutschland.

* L. cándidum L. Desgleichen aus dem Orient.

831. L. Martagon L. Laubwälder, sehr zerstreut. N. Wellenberge bei Dönnstedt S. Forsthaus Eiche M. S. O. Brandsleber Holz S. Sauerholz Eb. Hakel sehr häufig!! Selten in Gärten.

374. Anthéricum L.

832. A. Liliágo L. Kiefernwälder, sonnige Hügel, zerstreut. S. Zwischen Randau und der Kreuzhorst; Plötzky; Streitheide bei Gommern S. zwischen Pretzin und Dornburg Eb.! M. Heyroths-

berge *Eb.* Bg. Grabauer Forst; westlich von den Chaussee-Kienen *K.!* R. Begräbnißberg *E.* Rammstedt!! O. Brandsleber Holz *Scht.*

833. A. ramosum L. Wie voriges. Z. Friedrichsholz *Eb.* S. Frohsesche Berge; Streitheide *S.* Bg. Külzau *E.* Grabauer Forst *K.!* R. Hinter dem Hagen *E.* zwischen Rammstedt und Schricke!! N. Kolbitzer Heide südlich von Planken!! O. Brandsleber Holz; Hakel: vorderer Schmerlenteich; Voß. Steinwegshau *Scht.*

375. Ornithogalum L.

834. O. umbellatum L. Wiesen, Grasplätze, besonders im Elbthal häufig und gesellig. S. Frohser Wiesen *Eb.* Westerhüsen im Eisenbahngraben; Damm zwischen der Elbe und Glinde *S.* M. Westliches Glacis der Sternschanze *T.!!* Esplanade vor dem Ulrichsthor beim Gymnasial-Turnplatz *E.* Vogelgesang *T.!* Rothehorn-Wiesen!! Wiesen neben der Berliner Chaussee!! nördlich vom Herrnkrug *T.!* St. Fabrikgarten; Mühlendamm *Scht.*

† O. nutans L. Stammt aus Süd-Europa; jetzt in Gärten und an Zäunen verwildert; im Gebiet selten. M. Werder *E.!* O. Homannscher Garten vor dem Magdeburger Thore *Scht.*

376. Gagea Salisbury.

835. G. pratensis (Pers.) Schult. Aecker, Gebüsche, häufig.

836. G. arvensis (Pers.) Schult. Wie vorige, weniger häufig, z. B. S.; vor Pömmelte *S.* M. Zuckerbusch *Bns.* Königsborn *T.!* R. Vor dem Oberholz *M. S.*

837. G. saxatilis Koch. Steinige Abhänge, sehr zerstreut. S. Hummelsberg *Eb.!* Frohsesche und Keseckenberge *S.* M. Kugelfänge auf dem Krakauer Anger *E.!* Brn. häufig *Sp.!*

838. G. minima (L.) Schult. Schattige Laubwälder, selten. M. Am Westrande des Biederitzer Busches 1858 *T.!* N. Wellenberge bei Dönnstedt 1857 *Bns.!*

839. G. silvatica (Pers.) Loud. Schattige, feuchte Wälder, nicht selten. Brb. Poleimühle *S.* S. Busch *S.* Grünewalde am Nachtigallensteig!! M. Vogelgesang *T.!* Biederitzer Busch *E.!* Weinberg bei Königsborn *T.!* Bg. Deichwall *Dk.!* R. Unterholzer Berg; Kapellberg *E.* N. Althaldensleber Garten; Wellenberge *T.!*

377. Allium L.

840. A. ursinum L. Laubwälder, selten, aber gesellig. O. Schermke; Hakel: Domburgshau *Scht.*

841. A. acutangulum Schrad. Wiesen und Triften, nur A.

ziemlich verbreitet und gesellig. Brb. Wiese zwischen der Stadt und der Ueberfahrt!! Saalwiesen bei Kl. Rosenburg Eb. Z. Vor dem Busch!! Grünewalde Eb. M. Prester E. Rothehorn-Wiesen!! an der Elbe südlich vom Herrnkrug!! an der Chaussee südlich von Gerwisch!! Bg. Westlich am Parchauer See K. N. Schmucksdorf E. O. Bruch östlich an der Eisenbahn Scht. Egeln: zwischen Tarthun und Unseburg Scht. St. Nach dem Erbsenberge zu Scht.

842. A. fallax (Don.) Schult. Sonnige Hügel, trockne Wälder, sehr zerstreut. S. Frohsesche Berge S. N. Kolbitzer Linden!!

* A. sativum L. In Gemüsegärten gebaut.

b) Ophioscorodon Don. Desgleichen.

* A. Porrum L. Desgleichen, häufig.

843. A. sphaerocephalum L. Aecker, sehr selten. St. Westlich von Neundorf einzeln 1858 Bns.!

844. A. vineale L. Sonnige Hügel, Aecker, Wegränder, zerstreut. Brn. Zwischen Kämeritz und Hohen-Lepte S. Z. Zwischen Pretzin und Dornburg!! Kreuzhorst!! M. Rothehorn!! südlich vom Biederitzer Busch!! Heyrothsberge Eb. W. Zwischen Samswegen und Lindhorst!! Bg. K!! N. Unterholzer Berg!! N. Backofenberg; Zernitz; Wellenberge M. S. O. Emmersberg am südlichen Abhange Scht. Brn Eb

845. A. Scorodóprasum L. Gräben, Gebüsche, Zäune, besonders A, nicht selten. Brb. An der Saalfähre bei Werkleiz!! Rosenburger Busch!! S. Zens; Busch S. Grünewalde Eb. Kreuzhorst!! M. Prester!! Rothehorn!! am Biederitzer Busch!! nördlich von der neuen Neustadt am Anfange der Neuhaldensleber Chaussee!! N. Unterholzer Berg!! O. Krottorf im Mühlenholz; Hakel Scht.

846. A. oleraceum L. Sonnige Hügel, trockne Wälder, Gebüsche, zerstreut. Z. Stadtmauer an der Südseite!! S. Wiese bei Zens; Busch; Frohsesche Berge S. Grünewalde!! Kreuzhorst!! M. Am Biederitzer Busch!! Bg. Nördlich von Schermen an der Chaussee!! Deichwall K. N. Wellenberge M. S. O. Brandsleber Holz Eb. St. Rathskalkhütte Scht.

847. A. Schoenóprasum L. Elbwiesen, sehr gesellig. S. Bei der Badeanstalt S. Sägebusch bei Glinde Eb. Elbufer bei Ranies S. Pretzin gegenüber Eb. M. Rothehorn!! Kommandantenwerder!! Wiesen südlich!! und nördlich vom Herrnkrug T.! N. Schmucksdorf E. Häufig in Gemüsegärten gebaut.

* A. Ascalónicum L. In Gemüsegärten gebaut.

* A. Cepa L. Desgleichen, sehr häufig.

378. Aspáragus L.

848. A. altilis (L.) Aschs. Trockne Wiesen, Abhänge, be-

sonders in der Nähe der Elbe, zerstreut. S. Kapitelbusch *Eb.* M. Rothehorn *Eb.* zwischen der Friedrichstadt und dem Herrnkrug!! Bg. Elbstrand bei Blumenthal *K.* R. Schmucksdorf *E.* N. Backsenberg *M. S.* Häufig gebaut.

98. Familie. Colchicaceae D. C.

379. Cólchicum Tourn.

849. C. auctumnale L. Feuchte Wiesen, sehr zerstreut. M. Fermersleben *Eb.* Dodendorf *Eb.* R. Wehlitz *E.!* N. Zwischen Süpplingen und dem Hagen *M. S.!* O. Am Brandsleber Holz; Hakel *S.* St. Am Gänsefurter Busch *S.!!* zwischen St. und Hecklingen *S.* Brn. Kleine Aue *Sp.!* Saalwiesen unterhalb München-Nienburg, Weblitz gegenüber!!

99. Familie. Juncaceae Bartl.

380. Juncus L.

850. J. conglomeratus L. Feuchte Triften, Sumpfränder, Gräben, gemein.

851. J. effúsus L. Wie voriger.

852. J. glaucus Ehrh. Gräben, Sumpfränder, besonders auf Lehmboden häufig, z. B. Bullenwiese!! M. An allen Wegen des Stadt- und Neustädter Feldes zwischen dem Ulrichs- und Krökenthor!! Bg. Hungriger Wolf!! Gütsen!! R. Unterholzer Berg!!

853. J. filiformis L. Moorwiesen, selten. Bisher nur an der Grenze des Gebiets: Z. Wiese bei Jütrichau nördlich d. Chaussee!!

854. J. capitatus Weigel. Feuchte Sandplätze, sehr zerstreut. Brb. Zwischen der Poleimühle und Kämeritz *Bns.!* Bg. Südlich von der Eisenbahn und östlich vom Wege nach Parchau *K.* R. Zwischen dem Bucktum und Wendorf *E.!*

855. J. articulatus L. Sümpfe, Gräben, Triften, sehr gemein.

856. J. silváticus Reichard. Moorboden, zerstreut. Brb. Zwischen Walternienburg und Poleimühle *S.* S. Zwischen Plötzky und Pretzin *S.* Schloßbruch bei Gommern *Eb.* zwischen Pretzin u. Dornburg *S.* M. In einem kleinen Sumpf bei Richters Gasthof *T.!!* Bg. Hungriger Wolf *S.*

857. J. atratus Krock. Feuchte Triften, Moorwiesen, zerstreut. S. Pretzin auf der Mittelwiese; zwischen Plötzky und Pilm *S.*

M. Klusdamm *S.* südlich!! und nördlich von der Berliner Chaussee jenseit der Durchlaßbrücke!! St. *Kother!* ob noch jetzt zu finden?

858. J. obtusiflórus Ehrh. Torfsümpfe, Moorwiesen, sehr zerstreut. Brb. Badez bei dem Arbeiterhause *S.!!* Bg. Hungriger Wolf *Bns.!!*

859. J. supinus Mnch. Moorwiesen, Sumpfränder, zerstreut. Brb. Zwischen Kämeritz und Badez *Bns.!* S. Pretzin *Eb.!* M. Zwischen dem Richterschen Gasthof und Königsborn *T.* Bg. *K.* N. Schwarzer Pfuhl *M. S.!*

860. J. squarrosus L. Moorboden, feuchter Wald, zerstreut. Z. Butterdamm!! Jütrichau!! Brb. Zwischen Walternienburg und Poleimühle *S.!!* Badez *S.* S. Gommern *Eb.* zwischen Pretzin und Dornburg *S.* M. Zwischen dem Richterschen Gasthof und Königsborn *T.* Bg. Springberg *K.!* N. Hagen *M. S.* schwarzer Pfuhl *E.!*

861. J. compressus Jacq. Wiesen, Gräben, feuchte Wegränder, sehr häufig, z. B. S. Grünewalde *S.* M. Zwischen dem Richterschen Gasthof und Königsborn *T.!* Bg. Güsen!!

862. J. Gerardi Loisl. Feuchte, salzhaltige Triften und Wiesen, zerstreut, aber gesellig. S. Soolkanal *S.* M. Sülldorf!! südöstlich von Prester *Eb.* St. *Scht.*

863. J. Tenagéa Ehrh. Feuchter, kahler Lehmboden, selten. M. Bei der letzten Ziegelei nördlich der Berliner Chaussee *T.!!*

864. J. bufónius L. Feuchter, kahler Boden, Gräben, gemein.

381. Lúzula D. C.

865. L. pilosa (L. ex p.) Willd. Schattige Wälder, zerstreut. W. Glindenberger Holz *Eb.* Bg. Springberg *K.* Wulfhagen *S.* Bürgerholz: Wehmerlake *K.* N. Kesperbusch!! Rammstedt *S.* N. Hagen *M. S.* Wellenberge bei Dönnstedt *S.* O. Brandsleber Holz *S.* Hakel!!

L. angustifolia (Wulfen) Gke. Schattige Wälder. M. Herrnkrug 1853!! in einem Exemplar gefunden; schwerlich dort einheimisch.

866. L. campestris (L.) D. C. Trockne Hügel, Wälder, gemein.

b) multiflóra Lej. (als Art). Moorwiesen, schattige Wälder, zerstreut. Z. *Eb.* Brb. Poleimühle *S.* S. Erste Moorwiese zwischen Pretzin und Dornburg; Schloßbruch bei Gommern *S.* N. Kesperbusch!! Rammstedt!! N. Wellenberge *M. S.* O. Hakel!!

100. Familie. Cyperaceae Juss.

382. Cýperus L.

867. C. flavescens L. Feuchte, moorige Stellen, sehr zerstreut. Z. Vor dem Heidethor!! Brb. Poleimühle nach Kämeritz zu *E.!* zwischen Gödnitz und Dornburg *S.* N. Schwarzer Pfuhl, selten *E.*, *M. S.!*

868. C. fuscus L. Kahler, feuchter Boden, Moor, Ufer, zerstreut. Brb. Buschrand östlich von Walternienburg *S.* S. Zackmünde an frisch aufgeworfenen Gräben *S.* M. Rothehorn Elbbuhnen *Bns.!* Bg. Graben der Nachtweide *Dk.!* Heidhau im Bürgerholz *K.* N. Hagen; schwarzer Pfuhl *E.*, *M. S.!* O. Gürgenlache; Gräben nach der Sanneföhrbrücke *Scht.*

383. Cládium Patrick Browne.

869. C. Mariscus (L.) R. Br. Torfsümpfe, selten. Bg. Hungriger Wolf *Bns.!!*

384. Rhynchóspora Vahl.

870. R. alba (L.) Vahl. Torfsümpfe, nur D, sehr zerstreut. Brb. Poleimühle *E.!* Bg. Springberg *K.!* N. Schwarzer Pfuhl *M. S.!*

385. Heleócharis R. Br.

871 H. palustris (L.) R. Br. Sümpfe, Gräben, Wiesen, sehr häufig.

872. H. uniglúmis (Lk.) R. u. Schult. Seltener. Bisher nur St. *Scht.* beobachtet.

873. H. acicularis (L.) R. Br. Sumpfränder, Gräben, nicht selten. Brb. An der Ruthe vor Walternienburg *S.* S. Weidenwerder bei Grünewalde *S.* M. Neben der Berliner Chaussee in Gräben!! Teich an der Südwestecke des Bieberitzer Busches *S.* Bg. An der Ihle südlich von Neuenzinn *K.* Güsen nordwestlich von der Eisenbahnstation!! O. Gröningen im faulen See; Espenlache *Scht.*

386. Scirpus L.

874. S. pauciflórus Lightf. Moorige Triften, Waldwege, zerstreut. Brb. Badez beim Arbeiterhause *Eb.!!* Bg. Bürgerholz auf dem Wege zwischen dem Forsthause und der Heidhau *S.* Güsen nordwestlich von der Station!! nordwestlich von Hohenseeden!!

875. S. setaceus L. Sumpfränder, feuchte, moorige Stellen.

zerstreut. Brb. Kämeritz; zwischen der Poleimühle und Badez; zwischen Göbnitz und Dornburg *S.* S. Zwischen Plötzky und Pretzin *S.* Bg. Hungriger Wolf *S.* Schermensches Erlenbruch; Heidhau *K.* N. Unterhagen *E.!* Scherneberk *E.* O. Emmersberg *Eb.*

876. S. lacustris L. Gräben, Sümpfe, stehende Gewässer, gemein.

877. S. Tabernaemontáni Gmel. Wie voriger, seltener, besonders in salzhaltigen Gewässern. Brb. *Eb.* S. Rondel; Soolkanal; Eisenbahngräben *S.* am Gradirwerk bei Gr. Salze!! Döben; Gnadau *Eb.* M. Sülze östlich von Süllborf!! Bg. Hungriger Wolf!! D. Krottorf *Scht.*

878. S. Holoschoenus L. Sandige Triften, besonders im Elbthal, sehr zerstreut. S. Zwischen Pretzin und Dornburg im Scharleber Holz seit *Scholler!!* zwischen Dornburg und Pröbel *Geigenmüller;* zwischen der Plötzkyer Ziegelei und dem Pilm *S.* M. Beim Forsthaus Alte Klus *Bns.!!* südlich von Gerwisch neben der Chaussee *Bns.!!*

879. S. maritimus L. Gräben, Sümpfe, besonders auf Salzboden, nicht selten. Brb. Badezer Teich!! S. Soolkanal; Eisenbahngräben *S.* am Gradirwerk bei Gr. Salze!! M. Mittel-Elbe!! Prester!! an der Potstrine bei Gerwisch!! Bg. Blumenthal *K.!* O. Krottorf *Scht.* Hecklingen *Scht.*

880. S. silváticus L. Sümpfe, Gräben, zerstreut. Z. Ankuhn!! S. Zwischen Plötzky und Pretzin; zwischen der Neuen Mühle und Gommern; zwischen Pretzin und Dornburg *S.* W. Zwischen Samswegen und Lindhorst!! Bg. Rothe Mühle *K.* Güsen!! N. Unterholzer Berg!! Rammstedt!! Egeln: Unseburg *Eb.*

881. S. compressus (L.) Pers. Wiesen, feuchte Triften, zerstreut. Z. Vor dem Heidethor!! Jütrichau!! Brb. Am Badezer Teich; zwischen Göbnitz und Dornburg *Eb.* S. Rondel *Eb.* an der Röthe; Döben *S.* Bullenwiese!! M. Süllborf *Eb.* W. Zwischen Samswegen und Lindhorst!! Bg. Nördlich von Schermen *K.* Güsen nordwestlich von der Station!!

882. S. rufus (Huds.) Schrad. Salzhaltige Triften, selten. St. In einem Wiesengrunde über Hecklingen nach Neundorf zu!! Deiche *Bns.!* Rathmannsdorf *Sp.!!*

387. Erióphorum L.

883. E. vaginatum L. Torfsümpfe, sehr zerstreut. Bg. Springberg *K.!* N. Moosbruch *M. S.!* schwarzer Pfuhl *Bns.!*

884. E. polystáchyum L. ex p. Moorwiesen, Sümpfe, häufig.

885. E. latifolium Hoppe. Wie voriges, sehr zerstreut. Bg.

Külzauer Mühle!! Resen *S.* N. Moosbruch; Erbke; Krohnens Ruh *M. S.* zwischen dem Hagen und Süpplingen *S.!*

886. E. grácile Koch. Wie voriges, selten. N. Moosbruch *M. S.!*

388. Carex Micheli.

C. dioeca L. Moorwiesen. R. (Nahe der nördlichen Grenze des Gebietes am Fuße des Landsbergs westlich von der Chaussee!!)

887. C. pulicaris L. Moorwiesen, zerstreut. Bg. Hungriger Wolf *K.!!* Springberg *K.* Resen *Bns.!* R. Nördlich von Mahlpfuhl!! (nahe der nördlichen Grenze des Gebiets am Fuße des Landsberges westlich der Chaussee!!) O. *Scht.*

888. C. disticha Huds. Moorwiesen, Sümpfe, nicht selten, z. B. Brb. Poleimühle; Badez *S.* S. Busch; Zackmünde *Eb.* Grünewalde; alte Steinbrüche bei Plötzky *S.* M. Dodendorf *Bns.* Wiese bei Schnarsleben!! an der Chaussee nördlich von Gerwisch!! Bg. *K.* N. Erbke *M. S.!*

889. C. arenaria L. Sandfelder in D nicht selten, A selten, F gar nicht. Brb. Tochheim *Dr. Mohs!* zwischen Göbnitz und Dornburg!! S. Grünewalde auf dem Tohtenhäger; hinter Plötzky; zwischen Pretzin und Dornburg *S.* Bg. Detershagen!! R. Rammstedt!!

890. C. vulpina L. Moorwiesen, häufig.

891. C. muricata L. Gebüsche, Laubwälder, nicht selten. S. Busch; Graben neben d. Friedrichsstraße *S.* Elbinsel *Eb.* Kreuzhorst!! M. Herrnkrug!! Biederitzer Busch *T.!!* W. Samswegen!! Bg. Springberg *K.!* N. Erbke *M. S.*

b) virens Lmk. M. Biederitzer Busch *T.!*

892. C. teretiúscula Good. Torfsümpfe, sehr zerstreut. W. Samswegen!! Bg. Schermen *Dk.!* N. Webringen; Erbke *S.!*

893. C. panniculata L. Sümpfe, Moorwiesen, zerstreut. Brb. Poleimühle *Eb.* S. Bullenwiese *Eb.!!* W. Zwischen Samswegen und Lindhorst!! Bg. Hungriger Wolf *S.* R. Moorwiese vor dem Hagen *S.* Rammstedt am Teich!! N. Erbke; schwarzer Pfuhl *S.*

894. C. Schrebéri Schrk. Trockne Grasplätze, Hügel, Wälder, zerstreut. S. Hummelsberg; Frohsesche Berge *Eb.* vor dem Busch; Damm nach Ranies *S.* M. Wiesenrand nördlich von Krakau!! an der Berliner Chaussee *Eb.* W. Mose!! Bg. *K.* R. Rammstedt!! O. Vor dem Hornhäuser Thor *Scht.*

895. C. ligérica Gay. Sandfelder, zerstreut. S. Zwischen Randau und der Kreuzhorst *Eb.!* Plötzky; Neue Mühle *Eb.* M. An der Elbe südlich vom Herrnkrug!! Heyrothsberge *Eb.* W. Nördlich von Mose!! Bg. Detershagen!! R. Am Hagen!!

896. C. brizoides L. Feuchte Gebüsche, Laubwälder, zerstreut. Brb. Zwischen Walternienburg und Poleimühle *S.* zwischen Göbnitz und Dornburg *S.!!* S. Zwischen Plötzky und dem Pilm; zwischen Plötzky und Pretzin; zwischen Pretzin und Dornburg *S.* M. Biederitzer Busch *T.!!* O. Brandsleber Holz: Vogelheerd *S.*

897. C. remóta L. Wie vorige, häufiger. Z. Am Teich der ersten Mühle nördlich der Stadt!! Brb. Zwischen Göbnitz u. Dornburg *S.!!* S. Grünewalde vor der alten Fähre *S.* Kreuzhorst!! zwischen der Plötzkyer Ziegelei und dem Pilm; Scharleber Holz *S.* M. Biederitzer Busch!! Bg. *K.* R. Unterholzer Berg!! Erlenbruch bei Bäthen!! N. Schwarzer Pfuhl *M. S.!*

b) axillaris Good. (als Art). Brb. Badez im Birkengehölz selten *S.!*

898. C. echinata Murr. Sümpfe, Gräben, nicht selten. Z. Jütrichau!! Brb. Zwischen Walternienburg und Poleimühle *E.* Vor Badez *S.* S. Zwischen der Plötzkyer Ziegelei und dem Pilm *S.* Schloß- und Mühlenbruch bei Gommern *Eb.* zwischen Pretzin und Dornburg *S.* M. Beim Richterschen Gasthof!! W. Samswegen!! Bg. Hungriger Wolf *S.* R. Schwarzer Pfuhl *M. S.* O. Brandsleber Holz bei der Ziegelei *S.* Ludwigsbusch bei Neindorf *Scht.*

899. C. leporina L. Moorwiesen, feuchte Wälder, nicht selten, z. B. Z. Jütrichau!! Brb. Poleimühle *Eb.* S. Bullenwiese *Eb.* Grünewalde; zwischen Plötzky und dem Pilm; zwischen Pretzin und Dornburg *S.* Gommern *Eb.* M. Bei der Friedrich-Wilhelmsbrücke *T.!* Bg. *K.* N. Erbke *S.*

900. C. elongata L. Schattige Sümpfe, feuchte Wälder, zerstreut. S. Zwischen Plötzky und dem Pilm *S.* Neue Mühle bei Gommern *Eb.* zwischen Plötzky und Pretzin *Bns.!* zwischen Pretzin und Dornburg *S.* Bg. *K.* R. Erlenbruch nördlich von Bäthen!! N. Erbke *M. S.*

901. C. canescens L. Sümpfe, feuchte Waldstellen, zerstreut. Brb. Poleimühle *Eb.* S. Erlenbruch zwischen Plötzky und Pretzin; Kesselteich *S.* Schloß- und Mühlenbruch bei Gommern *Eb.* Bg. Schermen *S.* R. Rammstedt!! N. Erbke; schwarzer Pfuhl *S.*

902. C. stricta Good. Tiefe Sümpfe, zerstreut. Brb. Am Badezer Teich *S.* S. Bei der Pretziner Mühle!! Mittelwiese!! Bg. Sumpf östlich von der Chaussee südlich vom Möser *S.!!* Hungriger Wolf!! Bürgerholz *S.* Güsen nordwestlich von der Station!!

903. C. Goodenoughii Gay. Wiesen, Sumpfränder, sehr häufig.

904. C. grácilis Curt. Sümpfe, Gräben, gemein.

905. C. Buxbaumii Wahlenb. Mäßig feuchte Wiesen, selten. R. Nördlich von Mahlpfuhl!!

906. C. supina Wahlenb. Sonnige Hügel, trockne Wälder, sehr zerstreut, in D und F. S. Hummelsberg *Eb.!!* Plötzkyer Steinbrüche *Eb.* Pretziner Kirchhof *S.* Neue Mühle bei Gommern *Bns.!* Bg. Hungriger Wolf *Bns.* Schinderfichten im Bürgerholz *Dk.!* R. Rammstedt am Wege nach der Eisenbahnstation Rogätz *Bns.!!*

907. C. pilulifera L. Trockne Wälder, Wiesen, nicht selten, z. B. S. Am Kesselteich bei Pretzin; Streitheide bei Gommern *S.* M. Bei der Friedrich-Wilhelmsbrücke *T.!* Bg. Bürgerholz *S.* R. Rammstedt!! N. Moosbruch *M. S.!* Erbke *M. S.* schwarzer Pfuhl *S.* O. Brandsleber Holz *S.*

908. C. tomentosa L. Wiesen, schattige Laubwälder, zerstreut. Brb. Im sauren Zeitz *S.* S. Kapitelbusch *Eb.!!* M. Biederitzer Busch, Nordwestseite *T.!* Bg. Möser; nördlich von Schermen *S.* am nordöstlichen Rande des Bürgerholzes *S.!!* N. Erbke *M. S.!* O. Hakel im Domburgshau!!

909. C. montana L. Bergige Laubwälder, selten, aber sehr gesellig. O. Hakel!!

910. C. ericetórum Poll. Trockne Wälder, zerstreut. S. Streitheide bei Gommern *S.* M. Zwischen der Klusheide und Wahlitz *S.* Bg. *K.* R. Am Hagen *T.!* Rammstedt!! N. Kolbitzer Heide; Benitz *S.* Oberholz *M. S.!* O. Brandsleber Holz *S.*

911. C. praecox Jacq. Hügel, Wälder, nicht selten, z. B. Brb. Tochheim *S.* S. Frohsesche Berge; Pretzin *S.* M. Schnarsleben!! Bg. *K.* R. Oberhagen!! N. Kolbitzer Heide *S.* Benitz; Hagen *M. S.* O. Brandsleber Holz; Hakel *S.*

912. C. húmilis Leysser. Abhänge, trockne Wälder, zerstreut. S. Frohsesche Berge *Eb.!!* Bg. Bei den Pietzpuhler Seen *K.!* N. Planken *S.!* St. Tannenbusch bei Hohen-Erxleben *Eb.* Brn. *Garcke.*

913. C. digitata L. Laubwälder, selten. Bürgerholz bei der großen Buche *Dk.!!*

914. C. panicea L. Feuchte Wiesen, sehr häufig.

915. C. glauca Scop. Wiesen, Laubwälder, zerstreut. Z. Luso!! Brb. Im sauren Zeitz *S.* Poleimühle *Eb.* Badez!! S. Döben *S.* Zackmünde; Rondel *Eb.* Bullenwiese; Westerhüsensche Berge *S.* W. Zwischen Samswegen und Lindhorst!! Bg. Möser; nördlich von Schermen *S.* R. Nördlich von Mahlpfuhl!! N. Bei Krohnens Ruh *M. S.!* O. Hakel im Domburgshau!!

916. C. pallescens L. Schattige Wälder, Sumpfränder, nicht selten. Z. Friedrichsholz *Eb.* Jütrichau!! Brb. Erlenbruch zwischen Göbnitz und Dornburg *S.* S. Schloß- und Mühlenbruch bei Gommern *Eb.* zwischen Pretzin und Dornburg im Walde; Moorwiese westlich von Dornburg *S.* M. Biederitzer Busch *T.!!* Bg.

Bürgerholz *S.!!* R. Kesperbusch!! Rammstedt!! nördlich von Mahlpfuhl!! N. Erbke *S.* O. Brandsleber Holz *S.* Hakel!!

917. C. flava L. Sümpfe, zerstreut. R. Unterhagen *S.* N. Erbke; schwarze Pfuhl *S.*

b) Oedéri Ehrh. (als Art). Wie vorige, häufiger. Z. Jütrichau!! Brb. Teich bei Badez *S.* S. Zwischen Dornburg und Pretzin *S.* Schloßbruch bei Gommern *Eb.* M. Bei Richters Gasthof *T.!* Bg. Hungriger Wolf!! R. Rammstedt *Bns.*

918. C. distans L. Wiesen, zerstreut. Z. Jütrichau!! Brb. Badez!! S. Nach Felgeleben zu *Eb.* Döben; Zackmünde *S.* Bullenwiese!! zwischen Frohse und Westerhüsen *S.* Bg. *K.* Güsen!!

919. C. fulva Good. Wie vorige, sehr zerstreut. Brb. Badez beim Arbeiterhause!! R. Nördlich von Mahlpfuhl!! (nahe der nördlichen Grenze des Gebiets am Fuße des Landsberges westlich von der Chaussee!!)

920. C. silvática Huds. Schattige Wälder, zerstreut. Brb. Rosenburger Busch!! zwischen Ronnei und Tochheim *S.* S. Grünewalde am Nachtigallensteig!! M. Biederitzer Busch *T.!* Bg. Nordöstlich vom Kirchwasser; Bürgerholz: Heidhau *K.* R. Unterholzer Berg!! N. Erbke *M. S.* O. Hakel!!

921. C. Pseudocýperus L. Gräben, Sümpfe, zerstreut. Brb. Zw. Walternienburg u. Poleimühle *E.* am Badezer Teich!! S. Zw. der Plötzkyer Ziegelei u. d. Pilm *S.* alte Steinbrüche bei Plötzky *Eb.* Kesselteich bei Pretzin *S.* W. Zw. Samswegen u. Lindhorst!! Bg. Nördlich von Schermen *K.* Bürgerholz!! R. Sumpf dem Laubberg gegenüber *S.* Erlenbruch bei Bäthen!! N. Erbke *M. S.!* St. Rathmannsdorf *Scht.*

922. C. ampullacea Good. Sümpfe, besonders Torfsümpfe, zerstreut. Brb. Zwischen Walternienburg und Poleimühle!! zwischen Poleimühle u. Badez!! zw. Göbnitz u. Dornburg *S.!!* W. Samswegen!! Bg. Hungriger Wolf *S.!!* N. Erbke; schwarzer Pfuhl *S.*

923. C. vesicaria L. (ex p.) Sümpfe, Gräben, nicht selten, z. B. S. Busch; Döben *S.* Kesselteich bei Pretzin!! zwischen Pretzin und Dornburg *S.* Krenzhorst!! M. Rothehorn!! Bg. *K.* Güsen!! N. Erbke *M. S.*

924. C. riparia Curt. Tiefe Sümpfe, Gräben, nicht selten. Brb. Im sauren Zeitz *S.* S. Busch *Eb.* zwischen Plötzky und dem Pilm *S.* Kreuzhorst!! M. Pechau *Bns.* Bg. Bürgerholz!! Güsen!! N. Erbke *M. S.*

925. C. paludosa Good. Wie vorige, weniger häufig. S. Bei den Westerhüsenschen Bergen *S.* Kesselteich bei Pretzin *S.!!* M. Pechau *Bns.* Bg. *K.* N. Wedringen *S.* Erbke *M. S.* Krohnens Ruh *M. S.!*

926. C. nutans Host. Wiesen, Gräben, nur im Elbthal, zerstreut. Brb. Zwischen Alt-Tochheim und Kl. Rosenburg *Eb.!!* S. Buschwiesen *S.!* (von ihm hier 1849 zum ersten Mal in Norddeutschland gefunden); Schloßgarten in Randau *Eb.* M. Biederitzer Busch am Wege nach Biederitz *T.!* Berliner Chaussee nahe der Friedrich-Wilhelmsbrücke *Bns.!* W. Feldgräben nach Samswegen hin *T.!*

927. C. filiformis L. Tiefe Torfsümpfe, nur D, zerstreut. Brb. Zwischen Poleimühle und Badez *S.!!* Badez beim Arbeiterhause!! S. Kesselteich bei Pretzin *S.!!* Mittelwiese häufig *S.!!* M. Bei Richters Gasthof nach Königsborn hin *T.* Bg. Hungriger Wolf!!

928. C. hirta L. Wiesen, Gräben, Sumpfränder, sehr häufig.

925 × 927. C. paludosa × filiformis. Dieser bisher noch nicht bekannte Bastard wurde 1857 von *Bns.* und *S.* S. Pretzin südöstlich vom Kesselteich im Sumpfe!! entdeckt.

101. Familie. Gramina Juss.

* Zea L.

* Z. Mays L. Stammt aus Amerika. Gebaut.

389. Andropógon L.

929. A. Ischaemum L. Sonnige Hügel, Raine, nur F, sehr selten. St. Südlicher Graben des kahlen Graseweges bei Neundorf *Bns.* 1858!!

390. Pánicum L.

930. P. sanguinale L. Sandwege, Gartenland, sehr zerstreut. Brb. Dornburg, Schloßgarten *S.* S. Gärten *S.* Bg. Gärten *Dk.!*

931. P. filiforme (Koeler) Gke. Sandfelder, Wege, zerstreut. S. Malzmühle; Frohse; Randau *S.* M. Bei Richters Gasthof!! nördlich von Biederitz!! Bg. *K.* N. Parförde!!

932. P. crus galli L. Feuchte Aecker, Wegränder, Gräben, häufig.

* P. miliaceum L. Stammt aus dem Orient. Auf Aeckern gebaut.

391. Setária P. B.

933. S. verticillata (L.) P. B. Gartenland, zerstreut. Ursprünglich wohl nicht einheimisch. Brb. Seminargarten *E.* S. *S.* M. Prester *E.* Sudenburg *S.*

934. S. viridis (L.) P. B. Aecker, Gartenland, gemein.

935. S. glauca (L.) P. B. Wie vorige, weniger häufig. Z.

Vor Eichholz!! S. Eggersdorf; Hummelsberg; Frohse; Westerhüsen; Dornburg *S.* M. Biederitz *E.* Bg. *K.*

392. Phálaris L.

936. P. arundinacea L. Gräben, Sümpfe, sehr häufig.
b) picta. In Gärten als Zierpflanze.
† P. canariensis L. Stammt aus Süd-Europa. Verwildert M. Chausseegraben vor Kl. Ottersleben *S.*

393. Hieróchloë Gmel.

937. H. odorata (L.) Wahlenb. Wiesen, nur im Elbthal, sehr selten, aber gesellig. S. Kapitelbusch *Eb.!!* Erreicht hier die Südwestgrenze ihres Vorkommens.

394. Anthoxanthum L.

938. A. odoratum L. Wiesen, Wälder, gemein.

395. Alopecúrus L.

939. A. pratensis L. Wiesen, gemein.
940. A. agrestis L. Wegränder, sehr selten. O. *Scht.*
941. A. geniculatus L. Feuchte Wiesen, häufig.
942. A. fulvus Sm. Wie voriger, zerstreut. Brb. Badez beim Arbeiterhause *S.* S. Grünewalde *S.* W. Moor nördlich von Samswegen!!

396. Phleum L.

943. P. Boehméri Wib. Sonnige Hügel, trockne Wälder, zerstreut. S. Frohsesche Berge *S.* vor dem Scharleber Holz *Eb.* Bg. Brehmer Berg *Dk.!* N. Seelenhau *S.* Brn. *Garcke.*
944. P. pratense L. Wiesen, Wegränder, gemein.
b) nodosum L. (als Art). S. Eisenbahngräben; Hummelsberg *Eb.*

397. Léersia Solander.

945. L. oryzoides (L.) Sm. Ufer, Sumpfränder, selten. Bg. Ihle südlich von Neuenzinn *K.* O. Espenlache *Bns.!* und von hier über die Chaussee nach Güntherssdorf zu *Scht.*

398. Agrostis L.

946. A. vulgaris With. Wiesen, feuchte Wälder, häufig.
947. A. alba L. Wie vorige, seltener. S. An der Elbe beim Buschwerder; Streitheide bei Gommern *S.* Bg. *K.* R. *Bns.*
948. A. canina L. Moorboden, zerstreut. S. Bei der Pretzi-

ner Mittelwiese *S.!!* Bg. Sumpf, südlich vom Möser, östlich der Chaussee *S.!!* Hungriger Wolf!!

399. Apéra Adans.

949. A. spica venti (L.) P. B. Aecker, Triften, Wegränder, gemein.

400. Calamagrostis Adans.

950. C. lanceolata Rth. Morwiesen, zerstreut. Brb. Poleimühle *Eb.* S. Kesselteich *S.* Mittelwiese bei Pretzin!! Bg. Güsen *Bns.!!* R. Unterhagen *S.*

951. C. epigéa (L.) Rth. Sandige Hügel, trockne Wälder, zerstreut. Brb. Zwischen Ronnei und Tochheim *Eb.* nördlich von Göbnitz!! S. Grünewalde; zwischen Pretzin und Dornburg *S.* M. Gerwisch *E.* W. Herrnholz bei Glindenberg *S.* Bg. Zwischen Külzau und Niegripp *E.* Grabauer Busch; Bürgerholz *Dk.!*

952. C. neglecta auct. (Ehrh.) Torfsümpfe, sehr zerstreut. S. Mittelwiese bei Pretzin *S.!!* Bg. Sumpf südlich von Möser *S.* Hungriger Wolf *Bns.!!*

953. C. arundinacea Rth. Laubwälder, sehr zerstreut. Bg. Bürgerholz bei der großen Buche *Dk.!!* O. Hakel *S.*

† Ammóphila Host.

† A. arenaria (L.) Lk. An den deutschen Küsten einheimisch; zum Binden des Flugsandes angesäet und eingebürgert. Brn. Friedrikenberg an der Terrasse!! M. Nördlich von Biederitz nach Gerwisch zu *Bns.!!* Bg. Bräbätz *K.!*

401. Milium L.

954. M. effúsum L. Schattige Wälder, zerstreut. M. Biederitzer Busch!! Bg. Bürgerholz bei der großen Buche *Dk.!* R. Unterhagen *S.* Rammstedt!! N. Wellenberge bei Dönnstedt *S.* L. Brandsleber Holz; Ampfurter Busch *S.* Hakel!! Egelsche Forst *S.* St. Gänsefurter Busch *Eb.*

402. Stupa L.

955. S. pennata L. Sonnige Hügel, selten. Brb. Friedrikenberg *Eb.!*

956. S. capillata L. Sonnige Hügel, Wegränder, zerstreut. S. Hummelsberg *Eb.* Frohsesche Berge *S.* Pretziner Kirchhof *Eb.* M. Festungsmauern vor dem Sudenburger Thor *T.!!* Hohlweg nördlich von Lemsdorf!! und Chaussee im Hohlweg nördlich von Dodendorf!! Klingeberg bei Sülldorf *Eb.* Gr. Wartberg bei Schnarsleben

S. O. Krottorf in der zweiten Steinkuhle *Scht.* St. Neundorf am kahlen Graseweg!! Rathskalkhütte!! Brn. Kalkberge!! Kalbe: Damm zwischen Gritzehne und Rosenburg *Eb.*

403. Phragmites Trin.

957. P. vúlnerans (Gil.) Aschs. Ufer, Gräben, gemein.

404. Koeléria Pers.

958. K. cristata (L.) Pers. Trockne Wälder, Hügel, Wegränder, häufig.

959. K. glauca (Schk.) D. C. Kiefernwälder, dürre Hügel, zerstreut. S. Zwischen Randau und der Kreuzhorst; Pretzin *S.* Bg. Külzauer Forst *K.!* südlich von Schermen *S.*

405. Aira L.

960. A. caespitosa L. Moorwiesen, feuchter Wald, gemein.
b) vivípara. S. Grünewalde *S.*

961. A. flexuosa L. Trockne Wälder, sehr zerstreut. O. Brandsleber Holz *S.* Sauerholz bei Ampfurt *Eb.* Hakel *S.*

406. Corynéphorus P. B.

962. C. canescens (L.) P. B. Trockne Hügel, Sandfelder, Kiefernwälder, **F** zerstreut, **A** selten, **D** häufig, z. B. S. Frohsesche Berge; zwischen Frohse und Welsleben *S.* Todtenhäger *Eb.* zwischen Pretzin und Gommern und zwischen Pretzin und Dornburg *S.* M. Alte Klus *Bns.* Bg. *K.*

407. Holcus L.

963. H. lanatus L. Wiesen, gemein.

964. H. mollis L. Gebüsche, schattige Wälder, zerstreut. S. Damm nach Ranies; Plötzky am großen Kulk *Eb.* westlicher Rand des Scharleber Holzes *S.!!* Bg. Birkensteig *Dk.!* R. Seelenhau *S.*

408. Arrhenátherum P. B.

965. A. elatius (L.) M. u. K. Wiesen, Wegränder, häufig. Oft angesäet.

409. Avéna L.

* A. sativa L. Auf Aeckern häufig gebaut.

† A. strigosa Schreb. Einzeln zwischen der vorigen Art. S. Frohse *S.* M. Krakauer-Anger!! St. Am kahlen Graseweg bei Neundorf!!

† A. fátua L. Ebenso. M. *S.* Bg. *K.*

966. A. pubescens L. Trockne Wiesen, Wälder, nicht selten. S. Kapitelbusch *Eb.* zwischen Gr. Salze und Felgeleben *S.* Bullenwiese!! Frohsesche Berge *Eb.* Bg. *K.* R. Kiefernschonung bei der Eisenbahnstation!! N. Erbke; Moorwiese zwischen dem Hagen und Süpplingen *S.*

967. A. pratensis L. Trockne Hügel, Wälder, zerstreut. Brb. Tochheim *Eb.* S. Hummelsberg *S.* Eisenbahngräben zwischen Frohse und Westerhüsen *Eb.* Frohsesche Berge *Eb.!!* Plötzky; Pretzin *Eb.* N. Gr. Wartberg; Klusheide *S.* Bg. Hungriger Wolf *S.!!* N. Erbke *S.*

968. A. flavescens L. Wiesen, Wegränder, zerstreut. S. Buschwiesen; Elbwiesen bei Glinde; zwischen Felgeleben und Gr. Salze; Hummelsberg *S.* Bullenwiese *Eb.* M. Friedrich-Wilhelmsgarten *T.!* Herrnkrug *T.!*

969. A. caryophylléa (L.) Web. Sandfelder, Kiefernwälder, zerstreut. Brb. Zwischen Walternienburg und Poleimühle *S.!!* Kämeritz *S.* S. Frohsesche Berge *Eb.* Plötzky bei den alten Steinbrüchen *Eb.* vor der Streitheide *S.* Bg. *S.* Güsen!! R. Bei der Eisenbahnstation *S.*

970. A. praecox (L.) P. B. Wie vorige, seltener, gewöhnlich in ihrer Gesellschaft. Brb. Zwischen Kämeritz und Badez *S.!!* S. Plötzky bei den alten Steinbrüchen *Eb.* Bg. bei den Pietzpuhler Seen *Dk.!* Güsen!! R. Bei der Eisenbahnstation *Bns.!*

410. Triódia R. Br.

971. T. decumbens R. Br. Kiefernwälder, Moorboden, Hügel, zerstreut. Brb. Zwischen Walternienburg und Poleimühle *S.!!* S. Frohsesche Berge; zwischen Plötzky und Pretzin *S.* M. Zw. den Heyrothsbergen und Woltersdorf auf einem kleinen Moor *T.!* Klusheide *S.* Bg. Hungriger Wolf!! Grabauer Forst *K.* Hohenseeden!! R. Wiese bei Mahlpfuhl!! N. Kolbitzer Heide, nördlich von Parförde!! O. Brandsleber Holz *Eb.*

411. Mélica L.

972. M. nutans L. Schattige Wälder, zerstreut. Z. Zwischen Jütrichau und Luso!! Friedrichsholz *Eb.* Bg. Bürgerholz bei der großen Buche *Dk.!* R. Oberhagen *S.* N. Butterwinkel!! Dönnstedt *Eb.* O. Brandsleber Holz *S.* Hakel!!

973. M. uniflóra Retz. Schattige Laubwälder, selten. N. Wellenberge bei Dönnstedt *S.!*

412. Briza L.

974. B. media L. Wiesen, gemein.

413. Poa L.

975. P. dura (L.) Scop. Lehmwege, sehr zerstreut. O. Andersleben, wo der Peseckendorfer und Oschersleber Weg sich kreuzen *Scht.* St. *Roehl!* Alt Staßfurt *Scht.*

976. P. annua L. Wege, Wiesen, Gartenland, gemein.

977. P. bulbosa L. Wegränder, Hügel, zerstreut. Die Stammart nur S. Pretziner Kirchhof *S.*

b) crispa Thuill. (als Art). S. Glinde an der Ueberfahrt; hinter dem Beguinenhause *Eb.* Hummelsberg!! Sohlsche Berge *S.* bei der Ueberfahrt nach Dornburg *Eb.* Bg. Detershagen!! M. Glacis vor dem Sudenburger Thor *T.!*

978. P. nemoralis L. Wälder, häufig.

979. P. serótina Ehrh. Feuchte Wiesen, nicht selten, z. B. S. Vor dem Busch; Grünewalde *S.* M. Bei der Berliner Chaussee!! Bg. Paddenmühle *K.*

980. P. trivialis L. Wiesen, Wegränder, häufig.

981. P. pratensis L. Wiesen, Wegränder, Wälder, gemein.

982. P. compressa L. Mauern, Hügel, Wegränder, nicht selten. S. Kirchhofsmauer in Gr. Salze; Eisenbahnböschungen nach Felgeleben *Eb.* Frohsesche Berge; Plötzky *S.* M. Auf Mauern; Sülldorf; Bahrendorf *S.* Bg. *K.* Egeln: Borne *Eb.*

414. Glycéria R. Br.

983. G. altissima (Gil.) Gke. Sümpfe, Gräben, gemein.

984. G. flúitans (L.) R. Br. Gräben, Ufer, Sumpfwiesen sehr häufig.

985. G. distans (L.) Wahlenb. Gräben, Zäune, Salzboden, zerstreut, S. Vor dem Busch; Soolgraben beim Welsleber Weg *S.* M. Sülldorf!! O. Sülzen; Krottorf: Salzquelle und rothe Lache bei der Wiesenmühle *Scht.* St. Hecklingen *Scht.*

986. G. aquática (L.) Presl. Schlammige Gräben, sehr zerstreut. S. Bei der Bullenwiese; Kl. Mühlingen *S.* Bg. Zibbelleben *K.!* St. Hecklingen *Scht.*

415. Molínia Mnch.

987. M. coerulea (L.) Mnch. Moorwiesen, feuchte Wälder, zerstreut. Zrb. Zwischen Walternienburg und Poleimühle *E.* S. Zwischen Pretzin und Dornburg *S.* Neue Mühle bei Gommern *Bns.* M. Bei Richters Gasthof!! Bg. Südlich von Niegripp *S.* zwischen d. Brehm und dem Bürgerholz *K.* O. Hakel *Eb.* St. Gänsefurter Busch *Eb.*

416. Dáctylis L.

988. D. glomerata L. Trockne Wiesen, Gebüsche, Wälder, gemein.

417. Cynosúrus L.

989. C. cristatus L. Wiesen, Triften, Wegränder, häufig.

418. Festúca L.

990. F. myúra Ehrh. Sonnige Hügel, selten. S. Frohsesche Berge *S.!*

991. F. ovina L. Sandfelder, Wälder, Hügel, sehr gemein.

992. F. duriúscula L. syst. Schattige Wälder, Grasplätze, zerstreut. Z. Friedrichsholz!! S. Zwischen Gr. Salze und Felgeleben *S.* Kapitelbusch *Eb.* zwischen Pretzin und Dornburg *S.* O. Hakel *S.*

993. F. rubra L. Sandfelder, sehr zerstreut. Bg. Güsen!!

994. F. gigantéa (L.) Vill. Schattige Wälder, zerstreut. Brb. Cyprena *Eb.* Fritzer Busch; Rosenburger Busch *S.* Tochheimer Busch!! Dornburg *Eb.* S.. Busch; Grünewalde *S.* M. Biederitzer Busch!! Bg. *K.* R. Erlenbruch bei Bäthen!! O. Hakel *S.*

995. F. arundinacea Schreb. Feuchte Wiesen, zerstreut. Brb. Badezer Teich *Bns.* S. Bullenwiese *S.* O. Felgeleben; Salze; Gommern *Eb.* O. Kleine Sülten; kleine Bleek und sonst im Bruch und der Bodeniederung *Scht.* Egeln: Borne *Eb.* St. An den Sülzen am Löderburger Wege!! an der Liethe, westlich von Rathmannsdorf!!

996. F. elátior L. Wiesen, gemein.

b) adscendens Retz. (als Art). Wie vorige, selten. S. Beim Forsthaus Kreuzhorst!! (in die Hauptart übergehend). Bg. Rothe Mühle *K.*

419. Brachypódium P. B.

997. B. silváticum (Huds.) R. u. Schult. Schattige Wälder, zerstreut. Brb. Tochheim am Damm!! Rosenburger Busch *S.* S. Kapitelbusch; Grünewalde am Damm nach der Ziegelei *S.* Scharleber Holz *S.!!* M. Biederitzer Busch!! Bg. Wehmerlake im Bürgerholz *K.* R. Unterholzer Berg *S.* Rammstedt!! O. Brandsleber Holz *S.!* Hakel *Eb.* St. Gänsefurter Busch *S.*

998. B. pinnatum (L. ex p.) P. B. Trockne Hügel, lichte Wälder, zerstreut. S. Zenser, Frohsesche, Sohlsche Berge *S.* Bg. Südlich von Schermen an der Chaussee *S.* O. Brandsleber Holz *T.!* Hakel *Eb.* Egeln an der Chaussee nach Magdeburg *S.*

420. Bromus L.

999. B. secalinus L. Unter Getreide häufig.

1000. B. racemosus L. Wiesen, zerstreut. S. Hinter dem Pflanzenkamp *S.* Soolkanal; Bullenwiese *Eb.* Frohse *S.* Bg. Nachtweide *Dk.!* R. Bäthen *Bns.!* N. Wedringen; Süpplingen *S.*

1001. B. commutatus Schrad. Aecker, selten. S. Frohsesche Berge *S.*

1002. B. mollis L. Wiesen, Wegränder, gemein.

1003. B. arvensis L. Aecker, zerstreut, z. B. S. Hummelsberg; Frohsesche Berge *Eb.* nördlich von Westerhüsen!! M. Südlich vom Biederitzer Busch!! W. *T.!* Bg. Lüdersdorf *Dk.!*

1004. B. asper Murr. Schattige Wälder, sehr zerstreut. Bg. *K.*

b) serótinus Beneken. (als Art). Laubwälder, selten. O. Hakel *S.!* Egelsche Forst *S.* St. Gänsefurter Busch *S.!!*

† B. erectus Huds. Grasplätze, Wegränder, nur ausgesäet. M. Friedrich-Wilhelmsgarten!! Chausseegraben der Leipziger Chaussee vor dem Schwan *S.* Park zu Sülldorf *T.!*

1005. B. inermis Leysser Trockne Wiesen, Hügel, nicht selten, z. B. S. Busch; Frohsesche Berge *S.* M. Rothehornspitze!! an der Elbe südlich vom Herrnkrug!! Bg. Bierkeller *Dk.!* St. Neundorf am kahlen Graseweg!! Rathskalkhütte!! Rathmannsdorf!! Brn. Weinberge!!

1006. B. stérilis L. Mauern, Zäune, nicht selten.

1007. B. tectorum L. Wegränder, Zäune, Schutt, gemein.

421. Tríticum L.

* T. vulgare Vill. Häufig gebaut.

1008. T. repens L. Ackerränder, Wege, Wiesen, gemein.

1009. T. caninum (L.) Schreb. Schattige Laubwälder, nur A, verbreitet und gesellig. Brb. Rosenburger Busch!! Tochheimer Busch *E.* S. Kapitelbusch; Grünewalde; Kreuzhorst *S.* M. Vogelgesang *T.!!* Biederitzer Busch am südlichen Rande!! O. Krottorf im Mühlenhölzchen *Scht.*

* Secále L.

* S. cereale L. Ueberall auf Aeckern gebaut.

† Élymus L.

† E. arenarius L. An den Küsten Deutschlands einheimisch; im Gebiet nur zur Befestigung des Flugsandes angebaut und eingebürgert. M. An der Westseite von Gerwisch *T.* 1856!! R. (Nahe

der nördlichen Grenze des Gebiets an der Chaussee am nördlichen Fuße des Landsberges *E.!!*)

422. Hórdeum L.

* H. vulgare L. Auf Aeckern gebaut.

* H. distichum L. Ebenso, häufiger als voriges.

1010. H. murinum L. (ex p.) Zäune, Wegränder, gemein.

1011. H. secalinum Schreb. Wiesen, besonders salzhaltige, zerstreut, aber gesellig. S. Buschwiesen; Wiesen nach Glinde zu; am Soolkanal *S.* M. Sülzewiesen östlich von Sülldorf!! Bg. Zolle am Blumenthalschen Weg *Dk.!!* St. Bodewiesen, besonders Bruchwiesen unterhalb Alt-Staßfurt *Scht.*

423. Lólium L.

1012. L. perenne L. Wiesen, Gebüsche, Wegränder, gemein.

† L. multiflórum Poir. Stammt aus Süddeutschland; im Gebiet nur angesäet und eingebürgert. S. Friedhof *Eb.!* Eisenbahngräben *S.*

1013. L. temulentum L. Aecker, besonders unter Hafer, häufig.

1014. L. arvense Schrad. Aecker, nur unter Lein, zerstreut. S. Kl. Mühlingen; Zens; Eickendorf *S.* Bg. Löbekühn *K.* R.!! Bäthen und Mahlpfuhl!!

424. Nardus L.

1015. N. stricta L. Moorwiesen, dürre Hügel, zerstreut. J. Jütrichau!! Brb. Bei der Poleimühle *S.!!* S. Pretzin am Kesselteich *S.* Gommern am Schloß- und Mühlenbruch *Eb.* M. Nordöstlich vom Richterschen Gasthof!! Bg. Hungriger Wolf *S.* Weg nach Pietzpuhl *K.* Güsen *S.* N. Erbke; schwarzer Pfuhl *S.*

II. Gymnospermae.

102. Familie. Coníferae Juss.

* Taxus Tourn.

* T. baccata L. Im Gebiet nicht einheimisch, sondern nur zu Hecken u. s. w angepflanzt.

425. Juníperus L.

1016. J. commúnis L. Kiefernwälder, nicht häufig.
* J. virginiana L. Zierbaum aus Nordamerika.
* J. Sabina L. Zierstrauch aus Süddeutschland.

* Thuja L.

* T. occidentalis L. Zierstrauch aus Nordamerika.

426. Pinus Tourn.

1017. P. silvestris L. Bildet die Nadelwälder des Gebiets fast ausschließlich.
* P. Strobus L. Zierbaum aus Nordamerika.

* Ábies Tourn.

* A. alba Mill. Häufiger Zierbaum aus Mitteldeutschland.

427. Pícea Tourn.

1018. P. excelsa (Lmk.) Lk. In Bergwäldern, selten. O. Brandsleber Holz S. Als Zierbaum nicht selten. Schöne beschnittene Hecken von diesem Baume finden sich Brb. Im Park bei Dornburg.

* Larix Tourn.

* L. decidua Mill. Zierbaum aus Südost-Deutschland.

Cryptógamae.

I. Cormóphyta.

A. Filicinae.

a. Gonioptérides Willd.

103. Familie. Equisetaceae D. C.

428. Equisétum L.

1019. E. arvense L. Aecker, Wiesen, gemein.

b) nemorosum A. Br. Schattige Wälder, zerstreut. S. Zwischen Pretzin und Dornburg *S.!!* N. Erlenbruch bei Bäthen!!

1020. E. palustre L. Moorwiesen, Gräben, zerstreut. Z. Zwischen Jütrichau und Luso!! S. Bullenwiese; zwischen Frohse und Westerhüsen; vor Dornburg *S.* N. Südlich von der Berliner Chaussee!! Bg. Hungriger Wolf *Bns.*

1021. E. limosum L. Sümpfe, Gräben, gemein.

b. Hydroptérides Willd.

104. Familie. Salviniaceae Bartl.

429. Salvinia Micheli.

1022. S. natans (L.) Hoffm. Stehende Gewässer, selten. N. Pechauer See *Bns.!!*

c. Bryoptérides Willd.

105. Familie. Lycopodiaceae D. C.

430. Lycopódium L.

1023. L. Selágo L. Erlensümpfe, an den Höckern, sehr selten. Brb. Zwischen der Poleimühle und Badez, Rämeritz gegenüber *S.!!*

1024. L. inundatum L. Sumpfränder, moorige Stellen, selten. M. Beim Richterschen Gasthof in einem kleinen Sumpf südöstlich vom Hause *T.!!* Bg. Hungriger Wolf *K.*

1025. L. clavatum L. Trockne Wälder, zerstreut. Brb. Zwischen Walternienburg und Poleimühle; Badez *S.* M. Klusheide *S.* Bg. Grabauer Forst am Steglitzer Weg *K.* N. Oberholz *M. S.!* O. Brandsleber Holz nördlich der Ziegelei *F. Reinecke.*

d. Fílices L.

106. Familie. Ophioglossaceae R. Br.

431. Botrýchium Sw.

1026. B. Lunaria Sw. Grasige, trockne Waldstellen, selten. R. Rammstedt *E.!*

432. Ophioglossum L.

1027. O. vulgatum L. Mäßig feuchte Wiesen, sehr zerstreut. S. Bullenwiese, jetzt durch Urbarmachung der Wiese ausgerottet *S.!* St. Busch bei Rathmannsdorf *Scht.*

107. Familie. Osmundaceae R. Br.

433. Osmunda L.

1028. O. regalis L. Feuchte Wälder, Sumpfränder, sehr zerstreut. Bg. Bürgerholz beim Forsthause *Dk.!!* N. Zernitz *M. S.* schwarzer Pfuhl *Bns.!*

108. Familie. Polypodiaceae R. Br.

434. Polypódium L.

1029. P. vulgare L. Wälder, sehr zerstreut. S. Zwischen Pretzin und Dornburg S. M. Klusheide S. N. Päthen E.!

435. Pteris L.

1030. P. aquilína L. Trockne Wälder, zerstreut. Bg. Bürgerholz S. N. Seelenhau S. Rammstedt!! N. Kolbitzer Heide; schwarzer Pfuhl; Dönnstedt; Hagen S. O. Brandsleber Holz nach Beckendorf zu S.

Blechnum L.

B. Spicant (L.) Rth. Schattige Wälder. (Nahe der westlichen Grenze im Park zu Harbke bei Helmstedt *Dr. Hanstein.*)

436. Asplénium L.

1031. A. Trichómanes L. Mauerritzen, selten. M. Festungswerke *Bns.!*

1032. A. Filix fémina (L.) Bernh. Sumpfränder in Wäldern, feuchte Gebüsche, zerstreut. Brb. Zwischen Walternienburg und Poleimühle; zwischen Göbnitz und Dornburg S. S. Zwischen Pretzin und Dornburg; Pilm S. N. Seelenhau S. N. Papenberg M. S. St. Gänsefurter Busch S

1033. A. Ruta muraria L. Mauern, nicht selten. Z. Nikolaikirche!! S. Salze an der Kirche S. M. Festungsmauern, besonders Glacis der Sternschanze!! Bg. Stadtmauer, Südseite K. N. Stadtmauer M. S.

437. Phegópteris Fée.

1034. P. Robertianum (Hoffm.) A. Braun in litt. Mauerritzen, sehr selten. M. Glacis der Sternschanze 1853!! (Polyp. Dryopteris Aschs. in Zeitschr. für die ges. Naturw. 1853).

438. Aspídium Sw.

1035. A. Thelýpteris (L.) Sw. Sümpfe, besonders in Wäldern, zerstreut. Brb. Zwischen Walternienburg und Poleimühle S. zwischen Poleimühle und Badez!! zwischen Göbnitz und Dornburg S. W. Zwischen Samswegen und Lindhorst!! Bg. Hungriger Wolf!! N. Braumanns Erlen E.! N. Nördlich von Parförde!! Moosbruch M. S. schwarzer Pfuhl M. S.

1036. A. montanum (Vogler) Aschs. Schattige Wälder, besonders an Sümpfen, sehr zerstreut. Bg. *K.!* O. Brandsleber Holz: Vogelheerd *Scht.*

1037. A. Filix mas (L.) Sw. Wälder, zerstreut. S. Elbinsel bei der Abendlake; Scharleber Holz bei Pretzin; Pilm *Eb.* Bg. Schinderfichten *S.* N. Seelenhau *S.* Kesperbusch!! Hagen *S.* N. Papenberg *M. S.* O. Brandsleber Holz *S.* St. Gänsefurter Busch *S.*

1038. A. cristatum (L.) Sw. An Waldsümpfen, selten. N. Schwarzer Pfuhl *E., M. S.!*

1039. A. spinulosum (Retz.) Sw. (erweitert). Schattige Wälder, Gebüsche, zerstreut. Brb. Zwischen Walternienburg und Poleimühle; zwischen Göbnitz und Dornburg *S.* S. Zwischen Pretzin und Dornburg; Pilm *S.* N. Unterhagen!! Erlenbruch bei Päthen!! O. Brandsleber Holz: Irrkamp *Scht.*

439. Cystópteris Bernh.

1040. C. frágilis (L.) Bernh. Mauerritzen, selten. M. Schleusentreppe *Bns.*

Register.

Verbesserungen.

Seite 2 Zeile 4 v. o. lies: Gil. statt: Chaix.
„ 4 „ 9 v. u. lies: polypétala Gil. statt: ranunculoides Mnch.
„ 7 „ 10 v. o. lies: fontanum (Lmk.) Aschs. statt: officinale R. Br.
„ 8 „ 11 v. o. lies: lyrata (Gil.) Aschs. statt: vulgaris R. Br.
„ 8 „ 14 v. o. lies: ibérica (Willd.) D. C. erweitert statt: arcuata (Opiz) Rchb.
„ 9 „ 2 v. u. lies: Gay u. Monnard statt: Gaud.
„ 13 „ 10 v. u. lies: squamatus (Forskål) Aschs. statt: Ruellii All.
„ 14 „ 10 v. o. lies: silvestre (Lmk.) Aschs. statt: arvense (All.) Wallr.
„ 17 „ 17 v. u. lies: Soop. statt: A. Br.
„ 18 „ 7 v. u. lies: venosa (Gil.) Aschs. statt: inflata L.
„ 19 „ 6 v. o. lies: viscosa (Gil.) Aschs. statt: vulgaris Roehl.
„ 19 „ 11 v. o. lies: A. Br. statt: L. Hort. Ups.
„ 19 „ 13 v. o. lies: Melándryum statt: Melándrium.
„ 19 „ 17 v. o. lies. Buschhause statt: Buchhause.
„ 21 „ 6 v. u. lies: caespitosum Gil. statt: triviale Lk.
„ 22 „ 16 v. o. lies: multiflóra (Lmk.) Aschs. statt: linoides Gmel.
„ 27 „ 9 v. u. lies: Alnus Mill. statt: vulgaris Rchb.
„ 31 „ 18 v. u. lies: L. statt: Rchb. (als Art).
„ 33 „ 11 v. u. lies: multiflóra (Lmk. ex p.) Aschs. statt: major Godr. u. Gr.
„ 37 „ 21 v. o. lies: silvestris Neck. statt: Tormentilla Sibth.
„ 39 „ 3 v. o. lies: Oxyacantha statt: oxyacantha.

Seite 39 Zeile 5 v. o. lies: monógynus statt: monógyna.
" 44 " 3 v. o. lies: (L.) Sutt. statt: Sutt.
" 44 " 7 v. o. lies: purpureum (L.) Lk. statt: purpurascens Koch.
" 44 " 17 v. o. lies: mite Gil. statt: boloniense Loisl.
" 46 " 9 v. u. lies: sioídes (Wib.) Aschs. statt: Rivini Host
" 47 " 7 v. o. lies: hircína Leers (als Art) statt: dissectifolia Wallr.
" 48 " 8 v. u. lies: (Lmk.) Bess. statt: Bess.
" 49 " 2 v. o. lies: paludapifolium (Lmk.) Aschs. statt: officinale Koch.
" 49 " 18 v. o. lies: Bess. statt: Aschs.
" 49 " 11 v. u. lies: Cuss. statt: Lapeyr.
" 52 " 2 v. u. schalte ein: R. vor: Hinter.
" 54 " 11 v. o. streiche: ; zwischen: Holz und an.
" 54 " 10 v. u. lies: Poll. statt: Mnch.
" 55 " 12 v. o. lies: !! statt: ;!
" 55 " 13 v. u. lies: praemorsa (Gil.) Aschs. statt: pratensis Mnch.
" 59 " 4 v. o. lies: Brb. statt: B.
" 59 " 9 v. o. lies: tripartitus statt: tripartíta.
" 59 " 10 v. o. lies: cernuus statt: cernua.
" 59 " 11 v. o. lies: radiatus statt: radiata.
" 59 " 13 v. o. lies: minimus statt: minima.
" 61 " 1 v. u. lies: R. statt: N.
" 63 " 2 v. u. setze: St. vor: Förderstedt.
" 64 " 4 v. o. lies: Vaillant statt: Gaertn.
" 64 " 5 v. o. schalte ein: S. nach: †
" 65 " 14 v. o. lies: panniculata Jacq. statt: maculosa Lmk.
" 67 " 2 v. u. lies: vulgare (Lmk.) Schrk. statt: officinale Wigg.
" 67 " 3 v. u. lies: Haller. statt: Juss.
" 69 " 4 v. u. lies: !! statt: !;
" 72 " 9 u. 10 v. o. lies: Salisbury statt: Salisburg.
" 73 " 8 v. u. lies: Mill. statt: Gil.
" 90 " 3 v. o. lies: Utriculária statt: Utricalaria.
" 91 " 15 v. o. lies: (L.) Jacq. statt: Jacq.
" 96 " 16 v. u. lies: intermedium Schrad. statt: linariaefolium Gil.